Achim Henning **Ausschreibung nach VOB und BGB**

Ausschreibung nach VOB und BGB

Leitfaden zur sicheren Leistungsbeschreibung und Vergabe

2., aktualisierte und erweiterte Auflage

mit 67 Abbildungen und 7 Tabellen

Dipl.-Ing. (FH) Architekt Achim Henning

Bibliografische Information der Deutschen Nationalbibliothek
Die Deutsche Nationalbibliothek verzeichnet diese Publikation in der Deutschen National-
bibliografie; detaillierte bibliografische Daten sind im Internet über http://dnb.dnb.de abrufbar.

2., aktualisierte und erweiterte Auflage 2017

© Verlagsgesellschaft Rudolf Müller GmbH & Co. KG, Köln 2017
Alle Rechte vorbehalten

Maßgebend für das Anwenden von Normen ist deren Fassung mit dem neuesten Ausgabedatum, die bei der Beuth Verlag GmbH, Burggrafenstraße 6, 10787 Berlin, erhältlich ist.
Maßgebend für das Anwenden von Regelwerken, Richtlinien, Merkblättern, Hinweisen,
Verordnungen usw. ist deren Fassung mit dem neuesten Ausgabedatum, die bei der jeweiligen herausgebenden Institution erhältlich ist. Zitate aus Normen, Merkblättern usw. wurden,
unabhängig von ihrem Ausgabedatum, in neuer deutscher Rechtschreibung abgedruckt.

Das vorliegende Werk wurde mit größter Sorgfalt erstellt. Verlag und Autor können dennoch
für die inhaltliche und technische Fehlerfreiheit, Aktualität und Vollständigkeit des Werkes
und seiner elektronischen Bestandteile (Internetseiten) keine Haftung übernehmen.

Wir freuen uns, Ihre Meinung über dieses Fachbuch zu erfahren. Bitte teilen Sie uns Ihre
Anregungen, Hinweise oder Fragen per E-Mail: fachmedien.architektur@rudolf-mueller.de
oder Telefax: 0221 5497-6141 mit.

Lektorat: Brigitte Fenner, Kassel
Umschlaggestaltung: Künkelmedia, Brühl/Baden
Satz: Hackethal Producing, Bonn
Druck und Bindearbeiten: Grafisches Centrum Cuno GmbH & Co. KG, Calbe
Printed in Germany

ISBN 978-3-481-03491-7 (Buch-Ausgabe)
ISBN 978-3-481-03492-4 (E-Book als PDF)

Vorwort

Seit dem Erscheinen der 1. Auflage des Buchs „Ausschreibung nach VOB und BGB – Leitfaden zur sicheren Leistungsbeschreibung und Vergabe" haben sich grundlegende rechtliche Veränderungen im Bereich der Vergabe von Bauleistungen ergeben. So machten die Vergaberechtsreform 2016, das Erscheinen der Gesamtausgabe der VOB 2016 sowie aus der täglichen Praxis kommende Fragen von Architekten und Fachplanern eine Überarbeitung dieser Auflage erforderlich.

Das Beispiel Elbphilharmonie Hamburg zeigt, welche Konsequenzen eine viel zu frühzeitige Ausschreibung und Auftragsvergabe, unvollständige Planungen zur Ausschreibung, scheinbare Pauschalfestpreise, zahlreiche Planungsänderungen und fehlende, verbindlich synchronisierte Terminpläne zwischen Architekt, Bauherr und Baufirma nach sich ziehen können.

Das vorliegende, aktualisierte und ergänzte Werk greift einige ursächliche Zusammenhänge von Kostensteigerungen bei der Planung von Bauleistungen auf und erörtert die Hintergründe und Ursachen der – immer wieder selben – Fehler, die in Leistungsbeschreibungen auftreten. Dabei wendet sich das Buch an private und öffentliche Auftraggeber, Architekten, Fachplaner, Projektsteuerer, Bauunternehmen und Juristen sowie Professoren und Studierende der Studiengänge im Bauwesen. Das neu hinzugekommene Kapitel „Prozessablauf Ausschreibungserstellung" ist eine Zusammenfassung beachtenswerter Informationen, es soll insbesondere denjenigen Architekten und Fachingenieuren Unterstützung und Orientierung bieten, die eher wenig bzw. keine Erfahrung im Umgang mit Ausschreibungen im Bereich der Vergabe von Bauleistungen haben.

Versäumnisse in den Leistungsphasen 1–5 der Honorarordnung für Architekten und Ingenieure (LPH 1-5 HOAI) können in der Regel durch keinen Terminplan, kein Leistungsverzeichnis oder Projektsteuerungsinstrument dieser Welt mehr ausgebügelt werden.

Die 2. Auflage des vorliegenden Buchs „Ausschreibung nach VOB und BGB – Leitfaden zur sicheren Leistungsbeschreibung und Vergabe" soll den Lesern sowohl relevante fachliche Informationen geben als auch einen hohen Nutzen für die Praxis bieten. Es zeigt Zusammenhänge im Projektgefüge und -verlauf auf und macht sie transparent und nachvollziehbar.

Was dieses Buch nicht sein will:

● ein Ersatz für die umfangreiche Vergabe- und Bauvertragsliteratur,
● ein Baukalkulationshandbuch oder
● ein Ratgeber für bautechnische Fragen.

An dieser Stelle möchte ich mich besonders bedanken bei Frau Dr. Ass. Jur. und Fachjuristin für Bau- und Architektenrecht Ricarda Kniprath, die das juristische Lektorat übernommen hat und mit ihren Anregungen und Gedanken einen wertvollen Beitrag zu diesem Buch geleistet hat.

Bei Frau Habekuss und Frau Zielke von der Verlagsgesellschaft Rudolf Müller darf ich mich für die gute und vertrauensvolle Arbeit in den letzten Monaten bedanken.

Nichts ist so gut, dass es nicht noch besser werden könnte – Anregungen und Hinweise der Leser werden gerne entgegengenommen.

Esslingen, im Januar 2017   Achim Henning

Hinweise zu digitalen Arbeitshilfen

Die im Anhang dieses Buches enthaltenen Checklisten und Muster-dokumente stehen auf unserer Plattform **www.baufachmedien.de/ausschreibung** zum Download bereit. Unter dem Reiter „Mehr" finden Sie die folgenden Dokumente:

8.1 Checkliste Leistungsbeschreibung mit LV
8.2 Checkliste Leistungsbeschreibung mit Leistungsprogramm
8.3 Checkliste Nachträge
8.4 Formular zur Schwellenwertermittlung nach § 3 VgV
8.5 Formular zur Festlegung europaweit auszuschreibender Fachlose
8.6 Formblatt Bietererklärungen mit Angebotsabgabe
8.7 Vordruck Prüfung und Wertung der Angebote nach § 16 VOB/A (Vergabevorschlag)
8.8 Muster Raumbuch

Inhalt

1 Grundlagen für die Ausschreibung von Bauleistungen

1.1 Einleitung

Historie

Bauleistungen wurden bereits in der Antike dem Wettbewerb unterstellt. Repräsentative Bauvorhaben – heute würde man dazu sagen, dem öffentlichen Gemeinwohl dienende Bauten – wurden nach Planung durch einen Architekten öffentlich ausgeschrieben. Schon zu dieser Zeit erfolgte die Vergabe an denjenigen, der bei geringsten Kosten die beste und schnellste Ausführung versprach.

Das Protokoll einer öffentlichen „Absteigerung" von Bauarbeiten aus dem Jahr 1686 der von den Franzosen besetzten Stadt Freiburg ist das wohl älteste Zeugnis eines Vergabeverfahrens in Deutschland. Bis zu diesem Zeitpunkt fanden eher persönliche denn rationale Überlegungen als Vergabekriterien Anwendung. Das von den Franzosen eingeführte Verfahren erfuhr zunächst nur wenig Akzeptanz.

In den weiteren Jahren bis 1770 herrschte bei den Militär- und Stadtbehörden ein wahlloses Gemisch aus direkter sog. Vergebung, Vergebung an den Zunftmeister, Ausführung in eigener Regie und Lizitation (öffentliche Versteigerung) (Maas, 2005).

Der Wegfall des Zunftzwanges im 19. Jahrhundert sowie die zunehmende Industrialisierung und die damit einhergehenden demografischen Veränderungen waren Auslöser für Bestrebungen, die Vergaberegeln an die neuen Markterfordernisse anzupassen.

Im Jahr 1926 wurde die Verdingungsordnung für Bauleistungen (VOB) in Deutschland eingeführt und seither viele Male überarbeitet. Im Jahr 1947 wurde die Arbeit des Reichsverdingungsausschusses vom Deutschen Verdingungsausschuss für Bauleistungen (heute Vergabe- und Vertragsausschuss) übernommen.

Im Rahmen der sog. Europäisierung gewann das europäische Recht (vermittelt über Richtlinien) in der jüngeren Vergangenheit sowohl im Oberschwellen- als auch im Unterschwellenbereich zunehmend an Bedeutung. Das Erfordernis der Anpassung an europäisches Recht, das Bestreben, gewisse Regelungen im Bürgerlichen Gesetzbuch (BGB) und in der Vergabe- und Vertragsordnung für Bauleistungen (VOB) zu harmonisieren, sowie die Absicht, das Vergaberecht zu vereinfachen und zu „entschlacken", führte vor allem in der Fassung der VOB 2009 zu gravierenden Änderungen.

Ausschreibung von Bauleistungen

Werden Bauleistungen zum ersten Mal ausgeschrieben, können vorgefertigte kommerzielle Lösungen in Anspruch genommen werden.

Hierzu gibt es auf dem deutschen Markt Textsammlungen wie z. B. das Standardleistungsbuch (STLB-Bau) oder Positionstexte kommerzieller Anbieter. Ebenso bieten viele Fachverbände und sonstige Institutionen zum Teil kostenlose Leitfäden und Hinweise zur Ausschreibung an (siehe Tabelle 2.1 Kapitel 2.7).

Der Begriff „Ausschreibung" ist weder im BGB noch in der VOB definiert. Er wird im Bauwesen synonym verwendet für

- die Leistungsbeschreibung bzw. das Leistungsverzeichnis (LV) als Übersetzung der geschuldeten Leistung in den Vergabe- und Vertragsunterlagen,
- den Vorgang der Einholung von Angeboten bei potenziellen Bewerberkreisen im Wege der in § 3 VOB/A genannten Vergabearten (bzw. bei Auftraggebern [AG], die nicht zur Anwendung der VOB verpflichtet sind, auf sonstigem Wege) zur Erzielung des für den AG wirtschaftlichsten Angebots (falls keine anderen Kriterien als der niedrigste Angebotspreis vom AG festgelegt wurden).

Den Begriff „Bauleistung" bzw. „Bauauftrag" definieren die VOB bzw. das Gesetz gegen Wettbewerbsbeschränkungen (GWB) folgendermaßen:

„§ 1 Bauleistungen

Bauleistungen sind Arbeiten jeder Art, durch die eine bauliche Anlage hergestellt, instand gehalten, geändert oder beseitigt wird."
(§ 1 VOB/A)

In § 1 EU VOB/A ist diesbezüglich Folgendes geregelt:

„§ 1 EU

Anwendungsbereich

(1) Bauaufträge sind Verträge über die Ausführung oder die gleichzeitige Planung und Ausführung

1. eines Bauvorhabens oder eines Bauwerks für einen öffentlichen Auftraggeber, das
a) Ergebnis von Tief- oder Hochbauarbeiten ist und
b) eine wirtschaftliche oder technische Funktion erfüllen soll oder

2. einer dem öffentlichen Auftraggeber unmittelbar wirtschaftlich zugutekommenden Bauleistung, die Dritte gemäß den vom öffentlichen Auftraggeber genannten Erfordernissen erbringen, wobei der öffentliche Auftraggeber einen entscheidenden Einfluss auf die Art und die Planung des Vorhabens hat.

(2) Die Bestimmungen dieses Abschnittes sind von öffentlichen Auftraggebern im Sinne von § 99 GWB für Bauaufträge anzuwenden, bei denen der geschätzte Gesamtauftragswert der Baumaßnahme oder des Bauwerkes (alle Bauaufträge für eine bauliche Anlage) mindestens dem im § 106 GWB geregelten Schwellenwert für Bauaufträge ohne Umsatzsteuer entspricht. Die Schätzung des Auftragswerts ist gemäß § 3 VgV vorzunehmen."

Der Anwendungsbereich ist dann eröffnet, wenn eine bauliche Anlage gegeben ist. Insofern ist generell eine weite Auslegung geboten (Ingenstau/Korbion/Leupertz/v. Wietersheim, 2017, Rn. 14 zu § 1 EU VOB/A). Danach entspricht der Begriff der baulichen Anlage dem Begriff des Bauwerks. Ein einheitliches Bauwerk sei das Ergebnis einer Gesamtheit von Tief- oder Hochbauten, das seinem Wesen nach eine technische und/oder wirtschaftliche Funktion erfüllt.

Die Bekanntmachung, Ausschreibung und Vergabe von Bauleistungen ist für öffentliche AG (siehe dazu die Begriffsbestimmung in § 99 GWB) in der VOB Teil A geregelt. Private Bauherren können sich Angebote über Bauleistungen ohne die Beachtung formaler Anforderungen einholen. Die Vorgaben der VOB/A sind insoweit regelmäßig nur fakultativ zu verstehen.

Für den durch Zuschlagserteilung geschlossenen Bauvertrag gilt übergeordnet – wie für alle Bauverträge – das Werkvertragsrecht des BGB. Schreiben öffentliche AG aus, bestimmt § 8a Abs. 1 Satz 1 VOB/A, dass die VOB/B und VOB/C – verbindlich und zwingend – Vertragsbestandteile werden. Private Bauherren müssen die VOB/B und VOB/C dagegen gesondert vereinbaren.

Bauleistungen werden in aller Regel Öffentlich, Beschränkt oder Freihändig ausgeschrieben, d. h. dem Wettbewerb unterstellt. Ausnahmen hiervon können z. B. bei folgenden Voraussetzungen vorliegen:

- Unfallverhütung
- kleiner Umfang der Bauleistung
- Dringlichkeit

Es ist einleuchtend, dass im Falle einer vom Einsturz bedrohten Giebelwand zumindest die ersten Sicherungsmaßnahmen weder geplant noch ausgeschrieben werden können. Bei einem kleinen Auftragsumfang, z. B. Ausbau und Entsorgung eines Waschtisches und Lieferung und Montage eines neuen, würden Aufwand und Nutzen einer Ausschreibung in keinem wirtschaftlichen Verhältnis stehen. Auch wenn Bauleistungen unverzüglich erfolgen müssen und der zeitliche Verzug einer Ausschreibung dem AG mehr finanziellen Schaden als Nutzen bringt, ist eventuell auf eine Ausschreibung zu verzichten. Die Komplexität des Themas „Ausschreibung" verdeutlicht Abb. 1.1.

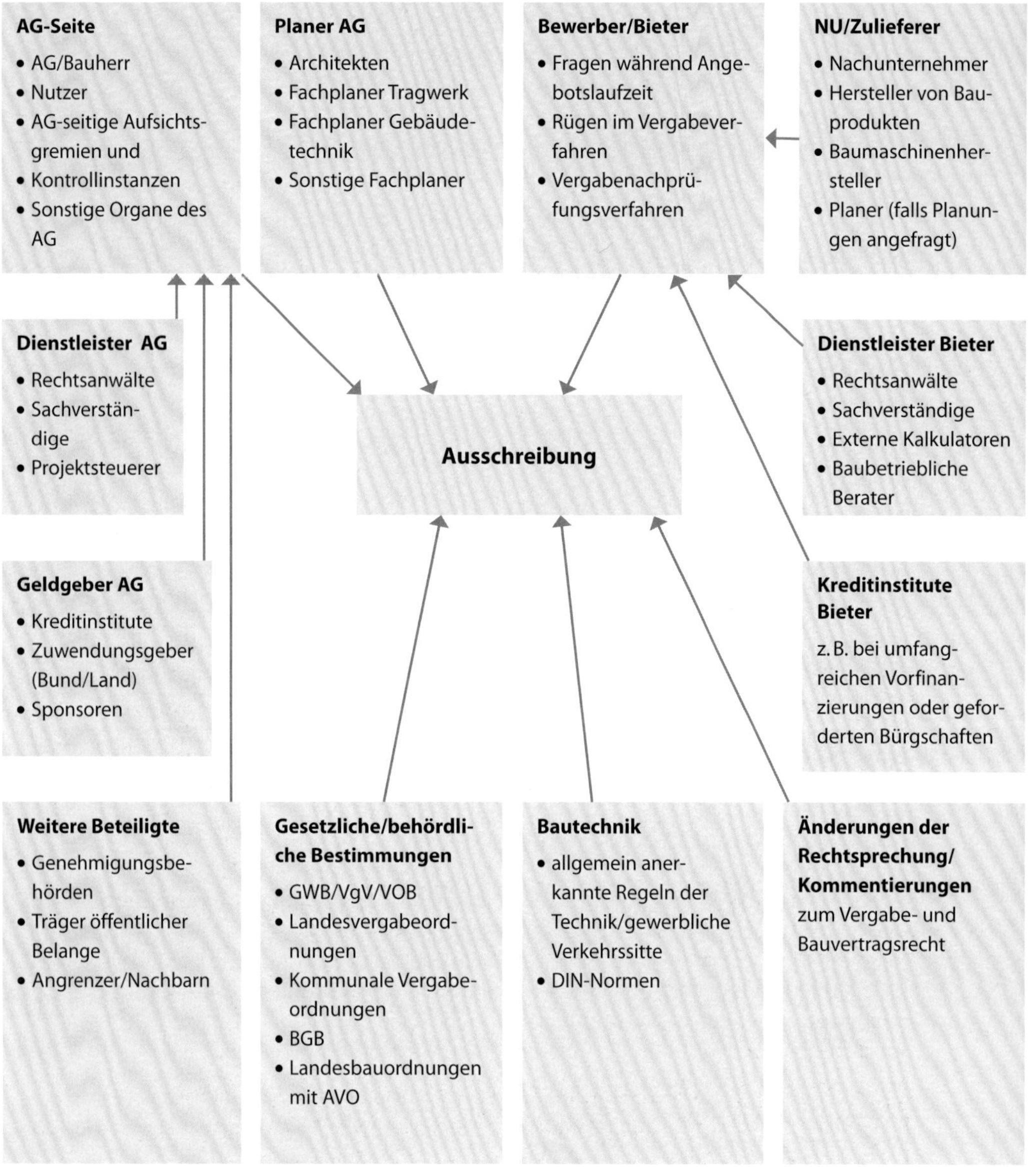

AG-Seite

- AG/Bauherr
- Nutzer
- AG-seitige Aufsichts-
  gremien und
- Kontrollinstanzen
- Sonstige Organe des
  AG

Planer AG

- Architekten
- Fachplaner Tragwerk
- Fachplaner Gebäude-
  technik
- Sonstige Fachplaner

Bewerber/Bieter

- Fragen während Ange-
  botslaufzeit
- Rügen im Vergabever-
  fahren
- Vergabenachprü-
  fungsverfahren

NU/Zulieferer

- Nachunternehmer
- Hersteller von Bau-
  produkten
- Baumaschinenher-
  steller
- Planer (falls Planun-
  gen angefragt)

Dienstleister AG

- Rechtsanwälte
- Sachverstän-
  dige
- Projektsteuerer

Ausschreibung

Dienstleister Bieter

- Rechtsanwälte
- Sachverständige
- Externe Kalkulatoren
- Baubetriebliche
  Berater

Geldgeber AG

- Kreditinstitute
- Zuwendungsgeber
  (Bund/Land)
- Sponsoren

**Kreditinstitute
Bieter**

z. B. bei umfang-
reichen Vorfinan-
zierungen oder gefor-
derten Bürgschaften

Weitere Beteiligte

- Genehmigungsbe-
  hörden
- Träger öffentlicher
  Belange
- Angrenzer/Nachbarn

**Gesetzliche/behördli-
che Bestimmungen**

- GWB/VgV/VOB
- Landesvergabeord-
  nungen
- Kommunale Vergabe-
  ordnungen
- BGB
- Landesbauordnungen
  mit AVO

Bautechnik

- allgemein aner-
  kannte Regeln der
  Technik/gewerbliche
  Verkehrssitte
- DIN-Normen

**Änderungen der
Rechtsprechung/
Kommentierungen**
zum Vergabe- und
Bauvertragsrecht

Abb. 1.1:   Einflussgrößen der Ausschreibung

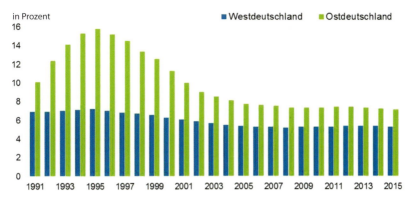

Abb. 1.2: Anteil der Erwerbstätigen im Baugewerbe an allen Erwerbstätigen (Quelle: VGR der Länder, zit. nach: Hauptverband der Deutschen Bauindustrie e.V., 2016)

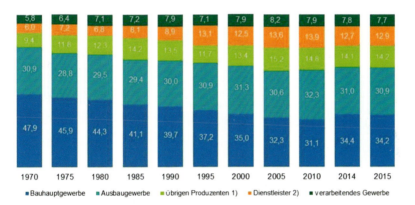

Abb. 1.3: Anteil der Produzenten an den Bauinvestitionen (Quelle: VGR der Länder, zit. nach: Hauptverband der Deutschen Bauindustrie e.V., 2016)

Statistische Daten

Die Ausschreibung von Bauleistungen hat eine hohe volkswirtschaftliche Bedeutung, insbesondere der gewerbliche Mittelstand ist hier involviert. Der Umsatz des Bauhauptgewerbes in Unternehmen mit 20 und mehr tätigen Personen lag im Mai 2016 nominal mit rund 5,8 Mrd. Euro um 12,3 % höher als im Mai 2015. Ein höherer Umsatz in einem Mai war zuletzt im Jahr 2000 erreicht worden (6,4 Mrd. Euro). Für die ersten fünf Monate des Jahres 2016 ergab sich ein Anstieg um 8,1 % gegenüber dem entsprechenden Vorjahreszeitraum (Statistisches Bundesamt, 2016). Weitere detaillierte Informationen – auch zu den Bau-Ausbaugewerken – können unter www.destatis.de bzw. www.bauindustrie.de/zahlen-fakten/ nachgelesen werden. Die Abb. 1.2 zeigt den Anteil der Beschäftigten im Baugewerbe an allen Erwerbstätigen, Abb. 1.3 zeigt den Anteil verschiedener Produzenten an den Bauinvestitionen in Deutschland.

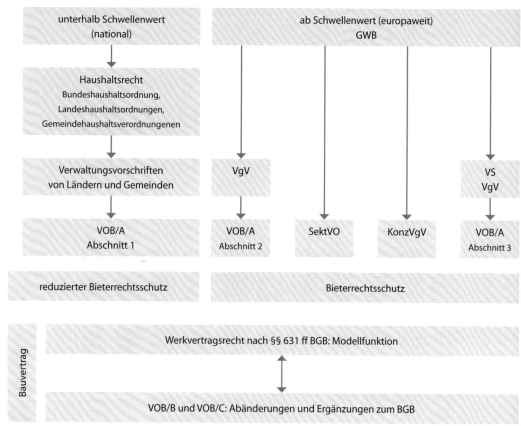

Abb. 1.4:   Rechtssystematik im Vergabeverfahren für öffentliche AG

Vergleich BGB/VOB

Die Bestimmungen des Werkvertragsrechts im BGB (siehe Kapitel 1.2) stehen als Gesetz über der VOB (siehe Kapitel 1.3). Abb. 1.4 gibt eine Übersicht über die Rechtssystematik der im Vergabeverfahren für öffentliche AG geltenden Gesetze und Vergabeverordnungen.

Die VOB ist im Teil A eine Sammlung von Vorschriften über das Vergabeverfahren, die von öffentlichen AG zwingend einzuhalten sind. Die Teile B und C der VOB haben nach herrschender Rechtsauffassung den Charakter von allgemeinen Geschäftsbedingungen (AGB). Damit Teil B und C Vertragsbestandteil werden, müssen sie von AG und Auftragnehmer (AN) – bzw. in der Sprache des BGB: Besteller und Unternehmer – vertraglich vereinbart werden.

Bei den öffentlichen AG sind über § 8a Abs. 1 VOB/A und bei Verwendung z. B. der Standardformulare des Vergabehandbuches des Bundes (VHB) oder des Kommunalen Vergabehandbuches für Baden-Württemberg (KVHB-Bau) die Teile B und C der VOB bereits wirksam in den Vertrag einbezogen. Private und kommerzielle AG dagegen müssen die Teile B und C der VOB im Bauvertrag ausdrücklich vereinbaren.

Anzumerken ist, dass

- das BGB keine Regelungen für Ausschreibung und Vergabe von Bauleistungen enthält und
- das Werkvertragsrecht des BGB den Eigenheiten des Bauvertrages nicht gerecht wird.

Die VOB/B hat sich über Jahrzehnte im Bauwesen bewährt und ist bei den Bauvertragsparteien als ausgewogenes Regelwerk anerkannt. Aus diesem Grund sollte selbst bei kleineren Aufträgen im privaten Bereich die VOB/B als Vertragsbestandteil vereinbart werden.

1.2   Bürgerliches Gesetzbuch

Für alle AG, die die VOB nicht anwenden (müssen), also in der Regel Privatpersonen bzw. Unternehmer gilt allein das im BGB verankerte Werkvertragsrecht.

1.2.1   Bauvertragsrelevante Bestimmungen

Folgende Bestimmungen des BGB sind relevant:

„§ 631 Vertragstypische Pflichten beim Werkvertrag

(1) Durch den Werkvertrag wird der Unternehmer zur Herstellung des versprochenen Werkes, der Besteller zur Entrichtung der vereinbarten Vergütung verpflichtet."

Die Kürze der in § 631 Abs. 1 BGB getroffenen Regelung erklärt sich daraus, dass das BGB im Unterschied zur VOB/B und C keine speziell für das Bauwesen, sondern für schuldrechtliche Werkverträge geltenden Regelungen vorsieht.

„§ 133 Auslegung einer Willenserklärung

Bei der Auslegung einer Willenserklärung ist der wirkliche Wille zu erforschen und nicht an dem buchstäblichen Sinne des Ausdrucks zu haften."

„§ 157 Auslegung von Verträgen

Verträge sind so auszulegen, wie Treu und Glauben mit Rücksicht auf die Verkehrssitte es erfordern."

1.2.2   Allgemeine Geschäftsbedingungen/Inhaltskontrolle

„§ 305 Einbeziehung allgemeiner Geschäftsbedingungen in den Vertrag

(1) Allgemeine Geschäftsbedingungen sind alle für eine Vielzahl von Verträgen vorformulierten Vertragsbedingungen, die eine Vertragspartei (Verwender) der anderen Vertragspartei bei Abschluss eines Vertrages stellt. Gleichgültig ist, ob die Bestimmungen einen äußerlich gesonderten Bestandteil des Vertrages bilden oder in die Vertragsurkunde selbst aufgenommen werden, welchen Umfang sie haben, in welcher Schriftart sie verfasst sind und welche Form der Vertrag hat. Allgemeine Geschäftsbedingungen liegen nicht vor, soweit die Vertragsbedingungen zwischen den Vertragsparteien im Einzelnen ausgehandelt sind." (§ 305 Abs. 1 BGB)

Nach § 305c Abs. 2 BGB gilt *„Zweifel bei der Auslegung Allgemeiner Geschäftsbedingungen gehen zulasten des Verwenders".* Unklarheiten, Lücken, Fehler oder Widersprüche im Vertragswerk sind dem Risikobereich des Verwenders und damit in der Regel dem AG zuzuordnen. Ansonsten gelten bei der Vertragsauslegung die zitierten §§ 133 bzw. 157 BGB.

Private und öffentliche AG, die regelmäßig Bauleistungen vergeben, fügen den Vergabeunterlagen in der Regel nicht nur die VOB/B, sondern noch weitere AGB in Form von eigenverfassten oder auf dem Markt erhältlichen standardisierten Bauvertragsmustern bei.

Weitere Bestimmungen aus dem BGB:

„§ 305b Vorrang der Individualabrede

Individuelle Vertragsabreden haben Vorrang vor Allgemeinen Geschäftsbedingungen."

In § 305b BGB wird der im Recht geltende Grundsatz der Vertragsfreiheit betont: Was die Vertragsparteien vertraglich vereinbart haben, ist Vertragsinhalt.

„§ 305c Überraschende und mehrdeutige Klauseln

(1) Bestimmungen in Allgemeinen Geschäftsbedingungen, die nach den Umständen, insbesondere nach dem äußeren Erscheinungsbild des Vertrages, so ungewöhnlich sind, dass der Vertragspartner des Verwenders mit ihnen nicht zu rechnen braucht, werden nicht Vertragsbestandteil.

(2) Zweifel bei der Auslegung Allgemeiner Geschäftsbedingungen gehen zu Lasten des Verwenders."

Diese Bestimmung sollte all jene Planer, die den Bietern gerne versteckt klausulierte Vertragswerke vorlegen, dahin gehend sensibilisieren, dass ein Vertragswerk dem Bietenden keine unwägbaren Risiken auferlegen sollte.

„§ 307 Inhaltskontrolle

(1) Bestimmungen in Allgemeinen Geschäftsbedingungen sind unwirksam, wenn sie den Vertragspartner des Verwenders entgegen den Geboten von Treu und Glauben unangemessen benachteiligen. Eine unangemessene Benachteiligung kann sich auch daraus ergeben, dass die Bestimmung nicht klar und verständlich ist.

(2) Eine unangemessene Benachteiligung ist im Zweifel anzunehmen, wenn eine Bestimmung
1. *mit wesentlichen Grundgedanken der gesetzlichen Regelung, von der abgewichen wird, nicht zu vereinbaren ist, oder*
2. *wesentliche Rechte oder Pflichten, die sich aus der Natur des Vertrages ergeben, so einschränkt, dass die Erreichung des Vertragszwecks gefährdet ist.“*

(§ 307 Abs. 1 bis 2 BGB)

Ist die VOB/B als Ganzes ohne Abweichung (!) im Vertrag vereinbart, findet keine Inhaltskontrolle statt. Bauverträge, in denen die VOB *„ohne die geringste Abweichung“* vereinbart ist, dürften in der Praxis jedoch die Ausnahme darstellen.

Beispiele für solche Abweichungen sind:

- Verjährungsfristen für Mängelansprüche 5 statt 4 Jahre (vgl. § 13 VOB/B)
- andere Rangfolge als in § 1 VOB/B vorgegeben
- abweichende Sicherungsabreden vgl. § 17 VOB/B

Wurde von der VOB/B abgewichen, findet die Inhaltskontrolle statt, und sämtliche Vertragsklauseln müssen sich an den Vorgaben der §§ 305 ff. BGB messen lassen.

Diese Regelung führt dazu, dass viele Klauseln in Bauverträgen, von denen sich der AG in der Abwicklung des Bauvertrages Vorteile verspricht (z. B.: *„Der AN hat sämtliche Randbedingungen in seine EPs einzukalkulieren, auch wenn nicht gesondert darauf hingewiesen ist. Mehrforderungen sind ausgeschlossen.“*), vor Gericht der Inhaltskontrolle nicht standhalten. Sie sind vertraglich unwirksam, genauso als hätten sie nie im Vertrag gestanden.

„§ 310 Anwendungsbereich

*(1) […] In den Fällen des Satzes 1 findet § 307 Abs. 1 und 2 sowie § 308 Nr. 1a und 1b auf Verträge, in die die Vergabe- und Vertragsordnung für Bauleistungen Teil B (VOB/B) in der jeweils zum Zeitpunkt des Vertragsschlusses geltenden Fassung **ohne inhaltliche Abweichungen insgesamt einbezogen ist, in Bezug auf eine Inhaltskontrolle einzelner Bestimmungen keine Anwendung.“***

(§ 310 Abs. 1 Satz 3 BGB)

1.3   Vergabe- und Vertragsordnung für Bauleistungen

Die VOB ist von den klassischen öffentlichen AG sowie Architekten und Fachplanern zwingend anzuwenden. Öffentliche AG sind die Bundesrepublik Deutschland, die Länder, Gemeinden und Landkreise sowie die bundes-, landes- und gemeindeunmittelbaren juristischen Personen des öffentlichen Rechts.

Die VOB wird vom Deutschen Vergabe- und Vertragsausschuss (DVA) erarbeitet. Dem DVA gehören Vertreter aller wichtigen öffentlichen AG, Ressorts des Bundes und der Länder, sonstige öffentliche AG, kommunale Spitzenverbände und Spitzenorganisationen der Wirtschaft und der Technik in paritätischer Zusammensetzung an.

Diese Gremienbesetzung sorgt dafür, dass die VOB im Allgemeinen als zwischen den Bauvertragsparteien ausgewogenes Regelwerk betrachtet wird.

Die VOB ist in 2 Abschnitte aufgeteilt:

- Abschnitt 1 (Basisparagrafen): für inländische Ausschreibungen, d. h. Vergaben unter den Schwellenwerten
- Abschnitt 2 (Basisparagrafen mit zusätzlichen Bestimmungen nach der Richtlinie 2014/24/EU): für europaweite Ausschreibungen, d. h. für Vergaben über den Schwellenwerten

Bei Ausschreibungen nach Abschnitt 1 VOB/A, also inländischen Ausschreibungen unterhalb der Schwellenwerte, gibt es nur einen reduzierten Bieterrechtsschutz, d. h., der Bieter kann nur mit Hilfe einer einstweiligen Verfügung in das Vergabeverfahren eingreifen.

Bei Ausschreibungen, die die Schwellenwerte erreichen oder überschreiten, d. h. europaweit auszuschreibenden Bauleistungen, gelten übergeordnet das Gesetz gegen Wettbewerbsbeschränkungen (GWB) und die einzelnen Vergabeverordnungen (siehe hierzu auch Abb. 1.4). Hier spricht man auch vom sog. **Kaskadenprinzip** im Vergaberecht. Bei europaweiten Ausschreibungen gibt es Bieterrechtsschutz, d. h., ein AG hat vor Auftragserteilung die nicht berücksichtigten Bieter innerhalb der in § 134 Abs. 2 GWB genannten Fristen über den beabsichtigten Zuschlag zu informieren. Die Absicht des Gesetzgebers ist es, den nicht berücksichtigten Bietern ein Rechtsinstrument an die Hand zu geben, mit dem sie ihrer Meinung nach vergaberechtswidrige Vergabeentscheidungen des AG überprüfen lassen können. Diese Überprüfung erfolgt, sofern der Vergabenachprüfungsantrag zugelassen wird, von den Vergabekammern der Länder bzw. in weiterer Instanz von den Oberlandesgerichten.

Verstößt der AG gegen die Informationspflicht oder erteilt den Auftrag vor dem Fristablauf, ist der Bauvertrag von Anfang an unwirksam. Achtung: Dies ist innerhalb von 6 Monaten nach Vertragsschluss geltend zu machen.

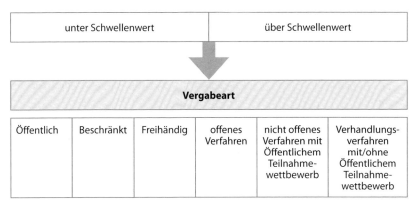

Abb. 1.5:   Vergabearten in der Übersicht

1.3.1   Arten der Vergabe

Der AG hat die Wahl zwischen 3 Ausschreibungsarten (siehe Abb. 1.5). Die Öffentliche Ausschreibung (bei europaweiten Ausschreibungen: offenes Verfahren) ist der Regelfall. Die Beschränkte (bei europaweiter Ausschreibung: nicht offenes Verfahren nach Öffentlichem Teilnahmewettbewerb) und Freihändige Ausschreibung (bei europaweiter Ausschreibung: Verhandlungsverfahren) sind an bestimmte Voraussetzungen geknüpft.

„§ 3 Arten der Vergabe

(1) Bei Öffentlicher Ausschreibung werden Bauleistungen im vorgeschriebenen Verfahren nach öffentlicher Aufforderung einer unbeschränkten Zahl von Unternehmen zur Einreichung von Angeboten vergeben.

(2) Bei Beschränkter Ausschreibung werden Bauleistungen im vorgeschriebenen Verfahren nach Aufforderung einer beschränkten Zahl von Unternehmen zur Einreichung von Angeboten vergeben, gegebenenfalls nach öffentlicher Aufforderung, Teilnahmeanträge zu stellen (Beschränkte Ausschreibung nach Öffentlichem Teilnahmewettbewerb).

(3) Bei Freihändiger Vergabe werden Bauleistungen ohne ein förmliches Verfahren vergeben.“
(§ 3 VOB/A)

In § 3 EU VOB/A ist diesbezüglich Folgendes geregelt:

„§ 3 EU Arten der Vergabe

Die Vergabe von öffentlichen Aufträgen erfolgt im offenen Verfahren, im nicht offenen Verfahren, im Verhandlungsverfahren, im wettbewerblichen Dialog oder in der Innovationspartnerschaft.

1. *Das offene Verfahren ist ein Verfahren, in dem der öffentliche Auftraggeber eine unbeschränkte Anzahl von Unternehmen öffentlich zur Abgabe von Angeboten auffordert.*
2. *Das nicht offene Verfahren ist ein Verfahren, bei dem der öffentliche Auftraggeber nach vorheriger öffentlicher Aufforderung zur Teilnahme eine beschränkte Anzahl von Unternehmen nach objektiven, transparenten und nichtdiskriminierenden Kriterien auswählt (Teilnahmewettbewerb), die er zur Abgabe von Angeboten auffordert.*
3. *Das Verhandlungsverfahren ist ein Verfahren, bei dem sich der öffentliche Auftraggeber mit oder ohne Teilnahmewettbewerb an ausgewählte Unternehmen wendet, um mit einem oder mehreren dieser Unternehmen über die Angebote zu verhandeln.*
4. *Der wettbewerbliche Dialog ist ein Verfahren zur Vergabe öffentlicher Aufträge mit dem Ziel der Ermittlung und Festlegung der Mittel, mit denen die Bedürfnisse des öffentlichen Auftraggebers am besten erfüllt werden können.*
5. *Die Innovationspartnerschaft ist ein Verfahren zur Entwicklung innovativer, noch nicht auf dem Markt verfügbarer Bauleistungen und zum anschließenden Erwerb der daraus hervorgehenden Leistungen."*

Die Vergabearten „wettbewerblicher Dialog" und „Innovationspartnerschaft" sollen im Rahmen dieses Buches (basierend auf den Erfahrungen des Autors) wegen ihrer geringen Bedeutung in der Praxis nicht weiter erörtert werden.

Öffentliche Ausschreibungen werden in Tageszeitungen, amtlichen Veröffentlichungsblättern oder Internetportalen bekannt gemacht und sollen die in § 12 VOB/A genannten Angaben enthalten. Die Öffentliche Ausschreibung ist der Regelfall und gewährleistet die im Vergaberecht klassischen Grundprinzipien:

- Transparenzgebot
- Einhaltung des Wettbewerbsgrundsatzes
- Gleichbehandlung aller Bieter

Bei der Öffentlichen Ausschreibung sind am ehesten günstige Ausschreibungsergebnisse zu erwarten, da die Gefahr von Preisabsprachen bei dieser Ausschreibungsform naturgemäß am geringsten und unwahrscheinlichsten ist. Das Gebot zur sparsamen Verwendung von Haushaltmitteln in den Bundes-, Landes- oder Gemeindehaushaltsordnungen öffentlicher AG kommt als weiteres Argument für die Öffentliche Ausschreibung hinzu. Die Erfahrung zeigt, dass gerade bei der Öffentlichen Ausschreibung erstaunliche Einsparpotenziale vorhanden sind. Sei es, weil neue Bieter auf den Markt drängen oder regionale Preisvorteile sich vergünstigend auf das Ausschreibungsergebnis auswirken.

Beschränkte Ausschreibungen wirken aufgrund des eingeschränkten Bieterkreises erfahrungsgemäß preistreibend, haben allerdings den Vorteil, dass die Eignung der Bieter vor Versand der Vergabeunterlagen zu prüfen ist. Somit sind bei Beschränkten Ausschreibungen unliebsame Überraschungen der AG hinsichtlich der Eignung des Bieters, d. h. seiner Leistungsfähigkeit, Fachkunde und Zuverlässigkeit, in der Regel ausgeschlossen. Einen Bieter bei der Vergabeentscheidung wegen fehlender Eignung auszuschließen dürfte für den AG bei einer Beschränkten Ausschreibung schwierig sein, es sei denn, es lägen dem AG neuere Erkenntnisse vor, die sich erst nach Versand der Vergabeunterlagen an die Bieter ergeben hätten.

Die Ausführungen zum Eröffnungstermin gelten hier analog zur Öffentlichen Ausschreibung. Preisverhandlungen sind nicht gestattet.

Freihändige Vergaben sind der absolute Ausnahmefall und an enge Voraussetzungen geknüpft. Im Gegensatz zur Öffentlichen oder Beschränkten Ausschreibung findet kein Eröffnungstermin statt. Die formalen Anforderungen sind zwar geringer, jedoch gelten auch bei dieser Ausschreibungsart das Transparenzgebot und die Gleichbehandlung aller Bieter. Freihändig ist nicht mit Willkür gleichzusetzen – entgegen mancher landläufigen Meinung. Alle Bieter müssen die gleichen Informationen erhalten. Preise dürfen zwar verhandelt werden. Die Möglichkeit, z. B. einen Nachlass ohne Bedingungen einzuräumen, sollte aber allen Bietern gewährt werden. Der AG sollte, um sich nicht später dem Vorwurf von Korruption oder intransparenter Beeinflussung der Vergabeentscheidung auszusetzen, auch dieses Verfahren sorgfältig dokumentieren und von Verhandlungen mit den Bietern unverzüglich Protokolle erstellen.

Verhandlungsgewinne (z. B. Nachlässe auf die Angebotssumme) aufgrund einer aggressiven Verhandlungspolitik sind erfahrungsgemäß weniger der geschickten und rhetorisch klugen Vorgehensweise des AG-Vertreters geschuldet als vielmehr einem bereits im Angebotspreis erhöht einkalkulierten „Verhandlungspuffer" des Bieters, der scheinbar widerwillig noch einen Nachlass „gewährt".

Räumt ein Bieter in der Vergabeverhandlung 15 % Nachlass auf das Angebot ein, sollte sich der AG fragen, wie es um die Zuverlässigkeit bzw. das Kalkulationswissen des Bieters bestellt ist. Der AG sollte sorgfältig prüfen, ob dieser Bieter mit der reduzierten Angebotssumme den Auftrag noch ausführen kann, ohne dass Insolvenz oder Schwierigkeiten in der Baudurchführung zu erwarten sind.

1.3.2 Fachlose/Teillose

Unter **Los** versteht man den Teil einer Gesamtleistung, wenn z. B. in einem LV verschiedene Teilbereiche nach fachspezifischer Eignung aufgeteilt sind und der AG sich eine losweise Vergabe vorbehält.

Teillos bezeichnet die zu einem bestimmten Handwerk oder Gewerbezweig (Fachlos) gehörende Gesamtleistung, untergliedert nach Ausführungsabschnitten.

Fachlos bezeichnet die Unterteilung nach den in den Berufskreisen üblichen Leistungszuordnungen und den regionalen Gepflogenheiten und wird in der Regel mit den Leistungsbezeichnungen der Allgemeinen Technischen Vertragsbedingungen (ATV) in der VOB/C übereinstimmen.

„§ 5 Vergabe nach Losen, Einheitliche Vergabe

(1) Bauleistungen sollen so vergeben werden, dass eine einheitliche Ausführung und zweifelsfreie umfassende Haftung für Mängelansprüche erreicht wird; sie sollen daher in der Regel mit den zur Leistung gehörigen Lieferungen vergeben werden.

(2) Bauleistungen sind in der Menge aufgeteilt (Teillose) und getrennt nach Art oder Fachgebiet (Fachlose) zu vergeben. Bei der Vergabe kann aus wirtschaftlichen oder technischen Gründen auf eine Aufteilung oder Trennung verzichtet werden.“
(§ 5 VOB/A)

Ein von einer Arbeitsgruppe des DVA erarbeitetes Positionspapier macht zur Fachlosvergabe folgende Ausführungen:

„Welche Leistungen zu einem **Fachlos** *gehören, bestimmt sich nach den gewerberechtlichen Vorschriften und der allgemein oder regional üblichen Abgrenzung. In einem Fachlos werden jene Bauarbeiten zusammengefasst, die von einem baugewerblichen bzw. einem maschinen- oder elektrotechnischen Zweig ausgeführt werden, unabhängig davon, in welchen Allgemeinen Technischen Vertragsbedingungen (ATV) des Teils C der VOB diese Arbeiten behandelt werden. Fachlose können regional verschieden sein. Allgemein ist es z. B. üblich, Erd-, Mauer-, Beton- und Stahlbetonarbeiten zusammen als ein Fachlos zu vergeben, obgleich sie verschiedenen ATV'en angehören. Die Fachlosvergabe entspricht damit der Struktur der mit der Erbringung von Bauleistungen befassten Unternehmen.“*
(DVA, 2000, S. 555 ff.)

Aus wirtschaftlichen oder technischen Gründen können Fachlose zusammengefasst werden. Dies könnte z. B. der Fall sein, wenn eine Schnittstellendefinition zwischen verschiedenen Gewerken nicht oder nur aufwendig möglich wäre.

Der Grundsatz gemäß § 5 VOB/A, Bauleistungen so zu vergeben, dass eine einheitliche Ausführung und zweifelsfreie umfassende Haftung für Mängelansprüche erreicht wird, heißt nicht, dass dies allein als eine Rechtfertigung für eine sonst nicht begründete Zusammenfassung von Fachlosen gelten kann.

Bei umfangreichen Baumaßnahmen werden **Teillose** vorgesehen, um

- den Forderungen nach Förderung des Mittelstandes nachzukommen,
- die Leistungsfähigkeit des Bewerberkreises zu nutzen und damit die Einhaltung des Projektterminplans sicherzustellen,
- dem Wirtschaftlichkeitsgebot der Haushaltsordnungen von Bund, Ländern und Gemeinden zu entsprechen.

Fachlose stellen den Regelfall der Ausschreibungen dar. Dabei ist naturgemäß der Bieterkreis aufzufordern, der für die Ausführung der Bauleistung fachlich geeignet ist. Dies ist der Fall, wenn bei zulassungspflichtigen Handwerken (siehe Kapitel 8.8) der Bieter in die Handwerksrolle eingetragen ist bzw. über die notwendige Fachkunde, Leistungsfähigkeit und Zuverlässigkeit verfügt. Bezüglich des Berufsbildes der einzelnen Handwerke und Berufszweige kann auf die handwerksrechtlichen Abgrenzungen der Handwerkskammern der Länder und Regionen und der Berufsverbände zurückgegriffen werden (DIHK 2013).

Unabhängig davon kann in **Leistungspaketen** (Bündelung von Fachlosen, z. B. „Rohbauarbeiten") ausgeschrieben werden. Dies ermöglicht,

- fachübergreifend anzubieten,
- den Koordinierungsaufwand zu minimieren,
- Synergieeffekte zu nutzen,
- eine einheitliche Gewährleistung für voneinander abhängige Fachlose zu ermöglichen,
- die Kosten- und Terminsicherheit zu erhöhen.

Hierbei ist anzumerken, dass das Bestreben des AG nach Einsparung des Koordinierungsaufwandes oder einer scheinbar höheren Termin- und Kostensicherheit für sich genommen noch keine hinreichende Begründung darstellt, um von der Vergabe nach Einzelfachlosen abzuweichen.

1.3.3 Positionsarten

Die Leistungsbeschreibung mit LV ist nach Teilleistungen (= Positionen) gegliedert. Die VOB erwähnt nur eine Ordnungszahl (**Position**), d. h. eine Teilleistung mit einer Mengenangabe, einer Abrechnungseinheit und einem anzugebenden EP und der daraus sich ergebenden Positionssumme.

Wünschenswert sind LV, die keine Sonderpositionen wie Bedarfspositionen oder Alternativpositionen (die vergabe- und vertragsrechtlich kritisch zu bewerten sind) enthalten. In Abb. 1.6 wird ein Beispiel für eine LV-Position gegeben.

Positions-nummer	Positionstext	Menge	Einheit	EP	GP
1.1	Fassadenelement mit Öffnungsflügeln, Holzart Kiefer, weiterer technischer Beschrieb siehe ZTV, Rahmenmaterialgruppe 1.0 SSK 4, Rohbauöffnung: 6,01 × 2,90 m, 5 DK-Flügel 1,00 × 1,51 m, 1 Tür 1,01 × 2,01 m, Paneelfelder H = 0,5 m, Oberlichter auf gesamte Elementbreite als Kippflügel, Aufteilung siehe Plannummer D 12.2	1	Stück		

Abb. 1.6:   Beispiel für eine LV-Position

Positions-nummer	Positionstext	Menge	Einheit	EP	GP
Bedarfs-position mit Gesamtpreis					
1.2	Fassadenelement mit Öffnungsflügeln, wie Position 1.1, jedoch Ausführung in Material Kunststoff. Aufteilung siehe Plannummer D 12.2	1	Stück		

Abb. 1.7:   Beispiel für eine Bedarfsposition

Bedarfspositionen (siehe Abb. 1.7), oft auch als Eventualpositionen bezeichnet, die in § 7 Abs. 1 Nr. 4 VOB/A erwähnt sind, sind grundsätzlich nicht in die Leistungsbeschreibung aufzunehmen. Sie stellen einen absoluten Ausnahmefall dar. Auf die Problematik dieser Positionsart wird in Kapitel 5.4.3 eingegangen.

Positions-nummer	Positionstext	Menge	Einheit	EP	GP
Alternativ-position					
1.1	Fassadenelement wie in Position 1.1 beschrieben, jedoch Ausführung in Kunststoff	1	Stück	nur EP	

Abb. 1.8:   Beispiel für eine Alternativposition

Positions-nummer	Positionstext	Menge	Einheit	EP	GP
Zulage	zu Position 1.1				
1.1	Zulage zu Position 1.1 für Ausführung der Paneelfelder, Außenschale als Faserzementplatte (siehe ZTV Punkt 3.2)	1	Stück		

Abb. 1.9:   Beispiel für eine Zulageposition

Weitere Positionsarten sind in der VOB nicht erwähnt. Dennoch tauchen in Ausschreibungen häufig weitere Positionsarten auf:

Alternativpositionen (siehe Abb. 1.8), oft auch als Wahlpositionen bezeichnet, werden als Variante einer Position (Grundposition) ausgeschrieben. Dabei wird in der Regel der gleiche Mengenansatz gewählt, jedoch nur die Angabe des EP verlangt. Ob die Grund- oder Alternativposition zur Ausführung kommt, entscheidet der AG bei der Vergabe, d. h., es sind Verschiebungen der Bieterreihenfolge durch Wertung von Alternativpositionen denkbar. Im Grunde stellen diese Alternativpositionen nichts anderes als Bedarfspositionen dar. Die Problematik dieser Positionsart wird in Kapitel 5.4.4 beschrieben.

Zulagepositionen (siehe Abb. 1.9) werden häufig als Variante einer Grundposition abgefragt. Die Bieter sollen in dieser Position nur den über die Grundposition hinausgehenden Aufwand kalkulieren. Oft werden sie auch als Mehr- oder Minderpreisabfrage von Grundpositionen aufgenommen. Die Problematik dieser Positionsart wird in Kapitel 5.6.10 dargestellt.

1.4 Typische Vertragsgestaltungen im Baurecht

In der VOB/A werden verschiedene Vertragstypen benannt:

„§ 4 Vertragsarten

(1) Bauleistungen sind so zu vergeben, dass die Vergütung nach Leistung bemessen wird (Leistungsvertrag), und zwar:
1. *in der Regel zu Einheitspreisen für technisch und wirtschaftlich einheitliche Teilleistungen, deren Menge nach Maß, Gewicht oder Stückzahl vom Auftraggeber in den Vertragsunterlagen anzugeben ist (Einheitspreisvertrag),*
2. *in geeigneten Fällen für eine Pauschalsumme, wenn die Leistung nach Ausführungsart und Umfang genau bestimmt ist und mit einer Änderung bei der Ausführung nicht zu rechnen ist (Pauschalvertrag).*

(2) Abweichend von Absatz 1 können Bauleistungen geringeren Umfangs, die überwiegend Lohnkosten verursachen, im Stundenlohn vergeben werden (Stundenlohnvertrag).

(3) Das Angebotsverfahren ist darauf abzustellen, dass der Bieter die Preise, die er für seine Leistungen fordert, in die Leistungsbeschreibung einzusetzen oder in anderer Weise im Angebot anzugeben hat.

(4) Das Auf- und Abgebotsverfahren, bei dem vom Auftraggeber angegebene Preise dem Auf- und Abgebot der Bieter unterstellt werden, soll nur ausnahmsweise bei regelmäßig wiederkehrenden Unterhaltungsarbeiten, deren Umfang möglichst zu umgrenzen ist, angewandt werden.“
(§ 4 VOB/A)

In der VOB/A sind folgende Vertragsarten genannt (ihre Vor und Nachteile werden in Kapitel 5.7 dargestellt):

- Einheitspreisvertrag
- Pauschalvertrag
- Stundenlohnvertrag
- Rahmenvertrag (für regelmäßig wiederkehrende Unterhaltungsarbeiten)

Der **Einheitspreisvertrag** stellt die im Bauwesen gebräuchlichste Variante dar. Die Leistungsbeschreibung mit LV, in der für unterschiedliche Teilleistungen (= Positionen) Einheitspreise (EP) abgefragt werden, ist der Regelfall der Ausschreibung von Bauleistungen. In der Regel werden hierzu in jeder Position Menge und Abrechnungseinheit vorgegeben. In Ausnahmefällen werden Positionen auch „pauschal" abgefragt, d. h. ohne Angabe von Menge und Abrechnungseinheit.

Der **Pauschalvertrag** regelt die Vergütung pauschal, d. h, die Anfertigung des Aufmaßes entfällt in der Regel. In der Praxis gibt es üblicherweise 2 Varianten, wie Pauschalverträge ausgeschrieben werden:

Variante 1: Ein Pauschalvertrag wird basierend auf einer Leistungsbeschreibung mit LV und genauen Mengenvordersätzen ausgeschrieben. Im Unterschied zum Einheitspreisvertrag ist die Vergütung insgesamt pauschaliert (auch als **Detailpauschalvertrag** bezeichnet). Beim Nachtragsmanagement ist in diesem Fall von Vorteil, dass bei zusätzlichen oder geänderten Leistungen bereits Preise von Teilleistungen vorliegen, die bestenfalls fortgeschrieben werden können.

Variante 2: Ein Pauschalvertrag wird basierend auf einer Leistungsbeschreibung mit Leistungsprogramm – d.h. einer funktionalen Leistungsbeschreibung mit einer Pauschale als Vergütung (auch als **Globalpauschalvertrag** bezeichnet) – ausgeschrieben.

Der **Stundenlohnvertrag** sieht nicht die Abrechnung nach Positionen, sondern nach Zeitaufwand vor. Dies hat dann seine Berechtigung, wenn die Leistung

- vorher nicht beschrieben werden kann und
- kleineren Umfangs ist.

Dabei wird nach vorher im Wettbewerb ermittelten bzw. frei vereinbarten Stundensätzen die Leistung nach Rapportierung, d.h. Aufschrieb der geleisteten Stunden auf Stundenlohnzetteln, abgerechnet. In den Stundenlohnzetteln sind anzugeben:

- Datum der Ausführung
- Bezeichnung der Baustelle
- genaue Bezeichnung des Ausführungsortes innerhalb der Baustelle
- Art der Leistung
- die Namen der Arbeitskräfte und Berufsgruppenbezeichnung (Gehaltsgruppe)
- Anzahl der geleisteten Stunden je Arbeitskraft
- Angaben über Gerätestunden
- Menge, Einheit und Art von verbrauchten Stoffen

Musterformulare für den Stundenlohnvertrag sind im KVHB-Bau zu finden.

Der **Rahmenvertrag** (für regelmäßig wiederkehrende Unterhaltungsarbeiten) wird bei vielen AG in der Gebäudeunterhaltung angewandt. Hierfür findet man oft auch den Begriff „**Jahresbau**", da diese Rahmenverträge für einen Zeitraum von ein oder mehreren Jahren an die im Wettbewerb ermittelten Firmen in der Regel zu Festpreisen vergeben werden.

Vertragsmuster für Rahmenverträge sind im jeweils aktuellen KVHB-Bau enthalten. Bestimmende Merkmale sind

- wiederkehrende Leistungen,
- Dringlichkeit, d.h. kurzfristiger Abruf der Leistungen, da ansonsten der weitere Betriebsablauf gestört ist und unter Umständen weit höhere Kosten drohen (da das Erfordernis der kurzfristigen Verfügbarkeit weite Anfahrtswege der AN ausschließt, bieten sich hier in aller Regel nur in der Region ansässige Handwerker an),
- mangelnde Bestimmbarkeit der Leistung im Vorfeld.

Beispiele

Darunter fallen z. B. der kurzfristige Austausch defekter Wasserhähne, Waschbecken, Klospülungen, ausfallende Heizungen bzw. Lüftungen, defekte Beleuchtungen, Schalter etc. in Kliniken, Kindergärten und Schulen. Es ist unschwer einsehbar, dass bei einer defekten Heizung oder einer eingeschlagenen Scheibe in einem Klassenzimmer bei minus 20 Grad Außentemperatur keine öffentliche Ausschreibung stattfinden kann.

In der Praxis haben sich noch einige weitere Vertragsformen im Bauwesen herausgebildet. Diese Sonderformen mögen bei manchen Projektarten ihre Berechtigung haben. Dabei sind im Einzelfall jedoch immer die Vor- und Nachteile sowie die möglichen Risiken, insbesondere für den AG, abzuwägen. Eine Generalempfehlung für die eine oder andere Sonderform von Bauverträgen, abweichend von den in der VOB genannten Vertragsformen, ist nicht möglich. Dazu sind die Projektvoraussetzungen in der Praxis zu unterschiedlich. In den Abb. 1.10 bis Abb. 1.12 werden die Sonderformen von Bauverträgen mit den jeweils beteiligten Parteien dargestellt.

In der Literatur werden die Begriffe Generalunternehmer, Generalübernehmer, Totalunternehmer und Totalübernehmer zum Teil in unterschiedlichen Bedeutungen verwendet. Um eine Eindeutigkeit der Begriffe herzustellen, wurden für die weiteren Ausführungen die Begriffe aus Kapellmann/Schiffers (2006) übernommen.

Der **Generalunternehmer (GU)** wird mit der Ausführung sämtlicher Bauleistungen einer Baumaßnahme beauftragt, d. h., die Planung erfolgt AG-seitig. Dabei erbringt der GU einen Teil der Bauleistung im eigenen Betrieb, den Rest vergibt er an Nachunternehmer. Der GU ist alleiniger Vertragspartner des AG.

Im Vergleich mit dem GU erbringt der **Generalübernehmer (GÜ)** keine Bauleistung im eigenen Betrieb, d. h., er vergibt sämtliche Bauleistungen an Nachunternehmer. Seine Leistung beschränkt sich auf die Koordination der Nachunternehmer und die kaufmännische und organisatorische Abwicklung.

Der **Totalunternehmer (TU)** wird mit der Planung und Ausführung sämtlicher Bauleistungen einer Baumaßnahme beauftragt. Hierbei gibt es, wie aus Abb. 1.12 ersichtlich, Mischformen zwischen teilweise AG-seitiger und teilweiser TU-Planung (ausgehend von den Leistungsphasen [LPH] 1–5 HOAI), was zu Schnittstellenproblematiken in Planung und Ausführung führen kann, die im Vorfeld sehr gut bedacht werden sollten. Zum Beispiel bekommt der TU ein baureifes Grundstück zur Verfügung gestellt und wird damit beauftragt, einen Kindergarten nach vorgegebenem Raumprogramm und vom AG mehr oder minder grob definierten Standards der Bauteile zu planen und schlüsselfertig zu erstellen. Dabei erbringt der TU einen Teil der Leistung im eigenen Betrieb, z. B. einen Teil der Planung, den Rest vergibt er an Nachunternehmer.

Abb. 1.10:   Einheitspreisvertrag (ggf. Stundenlohn- oder Rahmenvertrag) bzw. Pauschalvertrag

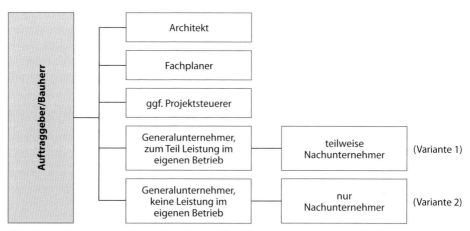

Abb. 1.11:   Generalunternehmer- bzw. Generalübernehmervertrag

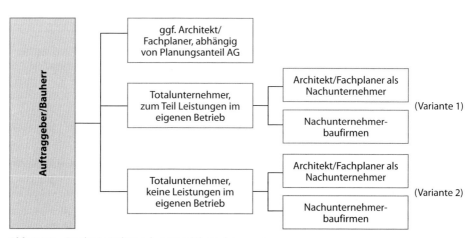

Abb. 1.12:   Totalunternehmer- bzw. Totalübernehmervertrag

Im Vergleich mit dem TU erbringt der **Totalübernehmer (TÜ)** selbst keine Leistung mehr. Seine Tätigkeit beschränkt sich auf die reine Koordination der Nachunternehmer und die kaufmännische und organisatorische Abwicklung.

Kennzeichen eines GU- und GÜ-Vertrages ist, dass die Bauausführung komplett in der Verantwortung einer Firma ist, Kennzeichen von TU und TÜ ist, dass sowohl die Planung als auch die Bauausführung beim AN liegen.

Grundlage für TU-/TÜ-Ausschreibungen ist in der Regel eine funktionale Leistungsbeschreibung. Werden Teile der Planung vom AG übernommen (z. B. die Entwurfsplanung), wird von teilfunktionaler Leistungsbeschreibung gesprochen. Die Beauftragung eines Projektsteuerers ist bei den Vertragsformen TU/TÜ in der Regel sicherlich entbehrlich.

Jeder AG sollte sich bei diesen Sonderformen bewusst machen, dass Verlagerung von Planungs- und Koordinierungsaufgaben auf den Vertragspartner nicht nur den Vorteil der Einsparung von Personal- und Sachkosten beim AG, sondern auch den Nachteil geringerer Kontrolle und Einflussnahme auf die Wahl der Vertragspartner und auf die Baustellenabwicklung bedeutet. Je nach Vertragsgestaltung trägt zwar nun der AN einen Großteil der Verantwortung, die Überwachung und Kontrolle des AN bleibt jedoch weiterhin Bauherrenaufgabe. Wenn jedoch die Überwachung des AN im schlimmsten Fall für den AG mehr Aufwand bedeutet, ist der General- oder Totalunternehmer- bzw. General- oder Totalübernehmervertrag keine Erleichterung mehr, sondern eine zusätzliche Belastung, die ihn zudem noch teurer zu stehen kommt als bei einer klassischen Projektorganisation mit Architekt, Fachplaner und Fachlosvergaben.

Zunehmende Beauftragungen von GU wirken außerdem der politisch vielfach propagierten Förderung des Mittelstandes entgegen, führen zur Einengung des Wettbewerbs und damit langfristig gesehen zu steigenden Baupreisen.

In Tabelle 1.1 werden die Vor- und Nachteile der klassischen Bauvertragsformen gegenübergestellt, die vom AG zusammen mit den Fachplanern und Projektsteuerern sorgfältig in den frühen Planungsphasen (bei funktionalen Leistungsbeschreibungen vor Beauftragung des TÜ) abgewogen werden sollten. Im Falle der Entscheidung für einen TÜ-Vertrag auf Basis einer funktionalen Leistungsbeschreibung, ist die frühe Einbindung des TÜ ins Projekt zu empfehlen.

„Die Vergabe aller Fachlose an einen Generalunternehmer führt nach überwiegender Auffassung in der Regel zu wirtschaftlich weniger günstigen Ergebnissen als die Vergabe nach Fachlosen oder die Vergabe in Leistungspaketen. Der Bundesrechnungshof geht aufgrund seiner Nachprüfungen von der Regelvermutung aus, dass Generalunternehmervergaben etwa 10 v. H. teurer sind als eine Vergabe nach Fachlosen. Sie ist deswegen nur in besonders begründeten Ausnahmefällen mit dem Gebot der Wirtschaftlichkeit zu vereinbaren.“
(DVA, 2000, Seite 556)

Tabelle 1.1:   Vor- und Nachteile der Bauvertragsformen aus Sicht des AG

Abbildung/Vertrag	Vorteile	Nachteile
Abb. 1.10 **Einheitspreisvertrag** (bzw. Stundenlohn- oder Rahmenvertrag)	• Planungs- und Terminhoheit • großer Einfluss auf Planungs- und Ausführungsqualität • höhere Kostensicherheit durch „ausgereifte" Planung und Beschreibung der Teilleistungen mit Mengen • Kostenansätze für Nachtragsmanagement vorhanden	• hoher Planungsaufwand und Koordination der an der Planung fachlich Beteiligten • hoher Aufwand bei LV-Erstellung und Mengenermittlung • hoher Aufwand bei Aufmaß und Abrechnung • Kostenkontrolle aufwendiger
Pauschalvertrag	• Planungs- und Terminhoheit • eventuell weniger Aufwand bei LV-Erstellung und Mengenermittlung • weniger Aufwand bei Aufmaß und Abrechnung • geringerer Aufwand bei Kostenkontrolle • vermeintliche Kostensicherheit	• hohes Kostenrisiko, wenn Leistungsumfang der Pauschale nicht klar definiert. Damit auch hohes Streitpotenzial • Nachtragsmanagement schwieriger durch fehlende Kostenansätze
Abb. 1.11 **GU-/GÜ-Vertrag** (auf Basis Einheitspreisvertrag)	• hoher Einfluss auf Planungsqualität • Aufwand der Koordination der Baufirmen entfällt • höhere Kostensicherheit durch „ausgereifte" Planung und Beschreibung der Teilleistungen mit Mengen • weniger Aufwand bei Aufmaß und Abrechnung	• geringerer Einfluss auf Ausführungsqualität • Terminsteuerung diffiziler (kein direkter Einfluss auf Nachunternehmer) • unter Umständen höheres Streitpotenzial • sonst analoge Nachteile wie bereits unter Einheitspreisvertrag geschildert
GU-/GÜ-Vertrag (auf Basis Pauschalvertrag)	• siehe Ausführungen zum Pauschalvertrag	• siehe Ausführungen zum Pauschalvertrag
Abb. 1.12 **TU-/TÜ-Vertrag**	• vermeintlich weniger Aufwand und Personalersparnis für den AG, in der Praxis sogar Mehraufwand durch Kontrollaufgaben des AG	• geringer Einfluss auf Planungs- und Ausführungsqualität und Terminsteuerung • nur ein Ansprechpartner, damit hohe Abhängigkeit vom TU/TÜ! • bei Schlechtleistung durch TU ggf. hoher Schaden für AG durch Verzögerungen und Mehrforderungen • im Kündigungsfall: schwierige Abgrenzung bereits erbrachter Leistung von noch zu erbringenden Leistungen • hohes Streitpotenzial • Nachtragsmanagement sehr schwierig, da in der Regel keine EP für Teilleistungen im Angebot ausgewiesen sind • je nach Planungsanteil AG: hohes Schnittstellenrisiko mit der Gefahr der Doppeltvergütung • große Gefahr, dass merkantiles Interesse des TU/TÜ auf Kosten der Bauwerksqualität geht

Eine weitere Sonderform sind die **Public-Private-Partnership-(PPP-) Modelle**, die auch als Öffentlich-Private-Partnerschaften (ÖPP) bezeichnet werden. Nach diesem Modell übernimmt z. B. ein privater AN (Investor) die Planung, Errichtung, Finanzierung und Unterhaltung bzw. den Betrieb eines Bauvorhabens (meist über einen Zeitraum von 20 bis 30 Jahren) und überlässt es gegen ein monatliches Leistungsentgelt einem öffentlichen AG zur Nutzung.

Auf der Plattform des Bundesverbandes der deutschen Bauindustrie (Hauptverband der Deutschen Bauindustrie, 2016) wird dabei nach folgenden Modellen unterschieden: Inhaber-, Erwerber-, Leasing-, Vermietungs-, Konzessions-, Contracting- und Gesellschaftsmodell. Ob dabei die Regeln für öffentliche AG gelten (und damit die VOB anzuwenden ist) oder nicht, richtet sich u. a. nach dem Grad der Beteiligung des öffentlichen AG. Die hohen Erwartungen an PPP-Modelle haben sich jedoch nach einer Pressemitteilung des Rechnungshofs Baden-Württemberg vom 16. März 2009 nicht bestätigt. In einer „Wirtschaftlichkeitsanalyse von ÖPP-Projekten der ersten und zweiten Generation bei Hochbaumaßnahmen des Landes" kommt der Rechnungshof zu dem Schluss, dass *„die in den Raum gestellten Effizienzrenditen von über 10 % auf Dauer nicht zu erwarten sind"*.

Bei 3 betrachteten Maßnahmen der 1. ÖPP-Generation, d. h. ABC-Ausschreibung (A = Angebot für konventionelle Baudurchführung [in der Regel durch einen GU], B = Finanzierungsangebot und C = Investorenkomplettangebot für A und B ggf. mit Bauunterhalt), waren gegenüber der Eigenbauvariante im Durchschnitt 1,41 % Minderausgaben, bei 2 Maßnahmen der 2. ÖPP-Generation (Verhandlungsverfahren) waren gegenüber der Eigenbauvariante im Durchschnitt 4,56 % Minderausgaben zu verzeichnen. Dieses Ergebnis relativiert sich noch, wenn berücksichtigt wird, dass je nach Annahmen für die Kostenschätzung der Eigenbauvariante hohe Ungenauigkeiten gegenüber dem Investorenangebot vorliegen können.

In seiner Expertise warnt der Rechnungshof bei Vertragslaufzeiten von üblicherweise 20 bis 30 Jahren vor einer steigenden Vorbelastung künftiger Haushalte von Bund, Ländern und Kommunen („graue Verschuldung"). Die Beispiele zeigten, dass ÖPP-Projekte nicht von vornherein als die wirtschaftlichere Variante angesehen werden können. Um dies entscheiden zu können, sei ein Vergleich anhand konkreter Angebote erforderlich.

In einem „Gemeinsamen Erfahrungsbericht zur Wirtschaftlichkeit von ÖPP-Projekten" der Rechnungshöfe des Bundes und der Länder aus dem Jahr 2011 wird hierzu ausgeführt:

„Die Rechnungshöfe des Bundes und der Länder sind der Auffassung, dass eine Öffentlich-Private-Partnerschaft (ÖPP) eine wertneutrale Beschaffungsvariante zu konventionellen Bau-und Finanzierungsmodellen darstellt. Sie stellen sich damit nicht grundsätzlich gegen ÖPP-Projekte, sondern fordern den Nachweis, dass die Vorteilhaftigkeit dieser Beschaffungsvariante gegenüber der Eigenbesorgung der öffentlichen Hand in jedem Einzelfall objektiv und transparent nachgewiesen wird. Dies leitet sich aus dem haushaltsrechtlichen Gebot der wirtschaftlichen und sparsamen Verwendung öffentlicher Gelder ab." (Rechnungshöfe des Bundes und der Länder, 2011, S. 1)

In den Vorbemerkungen des zitierten Erfahrungsberichtes heißt es:

„• *ÖPP-Projekte, die sich die öffentliche Hand konventionell finanziert nicht leisten kann, darf sie sich ebenso wenig alternativ finanziert leisten. Bei ÖPP-Projekten treten laufende Zahlungsverpflichtungen aus Projektverträgen an die Stelle von Zins-und Tilgungslasten und belasten künftige Haushalte in gleicher oder ähnlicher Weise.*

• *Die Wirtschaftlichkeit eines ÖPP-Projektes muss in jedem Einzelfall und über die gesamte Laufzeit hinweg (Lebenszyklusansatz) nachgewiesen sein."*
(Rechnungshöfe des Bundes und der Länder, 2011, S. 1)

1.5   Leistungsbeschreibung

Eine Legaldefinition des Begriffs „Leistungsbeschreibung" findet sich weder im BGB noch in der VOB, auch wenn in § 7 VOB/A zwischen Leistungsbeschreibung mit LV und Leistungsbeschreibung mit Leistungsprogramm differenziert und mögliche Bestandteile der Leistungsbeschreibung aufgelistet werden.

So merkt Quack zutreffend an, dass kaum ein Begriff der baurechtlichen Literatur mit so unterschiedlichen Bedeutungen verwendet wird. 2 Zitate mögen dies belegen:

„*Juristisch ist die Leistungsbeschreibung beim Werkvertrag die vertragliche Festlegung des geschuldeten Werkerfolges.*"
(Quack, 2003, S. 315 ff.)

„*Entgegen diesen Aussagen werde ich nachfolgend darstellen, dass die Leistungsbeschreibung nicht die ‚Leistung' des Unternehmers bzw. das geschuldete Werk bestimmt, sondern die Vereinbarung der Parteien zur geschuldeten Vergütung enthält, zumindest der Kriterien zur Bestimmung der vertraglichen Vergütung.*"
(Leitzke, 2007, S. 1643)

Wenn, wie Leitzke formuliert, die Leistungsbeschreibung nicht das geschuldete Werk bestimmt, stellt sich die Frage: Was beschreibt die Leistungsbeschreibung, wenn sie nicht die Leistung beschreibt?

Praxisbezogener dürfte die Definition von Drossart sein, nach der die Leistungsbeschreibung sich aus all den Angaben zusammensetzt, die die Anforderungen an das Leistungsziel (den Werkerfolg) und an die zur Zielerreichung notwendigen einzelnen Teilleistungen festlegen. Dabei sei unerheblich, wo diese Anforderungen im Vertrag beschrieben sind (Drossart, 2008).

In der Literatur wird neben dem Begriff der Vergabeunterlagen, der die Gesamtheit aller der Vergabe zugrunde liegenden Unterlagen bezeichnet (manche Unterlagen werden nicht Vertragsbestandteil wie z. B. das Anschreiben zur Angebotsaufforderung), noch vereinzelt der veraltete Begriff der „Verdingungsunterlagen" verwendet. Sie sind synonym zu verstehen.

Einige Hinweise und Bestimmungen zur Leistungsbeschreibung sind in der VOB/A formuliert. Von entscheidender Bedeutung ist § 2, der in der Praxis erfahrungsgemäß jedoch zu wenig beachtet wird:

„Der Auftraggeber soll erst dann ausschreiben, wenn alle Vergabeunterlagen fertiggestellt sind und wenn innerhalb der angegebenen Fristen mit der Ausführung begonnen werden kann."
(§ 2 Abs. 5 VOB/A)

Neben § 2 sind die folgenden §§ 7 und 8 VOB/A von essenzieller Bedeutung für die ordnungsgemäße Erstellung der Vergabeunterlagen und damit auch der Leistungsbeschreibung. Der Bieter muss im Moment der Kalkulation und Angebotserstellung eindeutig und erschöpfend erkennen können, was er vertraglich später zu erbringen hat. Tatsächlich werden diese Paragraphen aber viel zu wenig beachtet, was sich in den vielen Negativbeispielen – beschrieben in Kapitel 5 – widerspiegelt.

„§ 7 Leistungsbeschreibung Allgemeines

(1) 1. Die Leistung ist eindeutig und so erschöpfend zu beschreiben, dass alle Unternehmen die Beschreibung im gleichen Sinne verstehen müssen und ihre Preise sicher und ohne umfangreiche Vorarbeiten berechnen können.

2. Um eine einwandfreie Preisermittlung zu ermöglichen, sind alle sie beeinflussenden Umstände festzustellen und in den Vergabeunterlagen anzugeben.

3. Dem Auftragnehmer darf kein ungewöhnliches Wagnis aufgebürdet werden für Umstände und Ereignisse, auf die er keinen Einfluss hat und deren Einwirkung auf die Preise und Fristen er nicht im Voraus schätzen kann.

4. Bedarfspositionen sind grundsätzlich nicht in die Leistungsbeschreibung aufzunehmen. Angehängte Stundenlohnarbeiten dürfen nur in dem unbedingt erforderlichen Umfang in die Leistungsbeschreibung aufgenommen werden.

5. Erforderlichenfalls sind auch der Zweck und die vorgesehene Beanspruchung der fertigen Leistung anzugeben.

6. Die für die Ausführung der Leistung wesentlichen Verhältnisse der Baustelle, z. B. Boden- und Wasserverhältnisse, sind so zu beschreiben, dass das Unternehmen ihre Auswirkungen auf die bauliche Anlage und die Bauausführung hinreichend beurteilen kann.

7. Die ‚Hinweise für das Aufstellen der Leistungsbeschreibung' in Abschnitt 0 der Allgemeinen Technischen Vertragsbedingungen für Bauleistungen, DIN 18299 ff., sind zu beachten.

(2) In technischen Spezifikationen darf nicht auf eine bestimmte Produktion oder Herkunft oder ein besonderes Verfahren, das die von einem bestimmten Unternehmen bereitgestellten Produkte charakterisiert, oder auf Marken, Patente, Typen oder einen bestimmten Ursprung oder eine bestimmte Produktion verwiesen werden, es sei denn

1. dies ist durch den Auftragsgegenstand gerechtfertigt oder

2. der Auftragsgegenstand kann nicht hinreichend genau und allgemein verständlich beschrieben werden; solche Verweise sind mit dem Zusatz ‚oder gleichwertig' zu versehen.

(3) Bei der Beschreibung der Leistung sind die verkehrsüblichen Bezeichnungen zu beachten."
(§ 7 VOB/A)

„Die Vergabeunterlagen bestehen aus
1. *dem Anschreiben (Aufforderung zur Angebotsabgabe), gegebenenfalls Teilnahmebedingungen (Absatz 2) und*
2. *den Vertragsunterlagen (§§ 7 bis 7c und 8a)."*
(§ 8 Abs. 1 VOB/A)

Auch private und kommerzielle AG sollten diese Hinweise beachten. Die nachfolgend getroffenen Aussagen gelten grundsätzlich für alle Arten von Leistungsbeschreibungen.

Öffentliche AG erstellen die Leistungsbeschreibung in der Regel selbst (bzw. durch einen vom AG beauftragten Architekten oder Fachplaner). **Private und kommerzielle AG,** die die VOB/A nicht beachten müssen, haben keine Verpflichtung, die Leistungsbeschreibung selbst zu erstellen. Insoweit können also auch Hersteller von Bauprodukten, Bewerber oder spätere AN unproblematisch ohne Rücksichtaufnahme auf Vorbefasstheit (Projektantenstatus) bei der Erstellung der Leistungsbeschreibung hinzugezogen werden.

1.5.1   Methodik und Systematik von Leistungsbeschreibungen

Der Erfolg einer Ausschreibung hängt neben der planerischen Vorbereitung der Bauaufgabe wesentlich von einer systematischen, d. h. strukturierten und logisch nachvollziehbaren Leistungsbeschreibung ab.

Methodisch birgt die mündliche Beschreibung der Leistung ohne schriftliche Dokumentation ein hohes Risiko von Missverständnissen zwischen AG und Bieter und findet deswegen im Bauwesen nur selten Anwendung. Bei Stundenlohnarbeiten wird zwar zuweilen „auf Zuruf" der Leistungsinhalt beschrieben, dabei sind jedoch ohne ergänzende Planzeichnungen und Details Streitigkeiten programmiert, weshalb sich die schriftliche und zeichnerische Darstellung der Bauleistung (schon allein aus Beweisgründen) durchgesetzt hat.

Systematisch ist in folgenden Schritten vorzugehen:

- Die Art der Leistungsbeschreibung ist zu entscheiden (mit LV oder mit Leistungsprogramm).
- Die Bestandteile der Vergabeunterlagen sind festzulegen (siehe Kapitel 1.5.2 ff.).
- Es ist festzulegen, welcher Planer welche Beiträge zu erbringen hat.
- Die Bestandteile der Vergabeunterlagen sind zu vorzubereiten.

Bei dem letzten Schritt ist zu beachten:

- Was ist über die DIN-Normen und VOB/C hinaus notwendig zu regeln?
- Was kann in Zusätzlichen Technischen Vertragsbedingungen (ZTV) geregelt werden, das für viele Positionen gilt (z. B. Glas-, Paneel-, Beschlagtypen im Fassadenbau oder Schalungstypen im Betonbau)?
- Wiederholungen sollten vermieden werden.
- Das LV sollte so ausführlich wie nötig, so kurz wie möglich sein.
- Man sollte sich immer wieder in die Rolle des Bieters hineinversetzen. Sind die Formulierungen verständlich und kalkulierbar?

- Ist der Umfang der Leistung klar beschrieben (bauseitige Leistungen/ Schnittstellen zu anderen Gewerken)?
- Auf sprachliche Disziplin und die Verwendung von Fachbegriffen ist zu achten.

Hilfreich ist es, sich an den W-Fragen in Tabelle 1.2 zu orientieren. Das soll an einem LV-Beispiel verdeutlicht werden. Dieses Beispiel ist nicht als Vorzeigeposition zu verstehen, denn kein Bauprojekt gleicht dem anderen. Die Einbau- und Projektrandbedingungen sind naturgemäß immer unterschiedlich.

Egal welches Bauprojekt, es bietet sich immer an, dieses mit einer imaginären Kamera zu erfassen – zunächst das Gebäude in seiner Gesamtheit zu erfassen und nach und nach die Details zu berücksichtigen, dann ergibt sich eine Hierarchie der Gebäudeebenen (siehe Tabelle 1.3).

Beachtet der Ausschreibende konsequent diese Schritte, kann er sicher sein, keine Teilleistung übersehen zu haben.

Tabelle 1.2: LV-Beispiel zu den W-Fragen

W-Frage	Stichwort	Leistungsbeschreibung[1]
was	Kurztext	Fassadenelement
	Baumaßnahme	Neubau Altenheim, öffentliches Gebäude
	Blendrahmen B × H	6,01 × 2,90 m (Rohbauöffnung)
	Material/Güte	Holzart Fichte
	Einbau	stumpf in Leibung aus KS-Mauerwerk 17,5 cm, siehe Detail D 8 außenseitig: bauseitig anschließendes Wärmedämm-Verbundsystem, innenseitig: bauseitiger Gipsputz
	Aufteilung, Öffnungsarten	Abmessung und Aufteilung Öffnungsflügel gemäß beiliegender Übersichtszeichnung
	Rahmenquerschnitte	Bemessung nach Empfehlungen des Instituts für Fenstertechnik Rosenheim e. V.
	Aufbau von Brüstungselementen	Paneel Typ P 3, siehe Beschrieb in beiliegenden ZTV
	Anschlüsse zum Baukörper	siehe beiliegende Details, unterer Anschluss nach DIN 18025 Barrierefreie Wohnungen, Teil 1
	Öffnungsarten	Typ B1 bzw. B2, Beschrieb in beiliegenden ZTV, Fensterolive siehe Beschrieb ZTV
	Wetterschutzschiene	Alu natur eloxiert, Stärke 3 mm, mehrfach gekantet, siehe auch Detailplan D 1

Fortsetzung Tabelle 1.2

W-Frage	Stichwort	Leistungsbeschreibung[1]
	Dichtung	Mitteldichtung im Flügelrahmen mit Dichtprofilen
	Glasart und -dicke	Typ G 4 bzw. G 5, Beschrieb in beiliegenden ZTV
	Glashalteleisten	geschraubt, Abmessung siehe Detail, Holzart siehe Fenster
	Beschichtung	deckender Anstrich, Mindesttrockenschichtdicke > 100 μm, Anstrichgruppe B
	Farbton Blendrahmen und Öffnungsflügel	innen und außen weiß RAL 9010
	Fugenausbildung und Fugendämmung	Fugendämmung: PU-Ortschaum
	Sonnenschutz	außen liegender Sonnenschutz (Aluraffjalousien), siehe separate LV-Position und Detail D 18, am Blendrahmen befestigt
wozu	Funktion	Raumabschluss Patientenzimmer
wo	Einbauort	drittes OG, Achse C/12 Südfassade, Windlastzone 1, Einbauhöhe ca. 8 m
wann	Termin	siehe beigefügter Terminplan
wie	Holzschutz	kein vorbeugender Holzschutz vorgesehen
	Fensterbank	siehe separate LV-Position
	U_w-Wert	siehe Beschrieb in beiliegenden ZTV
	Schlagregendichtheit	nach DIN EN 12208 ungeschützt, Klasse 3 A
	Schallschutz	nach DIN 4109, $R_{w,R}$: maßgeblicher Außenlärmpegel … dB
wie viel	Anzahl	3
	Abrechnungseinheit	Stück
wer	Schnittstellen	Schnittstelle zu Flachdachabdichtung, siehe Detail D 9

[1] Erstellt auf der Grundlage der „ift-Ausschreibungshilfe zur Erstellung von LV für Fenster und Außentüren", Juli 2009, Institut für Fenstertechnik e.V., Rosenheim (ift-Rosenheim), www.ift-rosenheim.de. Ohne Anspruch auf Vollständigkeit und Richtigkeit.

Tabelle 1.3:   Hierarchie der Gebäudeebenen bei der LV-Erstellung

Hierarchieebene	Bezeichnung
1	Bauwerk, Baumaßnahme
2	Gebäudeteil bzw. Teil des Bauwerks
3	Gebäudehüllflächen (gegen Außenluft bzw. gegen Erdreich)
4	vor- und zurückspringende Gebäudeteile bzw. Anbauten
5	Ebene/Stockwerk
6	Raum bzw. Raumfolge
7	Bauteil bzw. Bauelement
8	Detailaufbau Bauteil bzw. Bauelement

1.5.2   Leistungsbeschreibung mit LV

Diese Art der Ausschreibung stellt den Regelfall der Ausschreibung dar und ist aufgrund der in den Positionen beschriebenen Teilleistungen für die Bauunternehmung auch aufgrund der Vorgabe klarer Mengen und Abrechnungseinheiten zuverlässig zu kalkulieren.

In § 7b VOB/A heißt es hierzu:

„(1) Die Leistung ist in der Regel durch eine allgemeine Darstellung der Bauaufgabe (Baubeschreibung) und ein in Teilleistungen gegliedertes Leistungsverzeichnis zu beschreiben.

(2) Erforderlichenfalls ist die Leistung auch zeichnerisch oder durch Probestücke darzustellen oder anders zu erklären, z. B. durch Hinweise auf ähnliche Leistungen, durch Mengen- oder statische Berechnungen. Zeichnungen und Proben, die für die Ausführung maßgebend sein sollen, sind eindeutig zu bezeichnen.

(3) Leistungen, die nach den Vertragsbedingungen, den Technischen Vertragsbedingungen oder der gewerblichen Verkehrssitte zu der geforderten Leistung gehören (§ 2 Absatz 1 VOB/B), brauchen nicht besonders aufgeführt zu werden.

(4) Im Leistungsverzeichnis ist die Leistung derart aufzugliedern, dass unter einer Ordnungszahl (Position) nur solche Leistungen aufgenommen werden, die nach ihrer technischen Beschaffenheit und für die Preisbildung als in sich gleichartig anzusehen sind. Ungleichartige Leistungen sollen unter einer Ordnungszahl (Sammelposition) nur zusammengefasst werden, wenn eine Teilleistung gegenüber einer anderen für die Bildung eines Durchschnittspreises ohne nennenswerten Einfluss ist.“

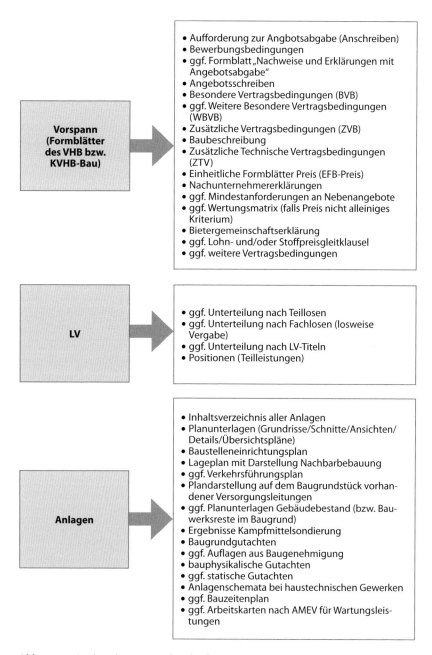

Abb. 1.13:   Struktur der Leistungsbeschreibung mit LV

Zur Veranschaulichung ist in Abb. 1.13 die Struktur einer Leistungsbeschreibung mit LV dargestellt.

Die Leistungsbeschreibung nach VOB besteht demnach aus:

- Anschreiben (Aufforderung zur Angebotsabgabe)
- ggf. Bewerbungsbedingungen

- Vertragsunterlagen, bestehend aus:
  – Angebotsschreiben
  – Besonderen Vertragsbedingungen (BVB)
  – Zusätzlichen Vertragsbedingungen (ZVB)
  – Baubeschreibung
  – ggf. ZTV
  – Leistungsbeschreibung mit LV oder Leistungsbeschreibung mit Leistungsprogramm
- VOB/B und VOB/C (ggf. als Vertragsbestandteil zu vereinbaren)

Die **Bewerbungsbedingungen** betreffen den vorvertraglichen Bereich und regeln bei AG, die ständig Bauleistungen vergeben, welche Bedingungen bei der Bewerbung um einen Auftrag gelten sollen (wie z. B. Form und Inhalt der Angebote).

Das **Angebotsschreiben** wird vom Bieter rechtsgültig unterschrieben. Dies wird bei digitaler Angebotsabgabe durch die digitale Signatur ersetzt.

Die **BVB** sind nach § 8a Abs. 4 VOB/A im Einzelfall zur Ergänzung der Allgemeinen Vertragsbedingungen (VOB/B) und der ZVB vorzusehen. Hier sind z. B. Regelungen über Wasser- und Stromanschlüsse, Ausführungsfristen, Vertragsstrafen, Verjährungsfristen für Mängelansprüche, Sicherheitsleistungen etc. zu finden.

Die **ZVB** sind für eine Vielzahl von Bauvorhaben geltende vertragliche Regelungen des AG, die in der VOB/B nicht enthalten sind, z. B. für Preisermittlungen (Angebots- und Nachtragskalkulation), Nachunternehmen, Anforderungen an die Rechnungsstellung, Stundenlohnarbeiten, Bürgschaften etc.

Die **Baubeschreibung** ist nach § 7b Abs. 1 VOB/A die allgemeine Darstellung der Bauaufgabe, d. h., sie soll dem Bewerber einen Überblick über die Baumaßnahme im Allgemeinen (Bauaufgabe, Gebäudetyp, Gebäudekonstruktion, Zweck des Gebäudes, Randbedingungen) und der Baustelle im Besonderen (wie z. B. Verkehrssituation, Zufahrtswege, vorhandene Flächen für Baustelleneinrichtung und Parken etc.) geben.

Die **ZTV** regeln (sofern die VOB/C vereinbart wurde) all das, was technisch für die anzubietende Leistung relevant ist und in der entsprechenden VOB/C-DIN-Norm (Gewerk) nicht geregelt ist. Dabei ist zu beachten: Die 0-Teile der VOB/C-Normen sind Hinweise zur Erstellung der Leistungsbeschreibung, sie sind nicht identisch mit der Leistungsbeschreibung und, falls in den Teilleistungen (Positionen) nicht beschrieben, nicht „automatisch" Vertragsbestandteil.

In Abb. 1.14 ist die Methodik einer Leistungsbeschreibung mit LV dargestellt. Sie ist in Verbindung mit Abb. 1.13 zu sehen.

Vorbereitung	Leistungsbeschreibung mit LV siehe auch Checkliste Kapitel 8.1	Fertigstellen der Vergabeunterlagen
❏ Fachlos (Vergabeeinheit) anlegen mit Bezeichnung nach VOB/C bzw. der in Fachkreisen üblichen Bezeichnung ❏ Struktur Vergabeunterlagen anlegen ❏ Vorspannformulare aus VHB bzw. KVHB-Bau hochladen ❏ im AVA-Programm (Software für Ausschreibung, Vergabe, Abrechnung) Teilleistungen als Positionen mit Kurztext anlegen	❏ Anlagen zum LV erstellen ❏ Mengenermittlung gemäß der für die Positionen festgelegten Abrechnungseinheiten ❏ Festlegungen zu Bauteilen treffen • Materialart und -güte • Abmessung • statisch • bauphysikalisch • Brandschutz • Unfallverhütung • sonstige technische Anforderungen • Oberflächen • Beanspruchungsmerkmale aus Nutzung • Form und Funktion • gestalterische/optische Anforderungen ❏ Teilleistungen anhand der Festlegungen zu Bauteilen vollständig im AVA-System beschreiben	❏ Mengenermittlung in AVA-System übertragen (falls nicht bereits dort ermittelt) ❏ Termine und Fristen in Formblätter des Vorspanns (aus VHB bzw. KVHB-Bau) übernehmen ❏ bei elektronischen Vergabeplattformen: Hochladen der LV-Datei im GAEB-Format bzw. aller Anlagen als PDF-Datei ❏ Vergabeunterlagen einmal komplett ausdrucken (inkl. aller Pläne und Details) und auf Widersprüche/Wiederholungen/fehlende Angaben etc. durchschauen ❏ Vergabeunterlagen ggf. mit Nutzer/Bauherr abstimmen und Versandfertigkeit bestätigen lassen ❏ Ausdruck der Vergabeunterlagen und Versand an die Bewerber bzw. Freischalten zum elektronischen Download

Abb. 1.14: Methodik der Leistungsbeschreibung mit LV

Teilleistungen sind analog dem Beispiel in Tabelle 1.2 strukturell zu bearbeiten, d. h., bei jeder Position im LV sollte, so weit möglich, der gleiche Aufbau verwendet werden. Also nicht in der einen Position die Abmessung am Anfang, in der nächsten am Schluss. Das verschafft sowohl dem Ausschreibenden als auch dem Bieter leichtere Orientierung.

Unter Berücksichtigung der in Kapitel 1.5.1 beschriebenen Methodik und Systematik von Leistungsbeschreibungen ist somit a) eine zuverlässige Bearbeitung der Leistungsbeschreibung sichergestellt und b) gewährleistet, dass alle Beteiligten die Vergabeunterlagen ohne Mühen lesen und die Gedankengänge des Ausschreibenden nachvollziehen können (siehe hierzu auch Checkliste Leistungsbeschreibung mit LV in Kapitel 8.1).

1.5.3   Leistungsbeschreibung mit Leistungsprogramm

Im Gegensatz zur Leistungsbeschreibung mit LV verzichtet die Leistungsbeschreibung mit Leistungsprogramm in der Regel auf Mengenvorgaben und Abrechnungseinheiten und stellt die Bauaufgabe bzw. Bauleistung nur in einer mehr oder minder ausführlichen Textform mit Planunterlagen dar.

In § 7c VOB/A heißt es hierzu:

„(1) Wenn es nach Abwägen aller Umstände zweckmäßig ist, abweichend von § 7b Absatz 1 zusammen mit der Bauausführung auch den Entwurf für die Leistung dem Wettbewerb zu unterstellen, um die technisch, wirtschaftlich und gestalterisch beste sowie funktionsgerechteste Lösung der Bauaufgabe zu ermitteln, kann die Leistung durch ein Leistungsprogramm dargestellt werden.

(2) 1. Das Leistungsprogramm umfasst eine Beschreibung der Bauaufgabe, aus der die Unternehmen alle für die Entwurfsbearbeitung und ihr Angebot maßgebenden Bedingungen und Umstände erkennen können und in der sowohl der Zweck der fertigen Leistung als auch die an sie gestellten technischen, wirtschaftlichen, gestalterischen und funktionsbedingten Anforderungen angegeben sind, sowie gegebenenfalls ein Musterleistungsverzeichnis, in dem die Mengenangaben ganz oder teilweise offen gelassen sind.

2. § 7b Absatz 2 bis 4 gilt sinngemäß.

(3) Von dem Bieter ist ein Angebot zu verlangen, das außer der Ausführung der Leistung den Entwurf nebst eingehender Erläuterung und eine Darstellung der Bauausführung sowie eine eingehende und zweckmäßig gegliederte Beschreibung der Leistung – gegebenenfalls mit Mengen- und Preisangaben für Teile der Leistung – umfasst. Bei Beschreibung der Leistung mit Mengen- und Preisangaben ist vom Bieter zu verlangen, dass er
1. die Vollständigkeit seiner Angaben, insbesondere die von ihm selbst ermittelten Mengen, entweder ohne Einschränkung oder im Rahmen einer in den Vergabeunterlagen anzugebenden Mengentoleranz vertritt, und dass er
2. etwaige Annahmen, zu denen er in besonderen Fällen gezwungen ist, weil zum Zeitpunkt der Angebotsabgabe einzelne Teilleistungen nach Art und Menge noch nicht bestimmt werden können (z. B. Aushub-, Abbruch- oder Wasserhaltungsarbeiten) – erforderlichenfalls anhand von Plänen und Mengenermittlungen – begründet.“

Die Leistungsbeschreibung mit Leistungsprogramm wird vielfach auch als „funktionale Leistungsbeschreibung" bezeichnet. Sie beschreibt die zu erbringende Leistung im Gegensatz zur Leistungsbeschreibung mit LV anhand eines mehr oder minder ausführlich beschriebenen Leistungszieles.

Ingenstau/Korbion/Leupertz/v. Wietersheim beschreiben dies als „Ausnahmefall", denn *„es genüge nicht, wenn ein unschlüssiger Bauherr sich zu einer Beschreibung nach Leistungsprogramm entschließen will, bloß um die gestalterisch beste Lösung herauszufinden. Dieses reicht nicht aus, weil die Bieter grundsätzlich nicht dazu da sind, dem AG bloß evtl. zwecks Einsparung eines bauplanenden Architekten oder Ingenieurs bei ihm noch nicht oder nicht hinreichend vorhandene Planungsideen zu vermitteln, was nicht zuletzt auch für Baubehörden gilt"* (Ingenstau/Korbion/Leupertz/v. Wietersheim, 2017, Rn. 18 zu § 7c VOB/A).

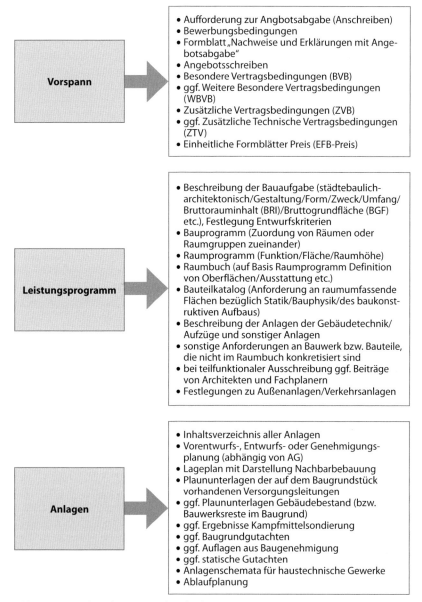

Vorspann

- Aufforderung zur Angbotsabgabe (Anschreiben)
- Bewerbungsbedingungen
- Formblatt „Nachweise und Erklärungen mit Angebotsabgabe"
- Angebotsschreiben
- Besondere Vertragsbedingungen (BVB)
- ggf. Weitere Besondere Vertragsbedingungen (WBVB)
- Zusätzliche Vertragsbedingungen (ZVB)
- ggf. Zusätzliche Technische Vertragsbedingungen (ZTV)
- Einheitliche Formblätter Preis (EFB-Preis)

Leistungsprogramm

- Beschreibung der Bauaufgabe (städtebaulich-architektonisch/Gestaltung/Form/Zweck/Umfang/ Bruttorauminhalt (BRI)/Bruttogrundfläche (BGF) etc.), Festlegung Entwurfskriterien
- Bauprogramm (Zuordung von Räumen oder Raumgruppen zueinander)
- Raumprogramm (Funktion/Fläche/Raumhöhe)
- Raumbuch (auf Basis Raumprogramm Definition von Oberflächen/Ausstattung etc.)
- Bauteilkatalog (Anforderung an raumumfassende Flächen bezüglich Statik/Bauphysik/des baukonstruktiven Aufbaus)
- Beschreibung der Anlagen der Gebäudetechnik/ Aufzüge und sonstiger Anlagen
- sonstige Anforderungen an Bauwerk bzw. Bauteile, die nicht im Raumbuch konkretisiert sind
- bei teilfunktionaler Ausschreibung ggf. Beiträge von Architekten und Fachplanern
- Festlegungen zu Außenanlagen/Verkehrsanlagen

Anlagen

- Inhaltsverzeichnis aller Anlagen
- Vorentwurfs-, Entwurfs- oder Genehmigungsplanung (abhängig von AG)
- Lageplan mit Darstellung Nachbarbebauung
- Plaununterlagen der auf dem Baugrundstück vorhandenen Versorgungsleitungen
- ggf. Plaununterlagen Gebäudebestand (bzw. Bauwerksreste im Baugrund)
- ggf. Ergebnisse Kampfmittelsondierung
- ggf. Baugrundgutachten
- ggf. Auflagen aus Baugenehmigung
- ggf. statische Gutachten
- Anlagenschemata für haustechnische Gewerke
- Ablaufplanung

Abb. 1.15: Struktur der Leistungsbeschreibung mit Leistungsprogramm

Dem ist zuzustimmen. Von entscheidender Bedeutung ist, dass der AG

- abschließend weiß, was er mit welchem Qualitätsstandard bauen will,
- das Wettbewerbs- und Transparenzgebot aufrechterhält,
- die Wertungskriterien nachvollziehbar aufgestellt hat, damit die Angebote miteinander vergleichbar sind,
- von den Bietern im Angebot Angaben zu Mengenansätzen und Preisbestandteilen der Leistung abfordert (sonst werden „Äpfel mit Birnen" verglichen).

Vorbereitung	Leistungsprogramm siehe auch Checkliste Kapitel 7.2	Fertigstellen der Vergabeunterlagen
❏ Baumaßnahme in AVA-Software anlegen ❏ Struktur Vergabeunterlagen anlegen ❏ Vorspannformulare aus VHB bzw. KVHB-Bau hochladen ❏ im AVA-Programm (Software für Ausschreibung, Vergabe, Abrechnung) ggf. Teilleistungen bzw. Leistungsbereiche anlegen	❏ Anlagen zum LV erstellen ❏ Festlegungen in Bauteilkatalog bzw. Raumbuch treffen und mit Nutzer abstimmen ❏ ggf. Beiträge anderer an der Planung fachlich Beteiligter in Raumbuch bzw. Bauteilkatalog einarbeiten ❏ Raumbuch/Bauteilkatalog abschließen	❏ falls teilweise Planung durch AG: Übertragen der Mengen der Teilleistungen aus der Mengenermittlung in AVA-System (falls nicht bereits dort ermittelt) ❏ Termine und Fristen in Formblätter des Vorspanns (aus VHB bzw. KVHB-Bau) übernehmen ❏ bei elektronischen Vergabeplattformen: Hochladen der LV-Datei im GAEB-Format bzw. aller Anlagen als PDF-Datei (bei umfangreichen Plandateien als Zip-Datei) ❏ Vergabeunterlagen einmal komplett ausdrucken (inkl. aller Pläne und Details) und auf Widersprüche/Wiederholungen/fehlende Angaben etc. durchschauen ❏ Vergabeunterlagen ggf. mit Nutzer/Bauherr nochmals abstimmen und Versandfertigkeit bestätigen lassen ❏ Ausdruck der Vergabeunterlagen und Versand an die Bewerber bzw. Freischalten zum elektronischen Download

Abb. 1.16:   Methodik der Leistungsbeschreibung mit Leistungsprogramm

In Abb. 1.15 sind die typischen Bestandteile einer Leistungsbeschreibung mit Leistungsprogramm zu sehen. Zu den Aufgaben des Vorspanns wird auf das Kapitel 1.5.2 verwiesen. In Abb. 1.16 ist die Methodik der Leistungsbeschreibung mit Leistungsprogramm dargestellt.

Das **Leistungsprogramm** soll dem Bewerber einen vollständigen Eindruck der von ihm anzubietenden Planungs- und Bauleistung vermitteln (siehe hierzu auch Checkliste Leistungsbeschreibung mit Leistungsprogramm in Kapitel 8.2). Dazu notwendig sind

- eine Formulierung der städtebaulich-architektonischen Aufgabe,
- eine Vorlage der bisher vom AG erbrachten Planungsleistungen,
- eine Darstellung der örtlichen Bedingungen,
- Entwurfskriterien,
- eine Darstellung der Leistung inkl. Beschreibung der Anlagen der Gebäudetechnik, Aufzügen und sonstiger technischer Anlagen,

- das Raumprogramm,
- das Raumbuch,
- der Bauteilkatalog.

Im **Raumprogramm** sind Flächen, Mindestraumhöhen, Zweck der Nutzung, Raumbeziehungen der Räume zueinander (z. B. in Organigrammen von Raumgruppen bzw. Erläuterung betrieblicher Abläufe) darzustellen, falls es noch keine aussagefähige Vorentwurfs- bzw. Entwurfsplanung des AG gibt.

Im **Raumbuch** sind sämtliche mit dem Nutzer im Vorfeld abgestimmten Festlegungen zu Decken-, Wand- und Fußbodenoberflächen, Ausstattungsart und -umfang der Gebäudetechnik (Heizung, Lüftung, Sanitär, Kälte, MSR, Elektro, Sonnenschutz/Verdunkelung), Beschlagsarten und -qualitäten, sicherheitstechnischen (Rutschhemmung bei Belägen bzw. Sicherheitsverglasungen) bauphysikalischen und nutzungsspezifischen Anforderungen einzutragen (siehe hierzu auch den Mustervordruck Raumbuch in Kapitel 8.8).

Im **Bauteilkatalog** sind die Anforderungen an Gebäudehüllflächen (gegen Außenluft und gegen Erdreich), Geschossdecken, Innenwände, Treppen, abgehängte Decken, Fußbodenaufbauten etc. zu erfassen, indem die maßgebenden Anforderungen aus statischer, bauphysikalischer, brandschutztechnischer, sicherheitstechnischer und nutzermäßiger Sicht tabellarisch formuliert werden. Auf Inhalte, die im Bauteilkatalog bereits ausführlich beschrieben sind, kann im Raumbuch verwiesen werden.

Bei der Leistungsbeschreibung mit Leistungsprogramm geben sich AG gerne der Wunschvorstellung hin, dass die Bearbeitungszeiten für Entwurfs-, Genehmigungs- und Ausführungsplanung (die dem AG scheinbar nicht zur Verfügung stehen) durch den Totalübernehmer aufgrund von „Synergieeffekten" auf ein Minimum reduziert werden könnten. Die Erfahrung zeigt jedoch: Planungsaufwand lässt sich nicht beliebig verkürzen, sondern verhält sich in der Regel direkt proportional zum Schwierigkeitsgrad und Umfang der Baumaßnahme, d. h., je schwieriger und umfangreicher eine Baumaßnahme, desto länger ist die Planungsdauer.

2 Bautechnische Vorgaben

Die Zahl der in Deutschland vorhandenen Gesetze, Normen, Verordnungen, Richtlinien und Hinweise von Fachverbänden zur Bautechnik ist unüberschaubar. Von den Bewerbern und Bietern wird jedoch erwartet, alle relevanten Bestimmungen für die Ausführung der in der Leistungsbeschreibung erwähnten Teilleistungen zu kennen und im Zweifel in die Einheitspreise einzukalkulieren. Dass der Bieter sämtliche in Deutschland geltende technische Baubestimmungen (anerkannter Stand der Technik) in seiner Kalkulation berücksichtigt, ist jedoch ein Irrglaube. Der Bieter wird sich für spätere Nachtragsverhandlungen alle Punkte im LV notieren, die seiner Meinung nach die Leistung nicht eindeutig beschreiben.

Planer, Ausschreibende und ausführende Firma haben nach § 4 Abs. 2 Nr. 1 VOB/B die anerkannten Regeln der Technik und die gesetzlichen und behördlichen Bestimmungen (siehe Abb. 2.1) zu beachten.

gesetzliche und behördliche Bestimmungen	allgemein anerkannte Regeln der Technik
• Gesetze • Landesbauordnung • sonstige Erlasse/Verordnungen • Brandschutz- und Sicherheitsbestimmungen • sonstige Bestimmungen	• DIN-Normen/Europäische Normen (EN-Normen) • ATV in der VOB/C • Richtlinien und Merkblätter von Fachverbänden • bauaufsichtlich eingeführte technische Baubestimmungen

Abb. 2.1: Übersicht über bautechnische Bestimmungen

2.1 Gesetzliche und behördliche Bestimmungen

Damit sind alle einschlägigen Regelungen des privaten, öffentlichen Rechts gemeint (Gesetze, Verordnungen, Satzungen, Genehmigungen etc.). Zu nennen sind hier vorrangig die Bauordnungen der Länder, Sicherheitsvorschriften, Brandschutzvorschriften, Energieeinsparverordnung (EnEV), Wasserhaushaltsgesetz und Bundesimmissionsschutzgesetz etc.

2.2 Liste der Technischen Baubestimmungen

Regeln der Technik, die dazu dienen, die Grundsatzanforderungen der Bauordnungen der Länder (Landesbauordnungen [LBO]) zu erfüllen, werden von der obersten Baurechtsbehörde als Technische Baubestimmungen bekannt gemacht und damit bauaufsichtlich eingeführt. In der LBO Baden-Württemberg (BW) in der Fassung vom 1. März 2010 ist dies beispielsweise in § 3 Allgemeine Anforderungen in Abs. 3 aufgeführt. Die Liste der Technischen Baubestimmungen (LTB) wird auf der Basis einer länderübergreifend abgestimmten Musterliste der Technischen Baubestimmungen (MLTB) von jedem Bundesland gesondert bekannt gemacht. Nach § 46 Abs. 1 Nr. 1 LBO BW ist oberste Auf- sichtsbehörde das Ministerium für Verkehr und Infrastruktur, durch dessen Erlass die LTB bauaufsichtlich eingeführt werden. Diese Bestimmungen sind auf der Homepage des Wirtschaftsministeriums (http://www.wm.baden- wuerttemberg.de) einsehbar. Die Länderarchitektenkammern veröffentlichen die LTB regelmäßig auch in Merkblättern.

In § 17 Bauprodukte LBO BW ist geregelt, welche Voraussetzungen für die Verwendung und den Einbau von Bauprodukten bei der Errichtung baulicher Anlagen gelten. Die ab Juli 2013 europaweit geltende **Bauproduktenverordnung (EU-BauPVO)** regelt dabei das Inverkehrbringen von Bauprodukten und u. a. auch die CE-Kennzeichnung.

Gemäß § 17 Abs. 2 Satz 2 LBO BW gelten die vom Deutschen Institut für Bautechnik (DIBt) in der **Bauregelliste A (geregelte Bauprodukte)** bekannt gemachten Regeln als Technische Baubestimmungen. Gemäß Abs. 3 sind für Bauprodukte, die von der Bauregelliste A wesentlich abweichen oder für die es Technische Baubestimmungen oder allgemein anerkannte Regeln der Technik nicht gibt **(nicht geregelte Bauprodukte)**, folgende Möglichkeiten gegeben:

„[…] 1. eine allgemeine bauaufsichtliche Zulassung (§ 18)
2. ein allgemeines bauaufsichtliches Prüfzeugnis (§ 19) oder
3. eine Zustimmung im Einzelfall (§ 20) […].“

Die **bauaufsichtliche Zulassung** muss nach § 18 Abs. 1 LBO BW beantragt werden.

Ein **bauaufsichtliches Prüfzeugnis** nach § 19 LBO BW benötigen Bauprodukte, *„1. deren Verwendung nicht der Erfüllung erheblicher Anforderungen an die Sicherheit baulicher Anlagen dient oder 2. die nach allgemein anerkannten Prüfverfahren beurteilt werden […].“* Dies wird vom DIBt in der Bauregelliste A bekannt gemacht.

Einer **Zustimmung im Einzelfall** nach § 20 LBO BW bedürfen sowohl Bauprodukte, die gemäß den Vorschriften der EU-BauPVO in Verkehr gebracht werden dürfen hinsichtlich der nicht berücksichtigten Grundanforderungen an Bauwerke im Sinne des § 17 Abs. 7 Nr. 2 als auch nicht geregelte Bauprodukte.

In § 21 Abs. 1 Satz 1 LBO BW heißt es:

„Bauarten, die von technischen Baubestimmungen wesentlich abweichen oder für die es allgemein anerkannte Regeln der Technik nicht gibt (nicht geregelte Bauarten), dürfen bei der Errichtung baulicher Anlagen nur angewendet werden, wenn für sie

1. eine allgemeine bauaufsichtliche Zulassung oder
2. eine Zustimmung im Einzelfall

erteilt worden ist.“

Deutsches Institut für Bautechnik (DIBt)

Das DIBt erteilt als deutsche Zulassungsstelle allgemeine bauaufsichtliche Zulassungen (abZ) für Bauprodukte und Bauarten und stellt Europäische Technische Bewertungen – ETA (European Technical Assessment – ETA) für Bauprodukte und Bausätze aus (bis 30.06.2013 Erteilung europäischer technischer Zulassungen).

Jedes Jahr werden ca. 3000 nationale Zulassungen erteilt. Auf europäischer Ebene steht das DIBt im Wettbewerb mit den europäischen Bewertungsstellen. Das Institut ist für Unternehmen tätig, die ihre Produktmärkte in Deutschland und Europa haben sowie international tätig sind.

Allgemeine bauaufsichtliche Zulassungen werden für solche Bauprodukte und Bauarten im Anwendungsbereich der Landesbauordnungen erteilt, für die es allgemein anerkannte Regeln der Technik – insbesondere DIN-Normen – nicht gibt oder die von diesen wesentlich abweichen. Sie sind zuverlässige Verwendbarkeitsnachweise von Bauprodukten bzw. Anwendbarkeitsnachweise von Bauarten im Hinblick auf bautechnische Anforderungen an Bauwerke. Europäische technische Bewertungen werden für Bauprodukte im Anwendungsbereich der EU-Bauproduktenverordnung erteilt, sie bewerten die Leistung eines Bauproduktes.

Die **Zulassungsbereiche** erstrecken sich von Bauprodukten und Bauarten, etwa des Massiv- und Stahlbaus, über solche des Mauerwerks- und Holzbaus auf die Bereiche Wärmedämm-Verbundsysteme, Glas, Gerüste, Lager, Lüftungsanlagen, Dämmstoffe, Abdichtungen, Rohrsanierung, Brandverhalten und Feuerwiderstand bis zu Behältern und Fahrbahnübergängen.

Die LBO schreiben vor, dass die von den obersten Bauaufsichtsbehörden der Länder durch öffentliche Bekanntmachung eingeführten technischen Regeln zu beachten sind. Das DIBt hat die Aufgabe, die technischen Regeln für Bauprodukte und Bauarten in den **Bauregellisten A und B sowie Liste C** aufzustellen und im Einvernehmen mit den obersten Bauaufsichtsbehörden der Länder bekannt zu machen.

Bauregelliste A

In **Teil 1** werden Bauprodukte, für die es technische Regeln gibt (geregelte Bauprodukte), die Regeln selbst, die erforderlichen Übereinstimmungsnachweise und die bei Abweichung von den technischen Regeln erforderlichen Verwendbarkeitsnachweise bekannt gemacht.

Teil 2 gilt für nicht geregelte Bauprodukte, die entweder nicht der Erfüllung erheblicher Anforderungen an die Sicherheit baulicher Anlagen dienen und für die es keine allgemein anerkannten Regeln der Technik gibt oder die nach allgemein anerkannten Prüfverfahren beurteilt werden.

Teil 3 gilt entsprechend für nicht geregelte Bauarten.

Bauregelliste B

In die Bauregelliste B werden Bauprodukte aufgenommen, die nach Vorschriften der Mitgliedstaaten der EU – einschließlich deutscher Vorschriften – und der Vertragsstaaten des Abkommens über den Europäischen Wirtschaftsraum zur Umsetzung von Richtlinien der EU in Verkehr gebracht und gehandelt werden dürfen und die die CE-Kennzeichnung tragen.

Teil 1 ist Bauprodukten vorbehalten, die aufgrund des BauPG in Verkehr gebracht werden, für die es technische Spezifikationen und in Abhängigkeit vom Verwendungszweck Klassen und Leistungsstufen gibt. Darüber hinaus sind Anwendungsnormen und Anwendungsregelungen für Bauprodukte und Bausätze nach technischen Spezifikationen nach der Bauproduktenrichtlinie in der LTB enthalten.

In **Teil 2** werden Bauprodukte aufgenommen, die aufgrund anderer Richtlinien als der Bauproduktenrichtlinie in Verkehr gebracht werden, die CE-Kennzeichnung tragen und nicht alle wesentlichen Anforderungen nach dem BauPG erfüllen. Zusätzliche Verwendbarkeitsnachweise sind deshalb erforderlich.

Liste C

In die Liste C werden nicht geregelte Bauprodukte aufgenommen, für die es weder Technische Baubestimmungen noch Regeln der Technik gibt und die für die Erfüllung baurechtlicher Anforderungen nur eine untergeordnete Rolle spielen.

2.3   Anerkannte Regeln der Technik/gewerbliche Verkehrssitte

Der Begriff „anerkannte Regeln der Technik" ist in der VOB/B an 2 Stellen erwähnt:

*„Der Auftragnehmer hat die Leistung unter eigener Verantwortung nach dem Vertrag auszuführen. Dabei hat er die **anerkannten Regeln der Technik** und die gesetzlichen und behördlichen Bestimmungen zu beachten. Es ist seine Sache, die Ausführung seiner vertraglichen Leistung zu leiten und für Ordnung auf seiner Arbeitsstelle zu sorgen."*
(§ 4 Abs. 2 Nr. 1 VOB/B)

„Der Auftragnehmer hat dem Auftraggeber seine Leistung zum Zeitpunkt der Abnahme frei von Sachmängeln zu verschaffen. Die Leistung ist zur Zeit der Abnahme frei von Sachmängeln, wenn sie die vereinbarte Beschaffenheit hat und den anerkannten Regeln der Technik entspricht. Ist die Beschaffenheit nicht vereinbart, so ist die Leistung zur Zeit der Abnahme frei von Sachmängeln,

1. wenn sie sich für die nach dem Vertrag vorausgesetzte, sonst
2. für die gewöhnliche Verwendung eignet und eine Beschaffenheit aufweist, die bei Werken der gleichen Art üblich ist und die der Auftraggeber nach der Art der Leistung erwarten kann."
(§ 13 Abs. 1 VOB/B)

Der Begriff der „anerkannten Regeln der Technik" ist als unbestimmter Rechtsbegriff nur schwer definierbar. Nach Ingenstau/Korbion handelt es sich hierbei um *„technische Regeln für den Entwurf und die Ausführung baulicher Anlagen, die in der technischen Wissenschaft als theoretisch richtig erkannt sind und feststehen sowie insbesondere in dem Kreise der für die Anwendung der betreffenden Regeln maßgeblichen, nach dem neuesten Erkenntnisstand vorgebildeten Techniker durchweg bekannt und aufgrund fortdauernder praktischer Erfahrung als technisch geeignet, angemessen und notwendig anerkannt sind"* (Ingenstau/Korbion/Leupertz/v. Wietersheim, 2017, Rn. 46 zu § 4 Abs. 2 VOB/B).

Nach allgemeinem Verständnis besteht eine widerlegliche Vermutung dafür, dass die DIN-Normen die anerkannten Regeln der Technik wiedergeben, d. h., DIN-Normen können unter Umständen veraltet sein. Gleiches gilt für die ATV der VOB/C. So kann es sein, dass Empfehlungen in den ATV der VOB/C hinter den anerkannten Regeln der Technik zurückbleiben. Für die Frage, ob die erbrachte Leistung den anerkannten Regeln der Technik entspricht, ist der Zeitpunkt der Abnahme entscheidend.

Zwischen Vertragsschluss und Abnahme liegt jedoch ggf. ein langer Zeitraum, in dem sich die technischen Anforderungen ändern können. Wenn im Vertrag z. B. ein bestimmter Schallschutz für die Konstruktion definiert ist, ist das Vertragsinhalt und nicht mehr. Ist allerdings nichts im Vertrag erwähnt, so gelten die anerkannten Regeln der Technik zum Zeitpunkt der Abnahme, d. h., dass der AN das Risiko zwischenzeitlicher technischer Änderungen trägt.

Im Bauprozess stellt der Sachverständige die für den jeweiligen Gegenstand relevanten allgemein anerkannten Regeln der Technik fest. Regionale handwerkliche Gebräuche sind darunter ebenfalls zu verstehen.

Besondere Bedeutung bei der Ausbildung der anerkannten Regeln der Technik kommt der Fortentwicklung durch die Gerichte zu. Im Deutschen Architektenblatt wird im Regionalteil Baden-Württemberg unter der Überschrift „Normung vor Gericht" ausgeführt:

„Besonders befördert hat dies [Normung vor Gericht] die Vielzahl auf europäischer Ebene erstellter Normen, die aufgrund der vertraglichen Verpflichtungen zwingend in das nationale Normenwerk zu übernehmen sind und z. T. jahrzehntelang bewährte und fortgeschriebene deutsche Normen ersetzen, inzwischen allerdings bereits über 80 Prozent der Veröffentlichungen im DIN ausmachen. Damit geht jedoch zunehmend insbesondere auch die angenommene, jedoch widerlegliche Vermutungswirkung verloren, dass eine DIN-Norm die allgemein anerkannten Regeln der Technik nach deutschem Recht abbildet. [...]

So bleibt beispielsweise nach wie vor die Frage offen, wie denn der Planer die geschuldeten allgemein anerkannten Regeln der Technik – vor deren Feststellung durch den gerichtlich bestellten Sachverständigen im Mangelprozess – tatsächlich verlässlich identifizieren kann."
(Stoiber, 2016, S. 6)

Bautechnische Vorgaben können sich durch **gewerbliche Verkehrssitte** begründen, so haben sich beispielsweise je nach Bundesland unterschiedliche Dachdeckerregeln (handwerkliche Verlegungs-und Fertigungsmethoden) herausgebildet.

Dazu heißt es in der VOB/B:

„Durch die vereinbarten Preise werden alle Leistungen abgegolten, die nach der Leistungsbeschreibung, den Besonderen Vertragsbedingungen, den Zusätzlichen Vertragsbedingungen, den Zusätzlichen Technischen Vertragsbedingungen, den Allgemeinen Technischen Vertragsbedingungen für Bauleistungen und der gewerblichen Verkehrssitte zur vertraglichen Leistung gehören.“
(§ 2 Abs. 1 VOB/B)

Die Unbestimmtheit der Rechtsbegriffe „anerkannte Regeln der Technik“ und „gewerbliche Verkehrssitte“ führt regelmäßig zu Streitigkeiten im Bauprozess zwischen AG und AN. Aus diesem Grund sollte der AG zur Bestimmung der vertraglichen Leistung die Leistung im Einzelnen detailliert beschreiben.

2.4   DIN-Normen

Das Deutsche Institut für Normung e. V. (DIN) beschreibt sich auf seiner Internetseite (http://www.din.de) wie folgt:

„[…] Das DIN ist privatwirtschaftlich organisiert mit dem rechtlichen Status eines gemeinnützigen Vereins. […]“

DIN-Normen sind das Ergebnis nationaler, europäischer oder internationaler Normungsarbeit. Jeder kann die Erstellung einer Norm beantragen. Normen werden von Ausschüssen beim DIN, bei den europäischen Normungsorganisationen CEN – Comité Européen de Normalisation (Europäisches Komitee für Normung) und CENELEC – Comité Européen de Normalisation Électrotechnique (Europäisches Komitee für elektrotechnische Normung) oder bei den internationalen Normungsorganisationen ISO – International Organization for Standardization (Internationale Organisation für Normung) und IEC – International Electrotechnical Commission (Internationale Elektrotechnische Kommission) nach festgelegten Grundsätzen, Verfahrens- und Gestaltungsregeln erarbeitet.

An der Ausschussarbeit können sich alle an der Normenerstellung interessierten Akteure beteiligen, beispielsweise Hersteller, Verbraucher, Handel, Hochschulen, Forschungsinstitute, Behörden oder Prüfinstitute. Sie entsenden ihre Experten in die DIN-Arbeitsgremien, die in Normenausschüssen nach Fachgebieten organisiert sind. Durch die Entsendung von Experten in europäische bzw. internationale Gremien werden die deutschen Interessen bei CEN/CENELEC und ISO/IEC vertreten. Die Mitarbeiter vom DIN organisieren die Normungsarbeit auf deutscher, europäischer und internationaler Ebene. Sie stellen die Einheitlichkeit und Widerspruchsfreiheit des Deutschen Normenwerkes sicher.

Normen entstehen im Konsens. Das bedeutet, die Experten verständigen sich unter Berücksichtigung des Standes der Technik auf eine gemeinsame Version der Inhalte, die versucht, alle Interessen der Beteiligten zu berücksichtigen und Gegenargumente auszuräumen.

DIN-Normen werden spätestens alle fünf Jahre auf Aktualität überprüft. Entspricht eine Norm nicht mehr dem Stand der Technik, so wird ihr Inhalt überarbeitet oder die Norm zurückgezogen.

Zum Status von DIN-Normen schreiben Englert/Katzenbach/Motzke:

„DIN-Normen sind keine Rechtsnormen, sondern private technische Regelungen mit Empfehlungscharakter, die hinter den anerkannten Regeln der Technik zurückbleiben können oder diese wiedergeben."
(Englert/Katzenbach/Motzke, 2010, Rn. 10)

Für die Anwender der Normen wird es aufgrund der Vielzahl der Normen jedoch immer schwieriger, die Übersicht zu behalten und auf dem aktuellen „Informationslevel" zu bleiben.

Ein im Deutschen Architektenblatt, Ausgabe März 2011, angekündigtes wissenschaftliches Gutachten soll klären, ob bei der heutigen Regelungsdichte es überhaupt noch möglich ist, ein mängelfreies Werk abzuliefern – dies ist eine durchaus berechtigte Frage.

Fazit

DIN-Normen haben Empfehlungscharakter. Sie spiegeln nicht zwangsläufig die allgemein anerkannten Regeln der Technik wider und können sogar hinter diesen zurückstehen. Aus diesem Grund sind sie vom Planer und Ausschreibenden bezüglich Relevanz für die Leistungsbeschreibung kritisch zu hinterfragen.

Die deutschen Architektenkammern haben gemeinsam mit dem Beuth-Verlag ein Onlineportal realisiert (www.normenportal-architektur.de), in dem schnell und aktuell eine Vielzahl der für die tägliche Planungspraxis relevante DIN-Normen in einem kostengünstigen Abonnement abzurufen sind. Die Normen werden regelmäßig aktualisiert.

2.5   Die Allgemeinen Technischen Vertragsbedingungen in der VOB/C

Nach § 1 Abs. 1 Satz 2 VOB/B werden die ATV für Bauleistungen (VOB/C) Bestandteil des Vertrags. Nicht Vertragsbestandteil werden die Hinweise für das Aufstellen der Leistungsbeschreibung in den jeweiligen Abschnitten Teil 0 der ATV. In Abschnitt 4 Nebenleistungen, Besondere Leistungen sind kalkulationsrelevante Bestimmungen aufgeführt, deren Kenntnis sowohl für den Ausschreibenden als auch den Bewerber/Bieter unerlässlich ist, um eine VOB-gerechte Ausschreibung bzw. ein auskömmliches Angebot zu erstellen.

Die Tatsache, dass die VOB/C Vertragsbestandteil ist, heißt nicht, dass sie die eindeutige und erschöpfende Leistungsbeschreibung nach § 7 VOB/A ersetzen würde! Es gilt weiterhin der Grundsatz im Vergaberecht, dass Unklarheiten in der Leistungsbeschreibung zulasten des AG gehen.

Die VOB verweist auf die ATV in der VOB/C an folgenden Stellen:

*„Leistungen, die nach den Vertragsbedingungen, den **Technischen Vertragsbedingungen** oder der gewerblichen Verkehrssitte zu der geforderten Leistung gehören (§ 2 Absatz 1 VOB/B), brauchen nicht besonders aufgeführt zu werden."*
(§ 7b Abs. 3 VOB/A)

*„In den Vergabeunterlagen ist vorzuschreiben, dass die Allgemeinen Vertragsbedingungen für die Ausführung von Bauleistungen (VOB/B) und die **Allgemeinen Technischen Vertragsbedingungen für Bauleistungen (VOB/C)** Bestandteile des Vertrags werden. Das gilt auch für etwaige Zusätzliche Vertragsbedingungen und etwaige Zusätzliche Technische Vertragsbedingungen, soweit sie Bestandteile des Vertrags werden sollen."*
(§ 8a Abs. 1 VOB/A)

*„Die **Allgemeinen Technischen Vertragsbedingungen** bleiben grundsätzlich unverändert. Sie können von Auftraggebern, die ständig Bauleistungen vergeben, für die bei ihnen allgemein gegebenen Verhältnisse durch Zusätzliche Technische Vertragsbedingungen ergänzt werden. Für die Erfordernisse des Einzelfalles sind Ergänzungen und Änderungen in der Leistungsbeschreibung festzulegen."*
(§ 8a Abs. 3 VOB/A)

*„(1) Die auszuführende Leistung wird nach Art und Umfang durch den Vertrag bestimmt. Als Bestandteil des Vertrags gelten auch die **Allgemeinen Technischen Vertragsbedingungen für Bauleistungen (VOB/C)**.*

(2) Bei Widersprüchen im Vertrag gelten nacheinander:
1. die Leistungsbeschreibung,
2. die Besonderen Vertragsbedingungen,
3. etwaige Zusätzliche Vertragsbedingungen,
4. etwaige Zusätzliche Technische Vertragsbedingungen,
*5. die **Allgemeinen Technischen Vertragsbedingungen für Bauleistungen**,*
6. die Allgemeinen Vertragsbedingungen für die Ausführung von Bauleistungen."
(§ 1 Abs. 1 und 2 VOB/B)

„Durch die vereinbarten Preise werden alle Leistungen abgegolten, die nach der Leistungsbeschreibung, den Besonderen Vertragsbedingungen, den Zusätzlichen Vertragsbedingungen, den Zusätzlichen Technischen Vertragsbedingungen, den **Allgemeinen Technischen Vertragsbedingungen** *für Bauleistungen und der gewerblichen Verkehrssitte zur vertraglichen Leistung gehören.“*
(§ 2 Abs. 1 VOB/B)

Die in der VOB/C aufgeführten ATV haben den Charakter von DIN-Normen und können – müssen aber nicht – die anerkannten Regeln der Technik abbilden. Das gilt auch für alle anderen Inhalte der VOB/C.

Englert/Katzenbach/Motzke schreiben zur VOB/C: *„Sie zeichnet auch nicht der Wille aus, dass sie sich als anerkannte Regeln der Technik einführen und Maßstab für technisch richtiges Verhalten sein sollen. Ganz im Gegenteil ist dem jeweiligen Abschnitt 0.3.1 zu entnehmen, dass von der VOB/C abgewichen werden kann, was für die Angebotsphase bereits § 10 Nr. 3 VOB/A durch Nennung von Zusätzlichen Technischen Vertragsbedingungen und den Hinweis auf die Abweichungsmöglichkeit in der Leistungsbeschreibung angedeutet wird. Deshalb kann an den VOB/C-Regeln grundsätzlich nur dann Maß genommen werden, wenn sie vereinbart worden sind.“*
(Englert/Katzenbach/Motzke, 2010, Rn. 15)

„Die VOB/C ist Teil der VOB und damit Teil einer Vergabe- und Vertragsordnung. Die für die einzelnen ATV zuständigen Ausschüsse begründen Regelwerke, deren Einsatz als **Vertragsbestandteile** *vorgesehen ist und* **nicht** *als anerkannte Regeln der Technik.“*
(Englert/Katzenbach/Motzke, 2010, Rn. 20)

Die in der VOB/C enthaltenen ATV gliedern sich in folgende Teile:

- 0 Hinweise für das Aufstellen der Leistungsbeschreibung
- 1 Geltungsbereich
- 2 Stoffe, Bauteile
- 3 Ausführung
- 4 Nebenleistungen, Besondere Leistungen
- 5 Abrechnung

Nach allgemeinem Rechtsverständnis haben die ATV in der VOB/C den Charakter allgemeiner Geschäftsbedingungen, d. h., dass bei Streitfragen über Art und Umfang der vertraglich vereinbarten Leistung die ATV in der VOB/C wichtige Hinweise für die Auslegung des Vertragsinhaltes geben können. Wenn z. B. in einer Leistungsbeschreibung über Putz- und Stuckarbeiten über die Oberflächenqualität des Innenputzes keine Aussage getroffen wurde, ist im Zweifel nach DIN 18350 „Putz- und Stuckarbeiten“ Abschnitt 3.2.4 eine geglättete oder gefilzte Ausführung geschuldet.

Bestimmt der AG also nicht konkret, was er will (Individualvereinbarung), sind im Zweifel die in der VOB/C genannten fachlichen Inhalte Vertragsbestandteil. Dies ersetzt nicht die Beschreibung der Leistung im Leistungsverzeichnis. Präzise und konkrete Leistungsinhalte sind vorgefertigten allgemeinen Vertragsbedingungen mit bautechnischen Inhalten vorzuziehen.

„Daraus ergibt sich unmittelbar der Schluss, dass nach Auffassung des Bundes-gerichtshofes die individuelle Auslegung absoluten Vorrang vor ‚technischen‘ Auslegungsregeln der VOB/C hat, und zwar selbst dann, wenn die VOB/C an sich wirksam als Vertragsinhalt vereinbart ist."
(Quack, 2002, S. 641)

In Baden-Württemberg wird ein gemeinsames Merkblatt der Architekten-kammer Baden-Württemberg, der Ingenieurkammer Baden-Württemberg und der Landesvereinigung Bauwirtschaft Baden-Württemberg herausgege ben mit Fachliteratur zu den ATV der VOB/C (siehe www.akbw.de).

2.6   Technische Spezifikationen

Im Anhang TS Technische Spezifikationen zur VOB/A heißt es:

„1. ‚Technische Spezifikation‘ hat eine der folgenden Bedeutungen:

a) bei öffentlichen Bauaufträgen die Gesamtheit der insbesondere in den Vergabeunterlagen enthaltenen technischen Beschreibungen, in denen die erforderlichen Eigenschaften eines Werkstoffs, eines Produkts oder einer Lieferung definiert sind, damit dieser/diese den vom Auftraggeber beabsich-tigten Zweck erfüllt; zu diesen Eigenschaften gehören Umwelt- und Klima-leistungsstufen, „Design für alle" (einschließlich des Zugangs von Menschen mit Behinderungen) und Konformitätsbewertung, Leistung, Vorgaben für Gebrauchstauglichkeit, Sicherheit oder Abmessungen, einschließlich der Qualitätssicherungsverfahren, der Terminologie, der Symbole, der Versuchs-und Prüfmethoden, der Verpackung, der Kennzeichnung und Beschriftung, der Gebrauchsanleitungen sowie der Produktionsprozesse und -methoden in jeder Phase des Lebenszyklus der Bauleistungen; außerdem gehören dazu auch die Vorschriften für die Planung und die Kostenrechnung, die Bedingungen für die Prüfung, Inspektion und Abnahme von Bauwerken, die Konstruktionsmethoden oder -verfahren und alle anderen technischen Anforderungen, die der Auftraggeber für fertige Bauwerke oder dazu not-wendige Materialien oder Teile durch allgemeine und spezielle Vorschriften anzugeben in der Lage ist; […]"

Somit sind nach Althaus/Heindl (2010) unter Technischen Spezifikationen allgemeine technische Anforderungen an die Bauleistung, die in Regelwer-ken oder Normen aufgestellt wurden, zu verstehen. Nicht dazu zählen indi-viduelle, auf das konkrete Bauvorhaben bezogene Vorgaben der AG.

Im Anhang TS der VOB/A wird auf internationale, europäische bzw. natio-nale Normen hingewiesen. Diese müssen aber noch in nationale Normen umgesetzt werden. Dafür sind in Deutschland der DIN-Normenausschuss und das DIBt zuständig.

Technische Spezifikationen gewährleisten potenziellen Bietern, dass einheit-liche Mindestanforderungen in technischer Hinsicht aufgestellt werden. So kann der AG bei der späteren Wertung der eingegangenen Angebote beur-teilen, ob die im LV aufgestellten Anforderungen vom Bieter erfüllt wurden. Zu finden sind diese in unterschiedlichen Regelungswerken, beispielsweise technischen Anleitungen bzw. technische Regelungen der Industrieverbände soweit sie die anerkannten Regeln der Technik widerspiegeln. So dienen z. B. bei einem Lüftungsgerät Angaben zu Volumenstrom und Geräteabmessungen dazu, die Beschaffenheit der Leistung zu definieren.

2.7 Richtlinien und Merkblätter von Fachverbänden

Darunter fallen Empfehlungen und Ausführungshinweise von Fachverbänden, Herstellergemeinschaften u. a. Sie werden ohne Beteiligung eines Normungsinstituts von den Verkehrskreisen erarbeitet und veröffentlicht und verfolgen bestimmte Interessen, sind aber zur Leistungsbestimmung in aller Regel für den AG von Nutzen.

In Tabelle 2.1 werden auszugsweise einige Merkblätter und Richtlinien im Bauwesen aufgeführt.

Diese Richtlinien werden unter Umständen als anerkannte Regeln der Technik angesehen, zumal wenn sie in einer bestimmten Branche als bekannt vorausgesetzt werden (z. B. Flachdachrichtlinie oder Merkblatt Sichtbeton). Besser ist es, die für die Ausführung relevanten Richtlinieninhalte und Merkblätter ausdrücklich im Bauvertrag zu regeln.

Tabelle 2.1: Beispiele für Richtlinien und Merkblätter im Hoch- und Tiefbau

Gewerk	www.	Merkblatt (Stand der Information: Januar 2017)
Betonbohrungen	abbruch.de	Regelwerk für die Ausschreibung und Vergabe, Ausführung und Abrechnung von: Betonbohren, Betonschneiden, hydraulischem Spalten, technischem Betonabbau
Beton	betonverein.de	DBV-Merkblatt Sichtbeton, Fassung Juni 2015, Hrsg.: Deutscher Beton- und Bautechnikverein e.V., Berlin
	vdz-online.de	Zement-Merkblatt Hochbau, Sichtbeton – Techniken der Flächengestaltung, 1/2009, Hrsg.: Verein Deutscher Zementwerke e.V., Düsseldorf (kostenlos)
	beton.org	Scharfe Kanten bei Sichtbeton, Februar 2007 (kostenlos)
	beton-informationen.de	Betonflächen mit Sichtbetonanforderungen, 2004 (kostenlos)
	fdb-fertigteilbau.de	Merkblatt Nr. 1 Sichtbetonflächen von Fertigteilen aus Beton und Stahlbeton, Juni 2015, Hrsg.: Fachvereinigung Deutscher Betonfertigteilbau e.V. (kostenlos)

Fortsetzung Tabelle 2.1

Gewerk	www.	Merkblatt (Stand der Information: Januar 2017)
Trockenbau	trockenbau-ral.de	Merkblatt Nr. 2 Verspachtelung von Gipsplatten/Oberflächengüten, April 2003, Hrsg.: Industriegruppe Gipsplatten im Bundesverband der Gips- und Gipsbauplatten-Industrie e. V. (kostenlos)
	trockenbau-gutachter.de	Merkblatt Nr. 6 Vorbehandlung von Trockenbauflächen aus Gipsplatten zur weitergehenden Oberflächenbeschichtung bzw. -bekleidung, Juni 2007, Hrsg.: Industriegruppe Gipsplatten im Bundesverband der Gips- und Gipsbauplatten-Industrie e. V. (kostenlos)
Zimmerer	bdz-holzbau.de	Fachregeln des Zimmererhandwerks (anerkannte Regeln der Technik), für Mitglieder kostenlos herunterzuladen
Glas	baunetzwissen.de	Übersicht über Regelwerke, Verordnungen, Richtlinien der Glashersteller
Fenster/ Außentüren	ift-rosenheim.de	Ausschreibungshilfe zur Erstellung von Leistungsverzeichnissen für Fenster und Außentüren, Juli 2009
Dachdecker/ Dachabdichtung	rudolf-mueller.de	Regelwerk des deutschen Dachdeckerhandwerks (Buch), Hrsg.: Zentralverband des Deutschen Dachdeckerhandwerks e. V.
Estrich	rudolf-mueller.de	Handbuch für das Estrich- und Belaggewerbe, 2010, Hrsg.: Bundesfachgruppe Estrich und Belag im Zentralverband des Deutschen Baugewerbes e. V.
Sanitär/Heizung/ Klima	fvshkbw.de	Fachverband SHK Baden-Württemberg, weitere Fachinformationen für Mitglieder
Maler	farbe.de	Bundesverband Farbe Gestaltung Bautenschutz
Garten- und Landschaftsbau	galabau.de	Musterleistungsverzeichnis MLV-Freianlagen auf Basis des STLB-Bau Dynamische BauDaten®

3 Aufgaben der Projektbeteiligten bei der Erstellung der Ausschreibungsunterlagen

Sowohl für den planenden Architekten bzw. Fachingenieur und/oder Projektsteuerer sowie den AG, der Planungs- bzw. Projektsteuerungsleistungen beauftragt hat, ist es zur Beurteilung der erbrachten Planungsleistungen notwendig, Regelungen zu Inhalt und Umfang von Planungs- bzw. Projektsteuerungsleistungen zu kennen. Die genaue Kenntnis der Pflichten der Planungsbeteiligten und deren Abgrenzung gerade in den Leistungsphasen (LPH) 6 und 7 der HOAI ist für den Projekterfolg oft von entscheidender Bedeutung, da falsch oder nicht abgestimmte Leistungen zu fehlerhaften Leistungsverzeichnissen (LV) führen, die wiederum den AG in der Regel teuer zu stehen kommen.

Im Folgenden werden nur die Passagen aus der Honorarordnung für Architekten und Ingenieure (HOAI) 2013 zitiert, die für die Behandlung des Themas relevant sind, also nur bis zur fertigen Erstellung der Vergabeunterlagen, d. h. LPH 6 und 7. Um den Umfang des Buches überschaubar zu halten, werden in diesem Kapitel zudem lediglich die Planungsleistungen des Hoch- und Tiefbaus betrachtet.

3.1 Die Grundlagen der Kosten- und Terminplanung in den LPH 6 und 7 HOAI

Grundlage für die **Kostenplanung** von Architekten, Fachplanern und Projektsteuerern ist die DIN 276-1 „Kosten im Bauwesen" (2008). Darin ist der Begriff des Kostenanschlages, der in der Fassung der DIN 276 „Kosten im Bauwesen" (1993) noch der LPH 7 (also nach Eingang der Angebote) zugeordnet war, nun bis in die LPH 5 Ausführungsplanung ausgedehnt worden. Reichte es also früher, in der LPH 3 eine Kostenberechnung vorzulegen und diese Kostenerwartung dann in LPH 7 anhand der eingegangenen Angebote zu überprüfen, wird nun eine kontinuierlich die einzelnen Planungsstufen begleitende Kostenplanung gefordert.

„Pkt. 3.4.4 Kostenanschlag

Der Kostenanschlag dient als Grundlage für die Entscheidung über die Ausführungsplanung und die Vorbereitung der Vergabe [...]. Im Kostenanschlag müssen die Gesamtkosten nach Kostengruppen mindestens bis zur 3. Ebene der Kostengliederung ermittelt und nach den vorgesehenen Vergabeeinheiten geordnet werden. Der Kostenanschlag kann entsprechend dem Projektablauf in einem oder mehreren Schritten aufgestellt werden."
(DIN 276-1)

Die DIN 276-4 (2009) wurde ergänzend zu vorgenannter DIN 276-1 (2008) erarbeitet. Sie beschränkt sich auf die speziellen Festlegungen zum Ingenieurbau.

Der Planer bzw. Fachingenieur hat also kontinuierlich die Kosten zu verfolgen. Zwischenzeitlich gewonnene Erkenntnisse aus der Planung und der
Überarbeitung des LV sind in die Kostenkontrolle zu überführen. Damit
ist gewährleistet, dass Planungs-, Ausschreibungsstand und Kostenerwartung sich entsprechen. Der Planer hat die Kosten bis zur dritten Ebene
nach DIN 276-1 sowohl bauteilorientiert als auch nach Vergabeeinheiten (d. h. den für die Ausschreibungen zugrunde gelegten Fachlosen nach
VOB/C oder nach dem STLB-Bau aufzuschlüsseln. Damit sollen „Kosten-
überraschungen" beim Übergang von der Ausführungsplanung zur Ver-
gabe- und Vertragsphase vermieden werden. Der Architekt und Fachplaner soll noch vor Versendung der Vergabeunterlagen in der Lage sein, die
voraussichtlichen Kosten der Vergabeeinheit zu veranschlagen und vorher
(ggf. nach Rücksprache mit dem AG bzw. Nutzer) noch steuernd einzugreifen. Unter Umständen führt dies zu einer Veränderung von Ausführungs-
qualitäten und -standards, um das Kostenziel zu erreichen.

Operiert der Planer beim Kostenanschlag mit externen Kostendatenbanken (z. B. Baukosteninformationszentrum Deutscher Architektenkammern,
Stuttgart, www.baukosten.de oder Preisdatenbanken von WEKA MEDIA,
Kissing, www.baupreise.de), muss sichergestellt werden, dass die Vergleichs-
basis einheitlich ist, d. h. gleiche Bauteilaufbauten sowohl im Referenzprojekt
wie im aktuell zu bearbeitenden Projekt vorhanden sind. Andernfalls ver-
gleicht man „Äpfel mit Birnen" und gelangt zu falschen Kostenanschlägen.
Ebenso verhält es sich bei bürointernen Kostendatenbanken. Auch hier muss
sorgfältig geprüft werden, auf welchem Stand diese Daten sind, welche Standards diesen Daten zugrunde liegen und ob diese mit dem aktuellen Projekt
überhaupt vergleichbar sind. Gegebenenfalls sind entsprechende Faktoren
zur Bewertung von Baupreissteigerungen oder zur Bewertung abweichender
Standards zu bilden.

Für die **Terminplanung** werden im Bauwesen der Balkenplan oder der
Netzplan verwendet.

Beim **Balkenplan** werden die einzelnen Gewerke (Fachlose) inklusive der
Randbedingungen des Bauvorhabens vertikal chronologisch (d. h. dem
normalen Baustellenablauf folgend) gegliedert, in Abhängigkeit voneinander
dargestellt (Ordinate). Die Ausführungsfristen der Fachlose (ggf. auch mit
verschiedenen zeitversetzten Abschnitten) werden auf der Abszisse kalenda-
risch nach Tagen, Wochen, Monaten zugeordnet. Hierbei können Anfangs-
und Endverknüpfungen bestimmt werden. Verschiebt sich ein Termin,
werden die anderen Termine entsprechend mitverschoben. Meilensteine
markieren wichtige Termine im Bauprozess.

In der **Netzplantechnik** werden einzelnen Vorgängen „Tätigkeitsfelder"
zugeordnet, die nach der Matrix des Feldes mit verschiedenen Informationen (Ort, Vorgangsdauer in Tagen etc.) befüllt und beliebig vernetzt werden
können, sodass ein Vorgang unter Umständen für viele Vorgänge bestim-

mend und relevant sein kann. Der Netzplan hat den Nachteil, dass er schwerer lesbar ist. Aus diesem Grund und durch seinen hohen Abstraktionsgrad wird er in der Baupraxis eher selten eingesetzt.

Der **kritische Pfad** zeigt die Stellen im Terminplan auf, an denen Vorgangsdauern nicht mehr verkürzt werden können, ohne dass andere Vorgänge gefährdet sind, bzw. gar nicht mehr stattfinden können. Dies ist in der Regel nur beim Netzplan in einfacher Weise möglich über Vorwärts- und Rückwärtsrechnung der Einzelvorgänge. Beim Balkenplan ist dies nur bei Verknüpfung aller Vorgänge möglich, d. h., es entsteht ein Netzplan in der Darstellung eines Balkenplans.

Bei der Erstellung der Vergabeunterlagen hat jeder der Projektbeteiligten Pflichten, die sowohl rechtzeitig wie vollständig zu erbringen sind. Einen groben Überblick über die Aufgaben der Projektbeteiligten gibt die Tabelle 3.1.

Tabelle 3.1:   Aufgaben der Projektbeteiligten bei Erstellung der Leistungsbeschreibung (LB)

Leistung	Bauherr	Architekt	Tragwerks-planer	Ingenieur-bauwerke Verkehrs-planer	Fachplaner Technische Ausrüstung	Projekt-steuerer
LB mit LV	• Entscheidung • Anordnung • Kontrolle • Finanzierung • Informations-management der Bieter während der Angebotslaufzeit	• Aufstellen Vergabe-terminplan • Mengen-ermittlung • Erstellen der LB • Koordinie-ren der Beiträge fachlich Beteiligter • Zusammen-stellen der Vergabe-unterlagen für alle Leistungs-bereiche • Kostener-mittlung durch be-preistes LV • Kostenkon-trolle durch Vergleich des bepreis-ten LV mit Kostenbe-rechnung	• Mengen-ermittlung Beton/Stahl/Holz • Erstellen der LB nach HOAI 2013 Besondere Leistung	• Mengen-ermittlung • Erstellen der LB • Koordinieren der Beiträge fachlich Beteiligter • Zusammen-stellen der Vergabe-unterlagen für alle Leistungs-bereiche	• Mengener-mittlung für Technische Ausrüstung • Erstellen der LB für Planungs-bereich • Kostener-mittlung durch bepreistes LV • Kostenkon-trolle durch Vergleich des be-preisten LV mit Kostenbe-rechnung	• Durchsetzen der Vertrags-pflichten der Beteiligten • Vergleich der bepreisten LV mit dem Projektbudget vor Versand der Vergabe-unterlagen • ggf. Initiieren erforderlicher Anpassungs-maßnahmen

Fortsetzung Tabelle 3.1

Leistung	Bauherr	Architekt	Tragwerks- planer	Ingenieur- bauwerke Verkehrs- planer	Fachplaner Technische Ausrüstung	Projekt- steuerer
LB mit Leistungs- programm	• Entscheidung • Anordnung • Kontrolle • Finanzierung • Informations- management der Bieter	• Erstellen der LB mit Baubuch/ Raumbuch • Zusammen- stellen der Vergabeun- terlagen	• Erstellen der LB des Trag- werks nach HOAI 2013 Besondere Leistung	• Erstellen der LB mit Baubuch/ Raumbuch • Zusammen- stellen der Vergabeun- terlagen	• Erstellen der LB für Technische Ausrüstung	• Mitwirkung Durchsetzen der Vertrags pflichten der Beteiligten • Vergleich der bepreisten LV der Planer mit dem Budget vor Versand der Vergabe- unterlagen bzw. Initiieren erforderlicher Anpassungs- maßnahmen
Kosten- planung	• Kontrolle: Haben Fachplaner Leistung erbracht?	• ggf. Verfei- nerung der Kostenbe- rechnung (KB)	• Beiträge zur KB des Architekten	• ggf. Verfeine- rung der KB	• ggf. Verfei- nerung der KB	• Kostensteu- erung und Beratung Bauherr
Termin- planung	• Kontrolle: Haben Fachplaner Leistung erbracht?	• Termin- planung Ausschrei- bung/Ver- gabe		• Termin- planung Ausschrei- bung/Ver- gabe		• Terminsteu- erung und Beratung Bauherr
Haftung		• nach § 633 BGB funktionaler Mangelbe- griff	• nach § 633 BGB funktionaler Mangelbe- griff	• nach § 633 BGB funktionaler Mangelbe- griff	• nach § 633 BGB funktiona- ler Mangel- begriff	• dienst- oder werkvertrag- liche Haftung • im Einzelfall vertraglich zu prüfen

3.2   Auftraggeber

Der Pflichtenkreis öffentlicher AG bei der Erstellung der Vergabeunterlagen ergibt sich u. a. aus den gesetzlichen Bestimmungen, Haushaltsordnungen, den Vorgaben des Gesetzes gegen Wettbewerbsbeschränkungen (GWB), der Vergabeverordnung (VgV), der Sektorenverordnung (SektVO) und der VOB/A Abschnitt 1 und 2, den Maßnahmen zur Korruptionsverhütung und zur Vermeidung von Preisabsprachen. Der Pflichtenkreis privater AG bei der Erstellung der Vergabeunterlagen ist geringer, da die formalen Anforderungen des GWB, der VgV und der VOB/A bei privaten AG nicht gelten.

Die in diesem Kapitel aufgeführten Aufgaben der Entscheidung, Anordnung, Kontrolle und Finanzierung sind jedoch sicherlich die Grundaufgaben jedes Bauherrn. Pflichten der AG sind im Besonderen:

- Falls AG und Nutzer nicht identisch sind, hat der AG-Vertreter darauf zu achten, dass die Nutzerwünsche im Sinne des Planungsablaufes und des AVA-Terminplanes rechtzeitig geäußert werden und, wichtiger noch, die getroffenen Entscheidungen nicht ständig revidiert werden.
- Formulare und Vordrucke zu Ausschreibung und Vergabe sind an die Planer zu übergeben bzw. bereitzustellen.
- Der AG wirkt mit bei der Aufstellung der Ausschreibungsunterlagen (Wahl der Vergabeart, Auswahl der Bieter bei Freihändigen und Beschränkten Ausschreibungen, Festlegung von Losen).
- Die Finanzierung ist sicherzustellen.
- Die vom Planer bzw. Projektsteuerer erstellten Terminpläne für Ausschreibung und Vergabe sind vom AG daraufhin zu prüfen, ob für die Entscheidungsprozesse und Entscheidungen des AG ein ausreichendes Zeitfenster vorgesehen ist. Je nach Komplexität der AG-Organisationsstrukturen kann dies längere Zeiträume erforderlich machen.
- Die Grundstücksverhältnisse sind zu klären.
- Öffentlich-rechtliche Genehmigungen sind rechtzeitig einzuholen.
- Die vom Architekten bzw. Fachplaner fertiggestellten Vergabeunterlagen sind vor der Vervielfältigung zu kontrollieren und freizugeben (insbesondere auf VOB-widrige Formulierungen bei vom Planer selbst verfassten Vorbemerkungen) sowie auf Übereinstimmung mit Kosten- und Terminvorgaben des AG zu prüfen.
- Der AG verfasst und versendet die Bekanntmachung.
- Die Vergabeunterlagen sind an die Bieter auszugeben und es ist eine Bieterliste zu führen.
- Bietern sind während der Angebotslaufzeit Fragen schriftlich zu beantworten.

Es muss unbedingt vermieden werden, dass Architekten und Fachplaner während des laufenden Verfahrens Informationen an Bieter zum Inhalt der Vergabeunterlagen erteilen. Erfahrungsgemäß werden wichtige Informationen z. B. nicht an alle Bieter erteilt bzw. erhalten die Bieter unterschiedliche Informationen. In vielen Fällen weiß der AG gar nicht, welche Informationen der Architekt/Fachplaner an die Bieter erteilt hat. Aus diesem Grund sollte der AG, um Vergabenachprüfungsverfahren und Bauprozesse zu vermeiden, das Informationsmanagement nicht delegieren. Alle Informationen an Bieter sollten über den AG laufen.

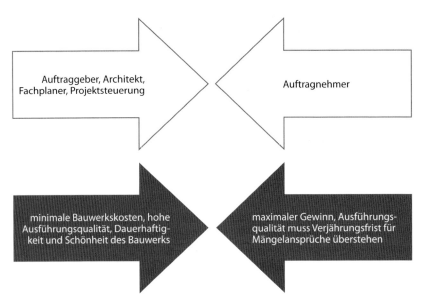

Abb. 3.1:   Ziele und Zielkonflikte der Projektbeteiligten

Die Projektbeteiligten und die Empfänger der Vergabeunterlagen haben unterschiedliche Interessenlagen, die in der Abb. 3.1 verdeutlicht werden.

Es ist zwischen delegierbaren und nicht delegierbaren Aufgaben der AG zu unterscheiden. Die nicht delegierbaren, d. h. originären Bauherrenaufgaben definieren dabei Ahrens/Bastian/Muchowski wie folgt:

„Entscheidung
Setzen der obersten Projektziele, d. h. Nutzungsziele, wirtschaftliche Ziele,
Qualitäts-, Zeit- und Kostenziele

Anordnung
Treffen von Anordnungen und Abschluss von Verträgen zur Verwirklichung
der Projektziele

Kontrolle
Oberste Kontrolle der Verwirklichung der o. g. Projektziele

Finanzierung des Projektes
Der Bauherr trägt die letzte Verantwortung für Finanzmittelbereitstellung und
deren verlustfreien Einsatz im Planungs- und Bauprozess sowie während der
späteren Nutzung. "

Und weiter: Es *„[...] hat sich in der geltenden Lehre der Eindruck gefestigt,*
dass der Projektsteuerer unbedingt als Vertreter des Bauherrn tätig werden
muss, und zwar in einer beratenden Funktion (Stabsfunktion). Wenn dies
nicht der Fall ist und der Projektsteuerer auch Vollmachten übernimmt, so ist
nicht mehr von Projektsteuerung die Rede, sondern von Projektleitung oder
Projektmanagement. "
(Ahrens/Bastian/Muchowski, 2010, S. 88)

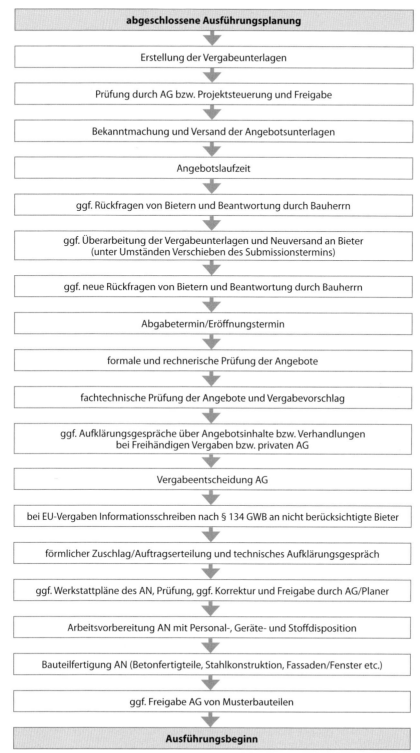

abgeschlossene Ausführungsplanung

Erstellung der Vergabeunterlagen

Prüfung durch AG bzw. Projektsteuerung und Freigabe

Bekanntmachung und Versand der Angebotsunterlagen

Angebotslaufzeit

ggf. Rückfragen von Bietern und Beantwortung durch Bauherrn

ggf. Überarbeitung der Vergabeunterlagen und Neuversand an Bieter (unter Umständen Verschieben des Submissionstermins)

ggf. neue Rückfragen von Bietern und Beantwortung durch Bauherrn

Abgabetermin/Eröffnungstermin

formale und rechnerische Prüfung der Angebote

fachtechnische Prüfung der Angebote und Vergabevorschlag

ggf. Aufklärungsgespräche über Angebotsinhalte bzw. Verhandlungen bei Freihändigen Vergaben bzw. privaten AG

Vergabeentscheidung AG

bei EU-Vergaben Informationsschreiben nach § 134 GWB an nicht berücksichtigte Bieter

förmlicher Zuschlag/Auftragserteilung und technisches Aufklärungsgespräch

ggf. Werkstattpläne des AN, Prüfung, ggf. Korrektur und Freigabe durch AG/Planer

Arbeitsvorbereitung AN mit Personal-, Geräte- und Stoffdisposition

Bauteilfertigung AN (Betonfertigteile, Stahlkonstruktion, Fassaden/Fenster etc.)

ggf. Freigabe AG von Musterbauteilen

Ausführungsbeginn

Abb. 3.2:   Ablaufplanung der Ausschreibung und Vergabe

Die spezifischen Organisationsstrukturen des AG sind bei der Entscheidung „externer Dienstleister als Projektsteuerer oder als Projektleiter" zu berücksichtigen. Hinweise zu den Aufgaben des AG finden sich auch in Mitteilungen der Gemeindeprüfungsanstalt (1989).

Der AG hat (ggf. zusammen mit dem Projektsteuerer) die zeitlichen Abläufe der LPH 6 und 7 zu planen und die erforderlichen Vorlaufzeiten der auszuschreibenden Gewerke (Vergabeeinheiten) möglichst realistisch anzunehmen. Die Abb. 3.2 soll dies veranschaulichen.

3.3   Nutzer (falls abweichend vom AG)

Insbesondere wenn der spätere Nutzer nicht mit dem Bauherrn identisch ist, ist es notwendig, ihn früh in die Bedarfs- und Ausstattungsplanung einzubeziehen, da diese frühen Entscheidungen gravierenden Einfluss auf das weitere Planungsgeschehen und die Baustellenabwicklung haben.

„Es obliegt dem Baumanager, die Wahrung der Interessen des Nutzers zu gewährleisten. Seine Beteiligung an der Aufgabenformulierung, an Entscheidungen und Zustimmungen während des Planungsgeschehens und evtl. Mitbestimmung bei der Bauausführung ist im gebotenen Umfang sicherzustellen." (Rösel, 1994, S. 107)

Beispiel

Dies lässt sich am Beispiel Krankenhaus (so auch Rösel) gut erläutern: Die öffentliche Hand ist zwar Bauherr und Träger des Krankenhauses. Die Ärzte als ein Teil der späteren Nutzer sind jedoch bei der Formulierung von Nutzungsanforderungen wesentliche Gesprächspartner für die Planungsbeteiligten. Sie bestimmen auch Einzelheiten der Ausführung mit und nehmen das fertige und betriebsbereite Bauwerk als funktionales Ganzes ab.

Die Nutzer haben dem AG ihren Bedarf an Räumen, Raumflächen, Raumabmessungen, Raumzuordnungen, Ausstattungsgegenständen, Versorgung mit Medien sowie sonstige Anforderungen rechtzeitig zu übermitteln. Der AG hat auf den Nutzer einzuwirken, dass der Bedarf so rechtzeitig bekannt gegeben wird, dass schon in frühen Planungsphasen die Weichen richtig gestellt werden können.

3.4   Architekt

Für die Architekten- und Ingenieurverträge gilt ebenso wie für Bauverträge das Werkvertragsrecht des BGB § 631 ff. Zur Frage der Mangelfreiheit der Architekten- bzw. Fachplanerleistung ist folglich der in § 633 BGB erwähnte Begriff der „vereinbarten Beschaffenheit" relevant.

„Die objektive Leistungsschuld knüpft an, die bei einem Werk – wie dem geschuldeten – ,üblicherweise' zu fordern sind. Umfasst sind somit vor allem einzuhaltende Mindeststandards. Die HOAI ist zur Bestimmung der vertrag-

lichen Leistungspflichten grundsätzlich nicht geeignet, zumindest nicht dafür geschaffen worden. Der BGH hat ausdrücklich ausgesprochen, dass die HOAI für den Inhalt von Architekten-/Ingenieurverträgen keine normativen Leitbilder enthält (BGH NJW 1999,427). Der jeweils geschuldete Inhalt des Architekten-/Ingenieurvertrages ist daher im konkreten Einzelfall zu ermitteln. Sofern das geschuldete Werk des Architekten die vereinbarte Beschaffenheit aufweist, ist es gemäß § 633 Abs. 2 Satz 1 BGB frei von Sachmängeln. Hieraus ergibt sich im Umkehrschluß, dass das Werk des Architekten-/Ingenieurs mangelhaft ist, wenn es nicht der vereinbarten Beschaffenheit entspricht."
(Korbion/Mantscheff/Vygen, 2016, Rn. 450 zu Grundlagen B)

Merksatz

Die HOAI ist eine Vergütungsordnung, keine Leistungsvereinbarung. Deshalb ist stets anzuraten, die geschuldete Architekten- bzw. Ingenieurleistung konkret und für sich selbst stehend, losgelöst von der HOAI, im Vertrag präzise zu benennen und zu vereinbaren.

Mit der *„reinen Bezugnahme auf einzelne Leistungsphasen der HOAI ist noch keine Aussage darüber getroffen, inwieweit die unter der jeweiligen LPH erfassten Grundleistungen beauftragt und damit geschuldet sind. [...] Es führt deshalb angesichts der bestehenden Rechtsprechung kein Weg daran vorbei, im Vertrag die wesentlichen, erkennbar erforderlichen Leistungsschritte als Mindestanforderungen konkret zu benennen"* (Kemper/Wronna/Blomeyer, 2009, S. 40/41).

3.4.1 Leistungsbeschreibung mit LV

Die HOAI 2013 beschreibt das Leistungsbild folgendermaßen:

„Anlage 10 zu § 34 Absatz 4, § 35 Absatz 7:
Grundleistungen im Leistungsbild Gebäude und Innenräume, Besondere Leistungen, Objektlisten

[...]

LPH 6 Vorbereitung der Vergabe

Grundleistungen

a) Aufstellen eines Vergabeterminplans
b) Aufstellen von Leistungsbeschreibungen mit Leistungsverzeichnissen nach Leistungsbereichen, Ermitteln und Zusammenstellen von Mengen auf der Grundlage der Ausführungsplanung unter Verwendung der Beiträge anderer an der Planung fachlich Beteiligter
c) Abstimmen und Koordinieren der Schnittstellen zu den Leistungsbeschreibungen der an der Planung fachlich Beteiligten
d) Ermitteln der Kosten auf der Grundlage vom Planer bepreister Leistungsverzeichnisse

e) Kostenkontrolle durch Vergleich der vom Planer bepreisten Leistungsver-
zeichnisse mit der Kostenberechnung
f) Zusammenstellen der Vergabeunterlagen für alle Leistungsbereiche

Besondere Leistungen

- *Aufstellen der Leistungsbeschreibungen mit Leistungsprogramm auf der Grundlage der detaillierten Objektbeschreibung*
- *Aufstellen von alternativen Leistungsbeschreibungen für geschlossene Leistungsbereiche*
- *Aufstellen von vergleichenden Kostenübersichten unter Auswertung der Beiträge anderer an der Planung fachlich Beteiligter*

LPH 7 Mitwirkung bei der Vergabe

Grundleistungen

a) Koordinieren der Vergaben der Fachplaner
b) Einholen von Angeboten
c) Prüfen und Werten der Angebote einschließlich Aufstellen eines Preisspie-
gels nach Einzelpositionen oder Teilleistungen, Prüfen und Werten der
Angebote zusätzlicher und geänderter Leistungen der ausführenden Unter-
nehmen und der Angemessenheit der Preise
d) Führen von Bietergesprächen
e) Erstellen der Vergabevorschläge, Dokumentation des Vergabeverfahrens
f) Zusammenstellen der Vertragsunterlagen für alle Leistungsbereiche
g) Vergleichen der Ausschreibungsergebnisse mit den vom Planer bepreisten
Leistungsverzeichnissen oder der Kostenberechnung
h) Mitwirken bei der Auftragserteilung

Besondere Leistungen

- *Prüfen und Werten von Nebenangeboten mit Auswirkungen auf die abge-stimmte Planung*
- *Mitwirken bei der Mittelabflussplanung*
- *Fachliche Vorbereitung und Mitwirken bei Nachprüfungsverfahren*
- *Mitwirken bei der Prüfung von bauwirtschaftlich begründeten Nachtragsan-geboten*
- *Prüfen und Werten der Angebote aus Leistungsbeschreibung mit Leistungs-programm einschließlich Preisspiegel*
- *Aufstellen, Prüfen und Werten von Preisspiegeln nach besonderen Anforde-rungen"*

Vergabeterminplan

Diese Leistung wurde in der HOAI 2013 LPH 6 neu aufgenommen und macht die besondere Bedeutung der Terminplanung in dieser Leistungs-phase gerade im Zusammenhang mit dem Projektterminplan und der Ab-stimmung mit den Projektbeteiligten (öffentlicher oder privater Bauherr, Nutzer, Architekt, Fachplaner, Projektsteuerer, Unternehmen etc.) deutlich.

Die ordnungsgemäße Erstellung der Terminplanung erfordert die Kenntnis der Fristen im Vergabeverfahren nach Abschnitt 1 VOB/A bzw. Abschnitt 2

VOB/A sowie die besonderen Verfahrensabläufe und Zuständigkeiten/Wertgrenzen (z. B. bei öffentlichen AG).

„Die Unkenntnis ist hier ein klarer Mangel der Leistung und führt zu Haftungsfragen."
(Korbion/Mantscheff/Vygen, 2016, Rn. 210 zu § 34)

Aufstellen von Leistungsbeschreibungen mit Leistungsverzeichnissen nach Leistungsbereichen

Hierzu wird auf die Ausführungen in Kapitel 1.5.2 verwiesen.

Ermitteln und Zusammenstellen von Mengen auf der Grundlage der Ausführungsplanung unter Verwendung der Beiträge anderer an der Planung fachlich Beteiligter

Die Mengenermittlung erfolgt auf der Grundlage einer abgeschlossenen Ausführungsplanung nach LPH 5 HOAI (EDVgestützt oder manuell). Wichtig ist, dass die Mengenermittlung auf der Grundlage des Planungsstandes, der den Vergabeunterlagen zugrunde liegt (!), nachvollziehbar ermittelt und dokumentiert wird.

Die langjährigen Erfahrungen des Autors zeigen, dass in vielen Ausschreibungen auf veralteten Planständen Mengen ermittelt werden, die unvermeidlich zu falschen Kostenansätzen in der LPH 6 führen.

Voraussetzung einer nachvollziehbaren Mengenermittlung ist das Aufstellen und Einhalten einer Systematik, die eine nachfolgende Plausibilitätsprüfung sowohl vor Versand der Vergabeunterlagen als auch im Rahmen späterer Überprüfungen, z. B. bei Überschreiten des Vergabebudgets durch die eingegangenen Angebote, ohne größeren Aufwand ermöglicht. Üblicherweise wird dazu eine hierarchische Gliederung nach Teillosen, ggf. Bauabschnitten, Gebäudeteilen, Stockwerken, Bauwerksachsen bzw. Koordinatensystemen oder Raumbezeichnungen vorgenommen. Dies ist wichtig, damit nicht ganze Teilleistungen vergessen bzw. mehrfach ausgeschrieben werden. Dabei sind die in den Positionen gewählten Abrechnungseinheiten zu berücksichtigen.

„Ist die Mengenermittlung und deren Zusammenstellung oder ist der Leistungsbeschrieb unrichtig oder unvollständig und kann der Bieter bzw. Auftragnehmer dies in für ihn zumutbarer Weise nicht erkennen, kann es sein, dass der Unternehmer berechtigt ist, gegenüber dem Auftraggeber eine veränderte höhere oder eine zusätzliche Vergütung zu verlangen, wie insbesondere durch den Rahmen des § 632 BGB sowie durch § 2 Nrn 3, 5 und 6 ausgewiesen wird. Auch insofern kann eine Schadenersatzpflicht des Architekten gegenüber dem Auftraggeber begründet sein. Der Architekt hat also gerade auch von der Haftungsseite her allen Anlass, bei seinen ihm nach Leistungsphase 6 übertragenen Aufgaben besonders sorgfältig zu Werke zu gehen, also seine Pflichten vollständig und richtig zu erfüllen."
(Korbion/Mantscheff/Vygen, 2016, Rn. 229 zu § 34)

Abstimmen und Koordinieren der Schnittstellen zu den Leistungsbeschreibungen der an der Planung fachlich Beteiligten

Dies betrifft in der Regel die Beiträge der Fachplaner Tragwerksplanung und Technische Ausrüstung, u. U. auch Beiträge der Fachplaner Freianlagen, Ingenieurbauwerke oder Verkehrsanlagen. Das Koordinieren umfasst z. B.

- das rechtzeitige Einfordern der Beiträge der Fachplaner gemäß dem vom Architekten erstellten und mit dem AG (und ggf. Projektsteuerer) abgestimmten Vergabeterminplan.
- die Erörterung und Abstimmung mit dem AG, ob die Ergebnisse der LPH 6 mit seinen Wünschen und finanziellen Möglichkeiten übereinstimmen,
- die Überprüfung, ob die Fachplaner die für das betreffende Fachlos (Gewerk) notwendigen Leistungen und Angaben gemacht haben.
- Der Architekt muss darauf achten, dass die Schnittstellen in der Planung sauber definiert sind und es bei der Übernahme von Mengenermittlungen anderer an der Planung fachlich Beteiligter keine Überschneidungen, Widersprüche oder Unvollständigkeiten zwischen den Fachplanern gibt.

Ermitteln der Kosten auf der Grundlage vom Planer bepreister Leistungsverzeichnisse

Siehe hierzu Kapitel 3.4.3.2

Kostenkontrolle durch Vergleich der vom Planer bepreisten Leistungsverzeichnisse mit der Kostenberechnung

Siehe hierzu Kapitel 3.4.3.3

Zusammenstellen der Vergabeunterlagen für alle Leistungsbereiche

Umfang und Inhalt der Vergabeunterlagen variieren nach Fachlos (Leistungsbereich) und den Erfordernissen zur vollständigen und erschöpfenden Beschreibung nach § 7 VOB/A. Hierzu zählen insbesondere das Leistungsverzeichnis, die zeichnerischen Darstellungen der Bauleistungen (Ausführungsplanung nach LPH 5 HOAI) sowie sonstige – für die Angebotskalkulation der Unternehmen und den späteren Vertragsschluss – relevanten Unterlagen sowie Vertragsbedingungen.

Zur Vorbereitung der Vertragsbedingungen:

„Seinen Pflichten genügt er [der Architekt] auch, wenn er im Buchhandel gängige Bauvertragsformulare zum Abschluss vorlegt, sofern diese auf die Position des Bauherrn abgestellt sind […] Das bedeutet nicht, dass er Verträge und Vertragsbedingungen selbst entwerfen muss."
(Koeble/Locher/Zahn, 2014, Rn. 205 zu § 34)

Und in Rn. 208 zu BVB:
„Der Architekt sollte gerade wegen der Rechtsprechung des BGH zur Privilegierung der VOB durch eigene Vertragsbedingungen die VOB/B nicht abändern. Ein ‚Weniger' an Besonderen oder Zusätzlichen Bedingungen bietet ein ‚Mehr' an Sicherheit."
(Koeble/Locher/Zahn, 2014)

Als Grundleistung schuldet der Architekt eine kopierfähige Fassung der Vergabeunterlagen. Für die Vervielfältigung und den Versand ist der AG zuständig. Abweichende Regelungen sind vertraglich zu vereinbaren.

3.4.2   Leistungsbeschreibung mit Leistungsprogramm

Die HOAI 2013 beschreibt in Anlage 10 zu § 34 Abs. 4, § 35 Abs. 7 unter Besondere Leistungen in LPH 6 Vorbereitung der Vergabe:

„Aufstellen der Leistungsbeschreibungen mit Leistungsprogramm auf der Grundlage der detaillierten Objektbeschreibung[x]
[...]

[x] *diese Besondere Leistung wird bei einer Leistungsbeschreibung mit Leistungsprogramm ganz oder teilweise zur Grundleistung. In diesem Fall entfallen die entsprechenden Grundleistungen dieser Leistungsphase."*

Ob ggf. Teile der Leistung als Besondere Leistung vergütet werden sollen, ist im Architektenvertrag präzise zu vereinbaren.

Üblicherweise beschreibt der Planer in einem Baubuch bzw. Raumbuch (siehe Kapitel 8.8) die zuvor mit dem Bauherrn abgestimmten Zielvorstellungen. Festzulegen sind dabei insbesondere:

● **Gebäudekubatur** (auf Basis der nach Bebauungsplan zulässigen Grundflächenzahl [GRZ] bzw. Geschossflächenzahl [GFZ] und der nach Landesbauordnung zulässigen Abstandsflächen)
● **Raumprogramm** (unter Angabe der Raumnutzung, Fläche [ggf. genau vorgegebene Raummasse], Höhe, Material- bzw. Oberflächenqualitäten von Wand, Decke, Fußboden, unter Berücksichtigung nutzerspezifischer Anforderungen wie Rutschhemmung und elektrische Ableitfähigkeit bei Fußböden, ggf. statische Anforderungen an Bauteile, Anforderungen bezüglich Gebäudetechnik [Heizung, Lüftung, Sanitär, Kälte, Elektro], bauphysikalische Anforderungen, die sich aus der Raumnutzung ergeben [Schall-, Wärme-, Feuchteschutz], Belichtung mit Tageslicht bzw. Beleuchtung etc.)
● **Bauteilkatalog** (Gebäudehüllflächen: Dach, Außenwände, Fenster, Außentüren, Kellerwände und Bodenplatte gegen Erdreich sowie Innenbauteile wie Geschossdecken, Innenwände, Innentüren, Innen- und Außentreppen, Aufzüge inklusive Angaben für diese Bauteile in statischer, bauphysikalischer und nutzungsspezifischer Hinsicht sowie [falls dem Bauherrn nicht egal ist, wie das Gebäude aussieht] Anforderungen an Material, Oberflächenqualität, Optik bzw. Gestaltung)
● Alternativ kann die Leistung auch als **Muster-LV ohne Mengenangaben** beschrieben werden.
● **Planungsvorleistungen des AG** (wie Bauteilaufbauten, Ansichten, Schnitte, Grundrisse, Details) werden dann Bestandteil der Ausschreibung (evtl. mit Anlagenschemata der Gebäudetechnik).

3.4.3   Kostenermittlung

3.4.3.1 Schwellenwertermittlung

Die Ermittlung des Schwellenwertes für die Baumaßnahme ist aus folgenden vergaberechtlichen und organisatorischen Gründen zwingend:

Für Vergaben ab Schwellenwert gilt Abschnitt 2 der VOB/A mit anderen Fristenregelungen und Randbedingungen als Abschnitt 1 der VOB/A.

In diesem Zusammenhang muss der Architekt nach § 3 VgV eine Übersicht der europaweit auszuschreibenden Fachlose erstellen (sog. 80 %-Kontingent), die zwingend vor der Bekanntmachung der ersten Ausschreibung der Baumaßnahme (in der Regel Abbrucharbeiten) vorliegen muss und für alle weiteren Vergaben vergaberechtlich bestimmend ist.

„Die Bestimmungen dieses Abschnittes sind von öffentlichen Auftraggebern im Sinne von § 99 GWB für Bauaufträge anzuwenden, bei denen der geschätzte Gesamtauftragswert der Baumaßnahme oder des Bauwerkes (alle Bauaufträge für eine bauliche Anlage) mindestens dem im § 106 GWB geregelten Schwellenwert für Bauaufträge ohne Umsatzsteuer entspricht. Die Schätzung des Auftragswerts ist gemäß § 3 VgV vorzunehmen.“
(§ 1 Abs. 2 EU VOB/A)

In § 3 Abs. 1 bis 9 Schätzung des Auftragswerts der VgV heißt es:

„(1) Bei der Schätzung des Auftragswerts ist vom voraussichtlichen Gesamtwert der vorgesehenen Leistung ohne Umsatzsteuer auszugehen. Zudem sind etwaige Optionen oder Vertragsverlängerungen zu berücksichtigen. Sieht der öffentliche Auftraggeber Prämien oder Zahlungen an den Bewerber oder Bieter vor, sind auch diese zu berücksichtigen.

(2) Die Wahl der Methode zur Berechnung des geschätzten Auftragswerts darf nicht in der Absicht erfolgen, die Anwendung der Bestimmungen des Teils 4 des Gesetzes gegen Wettbewerbsbeschränkungen oder dieser Verordnung zu umgehen. Eine Auftragsvergabe darf nicht so unterteilt werden, dass sie nicht in den Anwendungsbereich der Bestimmungen des Gesetzes gegen Wettbewerbsbeschränkungen oder dieser Verordnung fällt, es sei denn, es liegen objektive Gründe dafür vor, etwa wenn eine eigenständige Organisationseinheit selbstständig für ihre Auftragsvergabe oder bestimmte Kategorien der Auftragsvergabe zuständig ist.

(3) Maßgeblicher Zeitpunkt für die Schätzung des Auftragswerts ist der Tag, an dem die Auftragsbekanntmachung abgesendet wird oder das Vergabeverfahren auf sonstige Weise eingeleitet wird.

(4) Der Wert einer Rahmenvereinbarung oder eines dynamischen Beschaffungssystems wird auf der Grundlage des geschätzten Gesamtwerts aller Einzelaufträge berechnet, die während der gesamten Laufzeit einer Rahmenvereinbarung oder eines dynamischen Beschaffungssystems geplant sind.

(5) Der zu berücksichtigende Wert im Falle einer Innovationspartnerschaft entspricht dem geschätzten Gesamtwert der Forschungs- und Entwicklungstätigkeiten, die während sämtlicher Phasen der geplanten Partnerschaft statt-

finden sollen, sowie der Bau-, Liefer- oder Dienstleistungen, die zu entwickeln und am Ende der geplanten Partnerschaft zu beschaffen sind.

(6) Bei der Schätzung des Auftragswerts von Bauleistungen ist neben dem Auftragswert der Bauaufträge der geschätzte Gesamtwert aller Liefer- und Dienstleistungen zu berücksichtigen, die für die Ausführung der Bauleistungen erforderlich sind und vom öffentlichen Auftraggeber zur Verfügung gestellt werden. Die Möglichkeit des öffentlichen Auftraggebers, Aufträge für die Planung und die Ausführung von Bauleistungen entweder getrennt oder gemeinsam zu vergeben, bleibt unberührt.

(7) Kann das beabsichtigte Bauvorhaben oder die vorgesehene Erbringung einer Dienstleistung zu einem Auftrag führen, der in mehreren Losen vergeben wird, ist der geschätzte Gesamtwert aller Lose zugrunde zu legen. Bei Planungsleistungen gilt dies nur für Lose über gleichartige Leistungen. Erreicht oder überschreitet der geschätzte Gesamtwert den maßgeblichen Schwellenwert, gilt diese Verordnung für die Vergabe jedes Loses.

(8) Kann ein Vorhaben zum Zweck des Erwerbs gleichartiger Lieferungen zu einem Auftrag führen, der in mehreren Losen vergeben wird, ist der geschätzte Gesamtwert aller Lose zugrunde zu legen.

(9) Der öffentliche Auftraggeber kann bei der Vergabe einzelner Lose von Absatz 7 Satz 3 sowie Absatz 8 abweichen, wenn der geschätzte Nettowert des betreffenden Loses bei Liefer- und Dienstleistungen unter 80.000 Euro und bei Bauleistungen unter 1 Million Euro liegt und die Summe der Nettowerte dieser Lose 20 Prozent des Gesamtwerts aller Lose nicht übersteigt."

In Kapitel 8.4 und 8.5 finden sich Mustervordrucke zur Schwellenwertermittlung. Diese Vordrucke sollen AG und Planern die richtige Zuordnung der Fachlose zu den anzuwendenden Abschnitten der VOB/A erleichtern.

Weyand führt zur Schwellenwertermittlung aus:

„Der insoweit maßgebliche Gesamtauftragswert errechnet sich aus der Summe aller für die Erstellung der baulichen Anlage erforderlichen Leistungen ohne Umsatzsteuer; nicht zum Gesamtauftragswert gehören unter anderem die Baunebenkosten.

*Zu den **Baunebenkosten** gehören als Kosten, die neben der Vergütung für die ausgeschriebene Bauleistung im Zusammenhang mit dem Bauvorhaben entstehen, wie z. B. **Kosten für Architekten- und Ingenieurleistungen** (soweit diese nicht ausnahmsweise auch zum ausgeschriebenen Bauauftrag gehören), für **Verwaltungsleistungen des Auftraggebers** bei Vorbereitung und Durchführung des Bauvorhabens, für die **Baugenehmigung**, für die **Bauversicherung**, **Finanzierungskosten**, Kosten für **Altlastenbeseitigung**, für die **Erstellung des Bebauungsplanes**, **Baugenehmigungsgebühren** und dergleichen.*

Unberücksichtigt bei den Gesamtkosten bleiben der Wert des zu bebauenden Grundstückes, die Baunebenkosten und weitere, begrifflich nicht zur Bauerrichtung zählende Kosten."
(Weyand, 2015, Rn. 15 ff.)

Es ist anzuraten, die Kostenberechnung des Architekten nach DIN 276 als Grundlage für die Schwellenwertermittlung zu nehmen, da in dieser auch die weitere Aktualisierung nach Ausschreibungsergebnissen (Kostenfortschreibung) erfolgen kann (Kostenanschlag). Es muss für die Vergabeakte nachvollziehbar sein, wie Kostenberechnung und Schwellenwertermittlung zusammenpassen. Falls erforderlich, muss der Architekt vorab die Inhalte aufeinander abstimmen. Zu vermeiden ist, dass die in der Schwellenwertermittlung genannten Kosten der Fachlose bei einem späteren Vergabenachprüfungsverfahren mühsam nachträglich (und damit angreifbar) mit der Kostenberechnung in Kongruenz gebracht werden müssen.

Unterschiedliche Benennungen für gleiche Leistungen erschweren die Kostenkontrolle (Beispiel: Im Kostenkontrollprogramm des AG heißt das Fachlos „MSR-Technik", im AVA-Programm „Gebäudeautomation". Hier fragt sich ein Dritter, ob eventuell unterschiedliche Vergabevorgänge gemeint sind). Darüber hinaus tragen sie nicht zur Transparenz bei (insbesondere für neu ins Projekt kommende Beteiligte).

Damit bei der Kostenkontrolle keine Kostenelemente vergessen oder mehrfach berücksichtigt werden, sind die Begrifflichkeiten auf Basis der Systematik des STLB-Bau oder nach den Allgemeinen Technischen Vertragsbedingungen (ATV) der VOB/C einheitlich in allen Prozessen zu wählen.

Wichtig ist dabei, dass

- die Numerik der Fachlose mit den Bezeichnungen in der späteren Bekanntmachung bzw. den Vergabeunterlagen übereinstimmt und
- beim Übergang von der Kostenberechnung zum Kostenanschlag keine Kostenelemente vergessen werden.

Andernfalls entstehen sowohl bei der weiteren Kostenverfolgung als auch einem Nachprüfungsverfahren unnötige begriffliche Verwirrungen und Zuordnungsprobleme.

Aktualisierung des Schwellenwerts während der Baumaßnahme

Zu der Frage, ob die vor der ersten Bekanntmachung vom AG geschätzte Auftragssumme für die gesamte Baumaßnahme für die restlichen Vergaben bindend oder nach jedem Ausschreibungsergebnis zu aktualisieren ist, herrschen in der Rechtsprechung und Vergaberechtskommentierung unterschiedliche Meinungen.

Aus Sicht des Verfassers ist eine fortlaufende Aktualisierung nicht intendiert und führt auch zu unsinnigen Ergebnissen:

Beispiel

Angenommen der AG hatte zum Zeitpunkt der Absendung der Bekanntmachung der ersten Ausschreibung den geschätzten Auftragswert aller Leistungen nach DIN 276 mit 4.839.000 € netto ermittelt. Damit wäre der Schwellenwert nach § 3 VgV unterschritten und der AG brauchte die Baumaßnahme nicht europaweit ausschreiben.

Würde eine fortlaufende Aktualisierung der Auftragssummen nach Ausschreibungsergebnissen verlangt, wäre folgender Fall denkbar: Der AG hat bereits 95 % der Bauleistungen unterschwellig ausgeschrieben. Die Fortschreibung der Auftragssumme ergab im Saldo eine Bestätigung der zuvor geschätzten Summe von 4.839.000 € netto. Das Ausschreibungsergebnis der in der Kostenberechnung noch mit 6.000 € angesetzten Baureinigung ergibt jedoch 13.000 €. Die Fortschreibung der Auftragssumme ergibt damit eine Überschreitung des Schwellenwertes. Der AG müsste folglich die noch zu vergebenden Gewerke Schließanlage (mit 30.000 € laut Kostenberechnung) und Tischlerarbeiten Einbaubücherregal (mit 20.000 € laut Kostenberechnung) europaweit ausschreiben.

Bei Erreichen oder Überschreiten der Schwellenwerte sind 80 % aller Gewerke bzw. Gewerke mit einer Million € und darüber europaweit auszuschreiben. Wäre die Fortschreibung der Auftragssumme Maßstab der Beurteilung, hätte in unserem Beispiel der AG vergaberechtswidrig gehandelt, wenn er die restlichen 2 Gewerke nur national ausgeschrieben hätte. Der AG hätte zudem vergaberechtswidrig gehandelt, da er das 80 %-Kontingent nicht erfüllt hat und auch gar nicht mehr erfüllen kann, es sei denn, er kündigte alle bisherigen Verträge und schriebe erneut europaweit aus.

Praxistipp

Vor Bekanntmachung der ersten Ausschreibung sollten die Schwellenwertermittlung und Zuordnung der Fachlose zu Abschnitt 1 bzw. Abschnitt 2 der VOB/A einmalig erstellt und jeder Vergabeakte als Deckblatt beigelegt werden.

[handschriftliche Notizen:]

Schwellenwert

VgV : 5.225.000 € Bauleistungen

→ 100.000 € freihändig

dringlich andere Arten unzweckmäßig

< 1.000.000 → beschränkt

öffentl. immer überschreitet Schwellenwert beschränkt

3.4.3.2 Bepreistes LV/Kostenanschlag

Der Kostenanschlag dient als Kriterium, um die endgültige Entscheidung über die weitere Ausführungsplanung herbeizuführen. Der Kostenanschlag soll nach dem Wortlaut der DIN 276 auch als Entscheidungskriterium zur Vorbereitung der Vergabe dienen (siehe Tabelle 3.2).

Dementsprechend wird der Kostenanschlag noch vor der Auftragsvergabe erforderlich. Gemäß dieser Vorgabe wird der Kostenanschlag in den Fällen stufenweise zu erstellen sein, in denen eine stufenweise Vergabe von Ausführungsaufträgen vorgesehen ist. Das ist in der Praxis regelmäßig so, weil die Auftragsvergaben stufenweise überlappend zur Ausführungsplanung erfolgen.

Koeble, Locher und Zahn weisen zu Recht auf folgenden Umstand hin:

„Die bepreisten Leistungsverzeichnisse sind neu und ersetzen den früher in der LPH 7 angesiedelten Kostenanschlag. Eine Bepreisung kann – ohne vorherige Einholung von Angeboten – auf der Basis von Erfahrungswerten aus anderen Projekten oder durch vorherige Information bei einem Baukostenberatungsdienst erfolgen. Weshalb der Kostenanschlag entfallen konnte, ist unklar. Immerhin ist er nach DIN 276 immer noch vorgesehen und es stellt sich deshalb die Frage, ob der Bauherr ihn nicht aus vertragsrechtlichen Gründen dennoch verlangen kann. Die Frage ist dann zu verneinen, wenn die bepreisten Leistungsverzeichnisse sorgfältig und nach den korrekten Erfahrungswerten aufgestellt sind. Anstelle des Kostenanschlags hat jedenfalls eine Kostenkontrolle stattzufinden, und es ist nach Eingang der Angebote ein Preisspiegel aufzustellen, wodurch meist die Leistungen aus dem Kostenanschlag ersetzt werden." (Koeble/Locher/Zahn, 2014, Rn. 182 zu § 34 HOAI)

Aus Sicht des Verfassers ist durch die Neuforderung der HOAI 2013 zu bepreisten LV eine wirksamere Kostenkontrolle für den AG möglich und deutlicher nachzuvollziehen, wodurch sich Kostenänderungen im Projekt ergeben haben (siehe Beispiel eines bepreisten LV in Abb. 4.3).

Tabelle 3.2:   Kostenberechnung nach DIN 276-1

Kostenberechnung (KB) zur Ausschreibung nach DIN 276-1:2008-12 KGR 300 + 400			Zuordnung Fachlos nach VOB/C	Kosten-berechnung	Kosten-anschlag	Abweichung zu KB in %
				in € brutto		
300		Bauwerk – Baukonstruktionen				
	310	Baugrube				
		311	Baugrubenherstellung			
		312	Baugrubenumschließung			
		313	Wasserhaltung			
		319	Baugrube, Sonstiges			
	320	Gründung				
		321	Baugrundverbesserung			
		322	Flachgründungen			
		323	Tiefgründungen			
		324	Unterböden und Bodenplatten			
		325	Bodenbeläge			
		326	Bauwerksabdichtungen			
		327	Dränagen			
		329	Gründung, Sonstiges			
	330	Außenwände				
		331	tragende Außenwände			
		332	nicht tragende Außenwände			
		333	Außenstützen			
		334	Außentüren und -fenster			
		335	Außenwandbekleidungen, außen			
		336	Außenwandbekleidungen, innen			
		337	elementierte Außenwände			
		338	Sonnenschutz			
		339	Außenwände, Sonstiges			
	340	Innenwände				
		341	tragende Innenwände			
		342	nicht tragende Innenwände			

Fortsetzung Tabelle 3.2

Kostenberechnung (KB) zur Ausschreibung nach DIN 276-1:2008-12 KGR 300 + 400		Zuordnung Fachlos nach VOB/C	Kosten-berechnung	Kosten-anschlag	Abweichung zu KB in %
			in € brutto		
	343	Innenstützen				
	344	Innentüren und -fenster				
	345	Innenwandbekleidungen				
	346	elementierte Innenwände				
	349	Innenwände, Sonstiges				
350		**Decken**				
	351	Deckenkonstruktionen				
	352	Deckenbeläge				
	353	Deckenbekleidungen				
	359	Decken, Sonstiges				
360		**Dächer**				
	361	Dachkonstruktionen				
	362	Dachfenster, Dachöffnungen				
	363	Dachbeläge				
	364	Dachbekleidungen				
	369	Dächer, Sonstiges				
370		**baukonstruktive Einbauten**				
	371	allgemeine Einbauten				
	372	besondere Einbauten				
	379	baukonstruktive Einbauten, Sonstiges				
390		**sonstige Maßnahmen für Baukonstruktionen**				
	391	Baustelleneinrichtung				
	392	Gerüste				
	393	Sicherungsmaßnahmen				
	394	Abbruchmaßnahmen				
	395	Instandsetzungen				
	396	Materialentsorgung				
	397	zusätzliche Maßnahmen				

Fortsetzung Tabelle 3.2

Kostenberechnung (KB) zur Ausschreibung nach DIN 276-1:2008-12 KGR 300 + 400			Zuordnung Fachlos nach VOB/C	Kosten-berechnung	Kosten-anschlag	Abweichung zu KB in %
				in € brutto		
	398	provisorische Baukonstruktionen				
	399	sonstige Maßnahmen für Baukonstruktionen				
400		**Bauwerk – technische Anlagen**				
	410	**Abwasser-, Wasser-, Gasanlagen**				
	411	Abwasseranlagen				
	412	Wasseranlagen				
	413	Gasanlagen				
	419	Abwasser				
	420	**Wärmeversorgungsanlagen**				
	421	Wärmeerzeugungsanlagen				
	422	Wärmeverteilnetze				
	423	Raumheizflächen				
	429	Wärmeversorgungsanlagen, Sonstiges				
	430	**lufttechnische Anlagen**				
	431	Lüftungsanlagen				
	432	Teilklimaanlagen				
	433	Klimaanlagen				
	434	Kälteanlagen				
	439	lufttechnische Anlagen, Sonstiges				
	440	**Starkstromanlagen**				
	441	Hoch- und Mittelspannungsanlagen				
	442	Eigenstromversorgungsanlagen				
	443	Niederspannungsschaltanlagen				
	444	Niederspannungsinstallationsanlagen				
	445	Beleuchtungsanlagen				

Fortsetzung Tabelle 3.2

Kostenberechnung (KB) zur Ausschreibung nach DIN 276-1:2008-12 KGR 300 + 400			Zuordnung Fachlos nach VOB/C	Kosten-berechnung	Kosten-anschlag	Abweichung zu KB in %
				in € brutto		
	446	Blitzschutz- und Erdungs-anlagen				
	449	Starkstromanlagen, Sonstiges				
450		**Fernmelde- und Informations-technik**				
	451	Telekommunikationsanlagen				
	452	Such- und Signalanlagen				
	453	Zeitdienstanlagen				
	454	elektroakustische Anlagen				
	455	Fernseh- und Antennenanlagen				
	456	Gefahrenmelde- und Alarm-anlagen				
	457	Übertragungsnetze				
	459	Fernmelde- und informations-technische Anlagen, Sonstiges				
460		**Förderanlagen**				
	461	Aufzugsanlagen				
	462	Fahrtreppen, Fahrsteige				
	463	Befahranlagen				
	464	Transportanlagen				
	465	Krananlagen				
	469	Förderanlagen, Sonstiges				
470		**nutzungsspezifische Anlagen**				
	471	küchentechnische Anlagen				
	472	Wäscherei- und Reinigungs-anlagen				
	473	Medienversorgungsanlagen				
	474	Medizin- und labortechnische Anlagen				
	475	Feuerlöschanlagen				

Fortsetzung Tabelle 3.2

Kostenberechnung (KB) zur Ausschreibung nach DIN 276-1:2008-12 KGR 300 + 400		Zuordnung Fachlos nach VOB/C	Kosten-berechnung	Kosten-anschlag	Abweichung zu KB in %
			in € brutto		
476	badetechnische Anlagen				
477	Prozesswärme-, -kälte- und -luftanlagen				
478	Entsorgungsanlagen				
479	nutzungsspezifische Anlagen, Sonstiges				
480	**Gebäudeautomation**				
481	Automationssysteme				
482	Schaltschränke				
483	Management- und Bedien-einrichtungen				
484	Raumautomationssysteme				
485	Übertragungsnetze				
489	Gebäudeautomation, Sonstiges				
490	**sonstige Maßnahmen für technische Anlagen**				
491	Baustelleneinrichtung				
492	Gerüste				
493	Sicherungsmaßnahmen				
494	Abbruchmaßnahmen				
495	Instandsetzungen				
496	Materialentsorgung				
497	zusätzliche Maßnahmen				
498	provisorische technische Anlagen				
499	sonstige Maßnahmen für techni-sche Anlagen, Sonstiges				

Bedarfspositionen in bepreisten LV erschweren Aussagen der Planer über die Auskömmlichkeit des Vergabebudgets. Aufgrund der häufig spekulativ angebotenen Einheitspreise (EP) liegen die bepreisten LV und das Submissionsergebnis oft weit auseinander. Dies führt bei der Vergabeentscheidung zu der Frage, inwieweit die in den bepreisten Leistungsverzeichnissen enthaltenen Einheitspreise realistisch und marktüblich sind. Bedarfspositionen verkomplizieren also in der Regel das Kostenmanagement unnötig. Wichtig für die Zuverlässigkeit des bepreisten LV bzw. des Kostenanschlags ist, dass zeitnah vor Versand der Vergabeunterlagen aktualisiert wird und ggf. zwischenzeitliche Planungsfortschreibungen oder Kostensteigerungen (Lohntariferhöhungen oder steigende Materialpreise) eingeflossen sind.

Bevor eine Ausschreibung nach § 17 Abs. 1 Nr. 3 VOB/A aufgehoben werden kann, muss die Zuverlässigkeit und Aktualität der bepreisten LV sorgfältig geprüft werden. Andernfalls droht bei Vergaben über den Schwellenwerten eine Zurückweisung der Aufhebung durch die Nachprüfungsinstanzen.

3.4.3.3 Kostenkontrolle

Dabei sind die Ergebnisse der bepreisten LV mit der Kostenberechnung zu vergleichen und die Schlussfolgerungen und kostenmäßigen Auswirkungen auf die LPH 6 und die Vergabeunterlagen gemeinsam mit dem Bauherrn zu erörtern. Die Ergebnisse der Kostenkontrolle sind vom Architekten schriftlich zu dokumentieren.

3.4.4   Terminplanung

Der Architekt hat eine zentrale Rolle im Planungsprozess und muss (auch wenn ein Projektsteuerer eingeschaltet ist) die Aufgabe der Terminplanung und -koordination wahrnehmen (siehe hierzu auch Abb. 3.2 in Kapitel 3.2).

Der Baustellenterminplan ist für alle Fachlose (Gewerke) so auszulegen, dass die Beteiligten ihre Aufgaben im Ausschreibungs- und Vergabeprozess in einer angemessenen und realistischen Zeitspanne zuverlässig erledigen können.

3.4.5   Beratung des Bauherrn/Haftung

Aufgrund der Komplexität dieser Thematik und zur rechtlichen Absicherung sei der Leser auf die einschlägigen Kommentare und die Rechtsprechung zur HOAI verwiesen. Nach der seit 2013 geltenden HOAI kann jedoch zusammenfassend gesagt werden:

Der Architekt schuldet dem AG sicherlich keine Rechtsberatung, allerdings können von ihm grundlegende Kenntnisse des Vergaberechts und der Bestimmungen des BGB (z. B. zur Inhaltskontrolle) sowie der VOB erwartet werden.

Bei nicht erbrachten Grundleistungen dürfte ein Honorarabzug ggf. in Betracht kommen.

3.5   Ingenieur

Ingenieurbauwerke umfassen nach § 41 HOAI

„1. Bauwerke und Anlagen der Wasserversorgung,
2. *Bauwerke und Anlagen der Abwasserentsorgung,*
3. *Bauwerke und Anlagen des Wasserbaus ausgenommen Freianlagen nach*
   § 39 Absatz 1,
4. *Bauwerke und Anlagen für Ver- und Entsorgung mit Gasen, Feststoffen*
   und wassergefährdenden Flüssigkeiten, ausgenommen Anlagen der Techni-
   schen Ausrüstung nach § 53 Absatz 2,
5. *Bauwerke und Anlagen der Abfallentsorgung,*
6. *konstruktive Ingenieurbauwerke für Verkehrsanlagen,*
7. *sonstige Einzelbauwerke ausgenommen Gebäude und Freileitungsmaste.“*

3.5.1   Leistungsbeschreibung mit LV

Die HOAI 2013 beschreibt das Leistungsbild folgendermaßen:

„Anlage 12 zu § 43 Absatz 4, § 48 Absatz 5:
Grundleistungen im Leistungsbild Ingenieurbauwerke, Besondere Leistun-
gen, Objektliste

[…]

LPH 6: Vorbereitung der Vergabe

Grundleistungen

a) *Ermitteln von Mengen nach Einzelpositionen unter Verwendung der Bei-*
    träge anderer an der Planung fachlich Beteiligter
b) *Aufstellen der Vergabeunterlagen, insbesondere Anfertigen der Leistungsbe-*
    schreibungen mit Leistungsverzeichnissen sowie der Besonderen Vertrags-
    bedingungen
c) *Abstimmen und Koordinieren der Schnittstellen zu den Leistungsbeschrei-*
    bungen der anderen an der Planung fachlich Beteiligten
d) *Festlegen der wesentlichen Ausführungsphasen*
e) *Ermitteln der Kosten auf Grundlage der vom Planer (Entwurfsverfasser)*
    bepreisten Leistungsverzeichnisse
f) *Kostenkontrolle durch Vergleich der vom Planer (Entwurfsverfasser) be-*
    preisten Leistungsverzeichnisse mit der Kostenberechnung
g) *Zusammenstellen der Vergabeunterlagen*

LPH 7 Mitwirkung bei der Vergabe

Grundleistungen

a) *Einholen von Angeboten*
b) *Prüfen und Werten der Angebote, Aufstellen des Preisspiegels*
c) *Abstimmen und Zusammenstellen der Leistungen der fachlich Beteiligten,*
    die an der Vergabe mitwirken
d) *Führen von Bietergesprächen*
e) *Erstellen der Vergabevorschläge, Dokumentation des Vergabeverfahrens*
f) *Zusammenstellen der Vertragsunterlagen*

g) Vergleichen der Ausschreibungsergebnisse mit den vom Planer bepreisten
Leistungsverzeichnissen und der Kostenberechnung
h) Mitwirken bei der Auftragserteilung"

Zu den Leistungen der LPH 6 und 7 wird auf die Ausführungen des voran-
gehenden Kapitels verwiesen. Die Leistungsbilder entsprechen sich.

3.5.2 Leistungsbeschreibung mit Leistungsprogramm

In Anlage 12 der HOAI 2013 ist unter LPH 6 nichts zur Leistungsbeschreibung mit Leistungsprogramm erwähnt. Im Zweifel ist nach den in Kapitel
3.4.2 bereits behandelten Grundsätzen zu verfahren.

3.5.3 Kostenermittlung

In DIN 276-1 bzw. DIN 276-4 heißt es unter Abschnitt 4.2:

„Im Falle einer solchen ausführungsorientierten Gliederung der Kosten ist eine
weitere Unterteilung z. B. in Teilleistungen erforderlich, damit die Leistungen
hinsichtlich Inhalt, Eigenschaften und Menge beschrieben und erfasst werden
können. Dies entspricht der 3. Ebene der Kostengliederung. Auch bei einer
ausführungsorientierten Gliederung sollten die Kosten in Vergabeeinheiten
geordnet werden."

Hierzu können in der Praxis EDV-gestützte Standardformulare (Blecken/
Hasselmann [2007] mit beiliegender CD-ROM) oder eigene Excel- bzw. da-
tenbankgestützte Formulare verwendet werden.

3.5.4 Terminplanung/Beratung des Bauherrn/Haftung

In der HOAI 2013 ist in der LPH 6 keine Aussage zur Vergabeterminplanung getroffen. Für den Fall, dass der Planer des Ingenieurbauwerks auch
Leistungen des Objektplaners übernimmt, die analog § 34 HOAI Leistungsbilder umfassen würden, die in Anlage 14 zu § 51 HOAI nicht geregelt sind,
sollte die Frage vom Bauherrn für den Planervertrag (ggf. als Besondere
Leistung) geklärt und sowohl honorarmäßig als auch vom Leistungsbild her
klar bestimmt werden.

3.6 Tragwerksplaner

3.6.1 Leistungsbeschreibung mit LV

Die HOAI 2013 beschreibt das Leistungsbild folgendermaßen:

„Anlage 14 zu § 51 Absatz 6, § 52 Absatz 2:
Grundleistungen im Leistungsbild Tragwerksplanung, Besondere Leistun-
gen, Objektliste

[...]

LPH 6: Vorbereitung der Vergabe

Grundleistungen

a) *Ermitteln der Betonstahlmengen im Stahlbetonbau, der Stahlmengen im Stahlbau und der Holzmengen im Ingenieurholzbau als Ergebnis der Ausführungsplanung und als Beitrag zur Mengenermittlung des Objektplaners*

b) *Überschlägiges Ermitteln der Mengen der konstruktiven Stahlteile und statisch erforderlichen Verbindungs- und Befestigungsmittel im Ingenieurholzbau*

c) *Mitwirken beim Erstellen der Leistungsbeschreibung als Ergänzung zu den Mengenermittlungen als Grundlage für das Leistungsverzeichnis des Tragwerks*

Besondere Leistungen

[...]

- *Beitrag zum Aufstellen von vergleichenden Kostenübersichten des Objektplaners*
- *Beitrag zum Aufstellen des Leistungsverzeichnisses des Tragwerks"*

Grundleistungen des Tragwerksplaners in LPH 7 (Vorbereitung der Vergabe) sind vom Verordnungsgeber nicht vorgesehen, können unter Umständen jedoch vereinbart werden.

Mengenermittlung

Die Mengenermittlung erfolgt auf der Grundlage einer abgeschlossenen Ausführungsplanung nach LPH 5 HOAI (EDV-gestützt oder manuell).

Wichtig ist, dass auf der Grundlage des Planungsstandes, der den Vergabeunterlagen zugrunde liegt (!), die Betonstahl-, Stahl- und/oder Holzmengen im Ingenieurholzbau nachvollziehbar ermittelt und dokumentiert werden. (Wenngleich dies in der Praxis aufgrund der bei Versand der Vergabeunterlagen in der Regel noch nicht vorliegenden Ergebnisse des Prüfstatikers oft für Schwierigkeiten sorgt.)

Nach Koeble/Locher/Zahn ist *„unter **Leistungsbeschreibungen** nicht etwa das Leistungsverzeichnis selbst zu verstehen. Es handelt sich vielmehr um Beschreibungen der ausgeschriebenen Leistung, die ergänzend zu den Mengenberechnungen als Erläuterungen anzufertigen und dem Objektplaner für die Aufstellung des Leistungsverzeichnisses zur Verfügung zu stellen sind. Sie müssen die Leistung umfassend beschreiben und alle für die Kalkulation und Herstellung erforderlichen Festlegungen bezüglich Baustoffarten und -güte, besondere Qualitätsanforderungen, Herstellungsart u. a. m. enthalten"* (Koeble/Locher/Zahn, 2014, Rn. 75 zu § 51 HOAI).

Damit ist also die **Zuarbeit** zu der vom Architekten zu erbringenden Grundleistung „Aufstellen von Leistungsbeschreibungen mit Leistungsverzeichnissen nach Leistungsbereichen" gemeint. Jede darüber hinausgehende Leistung wäre als Besondere Leistung gesondert zu vereinbaren.

3.6.2 Leistungsbeschreibung mit Leistungsprogramm

Die HOAI 2013 beschreibt in Anlage 14 zu § 51 Abs. 6, § 52 Abs. 2 unter Besondere Leistungen in LPH 6 Vorbereitung der Vergabe das Leistungsbild wie folgt:

„Beitrag zur Leistungsbeschreibung mit Leistungsprogramm des Objektplaners[x]
[…]

[x] *diese Besondere Leistung wird bei Leistungsbeschreibung mit Leistungsprogramm Grundleistung. In diesem Fall entfallen die Grundleistungen dieser Leistungsphase."*

Dieser Fall wird jedoch in der Praxis äußerst selten anzutreffen sein.

„Es ist kaum denkbar, dass für eine Leistungsbeschreibung mit Leistungsprogramm eine statische Berechnung aufgestellt wird, weil der Entwurf dem Bieter obliegt."
(Korbion/Mantscheff/Vygen, 2016, Rn. 88 zu § 51)

3.6.3 Kostenermittlung

Für vergleichende Kostenermittlungen muss ggf. eine gesonderte Vereinbarung einer Besonderen Leistung getroffen werden. Ansonsten gilt auch für den Tragwerksplaner das Gebot wirtschaftlichen Handelns. Insbesondere bei der Auswahl statisch wirksamer Bauteile – wie z. B. Bewehrungsanschlüsse mit bauaufsichtlichen Zulassungen – ist genau zu prüfen, ob technische Parameter wie Belastbarkeit, Durchbiegung etc. neutral beschrieben (und damit dem Wettbewerb unterstellt) werden können oder unter Umständen teure und nur im Einzelfall zulässige Produktvorgaben notwendig sind.

3.6.4 Terminplanung/Beratung des Bauherrn/Haftung

Terminplanung ist vom Tragwerksplaner grundsätzlich nicht geschuldet und dürfte sich in Einzelfällen auf eine Mitwirkungshandlung gegenüber dem Architekten beschränken, z. B. falls zur Erstellung des Vergabeterminplans Fristen (z. B. für Herstellung und Zulassung statisch relevanter Bauteile, bei denen eine Zulassung im Einzelfall bei der Landesstelle für Bautechnik erst noch erwirkt werden müsste) zu veranschlagen wären.

Ansonsten haftet der Planer im Rahmen seiner Erfüllungspflicht nach den Grundsätzen des Werkvertragsrechts.

Nach Koeble/Locher/Zahn *„[…] ist der Fachingenieur im Wesentlichen bezüglich seines Pflichtenkreises und seiner Haftung dem Architekten gleichgestellt (BGH, BauR 1988, 734). Auch er hat wirtschaftlich-finanzielle Gesichtspunkte seines Auftraggebers zu beachten. Er muss auf die bestehenden wirtschaftlichen Vorgaben Rücksicht nehmen, muss Mengen und Baukosten möglichst genau ermitteln. Der Fachingenieur hat als Sonderfachmann ebenfalls einen Toleranzrahmen zu beanspruchen, sofern er keine Garantie für die Richtigkeit der Baukosten abgegeben hat."*
(Koeble/Locher/Zahn, 2014, Rn. 332)

3.7   Fachplaner Technische Ausrüstung

§ 53 HOAI 2013:

„(1) Die Leistungen der Technischen Ausrüstung umfassen die Fachplanungen für Objekte.

(2) Zur Technischen Ausrüstung gehören folgende Anlagengruppen:

1. Abwasser-, Wasser- und Gasanlagen,
2. Wärmeversorgungsanlagen,
3. Lufttechnische Anlagen,
4. Starkstromanlagen,
5. Fernmelde- und informationstechnische Anlagen,
6. Förderanlagen,
7. nutzungsspezifische Anlagen und verfahrenstechnische Anlagen,
8. Gebäudeautomation und Automation von Ingenieurbauwerken. "

3.7.1   Leistungsbeschreibung mit LV

Die HOAI 2013 beschreibt das Leistungsbild folgendermaßen:

„Anlage 15 zu § 55 Absatz 3, § 56 Absatz 3:
Grundleistungen im Leistungsbild Technische Ausrüstung, Besondere Leistungen, Objektliste

[...]

LPH 6 Vorbereitung der Vergabe

Grundleistungen

a) Ermitteln von Mengen als Grundlage für das Aufstellen von Leistungsver-
    zeichnissen in Abstimmung mit Beiträgen anderer an der Planung fachlich
    Beteiligter
b) Aufstellen der Vergabeunterlagen, insbesondere mit Leistungsverzeichnis-
    sen nach Leistungsbereichen, einschließlich der Wartungsleistungen auf
    Grundlage bestehender Regelwerke
c) Mitwirken beim Abstimmen der Schnittstellen zu den Leistungsbeschrei-
    bungen der anderen an der Planung fachlich Beteiligten
d) Ermitteln der Kosten auf Grundlage der vom Planer bepreisten Leistungs-
    verzeichnisse
e) Kostenkontrolle durch Vergleich der vom Planer bepreisten Leistungsver-
    zeichnisse mit der Kostenberechnung
f) Zusammenstellen der Vergabeunterlagen

LPH 7 Mitwirkung bei der Vergabe

Grundleistungen

a) Einholen von Angeboten
b) Prüfen und Werten der Angebote, Aufstellen der Preisspiegel nach Einzel-
    positionen, Prüfen und Werten der Angebote für zusätzliche oder geänderte
    Leistungen der ausführenden Unternehmen und der Angemessenheit der
    Preise
c) Führen von Bietergesprächen

d) *Vergleichen der Ausschreibungsergebnisse mit den vom Planer bepreisten Leistungsverzeichnissen und der Kostenberechnung*

e) *Erstellen der Vergabevorschläge, Mitwirken bei der Dokumentation der Vergabeverfahren*

f) *Zusammenstellen der Vertragsunterlagen und bei der Auftragserteilung"*

Aufgrund der weitgehenden Übereinstimmung mit dem Leistungsbild der Anlage 10 wird auf die Ausführungen zu Anlage 10 in Kapitel 3.4.1 verwiesen.

3.7.2   Leistungsbeschreibung mit Leistungsprogramm

Die Leistungsbilder der HOAI 2013 treffen dazu keine Aussagen.

Analog Kapitel 3.6.2 ist es kaum denkbar, dass für eine Leistungsbeschreibung mit Leistungsprogramm technisch detaillierte Leistungsbeschreibungen aufgestellt werden, weil der Entwurf und die weitere Ausführungsplanung inklusive Festlegung der Gerätetypen etc. dem Bieter obliegt. Sollte dies dennoch gewünscht sein, wird ggf. ein gesondert zu vereinbarendes Leistungsbild und Honorierung zu verhandeln sein.

Als Leistung kann in diesem Fall die für den technischen Teil des Raumbuchs erforderliche zeichnerische und textliche Erläuterung der Anlagen bzw. Anlagengruppen vom Fachplaner in dem Sinne geschuldet sein, dass die Bieter eine klare Vorstellung von Umfang, Zweck, Funktion, Ausstattung und technischem Standard der Anlagen erhalten. In Kapitel 8.8 ist ein entsprechendes Raumbuchmuster beigefügt.

3.7.3   Kostenermittlung

Hier gelten die Ausführungen in Kapitel 3.4.3 entsprechend. Der Fachplaner Technische Ausrüstung steht für seinen Planungsbereich genauso in der Verantwortung für die Baukosten wie der Architekt.

3.7.4   Terminplanung/Beratung des Bauherrn/Haftung

Hinsichtlich der **Terminplanung** muss der Fachplaner die für seinen Leistungsbereich relevanten Abhängigkeiten (z. B. Einbringung von Großgeräten in den Rohbau muss erfolgen, bevor die Decke darüber betoniert ist, bzw. Lieferfristen von Großgeräten müssen im Terminplan berücksichtigt werden) und Besonderheiten in den Terminplan des Architekten einbringen.

Hinsichtlich der **Beratung** wird der Fachplaner bei Besprechungen mit dem Architekten und Bauherrn vereinzelt darlegen müssen, wie die Ergebnisse der Ausführungsplanung der LPH 5 sich auf seine Beiträge in der LPH 6 Vorbereitung der Vergabe auswirken und welche Alternativen ggf. untersucht worden sind.

Wegen falscher Mengenermittlung kann es zur Bausummenüberschreitung und dadurch zur **Haftung** des Ingenieurs kommen. Gleiches gilt bei unvollständigen Leistungsbeschreibungen. Der Fachplaner haftet für die ordnungsgemäße Erfüllung der im Vertrag vereinbarten Grundleistungen (und ggf. Besonderen Leistungen).

3.8   Projektsteuerer

Leistungen des Projektsteuerers

Die geänderten Leistungsbilder der HOAI 2013 machten eine Anpassung/ Abgrenzung der Leistungsbilder des Projektsteuerers von denen der Fachkommission des Ausschusses der Verbände und Kammern der Ingenieure und Architekten für die Honorarordnung e. V. (AHO) „Projektsteuerung/ Projektmanagement" entwickelten Leistungsbilder und Honorierung notwendig. Dies wurde mit dem aktuellen Heft Nr. 9 „Leistungsbild und Honorierung – Projektmanagementleistungen in der Bau- und Immobilienwirtschaft" (2014) der AHO-Schriftenreihe umgesetzt. Die Änderungen stellen keine verbindlichen Vorgaben dar, entscheidend ist allein der Vertrag.

Der AHO mit Sitz in Berlin hat zum Leistungsbild des Projektsteuerers Grundlagen entwickelt, die in der Praxis auch bei öffentlichen AG angewandt werden. Der Fachkommission „Projektsteuerung/Projektmanagement" gehören Rechtsanwälte und Vertreter namhafter Projektmanagementgesellschaften an. Die weiteren Ausführungen basieren auf dieser Grundlage.

Der AHO führt hierzu in Kapitel 2 § 1 aus:

„(1) Diese Leistungs- und Honorarordnung beinhaltet Vertragsvorschläge für Projektmanagementleistungen in der Bau- und Immobilienwirtschaft. Sie gilt, soweit die Vertragsparteien in abgeschlossenen Verträgen auf sie verwiesen haben.

(2) Projektmanagementleistungen sind entsprechend DIN 69901-5:2009-01 alle (technisch-wirtschaftlichen) Führungsaufgaben, -organisationen, -techniken und -mittel für die Initiierung, Definition, Planung, Steuerung und den Abschluss von Projekten. Projektmanagementleistungen im Sinne dieser Leistungs- und Honorarordnung setzen sich aus Leistungen der Projektleitung und der Projektsteuerung zusammen.

(3) Leistungen der Projektsteuerung sind Unterstützungsleistungen des Auftragnehmers (Projektsteuerers) für einen Bauherren (Auftraggeber) bei der Realisierung von Projekten in beratender Funktion (Stabsfunktion), wie sie in § 2 näher beschrieben sind.

(4) Leistungen der Projektleitung sind Unterstützungsleistungen des Auftragnehmers (Projektmanagers) für den Bauherren (Auftraggeber) bei der Realisierung eines Projektes in Organisations-, Entscheidungs- und Durchsetzungsfunktion (Linienfunktion) wie sie in § 3 definiert sind."
(AHO Heft 9, 2014)

In Abb. 3.3 ist die Projektsteuerung in Stabsfunktion, in Abb. 3.4 die Projektleitung in Linienfunktion dargestellt:

Dabei bezeichnet Linienfunktion eine hierarchisch übergeordnete Entscheidungsebene (Weisungsfunktion), Stabsfunktion dagegen eine gleich- bzw. untergeordnete Ebene (Beratungsfunktion).

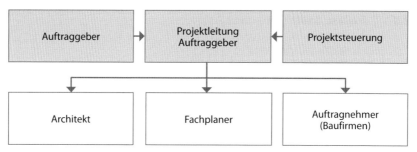

Abb. 3.3: Projektsteuerung in Stabsfunktion

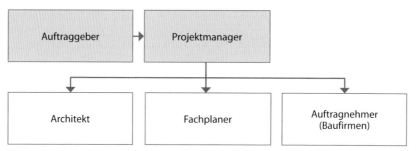

Abb. 3.4: Projektleitung in Linienfunktion

In Abb. 3.4 übernimmt der Projektmanager in Linienfunktion teilweise oder komplett „originäre" Bauherrenaufgaben, d. h., er übernimmt Funktionen, die normalerweise nicht an Externe delegiert werden, wie z. B. Entscheidungsmanagement oder Beauftragung von Baufirmen etc.

„Während der Projektsteuerer aufgrund seiner Beratungstätigkeit – wie eine Stabstelle – bildlich betrachtet seitlich zum AG tritt, übt der Projektmanager regelmäßig direkte Entscheidungsmacht über Projektbeteiligte aus, sodass sich eine Über/Unterschneidungsfunktion (Linienbeziehung) ergibt." (Eschenbruch, 2010, S. 39, Punkt 1.4.3)

In Heft 9 der AHO-Schriftenreihe (2014) werden unter Punkt 3.1.5.1 „Projektstufe 1: Projektvorbereitung" die Grundsätze beschrieben, die für den Projektsteuerer Leitbild sein sollen:

„Eine Grundsatzentscheidung im Rahmen der Projektvorbereitung ist die Frage, in welcher Vergabe- und Vertragsstruktur das Projekt abgewickelt werden soll. Für die Planung ist zu entscheiden, ob das Projekt von einem Generalplaner oder von Einzelplanern durchgeführt werden soll. In diesem Zusammenhang ist auch bereits jetzt hierüber nachzudenken, inwiefern das Projekt in der Ausführung von einem Generalunternehmer bzw. Generalübernehmer durchgeführt werden soll. Je nach gewählter Unternehmenseinsatzform ist die Schnittstelle der Ausführung im Verhältnis zur Planung unterschiedlich und hat auch Einfluss auf die Struktur der Planerverträge."

3.8.1 Leistungsbeschreibung mit LV

Das Leistungsbild des Projektsteuerers umfasst nach AHO Heft 9 (2014) § 2 unter 3. Ausführungsvorbereitung lit. E Verträge und Versicherungen folgende Grundleistungen:

„1. *Mitwirken bei der Durchsetzung von Vertragspflichten gegenüber den Beteiligten*
2. *Mitwirken bei der Strukturierung des Vergabeverfahrens*
3. *Überprüfen der Vertragsunterlagen für die Vergabeeinheiten auf Vollständigkeit und Plausibilität sowie Bestätigen der Versandfertigkeit*
4. *Mitwirken bei den Vergabeverhandlungen bis zur Unterschriftsreife*
5. *Mitwirken bei der Vorgabe der Vertragstermine und -fristen für die Besonderen Vertragsbedingungen der Ausführungs- und Lieferleistungen.*"

Der Projektsteuerer hat also nicht nur die Funktion, Kosten und Termine zu kontrollieren, sondern ist auch bei der Erstellung der Vergabeunterlagen fachlich tätig und hat vor allem den AG dabei zu unterstützen, dass die Beteiligten ihre Vertragspflichten erfüllen. Enthalten die Vergabeunterlagen nach Meinung des Projektsteuerers Unstimmigkeiten, hat er die notwendigen Schritte zu veranlassen. Unterlässt er dies, obwohl er den Fehler erkannt hat oder hätte erkennen müssen, steht seine Haftung im Raum, vor allem wenn er die Versandfertigkeit der Unterlagen bestätigt hat.

Das Vergabeverfahren ist vom Projektsteuerer so vorzubereiten, dass die im Generalterminplan festgelegten Fristen und Meilensteine eingehalten werden können. Dabei sind auch die Ausführungsfristen der einzelnen Vergabeeinheiten aufeinander so abzustimmen, dass die Leistungen nahtlos ineinandergreifen.

3.8.2 Leistungsbeschreibung mit Leistungsprogramm

In Heft 9 der AHO-Schriftenreihe ist zu den Pflichten des Projektsteuerers bei Leistungsbeschreibung mit Leistungsprogramm nichts ausgeführt. Nach Meinung des Verfassers kann das Leistungsbild analog der Leistungsbeschreibung mit LV vertraglich gefasst werden.

Beim Honorar dürften in der Praxis jedoch gewisse Abschläge auf die AHO-Ansätze gerechtfertigt sein, da funktionale Ausschreibungen mit GU-/GÜ-Beauftragungen verbunden sind, die, wie schon in Kapitel 1.4 behandelt, weniger Koordinierungsaufwand beinhalten.

3.8.3 Kostenkontrolle

Entscheidend ist der jeweilige Projektsteuerungsvertrag. Anhaltspunkte für eine Gestaltung liefern jedoch § 2 sowie die Kommentierungen zu den Grundleistungen in AHO Heft 9 (2014) (es werden nur die für das Thema dieses Buches relevanten Nummern zitiert, vgl. 3. Ausführungsvorbereitung lit. C Kosten und Finanzierung):

„§ 2 AHO

1. Überprüfen der von den Planern ermittelten Soll-Werte für die Vergaben auf Basis der aktuellen Kostenberechnung
2. Überprüfen der von den Planungsbeteiligten auf der Grundlage bepreister Leistungsverzeichnisse erstellten Kostenermittlungen [...]"

Die genannten Leistungsbilder sollten eingefordert werden, in der Praxis erfolgt dies erfahrungsgemäß noch viel zu selten.

3.8.4   Terminplanung

Das Leistungsbild des Projektsteuerers umfasst nach AHO Heft 9 (2014) § 2 unter 3. Ausführungsvorbereitung lit. D „Termine, Kapazitäten und Logistik" folgende Grundleistungen (es werden nur die für das Thema dieses Buches relevanten Nummern zitiert):

„1. Fortschreiben des Terminrahmens
2. Überprüfen der Vergabeterminplanung der Planungsbeteiligten
3. Fortschreiben des Steuerungsterminplans unter Berücksichtigung des Terminplans der Planungsbeteiligten für den Planungs- und Bauablauf [...]"

Dem kommt besonders bei europaweiten Ausschreibungen eine große Bedeutung zu. Ausreichende Zeit zur Erstellung, Prüfung und ggf. Korrektur der Vergabeunterlagen unter Beachtung der Verwaltungsabläufe insbesondere bei öffentlichen AG ist unabdingbar.

Liegt der Vergabeterminplan des Architekten nicht rechtzeitig vor oder kann nicht vorgelegt werden, ist mit dem AG zu besprechen, ob der Projektsteuerer als Besondere Leistung den Vergabeterminplan erstellt und mit dem Bauherrn abstimmt.

3.8.5   Beratung des Bauherrn/Haftung

In den Bereich der **Beratung des Bauherrn** fallen z. B. folgende Tätigkeiten:

- Grundsatzentscheidung im Rahmen der Projektvorbereitung über Vergabe- und Vertragsstruktur
- Möglichkeiten und Modelle des Planereinsatzes (Dazu sollte der Projektsteuerer bereits eine Vorstellung von der Struktur der Einzelplanungsbereiche haben, auf deren Basis der AG entscheiden kann.)
- Vorbereiten und Abstimmen der Inhalte der Planerverträge
- Ablaufmodelle des Projektes
- Geeignete Unternehmereinsatzformen: Einzelvergabe, GU, GÜ (Dabei sind die Vor- und Nachteile vom Projektsteuerer darzulegen.)

Projektsteuerungsverträge sind grundsätzlich entweder als Dienst- oder als Werkvertrag denkbar. Dies ist von der Ausgestaltung des Vertrages im Einzelfall und u. a. von folgenden Kriterien abhängig:

Vereinbarung eines konkreten werkvertraglichen Erfolgs des vom DVP (Deutscher Verband der Projektsteuerer) entwickelten Leistungsmodells. Dies wird aber zumindest vom OLG Düsseldorf (Urteil vom 16.04.1999 – AZ 22 U 174/98) als nicht ausreichend angesehen.

Hat der AG mehrere Aufgaben übernommen, ist Werkvertragsrecht anwendbar, wenn die erfolgsorientierten Aufgaben dermaßen überwiegen, dass sie den Vertrag prägen, z. B. technische BU eines GÜ (BGH, Urteil vom 10.06.1999 – VII ZR 215/98)

Überwiegen finanzwirtschaftliche Dienstleistungen, dominiert eine auf Personalgestellung gerichtete Leistung oder werden bloße Einzeltätigkeiten zur Unterstützung des AG abgerufen, ist ein Projektsteuerungsvertrag dem Dienstvertragsrecht zuzuordnen.

Abhängig von der Einordnung als Dienst- oder Werkvertrag ist die Haftung zu bestimmen:

- gem. § 611 i. V. m. §§ 280 ff. BGB
- gem. § 634 BGB.

4 Prozessablauf Ausschreibungserstellung

Den planenden und ausschreibenden Architekten und Fachplanern, AG und Nutzern sowie öffentlichen Bauverwaltungen soll mit diesem Kapitel – ebenso wie den „angehenden Ausschreibern" (Studierende der Fachrichtungen Architektur, Bauingenieurwesen, Technische Gebäudeplanung, Baubetrieb, Bauprojektmanagement etc.) – ein praxisnahes Instrument für die Erstellung der Vergabeunterlagen an die Hand gegeben werden.

Gerade Kapitel 4.1 verdeutlicht, wie eng Projektmanagement und die LPH 6 der HOAI miteinander verbunden sind.

4.1 Vorbereitung zur Erstellung der Vergabeunterlagen

Die nachfolgenden vorbereitenden Schritte sind notwendig, damit der AG überhaupt in die Lage versetzt wird, organisatorisch und fachlich fundierte Vergabeunterlagen erstellen bzw. erstellen lassen zu können. Die Nicht-Beachtung dieser Schritte führt zu unausgereiften Vergabeunterlagen, die eine zuverlässige Projektabwicklung eher behindern als fördern.

Planerverträge

Einer der häufigsten Gründe für Verzögerungen von Baumaßnahmen liegt in der viel zu späten schriftlichen Beauftragung von Planungsleistungen. In Einzelfällen laufen die Arbeiten auf der Baustelle schon – der Planer jedoch hat immer noch keinen schriftlichen Vertrag.

Damit Architekten und Fachplaner ihre Planungsleistungen gemäß den Leistungsbildern der HOAI rechtzeitig erbringen können, müssen sie rechtzeitig beauftragt worden sein. Rechtzeitige Beauftragung bedeutet:

- Die Zeitdauern der einzelnen Leistungsphasen (z. B. nach Anlage 10 der HOAI 2013) sind realistisch anzusetzen, sodass ausreichend Zeit zur Verfügung steht: für den Planer, um seine Leistung ordnungsgemäß zu erbringen, und für den AG ebenso, um die Leistung als vertragsgemäß erstellt abzunehmen.
- AG und Planer haben die Einordnung in die richtige Honorarzone unter Zugrundelegung der anrechenbaren Kosten und damit Eingruppierung in die Honorartafel gemäß HOAI rechtzeitig schriftlich zu vereinbaren und im Planervertrag insbesondere Umfang und Inhalt der geschuldeten Leistungen (ggf. unter Bezug auf die Leistungsbilder der HOAI) klar zu benennen.

4.2   Übergeordnete Terminplanung

AG, Planer, Genehmigungsbehörden und Träger öffentlicher Belange bzw. die ausführenden Bauunternehmen haben erfahrungsgemäß sehr unterschiedliche Vorstellungen davon, in welchem Zeitrahmen z. B. eine Kindertagesstätte geplant und gebaut werden kann.

Dabei setzt der AG regelmäßig zu optimistisch berechnete Fristen für die Realisierung an, weil er keine Sachkenntnis über den Bearbeitungsaufwand aller LPH hat. Ein erfahrener Architekt rückt dieses Verständnis des AG in einem realistischen und umsetzbaren Projektterminplan zurecht, der alle LPH der HOAI angemessen berücksichtigt und auch zeitliche Spielräume für Unvorhergesehenes lässt.

4.3   Finanzierung

Die Finanzierung des Bauvorhabens muss gesichert sein. Sie erstreckt sich oft über mehrere Jahre, d. h., entsprechende Gespräche mit Kreditinstituten, Zuwendungsgebern (Fördermittel z. B. im energetischen Bauen o. Ä.) und/ oder bewilligenden Gremien aus entsprechenden Verwaltungen in Kommunen, Ländern und dem Bund müssen geführt werden.

Ein Puffer für Unvorhergesehenes (z. B. Bauzeitverzögerungen, außergewöhnliche Ereignisse, unerwartete Steigerungen des Baukostenindex etc.) ist immer vorzusehen.

4.4   Bedarfsplanung – Abstimmung zwischen AG, Nutzer und Planer

Vor Ausschreibung eines Fachloses muss klar sein, welchen Bedarf es gibt und wie dieser finanziell realisiert werden kann. Denn nicht alles, was der Nutzer möchte, kann und will sich der AG leisten. Und auch nicht alles, was der Architekt oder Fachplaner gerne bauen würde, kann und will sich der AG leisten.

Falls dann doch ein Angebot für 600.000 € unter den Kostenerwartungen im Rahmen der Ausschreibung bezuschlagt und beauftragt werden kann, bleibt dem AG eventuell noch Geld übrig, mit dem er das bisher nicht finanzierbare Spielgerät für den Außenbereich „Piratenschiff" einkaufen kann.

4.5   Projektterminplan/Vergabeterminplan

Projektterminplan, Vergabeterminplan und Baustellenrealität entwickeln sich ständig weiter – und zwar losgelöst voneinander und oft genug auch voneinander weg. Daraus folgt, dass sie ständig abgeglichen und auf den neuesten Stand gebracht werden müssen.

Haben sich die Fristen für nachfolgende Gewerke (z. B. wegen eines Vergabenachprüfungsverfahrens im Fachlos Rohbau oder einer aufgrund kontaminierten Baugrundes verzögerten Ausführung) verschoben, sind die Ausführungsfristen entsprechend anzupassen.

Diese Möglichkeit hat der AG übrigens bei den in vielen Kommunen und Ländern beliebten „vorgezogenen" Ausschreibungen nicht mehr, denn hier hat er für alle Gewerke die Ausführungsfristen bereits definiert. Mit vorgezogenen Ausschreibungen kauft sich der AG erfahrungsgemäß trügerische und am Ende oft genug falsche Kostensicherheit ein.

Projektterminplan

Der Projektterminplan stellt die Baumaßnahme von Beginn an über alle Leistungsphasen der HOAI dar. Er ist Grundlage für die weiteren Terminplanungen, insbesondere für den vom Architekten gemäß HOAI-Leistungsbild LPH 6 geschuldeten Vergabeterminplan. Abb. 4.1 zeigt einen beispielhaften Projektterminplan für einen Schulneubau.

Vergabeterminplan

Das Abstimmen und Koordinieren der Schnittstellen zu den Leistungsbeschreibungen der an der Planung fachlich Beteiligten setzt voraus, dass die Abstimmungen zu Kosten und Qualitäten mit dem Nutzer und den Planern erfolgt sind.

Im Vergabeterminplan hat der Architekt alle Fachlose (Gewerke) gemäß der baustellenorganisatorischen Voraussetzungen terminlich aufeinander abzustimmen. Verschiedene Ausführungsabschnitte, Teillose oder Ausführungsunterbrechungen sind dabei für jedes Fachlos getrennt zu betrachten und zu anderen Fachlosen in Beziehung zu setzen. Abb. 4.2 zeigt ausschnittsweise einen beispielhaften Vergabeterminplan für einen Schulneubau.

Gewerk	Firma	2013		2014	
01	Rohbauarbeiten	Fa......			
02	Pfosten-Riegel-Fassade	Fa......			
03	Aufzug	Fa......			
04	Blitzschutz	Fa......			
05	Sanitär	Fa......			
06	Heizung	Fa......			
07	Lüftung	Fa......			
08	Elektro Starkstrom	Fa......			
09	Elektro Schwachstrom	Fa......			
10	Gerüstbauarbeiten	Fa......			
11	Flachdachabdichtung	Fa......			
12	Gipser(Nasszellen)	Fa......			
13	Estricharbeiten	Fa......			
14	Trennwände	Fa......			
15	Küchentechnische Anlage	Fa......			
16	Fliesen/Feinsteinzeug	Fa......			
17	Abgehängte Decken	Fa......			
18	Malerarbeiten	Fa......			
19	Parkett	Fa......			
20	Linoleum	Fa......			
21	Schreinerarbeiten	Fa......			
22	Brandschutzelemente	Fa......			
23	Schlosserarbeiten	Fa......			
24	Stahlbauarbeiten	Fa......			
25	Außenanlagen	Fa......			
26	Lehrküche	Fa......			
27	NWT-Räume	Fa......			
28	Werkräume	Fa......			
29	Lose Möbel	Fa......			
30	Schlussreinigung	Fa......			
31					

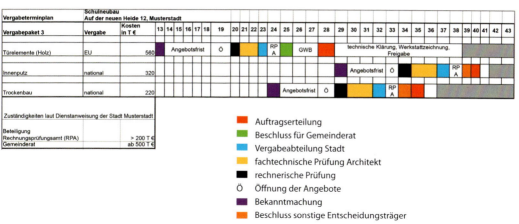

Abb. 4.2: Vergabeterminplan Schulneubau

Sind die Ausführungsfristen der einzelnen Fachlose geklärt und aufeinander abgestimmt, können für jedes Fachlos die erforderlichen Zeitdauern von der Vorbereitung der Ausschreibung bis zur Zuschlagserteilung aufgestellt werden.

Vergaberechtlich sind für die Terminplanung relevant:

- **Anzuwendender Abschnitt der VOB/A**: Dies erfordert die richtige Schwellenwertberechnung nach § 3 VgV (siehe dazu Vordruck in Kapitel 8.4) und Bestimmung des anzuwendenden Vergaberechtsregimes, denn bei europaweit auszuschreibenden Fachlosen gelten andere Fristen als bei nationalen Verfahren.
- **Vergabeart**: § 10 VOB/A für national auszuschreibende Fachlose bzw. § 10 EU VOB/A für europaweit auszuschreibende Fachlose bestimmen unterschiedliche Fristen, die für den Terminplan jedoch enorme Konsequenzen darstellen.
- **Angebotsfrist**: Komplexität und technischer Schwierigkeitsgrad der im Fachlos ausgeschriebenen Leistungen können es im Einzelfall (auch wenn laut VOB/A kürzere Fristen möglich wären) erforderlich machen, den Zeitraum bis zur Abgabe eines Angebotes (zur Einholung von Preisen bei Zulieferern, Nachunternehmern und sonstigen Beteiligten) deutlich zu verlängern. Beispielhaft seien hier aufwändige Rohbauarbeiten mit komplizierten Verbaumaßnahmen und Baugrundverbesserungen, Fassadenarbeiten, technisch umfangreiche Fachlose der Gebäudetechnik oder Sanierungsmaßnahmen in kontaminierten Bereichen genannt.
  Bei technisch anspruchsvollen Fachlosen wird es häufig zu Bewerberfragen kommen, die je nach Umfang und Schwierigkeitsgrad Prüf- und Beantwortungsdauern beim AG und Planer beanspruchen, die unter Umständen bereits bei der Bemessung der Angebotsfrist vorsorglich Berücksichtigung finden sollten.
  Verwaltungsverfahren und Mitzeichnungsregelungen (insbesondere bei öffentlichen AG) sind bei der Terminplanung zu bedenken. Gemeinderatssitzungen finden – je nach Kommune – teilweise nur monatlich ein Mal statt. Die Vorlage an den Gemeinderat kann aber erst erstellt werden,

wenn die Vergabeentscheidung der Vergabestelle feststeht. Das Schreiben, Einbringen und Mitzeichnen einer solchen Vorlage nimmt regelmäßig vier Wochen oder mehr in Anspruch. Ist dies im Vergabeterminplan nicht berücksichtigt, ist unter Umständen die Bindefrist abgelaufen, bevor der Gemeinderat getagt hat.

- **Bindefrist**: Die VOB gibt zwar vor, dass die Bindefrist nicht länger als 30 Tage dauern solle, allerdings nimmt für technisch schwierige Bauleistungen bereits die fachtechnische Prüfung durch den Planer viel Zeit in Anspruch. Die Nachforderung geforderter Erklärungen und Nachweise und deren Bewertung sowie ggf. notwendige Aufklärungsgespräche mit Bietern fallen regelmäßig so zeitintensiv aus, dass 30 Tage begründeterweise nicht ausreichen.
- **Information an nicht berücksichtigte Bieter gemäß § 134 GWB bei europaweiten Vergaben**: Auch diese Frist – 15 Kalendertage bei Postversand und 10 Kalendertage bei Faxversand – muss bei der Planung der Bindefrist berücksichtigt werden, denn vor Ablauf dieser Frist darf kein Zuschlag erteilt werden. Kein AG will im Moment der Zuschlagserteilung feststellen müssen, dass das GWB-Schreiben noch nicht versendet wurde. Der Ablauf einer Vergabe und die Abstimmung mit allen Dienststellen bis zur Zuschlagserteilung sind in Abb. 4.2 beispielhaft dargestellt. Abhängig von den kommunalen oder länder- bzw. bundesrechtlichen Dienstanweisungen werden die Fristen unterschiedlich sein.

4.6   Bedarfsplanung/Qualitäten/Standards

Es ist letztmalig zu prüfen, ob die im LV zugrunde gelegten Qualitäten und technischen Standards dem entsprechen, was zur Zeit der Genehmigung und Finanzierung des Bauvorhabens Grundlage der Kostenschätzung war.

4.7   Beschreibung der Teilleistungen (Positionen)

Die Leistung ist eindeutig und so detailliert zu beschreiben, dass die Beschreibung für alle Unternehmen im gleichen Sinne zu verstehen ist und diese ihre Preise sicher und ohne umfangreiche Vorarbeiten berechnen können.

Um eine einwandfreie Preisermittlung zu ermöglichen, sind alle sie beeinflussenden Umstände festzustellen und in den Vergabeunterlagen anzugeben.

Dem AN darf kein ungewöhnliches Wagnis für Umstände und Ereignisse aufgebürdet werden, auf die er keinen Einfluss hat und deren Einwirkung auf Preise und Fristen er nicht im Voraus schätzen kann.

Bedarfspositionen sind grundsätzlich nicht in die Leistungsbeschreibung aufzunehmen. Angehängte Stundenlohnarbeiten dürfen nur in dem unbedingt erforderlichen Umfang in die Leistungsbeschreibung aufgenommen werden.

Erforderlichenfalls sind auch der Zweck und die vorgesehene Beanspruchung der fertigen Leistung anzugeben.

Bieter:	1	2	3	4	5	6	7
1.7.40. Zulage: Oberfläche mit erhöhter Ebenheit 355,000 m²							
Einheitspreis	*0,00*	7,87	2,48	4,70	1,02	1,10	6,00	9,00
Gesamtbetrag	*0,00*	2.793,85	880,40	1.668,50	362,10	390,50	2.130,00	3.195,00
Prozent/Rang		771,6/6	243,1/3	460,8/4	100,0/1	107,8/2	588,2/5	882,4/7
		Ausr.	Ausr.	Ausr.			Ausr.	Ausr.
1.7.50. Schalung der Bodenplattenstirnseiten, senkrecht 90,000 lfdm							
Einheitspreis	*0,00*	7,78	10,93	18,00	9,18	8,50	8,00	7,00
Gesamtbetrag	*0,00*	700,20	983,70	1.620,00	826,20	765,00	720,00	630,00
Prozent/Rang		111,1/2	156,1/6	257,1/7	131,1/5	121,4/4	114,3/3	100,0/1
			Ausr.	Ausr.				
1.7.60. Ortbeton der Streifenfundamente: C 25/30, XC 2, XF 1 35,000 m³							
Einheitspreis	*0,00*	108,14	82,46	124,00	75,25	104,00	80,00	138,00
Gesamtbetrag	*0,00*	3.784,90	2.886,10	4.340,00	2.633,75	3.640,00	2.800,00	4.830,00
Prozent/Rang		143,7/5	109,6/3	164,8/6	100,0/1	138,2/4	106,3/2	183,4/7
				Ausr.				Ausr.
1.7.70. Schalung der Streifenfundamente 120,000 m²							
Einheitspreis	*0,00*	27,19	24,10	34,70	26,95	25,80	18,00	26,30
Gesamtbetrag	*0,00*	3.262,80	2.892,00	4.164,00	3.234,00	3.096,00	2.160,00	3.156,00
Prozent/Rang		151,1/6	133,9/2	192,8/7	149,7/5	143,3/3	100,0/1	146,1/4
		Ausr.		Ausr.				
1.7.80. Ortbeton der Einzelfundamente: C 25/30, XC 2, XF 1 2,000 m³							
Einheitspreis	*0,00*	141,98	101,00	131,00	94,00	104,00	80,00	141,00
Gesamtbetrag	*0,00*	283,96	202,00	262,00	188,00	208,00	160,00	282,00
Prozent/Rang		177,5/7	126,3/3	163,8/5	117,5/2	130,0/4	100,0/1	176,3/6
		Ausr.		Ausr.				Ausr.

Ausr. = Ausreißer

Abb. 4.3: Auszug aus einem bepreisten LV

Die für die Ausführung der Leistung wesentlichen Verhältnisse der Baustelle, z. B. Boden- und Wasserverhältnisse, sind so zu beschreiben, dass das Unternehmen ihre Auswirkungen auf die bauliche Anlage und die Bauausführung hinreichend beurteilen kann. ATV DIN 18299 „Allgemeine Regelungen für Bauarbeiten jeder Art" (2016), Teil 0, bzw. Teil 0 aller ATV in VOB/C enthalten wertvolle Hinweise, die eine vollständige Beschreibung unterstützen.

Die Beschreibung der Teilleistungen erfolgt am besten mithilfe des STLB-Bau sowie anderer Textsammlungen führender deutscher Fachverlage und einer leistungsfähigen AVA-Software mit Gewährleistung der GAEB-Standards. Eigene LV-Datenbanken des Planers oder des AG können ebenfalls verwendet werden.

4.8 Kostenermittlung (bepreistes LV)

Von der Kostenerwartung des AG abweichende Submissionsergebnisse führen in der Regel zu Überlegungen wie „Aufhebung der Ausschreibung", „Nichtbeauftragen einzelner Positionen" oder „Neuausschreibung". Ist das LV mit aktuellen Marktpreisen bzw. aktuellen Preisen vergleichbarer Baumaßnahmen und -leistungen bepreist, kann eine zuverlässige Aussage über die Angemessenheit der Angebote getroffen werden. Dies setzt ebenfalls voraus, dass der Stand des LV, der den Bietern zugesandt bzw. von diesen heruntergeladen wurde, bepreist wurde. Ein veraltetes bepreistes LV, in dem z. B. wesentliche Positionen des an die Bieter abgegebenen LV fehlen, kann keine Basis für die Beurteilung der Angemessenheit der eingegangenen Angebote sein. Abb. 4.3 zeigt einen beispielhaften Auszug aus einem bepreisten LV.

4.9   Mengenermittlung/Abrechnungseinheiten

Alle gängigen AVA-Programme verknüpfen die Mengenermittlung mittlerweile mit den CAD-Plänen, wodurch Fehlerquellen bei der Mengenermittlung reduziert werden.

Die Wahl der richtigen Abrechnungseinheit kann im Einzelfall schwierig sein, jedenfalls sollten die Hinweise hierzu in Abschnitt 0.5 der einzelnen ATV der VOB/C beachtet werden. Die Hinweise in Teil 5 (Abrechnung) der ATV sind für die Mengenermittlung ebenfalls zu beachten.

4.10   Vergabevordrucke gemäß § 8 VOB/A

Im Rahmen der Vergabe von Bauleistungen stehen unterschiedliche Vergabevordrucke und Vertragsunterlagen (LV, Planunterlagen etc.) zur Verfügung (siehe auch Abb. 1.13 in Kapitel 1). Die Verwendung einheitlicher Vergabemuster vermeidet das Vergessen wesentlicher Bestandteile der Vergabeunterlagen oder notwendiger Aussagen, z. B. der Zulassung von Nebenangeboten, besondere Eignungsanforderungen etc. Im VHB enthält Formblatt 211 die einheitliche Fassung der Aufforderung zur Angebotsabgabe. Die einheitliche Fassung der Teilnahmebedingungen für die Vergabe von Bauleistungen ist in Formblatt 212 zu finden.

4.11   Planunterlagen

Planunterlagen des Architekten beschreiben – oft genug gleichwertig zur textlichen Aussage in der Position im LV – die zu erbringende Leistung und werden als solche Vertragsbestandteil. Abb. 4.4 zeigt eine beispielhafte Planliste für einen Schulneubau.

Weitere Planunterlagen wie Lagepläne oder Pläne vorhandener Versorgungsleitungen auf dem Baugrundstück (was z. B. bei einer Schreiner-Ausschreibung weniger interessant für den Bieter sein dürfte), Detailpläne des Statikers (machen z. B. im Holzbau Aussagen zu Dimensionierungen und Tragfähigkeiten von Verbindungsmitteln) und Verbaupläne sollten in den Ausschreibungsunterlagen nicht fehlen. Sie dienen einem besseren Verständnis der Vergabeunterlagen und ggf. der Angebotskalkulation und sind so für die Bieter hilfreich.

Planliste Schulneubau
Am großen Feld 5, Musterstadt

Dem LV liegen folgende Unterlagen bei:		Plan-Nr./Index
Lageplan	Maßstab 1:500	001

Grundrisse

Erdgeschoss	Maßstab 1:50	002 a
1. Obergeschoss	Maßstab 1:50	003 b
2. Obergeschoss	Maßstab 1:50	004 b
3. Obergeschoss	Maßstab 1:50	005 c

Schnitte

Schnitt A- A	Maßstab 1:50	006 d
Schnitt B-B	Maßstab 1:50	007 a
Schnitt C-C	Maßstab 1:50	008 a
Schnitt D-D	Maßstab 1:50	009 b

Ansichten

Ansicht Nord	Maßstab 1:50	010 a
Ansicht West	Maßstab 1:50	011 a
Ansicht Süd	Maßstab 1:50	012 a
Ansicht Ost	Maßstab 1:50	013 a

Detailpläne

Fassadenkonstruktion Foyer Schnitt 1	Maßstab 1:20	D 001 a
Fassadenkonstruktion Foyer Detailpunkte	Maßstab 1:5	D 001 f

Abb. 4.4: Plananlagenverzeichnis des Architekten für einen Schulneubau

4.12   Sonstige Vertragsgrundlagen

Es ist denkbar, im Falle einer vom AG vor Ausschreibung eingeholten Zulassung im Einzelfall (z. B. bei einer technisch höchst anspruchsvollen Glasfassade) diese Zulassung den Vergabeunterlagen beizufügen.

4.13   Baubeschreibung/Baustellenrandbedingungen

Die Leistungsbeschreibung enthält die Übersetzung der geschuldeten Leistung. Dazu gehören auch alle kalkulatorisch relevanten Informationen zum Baugrundstück und seiner Umgebung nebst Vegetation, der umgebenden Bebauung, der Befahrbarkeit und Zugänglichkeit sowie Beschränkungen für die Unternehmer bei der Erbringung der Leistungen, d. h. alle Umstände, die dem AG zum Zeitpunkt der Erstellung der Vergabeunterlagen bekannt sind und Einfluss auf die Angebotskalkulation haben können.

4.14   Besondere Vertragsbedingungen

Mithilfe des Formblatts 214 des VHB können die BVB festgehalten werden. Hier ist insbesondere anzugeben,

- welche Ausführungsfristen (Beginn/Fertigstellung) basierend auf dem **aktuellen** Projektterminplan (ggf. Zwischentermine bzw. bei verschiedenen Teillosen die Ausführungsfristen der Teillose) gelten,
- ob Vertragsstrafen vereinbart werden sollen,
- ob Sicherheitsleistung durch Bürgschaft zu leisten ist (für Vertragserfüllung und/oder Mängelansprüche) und
- ob – möglichst durch Bürgschaften abgesicherte – Vorauszahlungen geleistet werden sollen. Dies ist insbesondere bei großen Anlagen wie im Aufzugsbau, bei denen der AN in nicht unerheblichem Umfang in Vorleistung geht, durchaus sachdienlich.

4.15   Zusätzliche Vertragsbedingungen

Das Formblatt 215 „Zusätzliche Vertragsbedingungen für die Ausführung von Bauleistungen – Einheitliche Fassung" des VHB ist für AG relevant, die regelmäßig Bauleistungen vergeben und dabei immer wiederkehrende Bedingungen bauvertraglich gesehen „vor die Klammer ziehen", d. h., hier werden Dinge geregelt, die unabhängig von der konkreten Baumaßnahme, bei diesem AG immer gelten. Dies betrifft z. B. Regelungen über die Stellung von Sicherheiten etc.

4.16   Zusätzliche Technische Vertragsbedingungen

Es ist dringend anzuraten, bei jedem Fachlos die ZTV anzupassen und vor allem auf die Belange des jeweiligen Ausschreibungsgegenstandes zu reduzieren und nicht – wie in der Praxis häufig anzutreffen – quasi standardmäßig bei allen Ausschreibungen unverändert die gleichen ZTV beizulegen.

Im Folgenden ein Beispiel eines mittelständischen Schreinerbetriebs, der ein Angebot für Einbauschränke in einer Kindertagesstätte abgeben will:

Beispiel

Der Schreinermeister liest auf den ersten 20 DIN A4-Seiten der ZTV erst einmal, was der Rohbauer bei den Erdarbeiten und beim Verbau alles zu beachten hat, was die Anforderungen an die Betonoberflächen sind, was bei den Verglasungen der Aluminium-Pfosten-Riegel-Fassade alles zu beachten ist etc.

Erst auf Seite 21 wird in zwei Zeilen abgehandelt, dass bei den Einbauschränken die DIN 18355 der VOB/C einzuhalten ist und im Übrigen Nachforderungen bei diesem Bauvorhaben ohnehin ausgeschlossen seien.

Der erste Hinweis ist überflüssig, denn die VOB/C ist über die VOB/B ohnehin vereinbart und der zweite Hinweis ist schlicht AGB-widrig und hebelt die VOB/B als Ganzes aus! Viel Text ist an dieser Stelle nicht unbedingt hilfreich für den Bauvertrag.

Nicht auf das Fachlos/Gewerk abgestimmte, übermäßig lange ZTV wirken preistreibend und projektverteuernd. Die Bieter vermuten Arges und erhöhen die Risiko-Aufschläge auf die Einzelkosten der Teilleistungen.

4.17   Endabgleich der Vergabeunterlagen vor Bekanntmachung bzw. Versand an die Bewerber

Ein letzter Blick auf die Vergabeunterlagen vor Freischaltung bzw. Drucken der Vergabeunterlagen vermeidet viele Bieterfragen und ggf. teures erneutes Drucken von Vergabeunterlagen. Gerade Widersprüche in den Vergabeunterlagen und/oder nicht aussagefähige Kurztexte im LV erschweren den Bietern – oder verhindern – eine zuverlässige Angebotsbearbeitung und führen zu wenigen Angeboten und damit in der Regel zur Verteuerung der Baumaßnahme.

Hinweise zur Bearbeitung der KEV Bekanntmachung		**0.1.4**

Anlage zu – KEV 190 Anschr Inland – vom *05. 07. 2014*

Beispiel: Bekanntmachung einer Öffentlichen Ausschreibung
Nur die grau unterlegten Spalten werden ausgedruckt.

Bekanntmachungstext (ab hier)

		[1]
Name, Anschrift des Auftraggebers (Vergabestelle) Telefon usw.: Kontaktstelle Bearbeiter / Telefon usw.:	a)	*Bürgermeisteramt der Stadt A* *Rathaus, Marktplatz 3* *Telefon Fax E-Mail Internet*
Vergabeverfahren:	b)	*Öffentliche Ausschreibung*
Elektronische Auftragsvergabe	c)	
Art des Auftrags:	d)	*Straßenbau Erschließungsgebiet Neuwiesen*
Ort der Ausführung:	e)	*Ring- und Dorfstraße*
Art und Umfang der Leistung:	f)	*Fahrbahnen 2000 m², Radwege 500 m², Gehwege 700 m²,* *Bordsteine 300 m, Abwasserkanal DN 400 200 m*
Zweck der baulichen Anlage oder des Auftrags (nur wenn auch Planungsleistungen enthalten):	g)	*./.*
Art und Umfang der einzelnen Lose:	h)	*./.*
Fristen für die Ausführung:	i)	*Baubeginn 31. 07. 2014, Fertigstellung: 30. 10. 2014*
Nebenangebote sind:	j)	☐ *zugelassen* ☒ *nicht zugelassen*
Ausschreibende Stelle, bei der die Vergabeunterlagen angefordert / eingesehen werden können – eventuell Online-Plattform	k)	*Bürgermeisteramt der Stadt A, Rathaus,* *Bauamt, Zimmer 10*
Entgelt für die Unterlagen: Für die Übersendung der Vergabeunterlagen in Papierform oder CD-ROM gilt: Verwendungszweck unbedingt angegeben, sonst kann die Zahlung nicht zugeordnet und die Unterlagen können nicht zugesandt werden.	l)	☒ *ja Höhe* *des Entgeltes* *40 Euro je Doppelexemplar,* *auf CD-ROM zusätzlich 10 Euro* *Zahlungsweise:* *Banküberweisung* *Empfänger:* *Stadtkasse Stadt A* *Kontonummer:* *123456789* *BLZ:* *BLZ 50050101* *Geldinstitut:* *BW-Bank* *Verwendungszweck:* *5.236–1822–444Str*
Frist für Eingang der Teilnahmeanträge: Anschrift für Teilnahmeanträge: Tag der Absendung der Vergabeunterlagen:	m)	*– entfällt –*
Ablauf der Frist für die Einreichung der Angebote:	n)	*siehe q)*
Anschrift, an die die Angebote zu richten sind bei elektronischer Angebotsabgabe Internet-Adresse der Vergabeplattform	o)	*Bürgermeisteramt der Stadt A, Rathaus, Marktplatz 3,* *Vergabestelle, Zimmer 30.* *Digitale Angebote: siehe www.Name der Plattform.de*
Sprache, in der die Angebote abgefasst sein müssen:	p)	*Deutsch*
Eröffnung der Angebote: Datum, Uhrzeit Ort: Personen, die bei der Eröffnung anwesend sein dürfen:	q)	*30. 06. 2014, 10.00 Uhr,* *Rathaus, Marktplatz 3, Sitzungssaal, Zimmer 35* *Bieter und ihre Bevollmächtigten*
Sicherheiten:	r)	☐ *nein* ☒ *ja* ☒ *für Vertragserfüllung* ☒ *für Mängelansprüche* ☐ *für vereinbarte Vorauszahlung/* *Abschlagszahlungen* *entspr. Nr. 8 Besondere Vertragsbedingungen* *– KEV 116.1 (B) BVB –*
Wesentliche Finanzierungs- und Zahlungsbedingungen:	s)	*Nach § 16 VOB/B, den Besonderen und Zusätzlichen Vertragsbedingungen*
Rechtsform für Bietergemeinschaften:	t)	*Gesamtschuldnerisch haftend mit bevollmächtigtem Vertreter*
Verlangte Nachweise für die Beurteilung der Eignung des Bieters:	u)	*Mit dem Angebot einzureichen:* *Nachweis der Fachkunde, Leistungsfähigkeit und Zuverlässig-* *keit gemäß § 6a Abs. 2 VOB/A* *siehe Nr. 3 in Aufforderung zur Angebotsabgabe* *z. B. – KEV 110.1 (B) A –* ....
Bindefrist:	v)	*31. 07. 2014*
Stelle zur Nachprüfung behaupteter Vergabeverstöße ist:	w)	*Landratsamt Kreinwald, Abt. Gemeinden, 74555 N-Burg,* *Hinter der Wette 15* *Postfach, Telefon, Telefax usw.*
Zusätzlich nur in Baden-Württemberg	– –	☐ *Verpflichtungserklärung Mindestlohn nach §§ 4 und 5 LTMG* *mit Vordruck – KEV 179.3 AngErg Mindestlohn –*

[1] Die Buchstaben a) bis w) entsprechen § 12 Abs. 1 Nr. 2 VOB/A

Abb. 4.5: Nationale Bekanntmachung einer Öffentlichen Ausschreibung (Quelle: KVHB-Bau, 2016, Teil 0, Hinweise 0.1.4)

4.18   Bekanntmachung/Bekanntmachungsformulare EU

Für nationale, d. h. unterschwellige, Vergaben können eigene Vordrucke des AG verwendet werden oder Standardformulare wie z. B. die des KVHB-Bau. Abb. 4.5 zeigt eine nationale Bekanntmachung einer Öffentlichen Ausschreibung (Vordruck der KVHB-Bau).

Bei europaweit auszuschreibenden Fachlosen sind besondere Vordrucke zu verwenden. So ist z. B. der Vordruck zu einer europaweiten Auftragsbekanntmachung aus dem EU-Amtsblatt unter www.simap.eu kostenlos abrufbar. Vordrucke können bei elektronischen Vergabeplattformen – z. B. der Vergabeplattform der RIB AG Stuttgart unter iTWO tender – über eine beim EU-Amtsblatt zertifizierte Schnittstelle digital ans Amtsblatt der EU versandt werden. TED (Tenders Electronic Daily) ist die digitale Plattform der EU für Bekanntmachungen. Vergaberechtlich ist mit der elektronischen Übermittlung die Versendung der Bekanntmachung zweifelsfrei im Vergabeverfahren dokumentiert.

Soll die EU-Bekanntmachung auch in nationalen Veröffentlichungsblättern erscheinen, müssen AG und Vergabestellen darauf achten, dass die Bekanntmachung im nationalen Blatt (also z. B. im Amtsblatt der Gemeinde Musterstadt) auf keinen Fall vor der EU-Bekanntmachung erfolgen darf. Im nationalen Bekanntmachungstext sollte – um Übertragungsfehler zu vermeiden und Platz zu sparen – unter Angabe der Veröffentlichungs-Nummer auf den Text der Bekanntmachung des EU-Amtsblattes verwiesen werden.

4.19   Bewerbereignung bei Freihändiger und Beschränkter Ausschreibung

Bei Beschränkten und Freihändigen Vergaben kann in der Regel auf die Vorlage von Referenzen zur Angebotsabgabe verzichtet werden, da der AG die Eignung der Bewerber bei diesen Vergabeverfahren vor Versand der Vergabeunterlagen (bzw. Freigabe zum Download) zu prüfen hat. Die Auswahl derjenigen Firmen, die zur Angebotsabgabe aufgefordert werden, sollte der Architekt bzw. Fachplaner mit dem AG vorher abstimmen, da der AG in den zurückliegenden Jahren mit vielen Unternehmen bereits Erfahrungen gesammelt hat.

Unternehmen, die in der Vergangenheit beim AG durch mangelnde Fachkunde (z. B. die Verursachung massiver Schäden einer Firma durch völlig fachunkundiges Vorgehen), mangelnde Leistungsfähigkeit (z. B. die Nichteinhaltung vereinbarter Fertigstellungstermine aufgrund mangelnder Personal-, Geräte- und Baustoffausstattung des Unternehmers) und fehlende Zuverlässigkeit (z. B. wiederholt vom Unternehmer schuldhaft nicht eingehaltene Termine) aufgefallen sind, wird ein AG bei möglicher Auswahl der Bewerber nicht zur Angebotsabgabe auffordern. Fehlende Eignung wird am präzisesten definiert unter Bezugnahme auf den Vordruck 444 des VHB, in dem Mängel in der Leistungserbringung und Defizite des Bieters bei Fachkunde, Leistungsfähigkeit und Zuverlässigkeit vom AG attestiert werden. Der Vordruck einer Referenzbescheinigung für AN kann unter www.blb. nrw.de (Menüpunkt „Service") abgerufen werden.

Bei öffentlichen Ausschreibungen sollten die Anforderungen an die Eignung zur Erfüllung der Aufgabe angemessen sein, die Bewerber sollten ihre Eignung transparent machen. Unnötige Nachweise sollten von den Bewerbern nicht angefordert werden.

Wettbewerbseinschränkende Anforderungen an die Eignung (z. B. die geforderte Eintragung in einen Interessenverband wie dem Güteschutz Kanalbau als alleiniger Nachweis der Fachkunde), die durch die Bewerber auch anderweitig nachgewiesen werden können, sollten aus taktischen Gründen (vergaberechtlich nicht zwingend) unterbleiben. Andernfalls kann der AG ungewollt in die Situation geraten, dass er den Wunschbieter wegen nicht oder nicht fristgerecht vorgelegter und eigentlich auch nicht erforderlicher Unterlagen ausschließen muss.

4.20   Auskünfte an Bewerber während der Angebotsfrist (Info-Management)

Aus den täglichen praktischen Erfahrungen des Autors als für Vergaben verantwortlicher Sachgebietsleiter des Dienstleistungszentrum Bauvertragswesen der Landeshauptstadt Stuttgart sind die Ausführungen in diesem Unterkapitel mitentscheidend für die erfolgreiche Zuschlagserteilung.

Das Informationsmanagement muss über den AG bzw. die Vergabestelle laufen. Nur so ist gewährleistet, dass alle Bewerber die gleichen Informationen erhalten haben. Eingehende Fragen sind beim AG zu sammeln und an den Architekten weiterzugeben. Der Architekt erstellt einen Antwortentwurf, dieser wird vom AG oder ggf. der Bauabteilung im Bauamt geprüft und die Frage neutralisiert (aus Gründen der Geheimhaltung darf nicht erkennbar sein, welches Unternehmen die Frage gestellt hat) beantwortet.

Sollten Fragen so gravierende Auswirkungen auf die Vergabeunterlagen haben, dass diese ggf. grundlegend geändert werden müssen, ist zusammen mit Vergabestelle und Planer zu überlegen, ob

- entweder innerhalb der Angebotsfrist geänderte Vergabeunterlagen an die Bewerber versandt werden und der Öffnungstermin weiter nach hinten geschoben wird oder
- die Ausschreibung aufgehoben wird.

Die Fragen und Antworten während der Angebotslaufzeit sind in der Vergabeakte zu sammeln und auf dem aktuellen Stand zu halten.

4.21   Nach Öffnung der Angebote

Nach Öffnung der Angebote sind die rechtzeitig eingegangenen Angebote nach den bekannten fünf Wertungsstufen des § 16 VOB/A zu prüfen:

- § 16: Ausschluss von Angeboten
- § 16a: Nachforderung von Unterlagen (falls erforderlich)
- § 16b: Eignung
- § 16c: Prüfung insbesondere in rechnerischer, technischer und wirtschaftlicher Hinsicht
- § 16d: Wertung

Die rechnerische Prüfung findet in vielen Fällen beim öffentlichen AG selber statt, in anderen Fällen übernimmt die Erstellung des Preisspiegels und die Prüfung der Angebote sowie der Eignung der externe Architekt bzw. Fachplaner und erstellt für den öffentlichen AG in der Regel einen Vergabevorschlag. Der AG muss sich die Prüfung des Architekten zwingend zu Eigen gemacht haben. Alle vergaberechtsrelevanten Entscheidungen müssen durch den AG selber getroffen und können nicht ausgegliedert werden. Folgende Punkte sind zu beachten:

Zu § 16: Ausschluss von Angeboten

Der AG und sein Erfüllungsgehilfe (Architekt/Fachplaner) haben beim Ausschluss keinen Ermessensspielraum. Wenn mehr als ein Preis fehlt, ist der Ausschluss des Bieters zwingend. Ebenso kann ein Nebenangebot nicht gewertet werden, wenn es nicht zugelassen war. Umgekehrt muss ein Nebenangebot gewertet werden, wenn es zugelassen war.

Wenn ein Bieter im Anschreiben zum Angebot die Vergabeunterlagen unzulässig abgeändert hat (z. B. wenn er schreibt: „Wir halten die Ausführung in Edelstahl für nicht erforderlich. Wir bieten Ihnen deswegen die Geländer in feuerverzinkter Ausführung an.") ist er zwingend auszuschließen.

§ 16a: Nachforderung von Unterlagen (falls erforderlich)

In den häufigsten Fällen, in denen der rechnerisch erste Bieter dem AG als zuverlässig, fachkundig und leistungsfähig bekannt ist und die Angebotssumme dem Vergabebudget entspricht, dieser Bieter also mit hoher Wahrscheinlichkeit für den Zuschlag in Betracht kommt, dürfte es ausreichen, allein beim ersten Bieter (falls in dessen Angebot mit Angebotsabgabe geforderte Nachweise und Erklärungen fehlen) diese Erklärungen und Nachweise nachzufordern, statt unzählige Bieter mit der Abgabe von Erklärungen und Nachweisen zu behelligen, die für den Zuschlag nie in Betracht kommen.

Sofern der erste Bieter die gesetzte Frist fruchtlos verstreichen lässt (und damit zwingend auszuschließen ist), sollten bei dem nun an die erste Stelle nachgerückten Bieter fehlende Nachweise abgefordert werden.

§ 16b: Eignung

Viele Planer fordern bei Bietern Referenzen, Bonitätsauskünfte etc. an, obwohl dieses Unternehmen dem AG aus Bauvorhaben der letzten Jahre mit vergleichbaren Leistungen hinlänglich als geeignet bekannt ist. Der Unternehmer fragt sich, wieso der Architekt Referenzen bei ihm anfordert, obwohl er für diese Kommune, Land, Bund schon jahrelang erfolgreich arbeitet. Viele Unternehmen reichen diese überflüssigen Unterlagen trotzdem ein, weil sie befürchten, bei Nichtvorlage vom Vergabeverfahren ausgeschlossen zu werden. Hier sollten sich AG und Architekt besser im Vergabeverfahren abstimmen.

Im laufenden Vergabeverfahren darf es keine Verschärfung der Eignungskriterien geben! Es gibt im Vergaberecht kein Mehr an Eignung – der AG kann nur diejenigen Eignungskriterien bei der Vergabeentscheidung zugrunde legen, die auch in der Bekanntmachung gefordert wurden.

Bei Vergaben (insbesondere bei europaweiten) ist darauf zu achten, dass die in der Bekanntmachung im Amtsblatt bzw. EU-Amtsblatt genannten Anforderungen an die wirtschaftliche und finanzielle Leistungsfähigkeit einerseits und die berufliche und technische Leistungsfähigkeit andererseits (siehe § 6a EU VOB/A) im laufenden Vergabeverfahren nicht verschärft werden. Wenn ein erforderlicher Firmenumsatz der letzten drei Geschäftsjahre in Höhe von mindestens 10 Mio. € pro Jahr genannt ist, kann im laufenden Vergabeverfahren nicht plötzlich gefordert werden, der Bieter X möge Umsätze über 20 Mio. € pro Jahr vorlegen.

Werden an die Eignung besondere Anforderungen gestellt, müssen diese in der Bekanntmachung im EU-Amtsblatt aufgeführt sein. Für Bewerber muss die Grundlage der Vergabeentscheidung des AG bezüglich seiner Eignung transparent und ersichtlich sein. Vage Formulierungen gehen zulasten des AG. Formulierungen wie „sollen möglichst" oder „kann unter Umständen bei der Vergabeentscheidung eine Rolle spielen" etc. sind vergaberechtlich nicht belastbar und bergen ein hohes Vergabenachprüfungsrisiko.

Die Wertungsstufen 2 (Eignung) und 4 (Wertung der Angebote nach den in der Bekanntmachung bzw. in den Vergabeunterlagen aufgeführten Zuschlagskriterien) dürfen nicht miteinander vermengt werden. Bei einer Vermischung dieser Wertungsstufen sind falsche Vergabeentscheidungen (und damit angreifbare!) vorprogrammiert.

§ 16c: Prüfung insbesondere in rechnerischer, technischer und wirtschaftlicher Hinsicht

Die rechnerische Durchsicht und fachliche Prüfung sollte sich zunächst auf den ersten Bieter beschränken. Erst wenn klar ist, dass z. B. aufgrund fehlender Gleichwertigkeit der angebotenen Produkte das Angebot unberücksichtigt bleiben muss, ist der nächste Bieter eingehender zu prüfen und sind z. B. Datenblätter von angebotenen Produkten bei ihm anzufordern.

§ 16d: Wertung

Die Wertung des externen Architekten oder Fachplaners ersetzt nicht die kritische Auseinandersetzung des AG mit dessen Vergabeempfehlung. Der AG muss selber prüfen und eigene Vergabeentscheidungen treffen. Er sollte dem Vergabevorschlag – insbesondere, wenn branchenneue, eher unerfahrene Büros beauftragt sind, – nicht blindlings folgen.

Der Verfasser hat schon erlebt, dass Planer aufgrund eigener Recherchen im Internet einen Bieter ausschließen wollten, weil das in der Ausschreibung geforderte Material auf der Internetseite im Portfolio des Unternehmens nicht erwähnt war. Erst das Intervenieren der Vergabestelle führte dazu, dass der Fachplaner den Bieter fragte, ob er das ausgeschriebene Material auch angeboten habe. Erstaunt bejahte dieser. Deswegen habe er ja ein Angebot abgegeben. Die Internetseite gäbe nur einen Teil des Firmenportfolios wieder.

Die Erfahrung zeigt: Im Zweifel zum Telefonhörer greifen, statt einsame (und oft falsche Annahmen und Vermutungen) zu tätigen.

4.22   Terminsteuerung im Vergabeverfahren

Rechtzeitig vor Ablauf der Bindefrist müssen Beiträge fachlich Beteiligter unter Berücksichtigung verwaltungsinterner Zeitabläufe eingefordert werden.

Der Architekt hat einen Vergabeterminplan erstellt (siehe Abb. 4.2). Dieser Plan dient dazu, die rechtzeitige Auftragsvergabe sicherzustellen und damit die reibungslose Abfolge des Baugeschehens anhand der aufeinander abgestimmten Leistungen der verschiedenen Fachlose sicherzustellen.

Leider geschieht es in der täglichen Praxis zu oft, dass die Fristen der einzelnen Phasen der Vergabeprüfung und -entscheidung aus dem Blickfeld geraten und dadurch Bindefristen einfach ablaufen. Diese Nachlässigkeit ist erstaunlich – ein Bieter ist nach Ablauf der Bindefrist nicht mehr an sein Angebot gebunden. Wenn der öffentliche AG bei dem Bieter nachfragt, ob er seiner Bitte nach Bindefristverlängerung um x Wochen nachkommen will, gilt: Der Bieter kann – wenn er will – die Bindefrist verlängern. Er muss nicht! Unter Umständen hat der AG also nur wegen einer kleinen Unaufmerksamkeit (nicht in den Vergabeterminplan geschaut) keinen Bieter mehr. Das bedeutet ein neues Vergabeverfahren und Verzug im Projekt.

Folgen auf dieses Fachlos noch andere Fachlose (was bei einer Vergabe nach Fachlosen die Regel ist), sind deren Ausführungsfristen wegen der Abhängigkeiten ebenfalls nicht mehr zu halten. So hat eine kleine Unaufmerksamkeit im Vergabeverfahren möglicherweise ein ganzes Bauprojekt um Monate nach hinten geworfen und führt zu massiven Verteuerungen für den AG (Bauzeitennachträge).

Die rechtzeitige Erbringung der Leistungen aller Beteiligter in LPH 7 der HOAI (von Architekt, Fachplaner, AG etc.) sind vom Projektleiter bzw. der Projektsteuerung im Vergabeterminplan laufend zu kontrollieren. Wenn sich Vorgänge auf einem terminlich kritischen Weg befinden, ist steuernd einzugreifen.

Interne Prüfinstanzen – wie z. B. Rechnungsprüfungsämter – brauchen Zeit zur Prüfung. Mitzeichnungsverfahren bei öffentlichen AG dauern oft mehrere Tage. Lange Laufzeiten sind erforderlich für Gemeinderats- oder Landtagsvorlagen oder die Weiterleitung an entscheidende Unterausschüsse. Deren Tagungshäufigkeit ist bei der Terminplanung zu beachten.

Die Erfordernis aus § 134 Abs. 2 GWB, bei europaweiten Vergaben die nicht berücksichtigten Bieter vor Zuschlagserteilung zu informieren, ist ebenfalls im Vergabeterminplan zu berücksichtigen.

„Ein Vertrag darf erst 15 Kalendertage nach Absendung der Information nach Absatz 1 geschlossen werden. Wird die Information auf elektronischem Weg oder per Fax versendet, verkürzt sich die Frist auf zehn Kalendertage. Die Frist beginnt am Tag nach der Absendung der Information durch den Auftraggeber;

auf den Tag des Zugangs beim betroffenen Bieter und Bewerber kommt es nicht an."

Urlaubstage, Teilzeitbeschäftigung oder Krankheit eines Mitarbeiters beim Architekten oder Fachplaner bzw. in der öffentlichen Verwaltung sind ein schlechtes Argument für abgelaufene Bindefristen. Jeder Beteiligte muss im Vergabeverfahren (insbesondere bei europaweiten) für eine leistungsfähige Vertretung sorgen.

In der Praxis werden viele der in diesem Kapitel aufgezählten Grundlagen häufig nicht beachtet und führen zu Fehlern bei der Erstellung der Ausschreibung, die im nächsten Kapitel behandelt werden.

5 Typische Fehler in Ausschreibungen – praxisorientierte Lösungen

Der Begriff „**Fehler**" ist im wörtlichen Sinne zu verstehen. Es fehlt etwas in den Vergabeunterlagen, das zum Verständnis und zur Kalkulierbarkeit wichtig wäre. Der Begriff darf hier nicht absolut betrachtet werden. Je nach Interessenlage bedeutet ein „Fehler" für eine der Vertragsparteien einen Nachteil, für die andere einen Vorteil.

Beispiele

Werden die Ausführungsfristen falsch im LV angegeben, kann der AN ggf. die Vertragspreise anpassen, d. h., es entstehen für den AG höhere Kosten. **Aus Sicht des AG ein Fehler**, aus Sicht des AN ggf. ein Vorteil.

Unterschreibt der AN einen Bauvertrag, nach dem Besondere Leistungen als Nebenleistungen ohne Vergütung zu erbringen sind, sind diese Vertragsbestimmungen **aus Sicht des AN ein Fehler** (da er ohne Vergütung Leistungen erbringen soll). Der AG hat Vorteile, indem er Geld einspart.

Die Fehler werden methodisch verschiedenen Ebenen (vergaberechtlich, strukturell und inhaltlich) zugeordnet. Diese Kategorien haben jedoch keinen Ausschließlichkeitscharakter, d. h., ein in der Kategorie „inhaltliche Fehler" abgehandelter Sachverhalt wird unter Umständen auch ein vergaberechtlicher Fehler sein und umgekehrt. Insofern sind hieraus keine vergaberechtslogischen Brüche herzuleiten. Ein Fehler bleibt ein Fehler, egal welcher Ebene er zugeordnet wird. In Kapitel 5.1 werden zunächst die Folgen dieser Fehler aufgezeigt, um zu verdeutlichen, welch verheerende Auswirkungen Fehler in Ausschreibungen haben können.

Die Betrachtung geht von einer „klassischen" Leistungsbeschreibung mit LV aus. Die Fehlertypenerörterung lässt sich analog auf alle anderen in diesem Buch erwähnten Vertragsarten und -typen übertragen.

Um dieses Buch nicht zu überfrachten, wurden Zitate aus der VOB/A auf den Abschnitt 1 (unterschwellig) beschränkt, er macht bei öffentlichen und privaten AG auch den vorwiegenden Teil der Vergabetätigkeit aus.

Die Unterkapitel wurden methodisch (mit Ausnahme der Kapitel 5.1 bis 5.3) folgendermaßen aufgebaut:

- VOB-Regelungen (falls vorhanden)
- Typische Fehler mit Beispielen
- Erörterung
- Praxistipp

Die Beispiele wurden größtenteils realen LV entnommen! Bei Sachverhalten, bei denen der Fehler offensichtlich ist, wurde auf ein Beispiel verzichtet.

5.1   Folgen mangelhafter LV für die Baumaßnahme

Die Folgen mangelhafter und unvollständiger Leistungsbeschreibungen sind vielen Projektbeteiligten nicht in vollem Umfang bewusst. Der Satz aus Goethes Zauberlehrling: *„Die ich rief, die Geister, werd ich nun nicht los"* ist in Deutschland bei Ausschreibung, Vergabe und Vertragsabwicklung von Bauleistungen traurige Realität. Einer der „Geister" ist z. B. das Erfinden von Vertragsbedingungen, die den AG beruhigen sollten, in der Praxis jedoch zu Streitigkeiten und Mehrforderungen des AN führen.

Bevor in den weiteren Unterkapiteln ausführlich auf die Fehler und Ursachen mangelhafter Leistungsbeschreibungen eingegangen wird, sollen die Folgen dargestellt werden:

- Änderung der Vergabeunterlagen während der Angebotslaufzeit
- Aufhebung der Ausschreibung
- Vergabenachprüfungsverfahren
- Behinderungsanzeigen und/oder Mehrvergütungsansprüche bei der Bauvertragsabwicklung (Nachtrags- und Claimmanagement)

Änderung der Vergabeunterlagen während der Angebotslaufzeit

Die Anpassung der Vergabeunterlagen aufgrund Unklarheiten und Bieternachfragen ist für Architekten und Fachplaner aufwendig und zeitraubend. Häufiges Nachschicken von Änderungspaketen und mehrmaliger Frage-Antwort-Schriftverkehr zwischen Bietern und AG wecken das Misstrauen der Bieter in die Ausgereiftheit der Vergabeunterlagen. Manche Bieter setzen unter Umständen einen erhöhten Wagniszuschlag an. Dies wiederum erhöht die Angebotssummen unnötig.

In Einzelfällen ist der AG besser damit beraten, rechtzeitig „die Reißleine zu ziehen" und eine Ausschreibung wegen grundlegender Änderung der Vergabeunterlagen aufzuheben und nochmals in aller Ruhe neu zu planen und auszuschreiben, anstatt die Bieter mit einer Flut von Änderungen zu verwirren. Denn mit jedem neuen „Änderungspaket" bzw. Frage-Antwort-Schriftverkehr erhöht sich die Gefahr, dass ein Bieter wichtige Informationen (aus welchen Gründen auch immer) nicht erhalten hat und später wegen Verletzung des Gleichbehandlungsgebotes ein Nachprüfungsverfahren anstrengt.

Häufige Praxis ist auch, dass Fragen von Bietern nicht über den AG gehen, sondern direkt vom Architekten und Fachplaner beantwortet werden. Dabei ist festzustellen, dass Bieter vielfach unterschiedlich oder teilweise überhaupt nicht informiert werden. Werden die Auskünfte (was in der Praxis leider öfter der Fall ist) nur mündlich erteilt, kann der AG in einem späteren Nachprüfungsverfahren nicht beweisen, welcher Bieter welche Auskünfte erhalten hat.

Praxistipp

Um vergaberechtliche und verfahrensrechtliche Fehler zu vermeiden, sollten öffentliche AG bzw. Stellen, die ständig Bauleistungen vergeben, Folgendes beachten:

Der AG ist Schaltzentrale und Verteiler für alle Informationen, d. h.:

- Alle Fragen, Hinweise und Rügen von Bietern während der Angebotslaufzeit, d. h. sämtlicher Schriftverkehr, gehen beim AG an einer Stelle ein (nicht bei Architekten und Fachingenieuren).
- Der AG leitet die Fragen an die für die Beantwortung zuständigen Architekten und Fachplaner zur Beantwortung weiter.
- Diese senden die Antworten an den AG zurück und dieser verteilt (ggf. nach Rücksprache mit den Planern und Korrektur) die Antworten an alle Bieter in schriftlicher Form.
Hinweis: Nach der Vergaberechtsreform 2016 besteht für Bieter bei elektronisch abgewickelten Vergabeverfahren (siehe auch Kapitel 7.1) während der Angebotslaufzeit eine Holschuld für Informationen. Die sich daraus ergebende Rechtsprechung und Kommentierungen müssen abgewartet werden.

Aufhebung der Ausschreibung

In § 17 Abs. 1 VOB/A heißt es dazu:

„*Die Ausschreibung kann aufgehoben werden, wenn:*
1. kein Angebot eingegangen ist, das den Ausschreibungsbedingungen entspricht,
2. die Vergabeunterlagen grundlegend geändert werden müssen,
3. andere schwerwiegende Gründe bestehen."

Die Auffassung, die Ausschreibung könne aufgehoben werden, wenn das LV nicht stimme, ist als Strategie zu kurz gedacht. Die Aufhebung einer Ausschreibung ist für den AG, Planer und Bieter mit erheblichen Zeitverlusten bei der weiteren Vergabe und zusätzlichen Kosten verbunden.

Bei europaweiten Verfahren kann gegen die Aufhebung ein Vergabenachprüfungsverfahren angestrengt werden, was zu weiteren Zeitverlusten und vor allem erheblichen Mehrkosten für den AG führt.

Die in der VOB aufgezählten Gründe sind restriktiv zu verstehen, d. h., der AG kann ein Vergabeverfahren nicht einfach aufheben, weil er sich das plötzlich anders überlegt hat. Wenn der AG so vorgeht, macht er sich schadensersatzpflichtig aus verletztem Vertrauen während der Vertragsanbahnung (lat.: culpa in contrahendo [c. i. c.]).

Für den AG kann somit eine nicht gerechtfertigte Aufhebung unter Umständen zu einer sehr teuren und nutzlosen Angelegenheit werden.

Vergabenachprüfungsverfahren

Da Bieterrechtsschutz nur bei Europaweiten Vergaben (also ab den Schwellenwerten) besteht, sind die folgenden Ausführungen nur für diese sog. „oberschwelligen" Vergaben relevant.

Die Abb. 5.1 zeigt mögliche Abläufe eines Vergabenachprüfungsverfahrens (die angegebenen Paragrafen beziehen sich auf das Gesetz gegen Wettbewerbsbeschränkungen [GWB] Kapitel 2, Fassung 2016). Die Darstellung soll dem Leser nicht alle Eventualitäten eines Vergabenachprüfungsverfahrens aufzeigen, sondern vielmehr die Komplexität und Vielschichtigkeit des Prozesses verdeutlichen. Denn jeder Schriftsatz, der von Antragstellern bzw. Antragsgegnern in das laufende Nachprüfungsverfahren eingebracht wird, verzehrt enorme Personalkapazität und Zeit.

Die AG-Seite muss viel Zeit in das Lesen und Verfassen von Rechtsanwaltsschriftsätzen investieren. Wird bei der Vergabekammer ein Nachprüfungsantrag eingereicht, muss der AG die Originalvergabeunterlagen dorthin schicken und gleichzeitig alle Beteiligten mit Kopien versorgen. Geht das Nachprüfungsverfahren in die Beschwerdeinstanz (OLG), vergrößert sich der Verwaltungsaufwand nochmals.

Die Verzögerungen im Vergabeverfahren durch ein Nachprüfungsverfahren addieren sich schnell zu einem halben bis ganzen Jahr. Häufig muss der AG dann die in den Vergabeunterlagen genannten Ausführungsfristen anpassen, da diese durch das Vergabenachprüfungsverfahren nicht mehr eingehalten werden können. Der AG muss die Zustimmung des Bieters einholen, ob dieser bereit ist, zu den geänderten Fristen mit den angebotenen Preisen den Vertrag abzuschließen. Dazu ist der Bieter nach allgemeinem Rechtsverständnis jedoch nicht verpflichtet, da diese Anfrage des AG wie eine erneute Aufforderung zur Angebotsabgabe zu verstehen ist.

Viele Bieter erklären sich zum Vertragsschluss mit den geänderten Ausführungsfristen nur bereit, wenn die angebotenen Einheitspreise (EP) nach § 2 Abs. 5 bzw. 6 VOB/B angepasst werden. Da der AG meist keine Zeit mehr hat, das Vergabeverfahren aufzuheben und neu auszuschreiben, willigt er zähneknirschend in die Preisanpassung ein und schließt den Vertrag. Dies erhöht die Baukosten gerade bei Großprojekten zum Teil in dramatischen Größenordnungen.

Außerdem wirken sich die Verzögerungen meist auf alle Folgegewerke (wenn diese bereits ausgeschrieben bzw. beauftragt wurden) bis hin zum Fertigstellungstermin aus. Das hat zur Folge, dass alle nachfolgenden AN ebenfalls die Möglichkeit haben, ihre Vertragspreise nach § 2 Abs. 5 bzw. 6 VOB/B anzupassen. Man kann hier durchaus von einer für die AG nur noch schwer (wenn überhaupt) zu beherrschenden Kostenlawine sprechen.

Zusätzlicher Aufwand entsteht bei den Planern und Projektsteuerern dadurch, dass Terminpläne (auch mit dem Nutzer) neu abgestimmt, erstellt, verteilt und kommuniziert werden und ggf. sogar Umplanungen (z. B. da Bauabschnitte zeitlich nicht mehr zu realisieren sind) vorgenommen werden müssen.

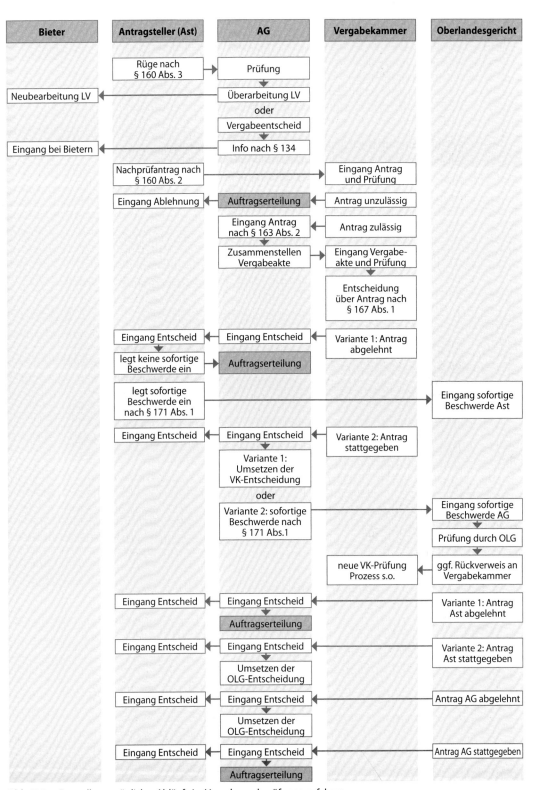

Abb. 5.1:   Darstellung möglicher Abläufe im Vergabenachprüfungsverfahren

Rechtsanwaltsschriftsätze sind für Architekten und Fachplaner eine eher ungewohnte Lektüre. Die Denkweisen von Rechtsanwälten und Baufachleuten sind sehr unterschiedlich. Gerade bei Großprojekten mit sehr engen Termin- und Kostenplänen hat der Planer weder die Zeit noch die Nerven, sich mit (aus seiner Sicht überflüssigen) Verwaltungsvorgängen zu beschäftigen: Er will planen und bauen – nicht schreiben und argumentieren.

Behinderungsanzeigen und/oder Mehrvergütungsansprüche bei der Bauvertragsabwicklung (Nachtrags- oder Claimmanagement)

Nach Auftragserteilung zeigen sich die Folgen mangelhafter Vergabeunterlagen erst so richtig. Die erste Behinderungsanzeige des AN mit der Ankündigung von Mehrkosten liegt häufig schon kurz nach Vertragsabschluss auf dem Tisch des AG. Das Nachtrags- oder Claimmanagement nimmt seinen unheilvollen Lauf. Abb. 5.2 verdeutlicht nur ansatzweise den Aufwand, der nun bei allen Projektbeteiligten entsteht.

Die Checkliste Nachträge in Kapitel 8.3 lässt den Umfang an Schriftverkehr der Bauvertragspartner ebenfalls erahnen.

Praxistipp

Vergabeunterlagen sollten erst dann an die Bieter verschickt werden, wenn diese auf der Basis einer vollständigen Ausführungsplanung nach LPH 5 HOAI erstellt, die Leistung vollständig und erschöpfend beschrieben und Widersprüche und Unstimmigkeiten in den Vertragsbestandteilen ausgeräumt wurden. Gerade bei Schlüsselgewerken und großen Bauvorhaben ist eine nochmalige Durchsicht der Leistungsbeschreibung auf Vollständigkeit und Widersprüche mit voller Konzentration (vor Versand an die Bieter) eine unbezahlbare Investition! Der Planer hat zwar scheinbar Zeit verloren, de facto aber für die Projektarbeit viel Zeit gewonnen, d. h. für die eigentlichen Aufgaben des Architekten bzw. Fachplaners!

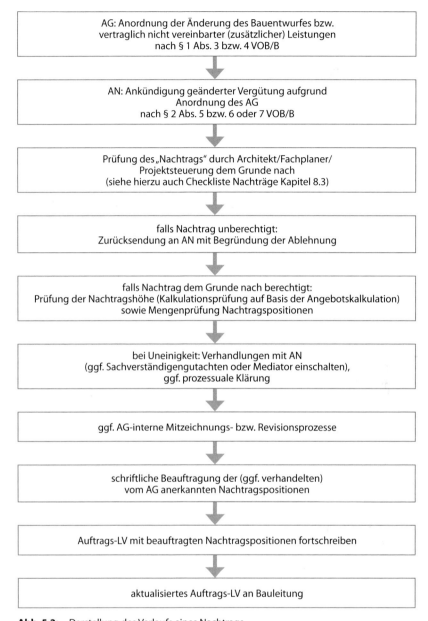

Abb. 5.2: Darstellung des Verlaufs eines Nachtrags

5.2   Fehlende Projektstruktur und -organisation

Die Hauptursachen der in Kapitel 5.1 beschriebenen negativen Folgen mangelhafter Leistungsbeschreibungen sind in der Regel auf Versäumnisse zurückzuführen, die auf den ersten Blick nichts mit dem Thema „Erstellen der Leistungsbeschreibung" zu tun haben. Die Güte des Produkts „Leistungsbeschreibung" nach LPH 6 und 7 HOAI hängt von der Güte der Projektorganisation und des Projektmanagements sowie des Qualitätsmanagements bei den Beteiligten ab.

Diese „übergeordneten Fehlerquellen" lassen sich folgenden Ebenen zuordnen:

- Zielsetzungen auf politischer Ebene
- mangelhafte Projektorganisation
- mangelhafte interne Organisation der Projektbeteiligten

Zielsetzungen auf politischer Ebene

Bundes-, landes- oder kommunalpolitische Gremien erwarten einerseits zum Baubeschluss realistische Kosten, andererseits sollen die Projekte nach der politischen Entscheidung sofort „auf Baustelle". Termin- und Kostenpläne werden also mit heißer Nadel gestrickt.

Die Gründe für Termindruck sind z. B.

- Rendite- bzw. Finanzierungsüberlegungen,
- Dringlichkeit des Bedarfes,
- politische Zielsetzungen und Zwänge,
- „Sicherheit" der Baukosten.

Die genannten Zielsetzungen stehen damit oft im Spannungsverhältnis zu § 2 Abs. 5 VOB/A:

„Der Auftraggeber soll erst dann ausschreiben, wenn alle Vergabeunterlagen fertiggestellt sind und wenn innerhalb der angegebenen Fristen mit der Ausführung begonnen werden kann."

Ausschreibungsverfahren vor dem Zeitpunkt des Baubeschlusses sind mit dem Risiko behaftet, dass der Baubeschluss nicht gefasst wird. Dies ist vergaberechtlich unzulässig. Ausnahme: Der AG hat berechtigte Aufhebungsgründe. Die Durchführung von Vergabeverfahren zum Zwecke der Markterkundung ist nach § 2 Abs. 4 VOB/A ohnehin unzulässig.

Die Zeit, die für eine ordentliche Ausführungsplanung „eingespart" wurde, zahlt sich nicht aus, im Gegenteil:

- Durch die unvollständigen und mangelhaften LV entstehen in der Folge viele Bieternachfragen, häufige Nachprüfungsverfahren und vor allem Nachtragsforderungen.
- Die anhand der vorgezogenen Ausschreibungen vor Baubeschluss „ermittelten" Baukosten erhöhen sich dramatisch, da aufgrund der unvollständigen Werkplanung viele erforderliche Teilleistungen nicht berücksichtigt sind.

Praxistipp

Vorgezogene Ausschreibungen sind im Grunde vergaberechtlich nicht zulässig, ziehen fachlich-inhaltlich sowie zeitlich Probleme für alle Projektbeteiligten nach sich und wiegen die Beteiligten bezüglich der Kosten in einer falschen Sicherheit.

Mangelhafte Projektorganisation

Die häufigsten Fehler mangelhafter Projektorganisation sind:

- Das Projekt ist nicht vorbereitet, d. h., klare Zielvorgaben fehlen, Bedarfsplanung und Abstimmung mit den Nutzern sind nicht vorbereitet. Entscheidungshierarchien und Regeln für Änderungs- und Kostenmanagement fehlen, z. T. fehlen sogar die notwendigen Planerbeauftragungen.
- Die Aufgaben der Beteiligten sind nicht oder unzureichend geklärt.
- Die Schnittstellen zwischen den Planern sind nicht oder nicht exakt definiert.
- Das Projekthandbuch mit Darstellung der Zuständigkeiten, Entscheidungsmanagement, Regeln für die Projektarbeit etc. fehlt.
- Informationsmanagement inkl. fehlender Werkzeuge wie gemeinsamer Datenbanken oder Informationsplattformen fehlt. Der Informationsfluss zwischen den Beteiligten funktioniert nicht. Manche Projektbeteiligte sind gar nicht, manche unzureichend, manche überinformiert (E-Mail-Flut). Die Beteiligten erhalten die Informationen oft zum falschen oder zu einem zu späten Zeitpunkt.
- Entscheidungen der Entscheidungsträger (Nutzer, AG, Planer) fehlen oder kommen zu spät.
- Die Termin- und Kostenplanung ist mangelhaft.

Daraus folgt: Entscheidend für den Projekterfolg ist, dass alle Beteiligten Kenntnis hinsichtlich folgender Punkte haben:

- Zuständigkeitsbereiche der Projektbeteiligten (Schnittstellen klären)
- Projektregeln, Qualitätsmanagement von Vergaben und Nachträgen, Regeln für den Austausch von Dateien im Bereich AVA
- Entscheidungsbefugnisse (Zuständigkeitsordnung)
- Zeitpunkt der Leistungserbringung (Planung der Planung, basierend auf realistischem Baustellenterminplan)

Mangelnde Projektorganisation (wegen angeblich fehlender Zeit) erspart keine Zeit, sondern vernichtet wertvolle Projektbearbeitungszeit und bedeutet zahlreiche unnötige und langwierige Besprechungen. Das bedeutet Personal- und Ressourcenverschwendung und damit ineffektives Arbeiten. Dadurch sind die vertraglich vereinbarten Honorare ggf. schnell aufgebraucht und es entstehen finanzielle Verluste für den Planer.

Praxistipp

- Es ist eine klare Projektstruktur zu vereinbaren und als Anlage in die Verträge der Architekten, Fachplaner und Projektsteuerer aufzunehmen.
- Die Leistungsbilder der Planer und Projektsteuerer sind in den Verträgen klar zu vereinbaren (ggf. in Bezugnahme auf die Leistungsbilder der HOAI bzw. der AHO).
- Die Planer sind vom Bauherrn so rechtzeitig zu beauftragen, dass deren Leistung nach den Leistungsphasen der HOAI vorliegt, wenn dies im Projektablauf benötigt wird.
- Das Qualitätsmanagement im Projekt ist in einem Projekthandbuch exakt zu definieren.
- Die Aufgaben sind klar zu verteilen und Zuständigkeiten zu regeln.
- Entscheidungswege sind zu klären (Entscheidungsmanagement).
- Die Planung der Planung (Planungs- und AVA-Terminplan) ist wichtig zu nehmen.

Mangelhafte interne Organisation der Projektbeteiligten

Das Qualitätsmanagement im Planungsbüro hat wesentlichen Einfluss auf die Planung und damit auch auf die Qualität der Ausschreibungen. Dabei sollte auf folgende Punkte geachtet werden:

Praxistipp

- klare Struktur und Aufgabenverteilung im Projekt
- ausreichende Personalausstattung des Projektes
- bürointerne Kosten-Leistungs-Rechnung und -Steuerung
- ausreichende Qualifikation der Projektbearbeiter und fortlaufende Schulung/Fortbildung u. a. auch in den Bereichen Vergabe- und Bauvertragsrecht
- ausreichende Büroausstattung mit Hard- und Software (Arbeitserleichterung)/Schulung auf Software (AVA/CAD-Programme etc.)
- leistungsgerechte Entlohnung der Mitarbeiter
- Förderung eines guten Betriebsklimas (trotz Stress)
- ausgewogenes Verhältnis von erfahrenen und unerfahrenen Mitarbeitern im Projektteam, damit Berufsanfänger (Architekten und Fachplaner) von den Kollegen, die schon lange im Geschäft sind, lernen können

5.3   Methodische Fehler bei der Leistungsbeschreibung

Die Bieter können zwar während der Angebotsfrist Fragen an den AG stellen, können jedoch auf die Struktur und die Inhalte des Leistungsverzeichnisses nicht direkt Einfluss nehmen.

Hat der AG die Fragen nach Meinung eines Bieters nicht klar oder vollständig beantwortet, gibt es folgende Vorgehensweisen:

- Der Bieter hakt beim AG nach.
- Der Bieter verzichtet auf weitere Klärung und gibt dennoch ein Angebot ab.
- Der Bieter verzichtet auf die Angebotsabgabe.

Leider entscheiden sich viele Bieter zu Schritt 2 oder 3, sie scheuen ein Nachhaken beim AG. Die Erfahrung des Autors zeigt jedoch, dass viele Bieterfragen während der Angebotsfrist zu wichtigen Klärungen des Leistungsinhaltes und zu Verbesserungen der Ausschreibung führen.

Für die Qualität der Vergabeunterlagen entscheidend ist eine klare Methodik und Struktur. Sowohl die innere Logik der Bestandteile der Vergabeunterlagen als auch deren Zusammenwirken müssen sowohl für den Ausschreibenden als auch den Bieter leicht zu durchschauen sein. Dem Ausschreibenden erleichtert eine klare Struktur der Vergabeunterlagen die Arbeit und dem Bieter die schnelle Orientierung und damit ist wertvolle Zeit gewonnen in der häufig nicht üppig bemessenen Angebotsfrist.

Der häufigste Fehler in Ausschreibungsverfahren ist, dass zu hohe Erwartungen an die Bieter gestellt werden. Der Ausschreibende A setzt voraus, dass alle Baufirmen die Vergabeunterlagen ebenso logisch und nachvollziehbar finden wie er selbst bzw. erahnen, was der Ausschreibende damit gemeint hat. Die Bieter B, C, D etc. wollen jedoch nicht erst komplizierte Zusammenhänge herstellen, sondern einen bautechnischen Sachverhalt in kurzer Zeit verstehen und kalkulieren können. Die Erwartungshaltung des Ausschreibenden A an die Bieter entspricht einem grundlegenden Kommunikationsproblem: „Ich habe ganz klare Vorstellungen davon, wie etwas aussehen soll. Ich gehe davon aus, dass meinem Gegenüber diese Vorstellungen – auch ohne viele Worte – klar sind."

Würde A sich in die Rolle eines Bieters hineinversetzen, der bis zum Erhalt bzw. Download der Vergabeunterlagen noch nie etwas von diesem Bauvorhaben gehört hat und dem die weiteren Details zur Bauausführung noch gar nicht bekannt sein können, würde er sein Projekt in anderer Weise beschreiben.

Typische Fehler

- Den Vergabeunterlagen fehlt es an einer klaren, verständlichen Struktur.
- Der Ausschreibende verwendet eigene, rechtlich nicht abgesicherte Vertragsbedingungen und LV-Texte.
- Der Architekt bzw. Fachplaner koordiniert LV-Texte und Mengenermittlungen anderer Planer nicht.
- Die Systematik der Vertragsunterlagen wird nicht durchgängig eingehalten.

- Im Verhältnis der Vertragsunterlagen zueinander sowie innerhalb der Vertragsbestandteile sind falsche Zuordnungen vorhanden (Inhalt am falschen Platz).
- Die Systematik des Aufbaus der Teilleistungen (Positionen) ist nicht durchgängig eingehalten (wechselnde Systematik).
- Informationen für Bieter tauchen an nicht zu erwartender Stelle im Leistungsverzeichnis auf.
- Es wird unnötig bzw. falsch aus der VOB zitiert.
- Die Rangfolgeregelung zur Behandlung von Widersprüchen nach § 1 Abs. 2 VOB/B wird nicht beachtet.
- Hinweise für das Aufstellen der Leistungsbeschreibung in VOB/C ATV DIN 18299 „Allgemeine Regelungen für Bauarbeiten jeder Art" (2016) ff. Teil 0 bzw. Anforderungen nach den allgemein anerkannten Regeln der Technik (Kapitel 2.3) werden nicht beachtet.

Praxistipp

Die aufgezählten Mängel lassen sich folgendermaßen vermeiden:

- Es sollte eine Struktur nach Abb. 1.13 bzw. 1.15 angelegt werden.
- Die Formulare des VHB oder z. B. des KVHB-Bau sind zur Anwendung empfohlen (wenn eigene Vertragsbedingungen: anwaltlich prüfen lassen).
- LV-Texte und Mengenermittlungen anderer Planer sind aufeinander abzustimmen (Schnittstellen).
- Die Anforderungen an die zu beschreibende Leistung sind rechtzeitig vor Erstellung der Vergabeunterlagen mit Bauherr, Nutzer und Planern gemeinsam zu klären (technisch, funktional, gestalterisch).
- Vertragsbestandteile sind auf Widersprüche zu prüfen.
- Der Aufbau der Teilleistungen (Positionen) ist systematisch durchzuhalten.
- Kalkulationsrelevante Informationen sind an einer Stelle im LV (*In die Einheitspreise einzukalkulieren sind: …*) für den Bieter aufzubereiten.
- Es sollten keine VOB-, DIN-Normen bzw. sonstige Zitate aus bautechnischen Regelwerken angeführt werden, es sei denn, diese sind dem Bieter nicht zugänglich oder bekannt.
- Die Rangfolgeregelung zur Behandlung von Widersprüchen nach § 1 Abs. 2 VOB/B ist zu beachten.
- Die Hinweise für das Aufstellen der Leistungsbeschreibung in VOB/C ATV DIN 18299 ff. Teil 0 bzw. die Anforderungen nach den allgemein anerkannten Regeln der Technik sind zu beachten.
- Jede kalkulationsrelevante Leistung sollte in einer eigenen LV-Position beschrieben sein und nicht in den Vorbemerkungen, Plänen oder anderen Bestandteilen der Vergabeunterlagen versteckt sein.

5.4   Vergaberechtliche Fehler

5.4.1   Fehlende Schwellenwertermittlung und -dokumentation

Die Ermittlung des Schwellenwertes (siehe auch Ausführungen in Kapitel 3.4.3.1) ist von entscheidender Bedeutung für die gesamte Baumaßnahme. Je nachdem, ob der Schwellenwert erreicht oder unterschritten wird, bestehen gravierende Unterschiede für das folgende Vergabeverfahren.

Typische Fehler

- Die Ermittlung des Schwellenwertes und Festlegung des 80 %-Kontingentes nach Fachlosen erfolgt erst nach Versand der Vergabeunterlagen.
- Eine nachvollziehbare Dokumentation des Schwellenwertes in der Vergabeakte fehlt.
- Fachlose werden dem 80 %-Kontingent (d. h. dem europaweit auszuschreibenden Anteil) zugeordnet, obwohl diese sinnvoller national auszuschreiben wären.

Über die Inhalte der Dokumentation des Vergabeverfahrens heißt es in § 20 Abs. 1 und 2 VOB/A:

„(1) Das Vergabeverfahren ist zeitnah so zu dokumentieren, dass die einzelnen Stufen des Verfahrens, die einzelnen Maßnahmen, die maßgebenden Feststellungen sowie die Begründung der einzelnen Entscheidungen in Textform festgehalten werden. Diese Dokumentation muss mindestens enthalten:

1. Name und Anschrift des Auftraggebers,
2. Art und Umfang der Leistung,
3. Wert des Auftrags,
4. Namen der berücksichtigten Bewerber oder Bieter und Gründe für ihre Auswahl,
5. Namen der nicht berücksichtigten Bewerber oder Bieter und die Gründe für die Ablehnung,
6. Gründe für die Ablehnung von ungewöhnlich niedrigen Angeboten,
7. Name des Auftragnehmers und Gründe für die Erteilung des Zuschlags auf sein Angebot,
8. Anteil der beabsichtigten Weitergabe an Nachunternehmen, soweit bekannt,
9. bei Beschränkter Ausschreibung, Freihändiger Vergabe Gründe für die Wahl des jeweiligen Verfahrens,
10. gegebenenfalls die Gründe, aus denen der Auftraggeber auf die Vergabe eines Auftrags verzichtet hat.

Der Auftraggeber trifft geeignete Maßnahmen, um den Ablauf der mit elektronischen Mitteln durchgeführten Vergabeverfahren zu dokumentieren.

(2) Wird auf die Vorlage zusätzlich zum Angebot verlangter Unterlagen und Nachweise verzichtet, ist dies in der Dokumentation zu begründen."

Insbesondere bei europaweiten Ausschreibungen gelten sehr strenge Anforderungen an die Dokumentation der einzelnen Stufen des Verfahrens. Aus diesem Grund ist gemäß § 20 EU VOB/A, § 20 VS VOB/A bzw.

§ 32 SektVO die Dokumentation zeitnah zu erstellen, d. h., schon bei Erstellung der Vergabeunterlagen und vor der Bekanntmachung ist die Vergabeakte anzulegen.

In der **Dokumentation** (siehe Vordruck „Prüfung und Wertung der Angebote" in Kapitel 8.7) ist schon bei der Erstellung der Ausschreibung zu entscheiden, ob der geschätzte Nettowert der Gesamtmaßnahme über oder unter dem Schwellenwert liegt (siehe hierzu Musterformulare in Kapitel 8.4).

Dies hat neben vergaberechtlichen Folgen auch pragmatische Gründe: Verwendet der AG für die Aufforderung zur Angebotsabgabe bzw. das Angebotsschreiben etc. die Vordrucke des VHB oder z. B. des KVHB-Bau muss er spätestens bei der Auswahl des Formularsatzes (siehe auch Kapitel 7.5) entscheiden, ob z. B. im offenen Verfahren (d. h. europaweit) oder öffentlich (d. h. national) ausgeschrieben wird, da er

- dies in den Formularen ankreuzen muss,
- bei europaweiten Ausschreibungen zwingend die Bekanntmachungsvordrucke des Amtsblattes der Europäischen Gemeinschaften (verfügbar unter: http://simap.europa.eu) verwenden muss und
- bei Verwendung von Formularsätzen des VHB bzw. KVHB-Bau für unterschwellige Vergaben andere Formulare verwenden muss als für oberschwellige Vergaben.

Gemäß § 3 Abs. 9 VgV sind somit europaweit auszuschreiben:

„Der öffentliche Auftraggeber kann bei der Vergabe einzelner Lose von Absatz 7 Satz 3 sowie Absatz 8 abweichen, wenn der geschätzte Nettowert des betreffenden Loses bei Liefer- und Dienstleistungen unter 80.000 Euro und bei Bauleistungen unter 1 Million Euro liegt und die Summe der Nettowerte dieser Lose 20 Prozent des Gesamtwerts aller Lose nicht übersteigt."

Bei der Zuteilung der Fachlose zum sog. 80 %-Kontingent ist auch darauf zu achten, dass folgende Aspekte berücksichtigt werden:

- Verfügbarkeit des späteren AN (sind Wartungsleistungen während und nach der Verjährungsfrist für Mängelansprüche bei komplexen technischen Anlagen ausgeschrieben, ist ggf. eine unverzügliche Verfügbarkeit des AN erforderlich)
- Umfang der Bauleistung (eine WC-Trennwand-Ausschreibung oder Baureinigungsausschreibung in Höhe von 50.000 € europaweit auszuschreiben ist nicht sehr sinnvoll)

Praxistipp

- Die Ermittlung des Schwellenwertes und Festlegung des 80 %-Kontingentes nach Fachlosen hat bei AG, die die VOB zwingend anwenden müssen, vor Versand der Vergabeunterlagen der ersten Ausschreibung zu erfolgen.
- Den Vergabeakten sämtlicher Fachlose ist diese Ermittlung beizulegen.
- Fachlose, bei denen z. B. wegen Wartung und Reparatur (Beispiel: Aufzugsanlagen) die schnelle Verfügbarkeit von AN erforderlich ist, sollten, wenn möglich, nicht europaweit ausgeschrieben werden.

5.4.2   Wahl der Vergabeart

Die richtige Wahl des Vergabeverfahrens (siehe ausführliche Darstellung in Kapitel 1.3.1) ist von entscheidender Bedeutung sowohl für den Bieterrechtsschutz und damit für den Ablauf des Vergabeverfahrens als auch hinsichtlich formaler Anforderungen und dem Zeitpunkt der Bietereignungsprüfung.

Typische Fehler

- Die Voraussetzungen für eine Freihändige Vergabe oder Beschränkte Ausschreibung liegen nicht vor.
- Die Gründe für eine Abweichung von der Öffentlichen Ausschreibung sind bei unterschwelligen Vergaben nicht in der Vergabeakte dokumentiert.

Die Gründe für eine Beschränkte Vergabe (entspricht dem nicht offenen Verfahren nach Öffentlichem Teilnahmewettbewerb bei europaweiten Verfahren) oder Freihändige Vergabe (entspricht dem Verhandlungsverfahren bei europaweiten Verfahren) sind vom AG anhand der in § 3 VOB/A aufgezählten Voraussetzungen plausibel und nachvollziehbar zu begründen.

Zwar stehen bei europaweiten Vergaben dem öffentlichen AG nunmehr nach § 3a Abs. 1 EU VOB/A nach seiner Wahl das offene und das nicht offene Verfahren zur Verfügung. Es ist jedoch zu bedenken, dass eine Eingrenzung des Bieterkreises immer eine potenzielle Kostenerhöhung bedeutet.

Insofern sollte das nicht offene Verfahren nach zwingend vorzuschaltendem öffentlichen Teilnahmewettbewerb nicht „reflexhaft" von AG verwendet werden – insbesondere dann, wenn im Grunde keine besonderen Anforderungen an die Eignung der Bieter zu stellen sind. Hier ist weiterhin das offene Verfahren die richtige Wahl.

Das Haushaltsrecht verpflichtet die AG zu einer sparsamen Verwendung der Mittel (Steuergelder). Eine Beschränkung des Bieterkreises bedeutet in der Regel auch eine Erhöhung des Preisniveaus.

Folgende Begründungen für eine Beschränkte oder Freihändige Vergabe sind bei genauerer Überprüfung oft nicht zutreffend:

- Die Eigenart der Leistung erfordert einen beschränkten Bieterkreis.
- Die Bieter auf der Firmenvorschlagsliste weisen in Bezug auf den Auftragsgegenstand außergewöhnliche Zuverlässigkeit oder Leistungsfähigkeit auf.
- Die Bearbeitung des Angebotes erfordert wegen der Eigenart der Leistung einen außergewöhnlich hohen Aufwand.
- Die Leistung ist dringlich.

Hat sich der AG begründet für eine Beschränkte oder Freihändige Vergabe entschieden und von ihm ausgewählte und geeignete Firmen zur Angebotsabgabe aufgefordert, ist diese Firmenauswahl nicht angreifbar.

Vergaberechtlich, und das ist beruhigend für den AG, *„kann ein Unternehmen, das an einer Beschränkten Ausschreibung oder Freihändigen Vergabe nicht beteiligt wurde, keine Schadensersatzansprüche mit der Begründung*

geltend machen, dass eine Öffentliche Ausschreibung hätte stattfinden müssen"
(Kapellmann/Messerschmidt, 2010, Rn. 88 zu § 3 VOB/A).

Praxistipp

- Die Voraussetzungen für eine Freihändige Vergabe oder Beschränkte Ausschreibung sind sorgfältig zu prüfen. Vorgeschobene Gründe wie „besondere Leistungsfähigkeit" eines Bieters oder „Dringlichkeit" (obwohl das LV seit Monaten fertiggestellt und bekannt ist, dass die Baumaßnahme notwendig ist) sind kritisch zu hinterfragen.
- Die Gründe einer Abweichung von der Öffentlichen Ausschreibung sind in der Vergabeakte zu dokumentieren.
- Bei Freihändigen und Beschränkten Ausschreibungen ist die Bietereignung vor Versand der Vergabeunterlagen vom AG oder den beauftragten Planern sorgfältig zu prüfen.

5.4.3 Bedarfspositionen

„Bedarfspositionen sind grundsätzlich nicht in die Leistungsbeschreibung aufzunehmen."
(§ 7 Abs. 1 Nr. 4 VOB/A)

Typische Fehler

- Bedarfspositionen werden ins LV aufgenommen, weil die Werkplanung bzw. die notwendigen Voruntersuchungen (z. B. Baugrund) noch nicht abgeschlossen sind.
- Unbekannte Sachverhalte werden beschrieben, um für alle künftigen Entwicklungen auf der Baustelle gerüstet zu sein und Nachträge zu vermeiden.
- Die Zahl der Bedarfspositionen im Verhältnis zur Anzahl der Normalpositionen ist unverhältnismäßig hoch.
- Eine Bedarfsposition wird ohne Gesamtbetrag und mit Menge 1 ins LV aufgenommen.

In Abb. 5.3 ist eine Bedarfsposition ohne Gesamtbetrag dargestellt.

Die Formulierung in der VOB lässt zwar ein Hintertürchen offen, weist jedoch unmissverständlich auf den Ausnahmecharakter dieses Positionstypus hin. Bedarfspositionen (auch als Eventualposition benannt) dürfen nach gängiger Rechtsprechung nicht dazu verwendet werden, die Mängel einer unvollständigen Planung zu kaschieren. Bei der Vergabe dürfen Bedarfspositionen, bei denen im LV nur der EP anzugeben war und die somit nicht in die Angebotsendsumme einfließen, nicht gewertet werden, d. h., der AG darf das Ausschreibungsergebnis durch „Aktivierung" von Bedarfspositionen nicht verändern. Andernfalls könnte der AG die Bieterreihenfolge durch die Auswahl von Bedarfspositionen beliebig steuern.

Positions-nummer	Bedarfsposition ohne Gesamtbetrag	Menge	Einheit	EP	GP
4.4.3	Herstellen einer vertikalen Abdichtung an Außenwand 1. und evtl. 2. UG nach DIN 18195-4 gegen Bodenfeuchte einschließlich nachfolgender Arbeitsschritte, je nach Situation vor Ort. Leistung einschließlich Hohlkehlenausbildung	1	m^2	nur EP	

Abb. 5.3:   Bedarfsposition ohne Gesamtbetrag

Bedarfspositionen werden meistens erst nach Vertragsschluss, d. h. während der Ausführungszeit, vom AG beauftragt. Der Bauunternehmer geht zum Zeitpunkt der Angebotskalkulation ein nicht kalkulierbares Risiko ein, da ihm nicht bekannt ist, welche Eventualpositionen mit welcher Menge und vor allem zu welchem Zeitpunkt zur Ausführung kommen (siehe auch Kapitel 6). Er wird sich durch überhöhte Preise dagegen schützen, zumal der EP nicht in die Wertung eingeht. In Abb. 5.4 werden die Ausschreibungsvarianten von Bedarfspositionen dargestellt.

Werden die Bedarfspositionen mit „realistischen" Mengen in das LV aufgenommen, erhöht sich die Angebotssumme. Dadurch ist keine sachgerechte Kostenkontrolle mehr möglich, da der AG zum Zeitpunkt der Vergabe nicht weiß, welche Bedarfspositionen zur Ausführung kommen und welche nicht.

Werden die Bedarfspositionen mit unangemessen hohen EP beauftragt, kann dies für den AG sehr teuer werden, insbesondere wenn die Mengen zu niedrig ermittelt oder geschätzt wurden. Da auch bei Bedarfspositionen bei Mengenmehrungen nach § 2 Abs. 3 VOB/B auf Verlangen ein neuer EP unter Berücksichtigung der Mehr- oder Minderkosten zu bilden ist (die Kostenbestandteile der Teilleistung aus der Angebotskalkulation also erhalten bleiben), wird für den AG nichts Besseres herauskommen. Der Leitsatz „Guter Preis bleibt guter Preis, schlechter Preis bleibt schlechter Preis" wirkt sich dann für den AG nachteilig aus.

Kapellmann/Messerschmidt (2010) weisen darauf hin, dass Bedarfspositionen nichts anderes als ein Angebot für künftige Leistungen mit unbestimmt langer Bindefrist sind.

Führt man sich vor Augen, dass sich Nachunternehmer nicht unbegrenzt an ein Angebot binden lassen, Lohn- und Stoffpreise sich während längerdauernden Baumaßnahmen ggf. gravierend ändern können und Firmenkapazitäten an Personal, Geräten und Stoffen in der Regel längerfristig im Voraus disponiert werden müssen (Einsatzplanung) wird klar: Bedarfspositionen sind bieterfeindlich und nicht zuverlässig kalkulierbar, zumal die vom Ausschreibenden zugrunde gelegten Mengenvordersätze in aller Regel auf reinen Annahmen beruhen.

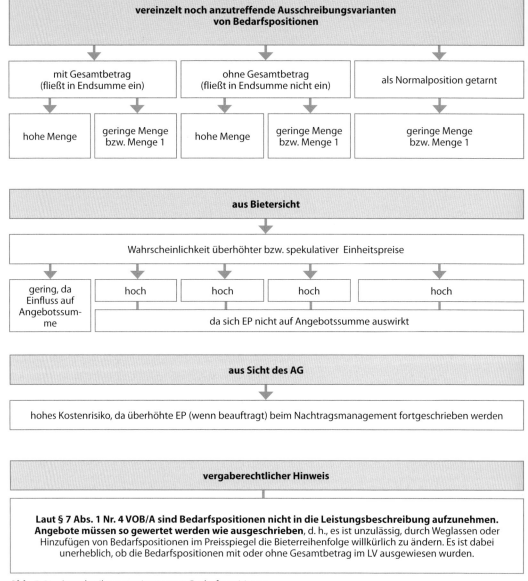

Abb. 5.4:   Ausschreibungsvarianten von Bedarfspositionen

Können bei Erstellung des LV z. B.

- geologische Risiken im Baugrund,
- Hindernisse im Baugrund (z. B. Bauteile aus früheren Bebauungen, in Plänen nicht eingezeichnete Versorgungsleitungen, unbekannte Kampfstoffe etc.),
- gefährliche bzw. kontaminierte Baustoffe bei Abbrucharbeiten,
- Baukonstruktionen (z. B. beim Bauen im Bestand)

nicht oder nur mit unverhältnismäßig großem Aufwand erkundet werden, sollte in der Leistungsbeschreibung auch nicht versucht werden, Unbekanntes zu beschreiben bzw. es dem Bieter als unwägbares Risiko aufzubürden.

Auch aus Perspektive der bauvertraglichen Abwicklung sind Bedarfspositionen problematisch und fragwürdig:

Ingenstau/Korbion vertreten die Ansicht, dass Bedarfspositionen mit Vertragsschluss aufschiebend bedingt beauftragt seien und deswegen der AG die Ausführung der Bedarfspositionen einem Dritten nicht in Auftrag geben dürfe (Ingenstau/Korbion/Leupertz/v. Wietersheim, 2017, Rn. 47 zu § 2 Abs. 1 VOB/B).

Zur Kündigung von Bedarfspositionen erläutern Ingenstau/Korbion/Leupertz/v. Wietersheim:

„Eine (Teil)Kündigung i. S. d. § 8 Abs. 1 Nr. 1 VOB/B liegt auch nicht vor, wenn sich der AG später bei Vertragsabschluss entschließt, sog. Eventual- oder Alternativpositionen nicht ausführen zu lassen. Denn diese waren bisher noch nicht fest beauftragt, sondern standen noch unter der Bedingung, dass der AG oder sein Bauleiter mit entsprechender Vollmacht ihre Ausführung anordnet oder diese sich zumindest als notwendig erweisen, um das Vertragsziel zu erreichen. […] Dies gilt auch für die sogenannten angehängten Stundenlohnarbeiten, die ebenfalls als Bedarfs- oder Eventualpositionen anzusehen sind." (Ingenstau/Korbion/Leupertz/v. Wietersheim, 2017, Rn. 8 zu § 8 Abs. 1 VOB/B)

Bedarfspositionen widersprechen dem Ausgewogenheitsprinzip der VOB, da sie den Bieter/AN einseitig benachteiligen. Die Entscheidung, ob, wann und in welchem Umfang die Bedarfspositionen abgerufen werden, liegt einseitig beim AG.

Der Bieter soll bei Angebotsabgabe für Bedarfspositionen Preisbestandteile kalkulieren (Lohn- und Materialpreise bzw. -steigerungen, Vertragsdauern mit Nachunternehmern etc.), die er gar nicht kennt, ja gar nicht kennen kann. Umso erstaunlicher ist es, dass es immer noch Bieter gibt, die bereit sind, dieses Preisrisiko zu tragen. Erklärlich ist dies nur durch die Marktmacht vieler AG und die Angst vieler Bieter, bei Einwendungen keine Aufträge mehr zu erhalten.

Sind geänderte oder zusätzliche Leistungen erforderlich, sind beide Seiten mit einem Nachtragsangebot nach § 2 Abs. 5 bzw. 6 VOB/B in der Regel besser bedient, da Nachtragsleistungen in den meisten Fällen auf Basis der Vergütung für die vertragliche Leistung kalkuliert werden können. In das (idealerweise) vom Planer erstellte Nachtrags-LV mit genauen Ausführungsfristen, Mengenangaben, Baustellenbedingungen und technischen Randbedingungen kann der Kalkulator in der Bauunternehmung nun zuverlässig seine Preise eintragen.

Praxistipp

Auf Bedarfspositionen sollte in Ausschreibungen grundsätzlich verzichtet werden. Bedarfspositionen sind vergaberechtlich und bauvertraglich kritisch. Bedarfspositionen benachteiligen den AN unangemessen, da sie quasi „Positionen in Warteschleife mit ewiger Preisgarantie" sind. Wird in die Leistungsbeschreibung ausnahmsweise eine Bedarfsposition aufgenommen und stellt sich während der Bauarbeiten heraus, dass diese ausgeführt werden muss, ist dem AG zu empfehlen, diese in einem gesonderten Schreiben mit genauer Menge zu beauftragen.

5.4.4   Alternativpositionen

„Die Durchführung von Vergabeverfahren zum Zwecke der Markterkundung ist unzulässig."
(§ 2 Abs. 4 VOB/A)

„Bedarfspositionen sind grundsätzlich nicht in die Leistungsbeschreibung aufzunehmen."
(§ 7 Abs. 1 Nr. 4 VOB/A)

Typische Fehler

- Alternativpositionen werden oft zahlreich ins LV aufgenommen, weil der Planer bzw. der AG sich nicht auf eine Ausführungsvariante festlegen wollen.
- Die unterschiedlichen Preisspiegelvarianten ergeben Verschiebungen in der Bieterreihenfolge.
- Eventuell entstehen Einschränkungen des Bieterkreises, da die in den Alternativpositionen beschriebenen Leistungen nicht von allen Bietern ausgeführt werden können.

Beispiel

Für eine Fußgängerzone werden in der Grundposition die Beläge in Natursteinpflaster Granit ausgeschrieben und in einer Alternativposition als Betonwerksteinpflaster.

Im Unterschied zur Bedarfsposition entscheidet sich der AG für die Alternativposition bereits im Vergabeverfahren, d. h., Alternativpositionen können die Bieterreihenfolge verändern.

Alternativpositionen (auch als Wahlpositionen bezeichnet) werden in der VOB nicht erwähnt. Sie können jedoch den Bedarfspositionen zugeordnet werden, da zum Zeitpunkt der Angebotsabgabe dem Bieter nicht ersichtlich ist, ob sie nun beauftragt werden oder nicht. Insofern gelten die Ausführungen in Kapitel 5.4.3 analog.

Je nach Angebotsauswertung liegen verschiedene Bieter vorne. Korruptionsansätze ergeben sich im o. g. Beispiel, wenn der ortsansässige Bieter die tatsächlich auszuführende Variante des Pflasters vor Angebotseröffnung „geflüstert" bekommt und somit einen Wettbewerbsvorteil erlangt, weil er die „richtige" Position schärfer kalkuliert.

Alternativpositionen werden als Ersatz für eine Grundposition ausgeschrieben. Dabei wird in der Regel der Mengenvordersatz der Grundposition zugrunde gelegt. Der AG fragt über ggf. mehrere Varianten zu einer Grundposition die für ihn preisgünstigste bzw. wirtschaftlichste Lösung ab. Der Bieter hat nur den EP einzutragen, d. h., der Gesamtbetrag der Alternativposition fließt zunächst nicht in die Angebotsendsumme ein.

Entscheidet sich der AG bei der Vergabe für eine Alternativposition, wird im Preisspiegel die Alternativposition zur Grundposition (der Gesamtbetrag fließt in die Angebotssumme ein) und die Grundposition zur Alternativposition (es wird kein Gesamtbetrag ausgeworfen).

Wenn trotz grundsätzlichen Verbots in der VOB/A Alternativpositionen ausgeschrieben werden, gilt:

„Um der damit möglichen Manipulation nicht Tür und Tor zu öffnen, muss die Ausschreibung von Wahlpositionen Ausnahme bleiben oder, wie von der Literatur gefordert, nur untergeordnete Positionen betreffen."
(Vergabekammer [VK] Hannover, Beschluss vom 05.07.2002 – 26045-VgK-3/2002)

„Alternativpositionen in Leistungsbeschreibungen sind nicht zulässig, um Mängel einer unzureichenden Planung auszugleichen. Ebenso sind sie unzulässig, wenn sie von ihrer Zahl oder ihrem Gewicht her keine sichere Beurteilung mehr erlauben, welches Angebot das wirtschaftlichste ist."
(Ingenstau/Korbion/Leupertz/v. Wietersheim, 2017, Rn. 43 zu § 7 VOB/A)

Wenn ein Bieter nicht weiß, ob sich der AG bei der Vergabeentscheidung für die Alternativposition oder die Grundposition entscheiden wird, hat er gegenüber Nachunternehmern oder Lieferanten eine schlechtere Verhandlungsposition, da er ja nicht mit Bestimmtheit sagen kann, was zur Ausführung kommen wird.

Praxistipp

- Der Planer bzw. der AG sollte sich auf eine Ausführungsvariante festlegen und auf Alternativpositionen verzichten. Wenn sie ausnahmsweise verwendet werden, sind die Mengenansätze gleich der Grundposition zu wählen.
- Alternativpositionen sollten im Verhältnis zur Anzahl der Normalpositionen einen marginalen Anteil ausmachen.
- Vor Versand der Vergabeunterlagen ist zu prüfen, ob durch Alternativpositionen eine übermäßige Eingrenzung des Bieterkreises erfolgt.

Ein möglicher Weg, Alternativen zu finden, besteht für den AG darin, Nebenangebote zuzulassen, allerdings sind dabei vergaberechtlich gewisse „Grundregeln" zu beachten. Dies wird im folgenden Abschnitt behandelt.

5.4.5   Mindestanforderungen an Nebenangebote

„Der Auftraggeber hat anzugeben:

a) ob er Nebenangebote nicht zulässt,
b) ob er Nebenangebote ausnahmsweise nur in Verbindung mit einem Hauptangebot zulässt. Es ist dabei auch zulässig, dass der Preis das einzige Zuschlagskriterium ist.

Von Bietern, die eine Leistung anbieten, deren Ausführung nicht in Allgemeinen Technischen Vertragsbedingungen oder in den Vergabeunterlagen geregelt ist, sind im Angebot entsprechende Angaben über Ausführung und Beschaffenheit dieser Leistung zu verlangen."
(§ 8 Abs. 2 Nr. 3 VOB/A)

„Die Anzahl von Nebenangeboten ist an einer vom Auftraggeber in den Vergabeunterlagen bezeichneten Stelle aufzuführen. Etwaige Nebenangebote müssen auf besonderer Anlage erstellt und als solche deutlich gekennzeichnet werden."
(§ 13 Abs. 3 VOB/A)

„Auszuschließen sind:
[...]
6. Nebenangebote, wenn der Auftraggeber in der Bekanntmachung oder in den Vergabeunterlagen erklärt hat, dass er diese nicht zulässt,
7. Nebenangebote, die dem § 13 Abs. 3 Satz 2 nicht entsprechen [...]."
(§ 16 Abs. 1 VOB/A)

„Nebenangebote sind zu werten, es sei denn, der Auftraggeber hat sie in der Bekanntmachung oder in den Vergabeunterlagen nicht zugelassen."
(§ 16d Abs. 3 VOB/A)

Nebenangebote	
technisches Nebenangebot	**kaufmännisches Nebenangebot**
• anderes Bauverfahren (z. B. Stahlbeton-fertigteile statt Ortbeton)	• geänderte Ausführungsfristen bzw. Einzeltermine
• andere Baustoffe (z. B. Leimholz statt Pressspanplatte)	• Preisnachlass mit Bedingungen (z. B. bei Beauftragung weiterer Fachlose)
• Vorschläge zur Optimierung des Bauab-laufes	• Vorschläge zur Optimierung des Bauab-laufes
	• Nebenangebot: bei Beauftragung als Pauschalangebot (zu Risiken siehe Kapitel 5.7.2)

Abb. 5.5: Typen von Nebenangeboten

Typische Fehler

• In der Aufforderung zur Angebotsabgabe werden Nebenangebote zugelassen, ohne die Mindestanforderungen zu definieren.
• Nebenangebote werden ausgeschlossen, obwohl sie in den Vergabeunterlagen zugelassen und keine Mindestanforderungen definiert waren.

> **Beispiel**
>
> LV-Auszug; ZTV Fliesenarbeiten: *„Die ausgeschriebenen Fliesen sind vom Bieter vor Auftragsvergabe zu bemustern. Nebenangebote sind zugelassen. Mindestanforderungen werden nicht benannt.“*

Nebenangebote werden in der Regel in den Vergabeunterlagen zugelassen, um Lösungen für eine Bauaufgabe zu finden, die für den AG aus terminlicher, wirtschaftlicher, technischer oder baustellenlogistischer Sicht günstiger sind. Werden Nebenangebote zugelassen, sind sie auch zu werten.

Nebenangebote lassen sich den in Abb. 5.5 dargestellten Kategorien zuordnen.

Der AG steht vor folgendem Dilemma: Einerseits möchte er die zugelassenen und eingegangenen Nebenangebote werten (da diese wirtschaftliche Vorteile haben), andererseits erscheint die Wertung aufgrund fehlender Mindestanforderungen für die nicht berücksichtigten Bieter willkürlich und es besteht ein hohes Vergabenachprüfungsrisiko. Dieses Dilemma kann der AG nur durch Vorgabe klar definierter Mindestanforderungen bereits in der Aufforderung zur Angebotsabgabe auflösen!

Grundsätzlich gilt: Der Planer hat die Bauaufgabe umfassend zu planen und verschiedene Lösungsmöglichkeiten dabei gegeneinander abzuwägen (siehe Kapitel 3.4). Trotz sorgfältiger Planung und Abwägung der Lösungsmöglichkeiten kann es jedoch sein, dass es Lösungen gibt, die dem Planer nicht bekannt oder deren Verwendung ihm (z. B. aus urheberrechtlichen Gründen) versagt sind.

Die Zulassung von Nebenangeboten entbindet den Planer nicht von der Pflicht, Mindestanforderungen an die Nebenangebote zu definieren. Das Transparenz- und Gleichbehandlungsgebot im Vergaberecht verlangt, dass den Bietern bereits aus den Vergabeunterlagen ersichtlich sein muss, welche Mindestanforderungen an Nebenangebote gestellt werden und welche Bedingungen zum Ausschluss führen. Im VHB bzw. KVHB-Bau sind entsprechende Vordrucke zur Bestimmung von Mindestanforderungen an Nebenangebote verfügbar.

Der Planer muss schon vor Absendung der Vergabeunterlagen an die Bieter festlegen, wie eingehende Nebenangebote gewertet werden sollen. Dazu müssen zusammen mit den Projektbeteiligten folgende Fragen geklärt werden:

- Für welche Leistungsbereiche bzw. Positionen im LV sind Abweichungen zur Leistungsbeschreibung denkbar?
- Welchen Umfang dürfen diese Abweichungen quantitativ und qualitativ haben?

Beispiel

Weder der AG bzw. Nutzer noch der Architekt haben einen gestalterischen Anspruch an das Format der Wandfliesen von Nebenräumen. Praktischerweise stünde in der LV-Position: „Fliesenformat nach Wahl des Bieters". Es wäre jedoch auch denkbar, ein Fliesenformat auszuschreiben und im Formblatt „Mindestanforderungen an Nebenangebote" wie folgt zu definieren: „Wandfliesen für Nebenräume der Positionen … bis … können mit Formaten nach Wahl des Bieters angeboten werden. Die restlichen Vorgaben der Leistungsbeschreibung sind vom Bieter einzuhalten. Im Übrigen sind die Vorgaben der Leistungsbeschreibung zu beachten."

Praxistipp

Können die Mindestanforderungen an Nebenangebote nicht definiert werden, sollten sie in der Aufforderung zur Angebotsabgabe nicht zugelassen werden. Andernfalls besteht bei öffentlichen AG im offenen Verfahren ein hohes Vergabenachprüfungsrisiko. Mindestanforderungen an Nebenangebote sind präzise mit technischen Parametern (ggf. unter Angabe zulässiger Minimal- bzw. Maximalwerte) zu definieren. Die Verwendung der Formulare aus VHB bzw. KVHB-Bau stellt sicher, dass den Bietern klar ist, auf welche Weise sie Nebenangebote einzureichen haben.

5.4.6 Angehängte Stundenlohnarbeiten

„Abweichend von Absatz 1 können Bauleistungen geringeren Umfanges, die überwiegend Lohnkosten verursachen, im Stundenlohn vergeben werden (Stundenlohnvertrag)."
(§ 4 Abs. 2 VOB/A)

„Angehängte Stundenlohnarbeiten dürfen nur in dem unbedingt erforderlichen Umfang in die Leistungsbeschreibung aufgenommen werden."
(§ 7 Abs. 1 Nr. 4 Satz 2 VOB/A)

Typischer Fehler

• Angehängte Stundenlohnarbeiten im LV werden mit hohen Stundenansätzen abgefragt.

Die Notwendigkeit und der Umfang von Stundenlohnarbeiten sind in den meisten Fällen zum Zeitpunkt der Versendung der Angebotsunterlagen unbekannt. Der *„unbedingt erforderliche Umfang"* dieser Bedarfspositionen (siehe Kapitel 5.4.3) wird also in der Regel vom Planer nach Erfahrungswerten aus anderen Bauvorhaben mit ähnlichem Schwierigkeitsgrad und Umfang geschätzt. Unter Umständen kann der Abschluss eines separaten Stundenlohnvertrages (siehe Kapitel 5.7.1) angeraten sein.

Werden angehängte Stundenlohnarbeiten ins LV aufgenommen, sind diese nach Berufsgruppen aufgegliedert abzufragen. Die Abfrage minderqualifizierter Arbeitnehmer (wie z. B. Azubi 3. Lehrjahr oder Bauhelfer bei hochwertigen Tischlerarbeiten) kann unterbleiben.

Werden die Berufsgruppen erst nach Erteilung des Zuschlages durch den AG abgefragt, wird der AN sicherlich einen höheren Preis nennen, als wenn diese dem Wettbewerb unterstellt werden. Stundenlöhne in hohem Umfang erhöhen die Auftragssumme unnötig, es sei denn, der Umfang an Stundenlohn ist mit Sicherheit notwendig oder sehr wahrscheinlich.

Die Abfrage von Gerätestunden und Stoffen mit Menge 1 ist nicht zu empfehlen, da der Bieter mit Menge 1 einen realistischen Einkaufspreis nicht kalkulieren kann und in den meisten Fällen ausgerechnet die Geräte ausgeschrieben sind, die nicht gebraucht werden. Hier ist es sinnvoller, sich diese Kosten anhand Baugeräteliste (BGL) oder betriebsinterner Verrechnungssätze bzw. Stoffpreisbelegen vom AN nachträglich nachweisen zu lassen.

Dabei ist zu bedenken, dass § 16 Abs. 1 Nr. 3 Satz 2 VOB/A nur das Fehlen des Preises „in einer einzelnen unwesentlichen Position" behandelt. Sollte Bieter A vergessen haben, im Leistungsverzeichnis im Titel „Stundenlohnarbeiten" den Einheitspreis für zwei untergeordnete Gerätepositionen anzugeben (z. B. für eine Schlagbohrmaschine und einen Trennschleifer), müsste der AG wegen vielleicht 100 € Gerätestunden das Angebot dieses Bieters zwingend ausschließen und den Zuschlag auf das 10.000 € teurere Angebot des zweiten Bieters erteilen! Auf die Abfrage solch untergeordneter Positionen sollte also verzichtet werden.

Ein höherer Anteil von Stundenlohnarbeiten kann in folgenden Fällen fachlich notwendig sein:

Es werden z. B. **Sanierungsmaßnahmen im (denkmalgeschützten) Bestand** durchgeführt, bei denen das Schadensbild bzw. die zu sanierende Bausubstanz nur unzureichend (wenn überhaupt) beschrieben werden kann, weil z. B.

- keine oder nur unvollständige Planunterlagen des Gebäudebestandes vorliegen und aus zeitlichen oder finanziellen Gründen keine Bestandsuntersuchung, -dokumentation und -auswertung möglich ist,
- das Gebäude weitergenutzt wird und eine vollständige Schadensbestandsaufnahme bzw. Bauteiluntersuchung aus betrieblichen Gründen nicht durchführbar ist,
- Auflagen der Denkmalschutzbehörde zu Art und Umfang der Bauteiluntersuchungen bestehen,
- Bestandsaufnahme und -dokumentation einen unverhältnismäßig hohen Aufwand im Verhältnis zum Umfang der Baumaßnahme bedeuten würden,
- Dringlichkeitsgründe einen zeitlichen Verzug der Bauleistung nicht mehr zulassen und die Zeit für eine Ausschreibung bzw. detaillierte Planung nicht mehr ausreicht,
- oder sonstige nachvollziehbare und schriftlich dokumentierte Gründe bestehen.

Dabei können ggf. trotz vorliegender kartografischer, zeichnerischer und textlicher Erfassung des Bestands bzw. des Schadensbildes (ggf. unter Zuhilfenahme visueller Datenträger) versteckte Schäden oder eine Vergrößerung des Schadensbildes im Zuge der Ausführung der Sanierungsarbeiten nicht ausgeschlossen werden.

Bei **Baustellen im laufenden Betrieb** (Beispiel: Krankenhauserweiterung) muss kurzfristig reagiert werden aus Gründen

- der Baustellenlogistik (Baustelleneinrichtung),
- der Verkehrstechnik (kurzfristige Umleitungen, Absperrungen für Zu- und Abfahrten der Baustelle bzw. des laufenden Betriebes [z. B. Zufahrtswege Rettungsfahrzeuge etc.]),
- der Infrastruktur (Umlegen bzw. Anschluss von Leitungen im Bestand),
- nachbarrechtlicher Einsprüche.

Es besteht **Gefahr für Leib und Leben** und unverzügliches Handeln ist geboten. Dies kann der Fall sein bei

- vom Einsturz bedrohten Bauwerken und Bauteilen,
- kurzfristigen Sicherungsmaßnahmen für an der Baustelle Beschäftigte bzw. für angrenzende Bereiche der Baustelle, die von Betriebspersonal oder Publikumsverkehr frequentiert werden.

In den Vordrucken des KVHB-Bau Besondere Vertragsbedingungen bzw. Zusätzliche Vertragsbedingungen sind Regelungen getroffen, wie Stundenlohnverträge zu vereinbaren sind.

In der Baustellenabwicklung gibt es zwischen AG, Architekt bzw. Architektenbauleitung und AN häufig Streitigkeiten darüber, ob und in welchem Umfang Stundenlohnarbeiten vom AG vertragswirksam beauftragt wurden. Nach ständiger Rechtsprechung – so z. B. BGH, Beschluss vom 26.06.2014 – VII ZR 232/12 – ist der Bauleiter des AG ohne besondere Vollmacht grundsätzlich nicht zum Abschluss einer Stundenlohnvereinbarung berechtigt. Die Frage nach einer Anscheins- oder Duldungsvollmacht sowie eine Beurteilung nach Bereicherungsrecht ist in jedem Einzelfall zu prüfen. *„Nachteilig ist, dass das Produktivitätsrisiko bei Stundenlohnverträgen allein der AG trägt. Er bezahlt den langsamen wie den schnellen Arbeiter, ohne vertraglich Einfluss nehmen zu können"* (Stähler, 2000, S. 61). Unter Umständen stehen erbrachte Leistung und die Höhe der Vergütung in einem auffälligen Missverhältnis. Die Unterschrift des Bauleiters auf den Stundenlohnzetteln bedeutet zunächst nur die Bestätigung der Stundenanzahl und noch keine grundsätzliche Anerkenntnis. Zur Vereinbarung und Abrechnung angehängter Stundenlohnarbeiten hat die Gemeindeprüfungsanstalt Baden-Württemberg in ihren Mitteilungen Ausgabe 3/2005 wertvolle Hinweise für AG aufgenommen.

Praxistipp

Umfangreiche Stundenlohnarbeiten bedeuten für den AG ein finanzielles Risiko, da der Vergütung nicht zwingend eine adäquate Leistung gegenübersteht und Leistungsinhalt und -umfang bauvertraglich in der Regel vorher nicht exakt definiert sind.

In den Architekten- bzw. Fachplanerverträgen ist deutlich darauf hinzuweisen, dass der Architekt oder Fachplaner als Vertreter des Bauherrn keine Vertretungsmacht hinsichtlich finanzieller Verpflichtungen hat, also Stundenlohnvereinbarungen mit dem AN nicht für den Bauherrn wirksam vereinbaren darf.

Positions-nummer	Position	Menge	Einheit	EP	GP
4.4.7	Trockenbauwand 100 mm (… weiterer Beschrieb), nicht tragende innere Trennwand nach DIN 4103 **Richtqualität: Fabrikat „Gipsfabrik" oder gleichwertig** **Angebotenes Fabrikat: …, Typ: … (vom Bieter auszufüllen)**	150	m^2		

Abb. 5.6:   Unnötige Richtqualität

5.4.7   Technische Spezifikationen

Produktneutrale Beschreibung

„In technischen Spezifikationen darf nicht auf eine bestimmte Produktion oder Herkunft oder ein besonderes Verfahren, das die von einem bestimmten Unternehmen bereitgestellten Produkte charakterisiert, oder auf Marken, Patente, Typen oder einen bestimmten Ursprung oder eine bestimmte Produktion verwiesen werden, es sei denn

1. dies ist durch den Auftragsgegenstand gerechtfertigt oder
2. der Auftragsgegenstand kann nicht hinreichend genau und allgemein verständlich beschrieben werden; solche Verweise sind mit dem Zusatz ‚oder gleichwertig' zu versehen."
(§ 7 Abs. 2 VOB/A)

Typischer Fehler

• Im LV werden sog. Richtqualitäten für Leistungen angegeben, die sich bei näherer Betrachtung als fachtechnisch überflüssig erweisen.

In dem Beispiel in Abb. 5.6 ist die Nennung des Leitfabrikates überflüssig, da die in der VOB/C ATV DIN 18340 „Trockenbauarbeiten" (2016) erwähnten DIN-Normen bereits erschöpfend Auskunft geben. Die Nennung der DIN-Norm wäre hier also ebenfalls entbehrlich. Der im Beispiel fett markierte Zusatz ist also zu streichen.

Unter Umständen kann es angebracht sein (insbesondere bei technischen Anlagen), eine Fabrikats- und Typangabe vom Bieter zu verlangen. Dies ist ggf. für das spätere Nachtragsmanagement von Vorteil, wenn vom AG geänderte Leistungen gefordert werden und die Frage zu beantworten ist, welches Fabrikat/welcher Typ Angebotsinhalt war und welche Mehrkosten entstehen.

Praxistipp

Auf den häufig in LV zu findenden Zusatz „Richtqualität X oder gleichwertig, angebotenes Fabrikat: …, Typ: …" (vom Bieter anzugeben) muss verzichtet werden, wenn sich die Leistung produktneutral durch technische, ästhetische oder sonstige Parameter hinreichend beschreiben lässt.

Vorgabe Leitfabrikat (Richtqualität)

Ausnahmsweise zulässig ist dies, wenn

„der Auftragsgegenstand [...] nicht hinreichend genau und allgemein verständlich beschrieben werden [kann]; solche Verweise sind mit dem Zusatz ‚oder gleichwertig' zu versehen."
(§ 7 Abs. 2 Nr. 2 VOB/A)

Typischer Fehler

- Im LV werden Leitfabrikate vorgegeben ohne den Zusatz „oder gleichwertig", obwohl die Leistung ebenfalls durch andere Produkte erbracht werden kann. Die alleinige Nennung der „Richtqualität" definiert nicht zwingend die für den AG wichtigen technischen Parameter.

> **Beispiel**
>
> LV Entwässerungskanalarbeiten:
>
> Das nachfolgend genannte Richtfabrikat dient zur Festlegung des Qualitätsstandards. Es können qualitativ gleichwertige Produkte angeboten werden.
>
> Tauchmotorpumpe Fabrikat Pumper XL
>
> Angebotener Hersteller/Typ: … (vom Bieter auszufüllen)

Wenn der AG/Fachplaner in diesem Beispiel keine Ausführungen in der Leistungsbeschreibung macht zu Förderleistung, Leistungsaufnahme, Abmessungen, Materialqualitäten, Beschichtung (z. B. bei Vorhandensein aggressiver Wässer) kann die Gleichwertigkeit der Produkte anderer Hersteller nicht geprüft und dokumentiert werden und ist damit vergaberechtlich sehr kritisch zu betrachten.

Die Vorgabe eines Leitfabrikats mit dem Zusatz „oder gleichwertig" dürfte in den Fällen gerechtfertigt sein, in denen

- die produktneutrale Beschreibung für den Planer nur mit einem unverhältnismäßig hohen Aufwand erreichbar und/oder technisch nicht möglich oder unsinnig wäre bzw.
- für technisch komplexe Bauteile in der technischen Gebäudeausrüstung oder für spezielle Verfahren in Straßenbau, Erd- und Grundbau.

Beispiele

- Es handelt sich um Geräte, die von Hersteller zu Hersteller geringfügig differieren (Hersteller A benötigt ggf. ein Zusatzgerät, das Hersteller B in sein Grundgerät bereits integriert hat) und die vom Fachplaner ohne Verletzung des Gleichbehandlungsgebotes nicht zuverlässig produktneutral beschrieben werden können.
- Der Fachplaner hat nach sorgfältiger Marktrecherche für die zu erbringende Leistung nur einen Hersteller/Typ gefunden, der die technischen Anforderungen erfüllt, kann jedoch nicht mit völliger Sicherheit ausschließen, dass es noch weitere geeignete Hersteller gibt.
- Wenn der Planer bei der produktneutralen Beschreibung Festlegungen treffen würde, die durch die Bieter nicht oder nicht gänzlich erfüllt werden könnten, und dies unter Umständen bei der Wertung der Angebote zum Ausschluss führen würde.

Um die Chancengleichheit der Bieter zu gewährleisten, sollte der Planer entweder

- eine Bandbreite bei technischen Parametern definieren oder (falls dies nicht möglich ist, weil technische Normen oder Genehmigungsbehörden z. B. einen genau definierten Schallpegel vorschreiben)
- absolute Mindestanforderungen definieren.

Angebote, die diese Mindestanforderungen unterschreiten, werden dann von der Wertung ausgeschlossen. Soll nicht nur der niedrigste Preis als Wertungskriterium gelten, sondern zusätzliche Kriterien (wie z. B. Lebensdauer, Wartungskosten) hinzukommen, hat der AG den Vergabeunterlagen eine Wertungsmatrix beizufügen. Andernfalls ist eine vergaberechtlich einwandfreie Angebotswertung nicht möglich.

Praxistipp

Durch ein Leitfabrikat darf keine Produktvorgabe (siehe Abschnitt Fabrikatvorgabe) erfolgen. Der Planer darf die Ausschreibung also nicht auf einen bestimmten Hersteller „zuschneiden". Sollte sich bei der Vergabe herausstellen, dass andere Hersteller sehr wohl die Anforderungen hätten erfüllen können, wenn der Planer Mindestanforderungen an die Gleichwertigkeit in den Vergabeunterlagen definiert hätte, ist die Vergabe bei europaweiten Vergaben einem hohen Nachprüfungsrisiko ausgesetzt.

Positions-nummer	Position	Menge	Einheit	EP	GP
4.4.7	Trockenbauwand 100 mm (… weiterer Beschrieb), nicht tragende innere Trennwand nach DIN 4103 **Fabrikat „Gipsfabrik XL"**	150	m²		

Abb. 5.7: Unnötige Fabrikatvorgabe

Fabrikatvorgabe

Typischer Fehler

• Im LV werden Produkte vorgegeben, obwohl hierzu kein fachlicher Grund besteht.

In Abb. 5.7 ist der Fall einer unnötigen Produktvorgabe dargestellt.

Die Vorgabe eines Fabrikates kann allerdings unter folgenden Voraussetzungen geboten sein:

• Es besteht das **Risiko einer zusätzlichen Schnittstelle zum vorhandenen Gebäudebestand** (z. B. Gebäudeautomation/Mess-Steuer-Regel-Technik [MSR] bei einem Neubau, der an einen bestehenden Gebäudekomplex angebunden werden muss, der mit dem vorgeschriebenen Fabrikat bereits ausgestattet ist).

„Die Vorgabe eines Leitfabrikates ist ausnahmsweise zulässig, wenn ein legitimes Interesse des AG besteht. Als legitimes Interesse genügt das Interesse, jedes vermeidbare Risiko, das aus zusätzlichen Schnittstellen zu einer bereits vorhandenen Technik resultieren kann, auszuschließen."
(OLG Frankfurt, Beschluss vom 28.10.2003 – 11 Verg 9/03)

• Es entstehen **unverhältnismäßige Mehrkosten durch Ersatzteilvorhaltung und Mitarbeiterschulung**, z. B. Medienanschlüsse im Klinik- oder Altenheimbereich, wenn deren Wartung und Funktionalität im Betriebsablauf einen herausragenden Stellenwert darstellt. Oder wenn aus logistischen Gründen dem AG nur begrenzte Flächen zur Lagerhaltung zur Verfügung stehen für Bauteile, die für die Aufrechterhaltung des Betriebs existenziell notwendig sind und schnell verfügbar sein müssen. Oder wenn die Einweisung der Mitarbeiter im technischen Dienst auf Produkte verschiedener Hersteller für den AG einen Aufwand darstellen würde, der in einem betriebswirtschaftlich nicht zu vertretenden Verhältnis zum erreichten Vorteil stehen würde.

- Es entsteht ein Risiko für den AG, wenn z. B. durch zusätzliche Leistungen oder Erweiterungen im Bestand die Gefahr bestünde, dass der AG sein **Recht auf Geltendmachung der Mängelansprüche** während der Verjährungsfrist verlieren würde. Das Risiko für den AG in finanziell-betriebslogistischer Hinsicht überwiegt damit die vergaberechtliche Leitmaxime nach produktneutraler Ausschreibung.

- **Gestalterische Aspekte** kommen zum Tragen, z. B. ein vom Architekten mit dem Bauherrn/Nutzer erarbeitetes Gestaltungskonzept durch andere Produkte nach erfolgter Marktrecherche nicht erfüllbar ist.

  Voraussetzung: Der AG bzw. der Planer kann nachweisen, dass nach gewissenhafter Prüfung kein anderes als das ausgeschriebene Fabrikat auf dem Markt verfügbar ist, das die ästhetischen Anforderungen des AG/Nutzers erfüllen kann (z. B. Decken, Wand- oder Bodenbeläge, Leuchten, Schalterprogramme, Fenster bzw. Türgriffe, fest eingebaute Möbel usw.).

  Beispiel

  Die Natursteinverkleidung der Wände wird vom Architekten zusammen mit dem Bauherrn bemustert und aus einem bestimmten Steinbruch ausgewählt, z. B. Mooser Muschelkalk aus dem Steinbruch X. Zwar ist denkbar, dass aus einem anderen Steinbruch ein „ähnlicher" Stein lieferbar wäre. Aber schließlich kann es nicht Aufgabe des Vergaberechts sein, dem Bauherrn durch eine „ästhetische Gleichwertigkeitsprüfung" eine Wandverkleidung aufzuzwingen, an der er keinen Gefallen findet. Hier muss die Beschaffungsautonomie (die nur begrenzt auf Missbrauch überprüfbar ist) Vorrang haben.

- In **Wartungsverträgen** sind ggf. aufgrund der bereits eingebauten Technik und Systemkomponenten Fabrikate vorzugeben, wenn nicht auszuschließen ist, dass ein Wechsel der Systemkomponenten ein für die AG betriebstechnisch und logistisch nicht hinzunehmendes Risiko darstellen würde. Dies gilt sowohl für Wartungsverträge während als auch für Wartungsverträge nach Ablauf der Verjährungsfrist für Mängelansprüche nach § 13 VOB/B.

„Der AG muss nachvollziehbar darlegen können, weshalb er bestimmte Vorgaben im LV gemacht hat, wobei im Interesse des Wettbewerbes und der Chancengleichheit ein strenger Maßstab anzulegen ist."
(VK Sachsen, Beschluss vom 15.05.2000 – 1/SVK/38-00)

Praxistipp

Die Entscheidung des AG für Produktvorgaben ist nachvollziehbar in der Vergabeakte zu dokumentieren, möglichst bevor das LV erstellt wird, spätestens jedoch vor Versendung der Vergabeunterlagen an die Bieter.

Hinweis: Wenn der AG ein nachvollziehbares und gerechtfertigtes Interesse an einer Produktvorgabe darlegen kann, ist diese Entscheidung vergaberechtlich nicht zu beanstanden. Es sollten jedoch nicht Gründe für eine Fabrikatvorgabe vorgeschoben werden, die sich bei näherer Betrachtung als nicht haltbar erweisen. So z. B., wenn als Grund „mangelnde Fläche für Ersatzteilvorhaltung" angegeben wird, eine Überprüfung jedoch ergibt, dass die Reparaturen in der Regel durch eine externe Firma erledigt werden, die diese Ersatzteile ohnehin bestellen muss.

Bietertextergänzungen (BTE)

Typischer Fehler

- Im LV werden überflüssige BTE vorgesehen, die, falls nicht im Angebot bereits ausgefüllt, nach fruchtlosem Verstreichen der Frist zur Nachreichung zum zwingenden Ausschluss des Angebotes führen.

Viele Bieter vergessen (oft aus Zeitdruck vor Angebotsabgabe oder aus Gedankenlosigkeit), alle BTE vollständig auszufüllen. Dies führt ggf. wegen einer völlig überflüssigen Produktangabe zum zwingenden Ausschluss in der ersten Wertungsstufe (formale Prüfung).

Diese Erklärungen sind mit Angebotsabgabe einzureichen. Fehlt die Angabe, müssen sie gemäß § 16a Satz 1 VOB/A nachgefordert werden. Falls sie nicht innerhalb der in § 16a Satz 2 VOB/A gesetzten Frist vorgelegt werden, ist das Angebot zwingend auszuschließen.

Beispiel

Eine vom ersten Bieter auch nach nochmaliger Aufforderung nicht ausgefüllte BTE für eine Silikonfugenposition in Höhe von 50 € führt zum Ausschluss des Angebotes. Das Angebot des zweiten Bieters ist 50.000 € teurer. Gegebenenfalls übersteigt das Angebot des zweiten Bieters das Vergabebudget (d. h. die im bepreisten Leistungsverzeichnis des Planers ermittelte Summe) nicht oder nur marginal. Kann der AG dann nicht darlegen, dass das Angebot des zweiten Bieters unangemessen hoch ist, und gibt es keine sonstigen Gründe für eine Aufhebung der Ausschreibung, muss der AG den Zuschlag auf das Angebot des zweiten Bieters erteilen – und muss somit wegen einer völlig überflüssigen Produktangabe für eine Silikonfuge 50.000 € mehr ausgeben.

Praxistipp

Bei Bauteilen, die untergeordnet oder nicht sichtbar sind, an die keine erhöhten Anforderungen gestellt werden, sowie bei Leistungen, bei denen die Angabe eines Fabrikates weder für die Wertung der Angebote noch in technischer Hinsicht von Relevanz ist, sollte der AG auf Bietertextergänzungen grundsätzlich verzichten, da für den Bauherrn vergaberechtliche (bis hin zur Aufhebung des Vergabeverfahrens) als auch gravierende finanzielle Nachteile entstehen können. Bieter sollten die Vergabeunterlagen sorgfältig auf BTE durchschauen und vollständig ausfüllen, um das Risiko eines Angebotsausschlusses zu vermeiden.

Gleichwertigkeit

„Eine Leistung, die von den vorgesehenen technischen Spezifikationen nach § 7a Abs. 1 VOB/A abweicht, kann angeboten werden, wenn sie mit dem geforderten Schutzniveau in Bezug auf Sicherheit, Gesundheit und Gebrauchstauglichkeit gleichwertig ist. Die Abweichung muss im Angebot eindeutig bezeichnet sein. Die Gleichwertigkeit ist mit dem Angebot nachzuweisen.“
(§ 13 Abs. 2 VOB/A)

Der Nachweis der Gleichwertigkeit ist mit Angebotsabgabe einzureichen. Fehlt dieser Nachweis, muss er gemäß § 16a Satz 1 VOB/A nachgefordert werden. Falls der Nachweis nicht innerhalb der in § 16a Satz 2 VOB/A gesetzten Frist vorgelegt wird, ist das Angebot zwingend auszuschließen.

Zu der Frage der Gleichwertigkeit (auch bei Nebenangeboten) wird auf die Ausführungen in diesem Kapitel unter „Vorgabe Leitfabrikat" sowie Kapitel 5.4.5 „Mindestanforderungen an Nebenangebote" verwiesen. Die dortigen Ausführungen gelten analog.

Fazit

Hat der AG in den Vergabeunterlagen durch den Zusatz „oder gleichwertig" dem Bieter eine Möglichkeit eingeräumt, alternative Produkte oder Herstellungsverfahren anzubieten, ohne jedoch die Mindestanforderungen dafür zu definieren, muss er diesen Mangel im LV gegen sich gelten lassen. Die Gleichwertigkeit ist dann im Rahmen der Wertung der Angebote gemäß dem oben zitierten § 13 Abs. 2 VOB/A auf Basis der sehr vagen Begriffe „Sicherheit, Gesundheit und Gebrauchstauglichkeit" zu bestimmen.

Sowohl die Vergaberechtsprechung als auch die umfangreiche Literatur zu diesem Thema zeigen, dass dies ein neuralgischer Punkt in vielen Ausschreibungen ist.

Praxistipp

Analog zu Nebenangeboten sollte der AG bzw. Planer schon in der Ausschreibung definieren, welche Anforderungen er an die Gleichwertigkeit stellt (Kriterien), bei technischen Kennwerten wenn möglich mit Nennung von zulässigen Bandbreiten (von … bis …) der technischen Parameter wie z. B. Belastbarkeit, Abmessung, Leistungsvermögen bzw. Leistungsaufnahme etc.

5.4.8   Erklärungen und Nachweise zur Angebotsabgabe

„Die Angebote müssen die geforderten Erklärungen und Nachweise enthalten." (§ 13 Abs. 1 Nr. 4 VOB/A)

Typischer Fehler

- AG fordern mit Angebotsabgabe (also zwingend) Nachweise und Unterlagen, die bei Nichtvorlage zum zwingenden Ausschluss führen, die jedoch für die Wertung der Angebote in den meisten Fällen entbehrlich wären.

  Beispiele

  - Fach- und Sachkundenachweise
  - Bescheinigungen von Krankenkassen, Berufsverbänden etc. über entrichtete Beiträge
  - Auszug Gewerbezentralregister
  - bauaufsichtliche Zulassungen
  - Gutachten o. Ä.
  - Zertifizierungen (z. B. auch ausländischer Institute)
  - Herstellerbescheinigungen
  - Vorlage der Urkalkulation

  Beispiel

  Im LV werden Brandschutztüren ausgeschrieben und die Vorlage der bauaufsichtlichen Zulassungen mit Angebotsabgabe vorgeschrieben.

Es gibt hierbei 2 Möglichkeiten:

- Die Brandschutztür hat ein Normmaß, d. h., es ist keine Zulassung im Einzelfall erforderlich.
- Die Brandschutztür hat eine Sonderabmessung und bedarf einer Zulassung im Einzelfall.

Fall 1: Da für Brandschutztüren eine bauaufsichtliche Zulassung in jedem Fall erforderlich ist, der Bieter also immer ein auf dem Markt vorhandenes und bauaufsichtlich zugelassenes Produkt anbieten wird (und im Auftragsfall auch einbauen muss), kann auf die Vorlage mit Angebotsabgabe verzichtet werden. Dies kann, falls für die Vergabeentscheidung relevant, auch noch vor der Auftragserteilung nachgefordert werden.

Fall 2: Ist die Zulassung im Einzelfall erforderlich, ist im LV hierfür entweder eine Position vorzusehen, in die der AN einen Preis eintragen kann (die Zulassung wird dann nach Auftragserteilung vom AN erbracht) oder der Planer erwirkt die Zulassung im Einzelfall im Rahmen seiner Planungspflicht. Da hier die Zulassung ggf. vom AN erst erwirkt werden muss, kann sie logischerweise mit Angebotsabgabe auch noch nicht vorliegen. Da nur ein Bieter den Auftrag erhält, wäre es auch unbillig, allen Bietern im Rahmen der Angebotsbearbeitung einen zeitlichen und finanziellen Aufwand zuzumuten, der vorab unsinnig ist.

In beiden Fällen ist die Forderung nach Vorlage eines Nachweises mit Angebotsabgabe nicht ratsam.

> **Beispiel**
>
> In einem LV für Malerarbeiten wird mit Angebotsabgabe ein Gutachten eines unabhängigen Institutes über die gesundheitliche Unbedenklichkeit der verwendeten Produkte gefordert.

Kein Institut würde eine solche Erklärung abgeben. Wenn der Planer produktneutrale, fachtechnisch eindeutige Bezeichnungen für die Beschichtungsstoffe wählt und nicht weiter definiert, welche Anforderungen an die „Gesundheitstauglichkeit" diese erfüllen müssen (z. B. durch Vorgabe von bestimmten Grenzwerten bestimmter Inhaltsstoffe), dann kann kein Bieter ein solches Gutachten vorlegen. Auch hier ist die Forderung nach Vorlage eines Nachweises mit Angebotsabgabe falsch weil technisch unmöglich.

Da das Fehlen von Erklärungen und Nachweisen erhebliche vergaberechtliche und finanzielle Nachteile mit sich bringt, sollten Erklärungen und Nachweise mit Angebotsabgabe nur dann verlangt werden, wenn dies für die Angebotswertung unbedingt erforderlich ist und die Nachforderung von Unterlagen für den AG einen (z. B. zeitlichen) Nachteil bedeuten würde.

Diese Forderungen tauchen im LV häufig an unvermuteter Stelle oder so versteckt auf, dass Bieter diese Forderungen überlesen. Wenn z. B. bei der Ausschreibung einer Sprinkleranlage versteckt in den ZTV die Vorlage eines Sachverständigengutachtens zur Befestigung der Rohrleitungen mit Angebotsabgabe gefordert wird, überlesen Bieter diese Forderung üblicherweise. Legen die Bieter dann dieses Gutachten nicht vor, führt dies zum Angebotsausschluss.

Für den AG ist es besonders bitter, wenn a) dieser Nachweis entbehrlich war (da es in einer DIN bereits geregelt ist) und b) der Bieter das preislich günstigste Angebot abgibt.

Praxistipp

Wenn die Vorlage von Erklärungen und Nachweisen mit Angebotsabgabe für die Angebotswertung nicht erforderlich ist und ggf. noch nach Submission oder im Rahmen der Vertragsabwicklung abgefordert werden kann (ggf. von der Bauleitung), sollte darauf verzichtet werden. Der erreichte Vorteil steht in keinem Verhältnis zu den Nachteilen für die AG durch ein erhöhtes vergaberechtliches Risiko und finanzielle Nachteile aufgrund formal auszuschließender Angebote. Zudem benachteiligt es die Bieter, die nicht in die engere Wahl gelangen, unangemessen, da sie Zeit und Geld in unnötige Nachweise investieren.

5.5   Strukturelle Fehler

5.5.1   Querverweise zwischen LV-Positionen

Typische Fehler

- Die Position, auf die verwiesen wird, existiert nicht.
- Es fehlen Informationen in der Verweisposition bzw. Mehrfachverweise (Labyrinthspiel).

> **Beispiel**
>
> Eine Übersichtszeichnung der Fassadenelemente liegt den Vergabeunterlagen nicht bei. In den LV-Positionen heißt es:
>
> *„Position 1.2.2: Leistung wie zuvor beschrieben. Verglasung Fassadenelement wie Position 1.2.3*
>
> *Position 1.2.3: Verglasung siehe ZTV"*
>
> In den ZTV heißt es kurz: *„Der Bieter hat sämtliche Aufwendungen in die EP einzukalkulieren. Die Art der Verglasung ist den Positionen im LV zu entnehmen."*

Ursache falscher Verweise sind häufig nachträglich neu durchnummerierte LV, bei denen die Verweisnummern nicht auf die neue Nummerierung angepasst wurden. Besser ist es, die relevanten Informationen in die betreffenden Positionen zu übernehmen, auch wenn das LV dadurch umfangreicher wird. Zudem kann der Bieter leichter kalkulieren.

Grundsätzlich sollten technische Informationen, die für viele Positionen im LV relevant sind, systematisch geordnet und klar strukturiert in ZTV zusammengefasst werden und in den Positionen sollte nur noch darauf verwiesen werden. Nur wenn Informationen in einer Verweisposition wirklich relevant für das Verständnis und die Kalkulation der betreffenden Position sind, sollte die Verweisposition erwähnt werden.

Praxistipp

- Im Idealfall sollte auf Querverweise verzichtet werden, da durch Neunummerierung des Leistungsverzeichnisses die zitierten Referenzpositionen häufig nicht mehr stimmen.
- Es ist zu prüfen, ob die Verweisposition numerisch korrekt aufgeführt ist und überhaupt existiert.
- Es ist zu prüfen, ob in der Verweisposition die Informationen stehen, die zum Verständnis der aktuellen Position notwendig sind.
- Eine sorgfältige Schlussredaktion ist vorzunehmen (ideal: Vieraugenprinzip).

5.5.2 Teillose/Fachlose

„Bauleistungen sind in der Menge aufgeteilt (Teillose) und getrennt nach Art oder Fachgebiet (Fachlose) zu vergeben. Bei der Vergabe kann aus wirtschaftlichen oder technischen Gründen auf eine Aufteilung oder Trennung verzichtet werden.“
(§ 5 Abs. 2 VOB/A)

Typische Fehler

- Bauleistungen verschiedener Fachlose werden in einer Ausschreibung zusammengefasst, obwohl nur wenige Bieter diese komplett anbieten können.
- Schnittstellenrisiken besonders bezüglich Verfolgung von Mängelansprüchen während der Verjährungsfrist werden nicht bedacht.
- Die Gefahr gegenseitiger Behinderungsanzeigen verschiedener Unternehmer in verschiedenen Teillosen wird nicht bedacht.

Beispiel

Umfangreiche Fliesen- und Estricharbeiten werden in einer Ausschreibung zusammengefasst.

Estricharbeiten werden üblicherweise nicht vom selben Bieterkreis angeboten wie Fliesenarbeiten. Bei dieser Ausschreibung werden also entweder wenige oder (wegen der Weitervergabe an Nachunternehmer) überteuerte Angebote eingehen. Bieter, die nicht alles anbieten können, geben unter Umständen gar kein Angebot ab. Andere Bieter holen Nachunternehmerangebote ein, was die Angebotspreise erhöht.

Beispiel

Die Flachdachabdichtungsarbeiten eines Schulgebäudes und die darauf auszuführenden Landschaftsbauarbeiten (extensive Begrünung) werden in getrennten Fachlosen ausgeschrieben.

Nach Abnahme der Landschaftsbauarbeiten treten massive Wasserschäden im Gebäude durch Undichtigkeiten im Flachdach auf, die auf eine Beschädigung der Dachabdichtungsbahn zurückzuführen sind. Nach der Abnahme liegt die Beweislast für Mängel beim AG. Der AG wird in der Regel massive Schwierigkeiten haben zu beweisen, wer die Abdichtungsbahn mechanisch beschädigt hat: die Dachabdichtungsfirma oder der mit der extensiven Begrünung beauftragte Landschaftsbaubetrieb. Zeit- und kostenintensive Sachverständigengutachten, Schadensdokumentationen und Beweissicherungsverfahren sind die Folge. In vielen Fällen bleibt der AG auf dem durch die Beschädigung der Dachdichtungsbahn verursachten Wasserschaden sitzen.

Zur Frage der Festlegung bzw. Zusammenfassung von Fachlosen sind also die entscheidenden Fragen (siehe auch die Erläuterungen des Deutschen Vergabe- und Vertragsausschusses zur Zusammenfassung von Fachlosen [DVA, 2000]):

- Sind die Schnittstellen zwischen den Fachlosen sauber abgrenzbar?
- Ist in der Baudurchführung ggf. mit umfangreichen Behinderungsanzeigen im Schnittstellenbereich zu rechnen, wenn die Fachlose an verschiedene AN vergeben wird?
- Sind im Schnittstellenbereich Schwierigkeiten für den AG bei der Geltendmachung von Mängelansprüchen zu befürchten?

Praxistipp

- Bauleistungen verschiedener Fachlose sollten nur dann in einer Ausschreibung zusammengefasst werden, wenn ein ausreichender Bieterkreis vorhanden ist.
- Schnittstellenrisiken besonders bezüglich Mängelansprüchen können eine Zusammenfassung von Fachlosen erforderlich machen.
- Auch im Hinblick auf die Gefahr von Behinderungsanzeigen (falls Fachlose an verschiedene Firmen vergeben würden) erscheint eine Zusammenfassung von Fachlosen sinnvoll. Eventuell sind auch terminliche Schnittstellen (Bauablauf) entscheidend für eine Zusammenfassung von Fachlosen.
- Handwerksrechtliche Abgrenzungen (Zentralverband des Deutschen Baugewerbes [ZDB], 1985, Berufsbilder des Handwerkes), die HwO, die Einteilung der Fachlose in der VOB/C sowie regionale Gepflogenheiten sind bei der Definition der Fachlose zur Vermeidung von Nachunternehmereinsätzen zu berücksichtigen, im Einzelfall jedoch nicht zwingend.

5.5.3   Fachlosbezeichnung/Bieterkreis

„Der Wettbewerb darf nicht auf Unternehmen beschränkt werden, die in bestimmten Regionen oder Orten ansässig sind."
(§ 6 Abs. 1 VOB/A)

„Bei Öffentlicher Ausschreibung sind die Unterlagen an alle Unternehmen abzugeben."
(§ 3b Abs. 1 VOB/A)

Typische Fehler

- Die Fachlosbezeichnung auf dem Deckblatt des Angebotes und in der Bekanntmachung ist nicht aussagefähig, d. h., die Bieter können nicht auf Anhieb erkennen, welche Leistungen eigentlich ausgeschrieben sind und ob die Vergabeunterlagen für sie interessant sind. Zwar sind die Vergaben auf elektronischen Vergabeplattformen in der Regel direkt abrufbar, aber selbst dieser Zeitaufwand sollte potenziellen Bietern durch eine klare Bekanntmachung erspart bleiben.
- Die Fachlose sind nicht auf den Bieterkreis abgestimmt.
- In der Ausschreibung sind gewerkefremde Leistungen enthalten.

> **Beispiel**
>
> Als Überschrift in der Bekanntmachung zur öffentlichen Ausschreibung und als LV-Titel wurde gewählt „Notstromaggregat Stellplatz".

Im konkreten Fall ging es nur um Verkehrswegebauarbeiten, konkret Betonwerkstein-Pflasterarbeiten, das Notstromaggregat war nicht Gegenstand der Ausschreibung.

> **Beispiel**
>
> In der Bekanntmachung bzw. im LV-Titel steht: „Innenausbauarbeiten 5. OG der XY-Hochschule".

Auch hier weiß der Bieter nicht, um welche ausgeschriebenen Leistungen es sich handelt, um Tischlerarbeiten, Fliesenarbeiten, Trockenbauarbeiten etc. Im Beispiel sollten Tischlerarbeiten, genauer Einbauschränke, in Seminarräumen ausgeschrieben werden.

> **Beispiel**
>
> Obwohl das LV in 2 Teillose (Los 1 Verbauarbeiten, Los 2 Erdarbeiten) aufgeteilt ist, findet sich weder in der Bekanntmachung noch im LV-Titel ein Hinweis darauf.

In den Überschriften der LV-Abschnitte wird nur der Begriff „Titel" benutzt, jedoch nicht der VOB/A-Begriff „Los". Da der AG sich jedoch eine losweise Vergabe vorbehalten will, ist dies für Bieter, die die Beauftragung aller Leistungen erwarten, irreführend. Zudem hätten manche Bieter die Preise mancher LV-„Titel" anders kalkuliert, wenn sie gewusst hätten, dass losweise vergeben werden soll.

Zur Vermeidung vergaberechtlicher Probleme ist bei losweiser Vergabe auf die Lose eindeutig hinzuweisen und diese sind in den Vergabeunterlagen auch als solche zu bezeichnen. Ein LV-Titel ist kein Los, auch wenn er vielleicht als solches gedacht war.

Praxistipp

- Die Fachlosbezeichnung auf dem Deckblatt des Angebotes und in der Bekanntmachung hat eindeutig die ausgeschriebenen Leistungen zu benennen (z.B. nach Gewerken im Sinne der VOB/C).
- Teillose bzw. Lose sind sowohl in der Bekanntmachung, im Angebotsdeckblatt sowie in den Abschnitten des LV eindeutig als solche zu kennzeichnen.
- Bei der Zusammenfassung von Teilleistungen in einem Los sind die Berufsbilder des Handwerks sowie Gepflogenheiten in der Branche zu berücksichtigen.
- Gewerkefremde Leistungen sind in die Ausschreibung nicht aufzunehmen, da sie zu Nachunternehmerangeboten und damit zu einem höheren Preisniveau der Angebote führen.

5.5.4   Schnittstellen der Fachlose

„Bauleistungen sollen so vergeben werden, dass eine einheitliche Ausführung und zweifelsfreie umfassende Haftung für Mängelansprüche erreicht wird; sie sollen daher in der Regel mit den zur Leistung gehörigen Lieferungen vergeben werden."
(§ 5 Abs. 1 VOB/A)

Typische Fehler

- Schnittstellen zwischen den Fachlosen (Gewerken) sind nicht, unvollständig oder mangelhaft definiert.
- In den ZTV werden pauschale Schnittstellendefinitionen beschrieben, die dem Bieter jedoch ein nicht kalkulierbares Risiko aufbürden.

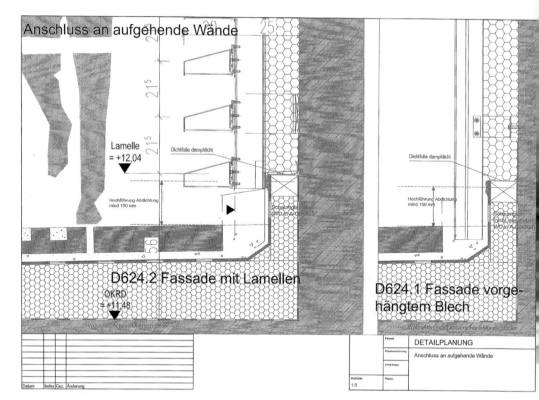

Abb. 5.8:   Undefinierte Schnittstelle zwischen den Gewerken Dachabdichtung, Klempnerarbeiten und Fassadenbau

In der Abb. 5.8 ist die Schnittstelle zwischen den Gewerken Dachabdichtung, Klempner und Fassadenbau nicht eindeutig geklärt. Bringt der Fassadenbauer noch das Kantholz für die Befestigung der Dachabdichtung? Oder ist das Leistung des AN Dachabdichtung? Was ist mit der Schnittstelle AN Fassadenbau – AN Klempnerarbeiten? Laut Zeichnung soll der Klempner das Abdeckblech vor dem Fassadenbauer befestigen. Was ist, wenn der AN Fassadenbau das Abdeckblech des Klempners beschädigt? Was ist, wenn der AN Fassadenbau nicht montieren kann, weil der AN Klempnerarbeiten das Blech zu weit nach außen montiert hat?

Beispiel

In den ZTV eines Sonnenschutz-LV (Raffjalousien) heißt es: Der AN hat die Schnittstelle zu den Gewerken Elektroinstallation, Gebäudeautomation und Alu-Pfosten-Riegel-Fassade eigenverantwortlich zu planen und in seine EP einzukalkulieren. Die Schnittstellen werden vor Auftragserteilung festgelegt.

Abgesehen davon, dass dem Bieter keine Planungspflichten obliegen, kann er die Schnittstellen gar nicht festlegen. Bieter, die Leistungsverzeichnisse, in denen Schnittstellen nicht geklärt sind, erhalten, sollten beim AG auf die Definition der Schnittstellen drängen und die mangelnde Kalkulierbarkeit rügen.

Selbst wenn die Schnittstellen dem Planer bei der Ausschreibung der verschiedenen Fachlose klar sind und er dies sowohl mengenmäßig als auch bei der Beschreibung der Leistungen berücksichtigt hat: Der Bieter, der als Kalkulationsgrundlage ein Detail ohne Schnittstellendarstellung erhält, wird aufgrund vermuteter Abstimmungsprobleme tendenziell Risikozuschläge in die EP einkalkulieren.

Mangelhaft definierte Schnittstellen zwischen den Fachlosen führen zu Streitigkeiten und Abgrenzungsproblemen bei der Durchsetzung von Ansprüchen während der Verjährungsfrist für Mängelansprüche nach § 13 VOB/B (Beweislastumkehr nach Abnahme, d. h., dem AG obliegt die Beweislast).

Schnittstellen sind ausführungstechnisch vom Planer so festzulegen, dass Bieter A nicht durch eine Vor- oder Nachleistung des Bieters B in der vollständigen Leistungserbringung gehindert ist. Andernfalls sind Behinderungsanzeigen und Nachtragsstreitigkeiten programmiert.

Pauschale – oft in Vorbemerkungen versteckte – Schnittstellenzuweisungen an Bieter, in denen Bieter nicht geklärte Schnittstellen selbst koordinieren sollen und vertraglich nicht geschuldete Leistungen quasi „miterledigen" sollen, bergen das Risiko einer zivilrechtlichen Unwirksamkeit, da sie nicht kalkulierbar sind.

Praxistipp

- Schnittstellen zwischen den Fachlosen (Gewerken) sind in den Ausführungsplänen sorgfältig festzulegen in der Weise, dass für zusammenhängende Leistungen eine einheitliche Gewährleistung vorhanden ist. Dies ist während der Erstellung der Ausschreibungsunterlagen zu berücksichtigen.

5.5.5   Wiederholung von Positionen

Typische Fehler

- Im LV werden mehrfach identische Positionen aufgeführt.
- Im LV werden Untertitel für Stockwerke, Gebäude oder Gebäudeteile gebildet und dabei mehrfach identische Teilleistungen abgefrag.

Hintergrund dieser Vorgehensweise ist in der Regel, dass die zu erbringenden Bauleistungen unterschiedlichen Kostenstellen zugeordnet werden müssen. Das kann erforderlich sein, wenn z. B. nur ein Teil der erbrachten Bauleistungen nach Richtlinien des Bundes, des Landes oder der Kommune (z. B. Gebäudesanierungen zur Energieeinsparung) gefördert wird und dies bei Aufmaß und Abrechnung berücksichtigt werden muss.

Diese Vorgehensweise hat aber auch Nachteile: Üblicherweise tragen die Bieter in Positionen gleichen Leistungsinhaltes identische EP ein, denn es hat auf die Bildung des EP keinen Einfluss, ob eine Leistung in Gebäudeteil A oder Gebäudeteil B ausgeführt wird (es sei denn, es gäbe in Gebäude A und B unterschiedliche Verhältnisse, die sich auf die Preisbildung auswirkten).

Setzt ein Bieter in das Angebot aber unterschiedliche Preise für identische Positionen ein und erhält den Auftrag, weil er günstigster Bieter ist, kann es folgende Probleme in der Vertragsabwicklung geben:

- Unsaubere Schnittstellendefinitionen zwischen Stockwerken, Gebäudeteilen oder Gebäuden haben Streitigkeiten darüber zur Folge, nach welcher Position im LV abgerechnet werden soll. Der AN wird die Position mit dem höheren Preis fordern, der AG diejenige mit dem niedrigeren.
- Bei zusätzlichen Leistungen sind neue Preisvereinbarungen zu treffen. Folge: Streitigkeiten darüber, welche Position im LV Grundlage für die Nachtragskalkulation sein soll. Der AN wird die Position mit dem höheren Preis fordern, der AG diejenige mit dem niedrigeren.

Hat der Bieter (ggf. auch spekulativ) einen sehr hohen EP eingesetzt und sind in anderen identischen Positionen niedrigere EP vorhanden, wird bei der Abrechnung der Bauleistung sehr schnell die Diskussion darüber aufkommen, ob ein spekulativ hoher EP Grundlage des Bauvertrags sein kann. Zum Thema „spekulativer EP" liegt umfassende Literatur vor, die einschlägige Rechtsprechung ist zu beachten.

Außerdem ist die Aufteilung nach Stockwerken, Gebäuden oder Gebäudeteilen für Aufmaß und Abrechnung für den Architektenbauleiter keine Arbeitserleichterung, sondern bedeutet zusätzlichen Aufwand. Er muss in seinem Auftrags-LV beim Aufmaß der Leistung ständig blättern, die richtige Position im Aufmaßblatt eintragen und bei der Prüfung der Abschlagszahlungen oder Schlussrechnung die im LV vorgegebene Struktur einhalten. Dieser Aufwand setzt sich bei AG und nachgeordneten Prüfinstanzen (Rechnungsprüfungsämter der Kommunen, Landes- oder Bundesrechnungshof) bei der Abrechnungsprüfung fort.

Praxistipp

Der ausschreibende Architekt bzw. Fachplaner erleichtert den mit Aufmaß und Abrechnung bzw. Abrechnungsprüfung betrauten Personen sowie den mit Angebotskalkulation befassten Unternehmen die Arbeit, wenn im LV eine Teilleistung nur ein einziges Mal abgefragt wird. Müssen bei der Abrechnung verschiedene Kostenstellen berücksichtigt werden, kann dies beim Aufmaß der Leistungen unter Nennung der Kostenstelle erfolgen.

5.5.6   Überfrachtung von Positionen

„Im Leistungsverzeichnis ist die Leistung derart aufzugliedern, dass unter einer Ordnungszahl (Position) nur solche Leistungen aufgenommen werden, die nach ihrer technischen Beschaffenheit und für die Preisbildung als in sich gleichartig anzusehen sind. Ungleichartige Leistungen sollen unter einer Ordnungszahl (Sammelposition) nur dann zusammengefasst werden, wenn eine Teilleistung gegenüber einer anderen für die Bildung eines Durchschnittspreises ohne nennenswerten Einfluss ist."
(§ 7b Abs. 4 VOB/A)

Typischer Fehler

- In eine Position werden unterschiedliche Leistungsbestandteile aufgenommen, die richtigerweise in verschiedenen Positionen ausgeschrieben werden müssten.

Positions-nummer	Position	Menge	Einheit	EP	GP
4.4.6	Rohrgrabenaushub, Bodenklasse 3 und 4, Grabenbreite bis 1,00 m, Tiefe bis 1,50 m, seitlich gelagert (ca. 50 m³), Verlegen von Steinzeugrohren DN 100 nach DIN inkl. aller Bögen und Abzweige im Sandbett (ca. 45 m) inkl. Wiederverfüllung mit seitlich gelagertem Bodenmaterial bis Erdgleiche	1	pauschal		

Abb. 5.9:   Überfrachtung von Positionen

Die unterschiedlichen Leistungsbestandteile sind in dem Beispiel in Abb. 5.9 zwar kalkulierbar, öffnen aber dem AN für das Nachtragsmanagement Tür und Tor, wenn sich aufgrund von Änderungen des Bauentwurfes, zusätzlichen Leistungen oder aufgrund von Mengenänderungen von Leistungsbestandteilen die vertragliche Leistung ändert.

Beispiel

In der in Abb. 5.9 aufgeführten Leistung fordert der AG nach Auftragserteilung eine geänderte Leistung nach § 2 Abs. 5 VOB/B. Der AN soll einen Mehrpreis für die Ausführung der Steinzeugrohre in DN 200 statt der ausgeschriebenen DN 100 als Nachtragsangebot einreichen. Da nur ein Pauschalpreis vorhanden ist, kann der AG den EP für die Verlegung des DN-100-Rohres nicht „ablesen". Abgesehen davon, dass es in der Praxis keine Probleme bereitet, den Mehrpreis eines DN-200-Steinzeugrohres gegenüber DN 100 zu beurteilen, haben die folgenden Fallvarianten den Sinn, darzustellen, auf welche Probleme der AG in der Praxis stoßen kann:

Fall 1: Die Angebotskalkulation wurde mit Auftragserteilung dem AG im verschlossenen Umschlag zur Verwahrung übergeben und enthält eine Aufschlüsselung der unterschiedlichen Leistungsbestandteile. Der Preis für das Rohr DN 100 lässt sich der Angebotskalkulation entnehmen.

Fall 2: Die Angebotskalkulation wurde mit Auftragserteilung dem AG im verschlossenen Umschlag zur Verwahrung übergeben und enthält keine Aufschlüsselung der unterschiedlichen Leistungsbestandteile. Der Preis für das Rohr DN 100 lässt sich der Angebotskalkulation nicht entnehmen und muss vom AN nachträglich aufgeschlüsselt werden.

Fall 3: Dem AG liegt die Angebotskalkulation nicht vor, wird vom AG nachträglich angefordert und enthält eine Aufschlüsselung der unterschiedlichen Leistungsbestandteile. Der Preis für das Rohr DN 100 lässt sich der Angebotskalkulation entnehmen.

Fall 4: Dem AG liegt die Angebotskalkulation nicht vor, wird vom AG nachträglich angefordert und enthält keine Aufschlüsselung der unterschiedlichen Leistungsbestandteile. Der Preis für das Rohr DN 100 lässt sich der Angebotskalkulation nicht entnehmen.

Fall 5: Dem AG liegt die Angebotskalkulation nicht vor. Der AN weigert sich, diese vorzulegen.

In den Fällen 1 bis 3 gibt es für den AG zwar einen Preis, jedoch besteht zumindest die Gefahr, dass (ggf. spekulativ) vom AN in die Angebotskalkulation Teilbereiche der Leistung preislich überhöht eingestellt wurden, da sich an der Höhe der Pauschale ja nichts ändert. Falls in unserem Beispiel die DN-100-Leitung mit einem überhöhten Preis eingestellt wurde, droht auch die geänderte Leistung teuer für den AG zu werden, insbesondere bei hohen Mengen: „Guter Preis bleibt guter Preis."

In den Fällen 4 und 5 ist dem AG anzuraten, auf der Basis marktüblicher Preise den Stoffpreis-Differenzbetrag zu ermitteln und als unbestrittenes Guthaben auszuzahlen.

Praxistipp

Klar trennbare und getrennt abrechenbare Leistungen sollten in einem Einheitspreisvertrag nicht in einer Position vermengt werden, insbesondere wenn Änderungen der Leistung (was im Baugeschehen oft der Fall ist) nicht mit Sicherheit ausgeschlossen werden können. Dies erschwert sowohl das Nachtragsmanagement als auch die Abrechnung der Bauleistung.

5.5.7   Querverweise Positionen/Planunterlagen

Typischer Fehler

- Hinweise in Positionen des LV auf beigefügte Planunterlagen sind falsch oder unvollständig bzw. sind für den Bieter nicht hilfreich oder verwirren ihn.

Eine LV-Position mit falschem Planverweis ist in Abb. 5.10 dargestellt.

> **Beispiel**
>
> Die Zeichnung in Abb. 5.11 ist als Anlage den Vergabeunterlagen (Abb. 5.10) beigefügt.
>
> Folgende Fehler sind zu erkennen: Die Anzahl der Drehkippflügel ist in der Position anders angegeben als in der Zeichnung dargestellt (LV-Position 5 Stück, Zeichnung 4 Stück), die Oberlichter werden in der LV-Position „auf die gesamte Elementbreite als Kippflügel" verlangt, in der Zeichnung sind jedoch nur 2 Kippflügel dargestellt, die restlichen Oberlichter sind in der Zeichnung als F = Festverglasung bezeichnet. Die in der Position aufgeführte Tür ist in der Zeichnung gar nicht dargestellt.

Häufige Fehlerquellen sind:

- Es fehlt der Verweis in der Position auf Pläne/Details, obwohl sie den Vergabeunterlagen beiliegen und kalkulationsrelevante Informationen enthalten. Folge: Der Bieter schaut sich die Pläne/Details an, weiß jedoch nicht, welcher Plan für seinen Leistungsbereich relevante Aussagen enthält und kalkuliert deswegen nur nach Positionsinhalt.
- In den Positionen sind Pläne/Details genannt, sie fehlen jedoch in den Vergabeunterlagen. Folge: Der Bieter sucht zunächst, fordert die Pläne/Details dann ggf. beim AG an, dadurch gehen für den Bieter wertvolle Tage für die Kalkulation bis zur Angebotsabgabe verloren. Bekommt nur dieser eine Bieter weitere Unterlagen, verstößt der AG gegen das Gleichbehandlungsgebot.
- In den Positionen wird pauschal auf Pläne/Details verwiesen, die Bezüge zu den LV-Positionen sind unklar. Folge: Der Bieter fängt an zu suchen, Mutmaßungen anzustellen und zieht (falls er beim AG nicht schriftlich nachfragt!) evtl. die falschen Schlüsse bezüglich der Relevanz für seine Leistung und kalkuliert „falsch" oder „nachtragträchtig".

Planunterlagen, die den Bieter nicht betreffen, sind in den Vergabeunterlagen eindeutig zu kennzeichnen: „nur zur Kenntnisnahme für die Bieter". Andernfalls verwirren sie den Bieter nur und geben Anlass zu Spekulationen (Bieterhorizont: „Wenn der Plan beiliegt, muss er auch relevant sein"). Viele Bieter beaufschlagen ihr Angebot aus diesem Grund mit einem erhöhten Wagniszuschlag in der Vermutung, ein Detail im Plan werde ihnen später evtl. als Vertragsbestandteil und „im EP inbegriffen" untergeschoben. Diese Befürchtung ist zwar unbegründet, da Unklarheiten in der Leistungsbeschreibung zulasten des Erstellers gehen. Dennoch hat dies tendenziell preistreibende Konsequenzen.

Positions-nummer	Positionstext	Menge	Einheit	EP	GP
1.1	Fassadenelement mit Öffnungs-flügeln, Material Holz, Kiefer, technischer Beschrieb siehe ZTV, Rahmenmaterialgruppe 1.0 SSK 4, Rohbauöffnung: 6,01 × 2,90 m, 5 DK-Flügel 1,00 × 1,51 m, 1 Tür 1,01 × 2,01 m, Paneelfelder H = 0,5 m, Oberlichter auf gesamte Elementbreite als Kippflügel, Aufteilung siehe Plannummer D 12.2	1	Stück		

Abb. 5.10:   LV-Position mit falschem Planverweis: Positionstext stimmt nicht mit Detailplan überein.

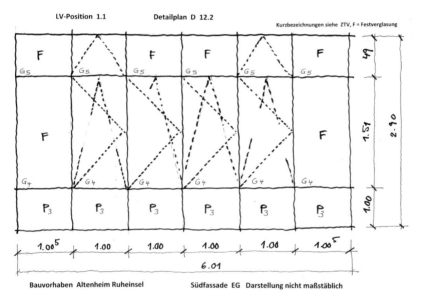

Abb. 5.11:   Plan zu Abb. 5.10

Praxistipp

Vor Versand die Vergabeunterlagen sorgfältig durchschauen und anhand der in Kapitel 8.1 „Checkliste Leistungsbeschreibung mit LV" aufgeführten Punkte prüfen, ob alle Pläne vorliegen, den richtigen Bezug zur Position haben, und prüfen, ob sie für den Bieter überhaupt wichtig sind!

5.6   Inhaltliche Fehler

5.6.1   Vergütung in der Vertragsgestaltung

„Bauleistungen sind so zu vergeben, dass die Vergütung nach Leistung bemessen wird (Leistungsvertrag), und zwar:

1. *in der Regel zu Einheitspreisen für technisch und wirtschaftlich einheitliche Teilleistungen, deren Menge nach Maß, Gewicht oder Stückzahl vom Auftraggeber in den Vertragsunterlagen anzugeben ist (Einheitspreisvertrag),*
2. *in geeigneten Fällen für eine Pauschalsumme, wenn die Leistung nach Ausführungsart und Umfang genau bestimmt ist und mit einer Änderung bei der Ausführung nicht zu rechnen ist (Pauschalvertrag).“*

(§ 4 Abs. 1 VOB/A)

Typischer Fehler

- Pauschalverträge bzw. Leistungsbeschreibung mit Leistungsprogramm werden vereinbart in der Erwartung, dadurch Aufmaß und Abrechnung zu vereinfachen bzw. die Abwicklung der Baumaßnahme ohne Streitigkeiten und Nachträge abwickeln zu können.

Aufgrund sehr enger Zeitvorgaben zur Projektrealisierung steht die Zeit für eine ausgereifte Ausführungsplanung nicht mehr zur Verfügung. Der Bauherr hofft, Zeit, Bauleitungs- und Abrechnungsmühen sowie Geld einsparen zu können. Dass sich diese Erwartungen oft nicht erfüllen, wird in Kapitel 5.7.2 ausführlicher behandelt.

Ein häufiger Irrglaube vieler AG besteht darin, ein All-inclusive-Paket „Gebäude" durch einen Pauschalvertrag – und damit Kostensicherheit eingekauft zu haben (ungeachtet zukünftiger Bauherrenwünsche bzw. Änderungen des Bauentwurfes).

Die Praxis zeigt jedoch, dass auch beim Pauschalvertrag der AN bei geänderten Leistungen einen Mehrvergütungsanspruch hat. Die verbreitete Annahme, dass der AN bis zu 10 % Mehraufwand als im Pauschalvertrag inbegriffen schulden würde, hat regelmäßig keinen Bestand.

Praxistipp

Dort, wo eine ausgereifte Planung vorhanden ist (möglichst eine abgestimmte Ausführungsplanung) und keine Änderungen der Baumaßnahme nach Art und Umfang zu erwarten ist, kann der Pauschalvertrag eine für den Bauherrn interessante Alternative sein. Die Erfahrung lehrt aber, dass es bei allen Bauvorhaben während der Ausführung Änderungen gibt. Unter Umständen geht der Bauherr mit dem Pauschalvertrag (insbesondere wenn eine Leistungsbeschreibung mit Leistungsprogramm gewählt wurde) daher ein hohes Kosten- und Terminrisiko ein.

5.6.2   Bezeichnung der Vertragsbestandteile

Die Funktion der Vertragsbestandteile wird in Kapitel 1.5.2 ausführlich dargestellt (siehe hierzu auch die Vordrucke im VHB bzw. KVHB-Bau).

Typische Fehler

- Die Bezeichnung der Vertragsbestandteile weicht von den Bezeichnungen der VOB/B ab.
- Inhalte werden den falschen Vertragsbestandteilen zugeordnet (an von Bietern unvermuteten Stellen).
- Bauvertraglich nicht eindeutig einzuordnende Vertragsbestandteile erhöhen die Komplexität und erhöhen die Gefahr des Widerspruchs zwischen vielen Vertragsbestandteilen und damit das Risiko der Unwirksamkeit.

Beispiele

- BVB werden als ZTV bezeichnet, ZVB als BVB.
- Technische Vorbemerkungen werden (obwohl in ZTV zu regeln) in der Baubeschreibung oder den BVB „versteckt“.
- In den Vergabeunterlagen finden sich Vertragsbestandteile wie „Weitere Besondere Vertragsbedingungen“, „Zusätzliche Weitere Besondere Vertragsbedingungen“, „Weitere Zusätzliche Vertragsbedingungen“, die sich teilweise widersprechen.

Um keine Begriffsverwirrung zu verursachen und Klarheit für die Bieter herzustellen, sollte der AG/Planer sich an die Bezeichnungen halten, die in der VOB/B verwendet werden. Dabei ist zu berücksichtigen, welche Aufgaben die Bestandteile der Vergabeunterlagen haben und was üblicherweise in diesen geregelt wird. Der Bieter sollte also nicht dadurch verwirrt werden, dass in Vertragsbestandteilen Regelungen getroffen werden, die dort nicht hingehören. So gehören z. B. Technische Vertragsbedingungen, die z. B. die Grundanforderungen einer MSR-(Mess-Steuer-Regel-)Technik beschreiben, nicht in die Baubeschreibung. Der Bieter vermutet sie dort nicht und überliest sie eventuell. Umgekehrt gehören allgemeine Beschreibungen der Zufahrtswege der Baustelle oder Angaben zur Baustelleneinrichtungsfläche nicht in die ZTV, sondern in die Baubeschreibung.

Auf neue Wortschöpfungen für Vertragsbestandteile wie „Erweiterte Besondere Technische Vertragsregelungen“ sollte verzichtet werden, da infolgedessen bei AG, die die VOB/B vereinbart haben, die Rangfolgeregelung nach § 1 Abs. 2 VOB/B unklar würde. Mit den in § 1 Abs. 2 VOB/B genannten Vertragsbestandteilen kann jede Bauaufgabe bewältigt werden!

Private AG haben hier zwar keine Vorgaben, jedoch sollte auch ihr Vertragswerk eindeutige Regelungen über Rangfolgen der Vertragsbestandteile analog § 1 Abs. 2 VOB/B beinhalten.

Erfahrungen zeigen, dass die vom AG beauftragten externen Architekten und Fachplaner Aufgaben und Bedeutung der Vertragsbestandteile mitunter verwechseln und Inhalte falsch zuordnen. Hier sind auch der AG und der Projektsteuerer gefragt, diese Leistung einzufordern.

Praxistipp

- Von der VOB/B abweichende Bezeichnungen der Vertragsbestandteile sind zu vermeiden, da sie im Bauprozess zu Streitigkeiten darüber führen, in welcher Rangfolge sie bauvertraglich einzuordnen sind.
- Die Inhalte sind den richtigen Vertragsbestandteilen zuzuordnen.
- Die Anzahl der Vertragsbestandteile ist zur Vereinfachung der Vergabeunterlagen und Klarheit für die Bieter auf das erforderliche und fachtechnisch sinnvolle Maß zu beschränken.

5.6.3   Beratung durch Hersteller bzw. potenzielle Bieter/Projektantenstatus

„In technischen Spezifikationen darf nicht auf eine bestimmte Produktion oder Herkunft oder ein besonderes Verfahren, das die von einem bestimmten Unternehmen bereitgestellten Produkte charakterisiert, oder auf Marken, Patente, Typen oder einen bestimmten Ursprung oder eine bestimmte Produktion verwiesen werden, es sei denn
1. *dies ist durch den Auftragsgegenstand gerechtfertigt oder*
2. *der Auftragsgegenstand kann nicht hinreichend genau und allgemein verständlich beschrieben werden; solche Verweise sind mit dem Zusatz ‚oder gleichwertig‘ zu versehen.“*
(§ 7 Abs. 2 VOB/A)

Typische Fehler

- Dem Planer werden von Bauprodukt-Herstellern o. Ä. kostenlose Ausschreibungstexte übergeben, die unverändert in das LV übernommen werden. Der Planer übersieht, dass diese Texte Alleinstellungsmerkmale aufweisen, die den Wettbewerb einschränken bzw. ganz ausschließen mit der Folge, dass nur die Produkte dieses einen Herstellers bzw. nur dieser eine Bieter die Anforderungen in den Vergabeunterlagen erfüllen kann.

Beispiel

Auszug aus LV Medizinische Gase:

„Vorbeugender Brandschutz/Leitungstrassen für medizinische Gase

Alle Leitungstrassen der Gasversorgungssysteme müssen mit klassifizierten Befestigungssystemen befestigt werden (... weiterer Beschrieb zur Rohrbefestigung ...). Die ausführende Firma muss eine firmenspezifische gutachterliche Stellungnahme für den vorbeugenden Brandschutz bei der Verlegung von Leitungsanlagen für medizinische Gase und Laborgase nach den bauaufsichtlichen Anforderungen der Muster-Leitungsanlagen-Richtlinie (MLAR)/Leitungsanlagen-Richtlinie (LAR)/Richtlinie über brandschutztechnische Anforderungen an Leitungsanlagen (RbALei) und eine Bestätigung für den statischen Nachweis für das Befestigungssystem dem Angebot beifügen."

Im Beispiel hatte die bei der LV-Erstellung „beratend" tätige Firma (und späterer Bieter) sich durch diese Forderung ein Alleinstellungsmerkmal in das LV geschleust. Denn die Firma wusste, dass sie als einzige eine „gutachterliche Stellungnahme für den vorbeugenden Brandschutz bei der Verlegung von Leitungsanlagen für medizinische Gase und Laborgase nach den bauaufsichtlichen Anforderungen" vorlegen konnte. Dieser Forderung im LV hätte es jedoch gar nicht bedurft. Eigentlich ging es um die Befestigung von Rohrleitungen mit bauaufsichtlich zugelassenen Befestigungssystemen. Die Vorlage dieser bauaufsichtlichen Zulassungen an den AG hätte vor der Ausführung gereicht. Im Grunde war sie sogar entbehrlich, da dies als anerkannte Regel der Technik (siehe Kapitel 2.3) auch ohne besondere Erwähnung in den Vergabeunterlagen Vertragsbestandteil geworden wäre.

Im Bauwesen ist es gängige Praxis, dass Hersteller von Bauprodukten bzw. potenzielle Bieter den Architekten bzw. Fachplaner bei der Erstellung der Ausschreibung „beraten". Die Architekten und Fachplaner stehen beim Erstellen der Leistungsbeschreibung in der Regel unter hohem Zeitdruck und sind froh, dabei vom Fachwissen der Unternehmen zu profitieren und die Erfahrungen und das Know-how in die Leistungsbeschreibungen einfließen zu lassen.

Diese Vorgehensweise ist zunächst zulässig und sinnvoll, da viele technische Details von Bauprodukten und die Zusammenhänge mit anderen Bauteilen allein anhand von Produktdatenblättern überhaupt nicht oder nur mit Mühe vom Planer zu eruieren oder zu verstehen sind.

Da diese Angaben für die weitere Planung und Ausschreibung jedoch essenziell sind, kann in vielen Fällen auf eine solche Beratung auch nicht verzichtet werden. Besonders bei technisch höchst komplexen Bauteilen (als Beispiel seien Technikanlagen für Belüftungsbecken in der Klärwerkstechnik genannt) gibt es dafür keine Alternative. Bei der sich rasant entwickelnden Gebäudetechnik ist es selbst für Fachplaner schwierig, auf dem technischen Stand der Zeit zu bleiben. Häufig sind auch die im Internet verfügbaren Datenblätter veraltet bzw. gibt es manche Produkte gar nicht mehr auf dem Markt, obwohl online noch vorhanden.

Nur ist Vorsicht geboten: Nicht alle gut gemeinten zur Verfügung gestellten „Leistungstexte" bzw. Hilfsangebote bei der Formulierung derselben sind uneigennützig und vergaberechtlich korrekt. Der Architekt bzw. Fachplaner (insbesondere im Bereich Technische Gebäudeausrüstung) müssen diese Beratungsleistungen von Unternehmen höchst kritisch hinterfragen und überprüfen, ob nicht durch kleinste versteckte Hinweise in der Leistungsbeschreibung der Wettbewerb womöglich eingeengt und damit ausgerechnet das Produkt der „beratenden" Firma technisch als einziges in Frage kommt.

Beratende Unternehmen legen dem Planer häufig Leistungsbeschreibungen vor, die eindeutig auf das Produkt dieses Herstellers ausgelegt sind, bzw. der künftige Bieter hat sich einen Vorteil ins LV schon eingebaut. Ins LV werden sozusagen als „trojanische Pferde" Alleinstellungsmerkmale eingeschleust. Das hat zur Folge, dass nur Hersteller/Bieter X die Anforderungen im LV erfüllen kann. Alle anderen Bieter, die dies anbieten wollten, wären gezwungen, dies bei Hersteller X teuer zu erwerben. Damit kann der Hersteller den Wettbewerb steuern und das Ergebnis der Ausschreibung (meist in seinem Sinne) beeinflussen.

In Ausnahmefällen (z. B. wenn aus patentrechtlichen oder technischen Gründen Alleinstellungsmerkmale vorhanden sind, die keinen Wettbewerb erlauben) ist diese Vorgehensweise sachlich notwendig. Insbesondere wenn der AG einen zuverlässigen und fachkundigen Hersteller bzw. Bauunternehmer einschaltet. Dann können Aspekte in die Leistungsbeschreibung einfließen, die der AG vermutlich nicht oder nicht in dem Umfang bedacht hätte. Das kann auch gelten, wenn der „beratende" Bauunternehmer ehrlich an der fachgerechten Durchführung der Baustelle interessiert ist statt an maximalem Gewinn.

Projektantenstatus

„[…] 4. Hat ein Bewerber oder Bieter oder ein mit ihm in Verbindung stehendendes Unternehmen vor Einleitung des Vergabeverfahrens den öffentlichen Auftraggeber beraten oder sonst unterstützt, so ergreift der öffentliche Auftraggeber angemessene Maßnahmen, um sicherzustellen, dass der Wettbewerb durch die Teilnahme dieses Bieters oder Bewerbers nicht verfälscht wird.

Der betreffende Bewerber oder Bieter wird vom Verfahren nur dann ausgeschlossen, wenn keine andere Möglichkeit besteht, den Grundsatz der Gleichbehandlung zu gewährleisten.

Vor einem solchen Ausschluss gibt der öffentliche Auftraggeber den Bewerbern oder Bietern die Möglichkeit, nachzuweisen, dass ihre Beteiligung an der Vorbereitung des Vergabeverfahrens den Wettbewerb nicht verzerren kann. Die ergriffenen Maßnahmen werden im Vergabevermerk dokumentiert."
(§ 6 Abs. 3 EU VOB/A)

Weyand schreibt zur Projektantenfrage:

„Ein Verstoß gegen das Wettbewerbsprinzip kann in der Beteiligung eines Projektanten liegen. Projektant ist jeder, der die Vergabestelle bei der Vorbereitung des Ausschreibungsverfahrens beraten oder sonst unterstützt hat. Naturgemäß verfügt er dann bei einer Beteiligung an der anschließenden Ausschreibung über einen Informationsvorsprung vor den anderen Bietern. Es droht eine Wettbewerbsverzerrung, weil er sein Angebot aufgrund der besseren Information eher an die Bedürfnisse des Auftraggebers anpassen oder er bei der Beratung des öffentlichen Auftraggebers Gegenstand und Bedingungen des Auftrags in seinem Interesse beeinflussen kann. Deshalb hat der EuGH [Europäische Gerichtshof] die Beteiligung von Projektanten als Bieter regelmäßig als Gefährdung eines leistungsfähigen Wettbewerbs angesehen. Doch führt dies nicht zu einem zwangsläufigen Ausschluss des Bieters vom Vergabeverfahren. Vielmehr kann ein vorbefasster Bieter nur dann von der Teilnahme ausgeschlossen werden, wenn durch seine Teilnahme der Wettbewerb verfälscht wird. Erscheint eine konkrete Wettbewerbsverfälschung bei objektiver Betrachtung der Leistung möglich, obliegt dem betreffenden Unternehmen der Nachweis, dass ihm durch die Vorbefassung kein ungerechtfertigter Vorteil erwachsen ist. Dem Auftraggeber obliegt die Verpflichtung, den Wissensvorsprung des einen Bieters auszugleichen durch Information aller anderen Bieter.“
(Weyand, 2015)

Weyand ist hier zuzustimmen. Der AG sollte insbesondere bei europaweiten Ausschreibungen sorgfältig dokumentieren, worauf sich die „Beratungsleistung" oder „sonstige Unterstützung" eines potenziellen Bieters bezogen hat. Die Architekten und Fachplaner sollten – vorzugsweise dann, wenn ganze Textpassagen aus „bereitgestellten" Leistungsbeschreibungen übernommen werden bzw. vom „Beratenden" in die Feder diktiert werden – wachsam und kritisch sein,

Es besteht die (vom Planer nicht beabsichtigte) Gefahr, dass ein Vergabeverfahren auf ein bestimmtes Unternehmen zugeschnitten ist.

Dies führt bei insbesondere europaweiten Vergabeverfahren zu einem hohen Vergabenachprüfungsrisiko für den AG.

Praxistipp

- Beratungen von Herstellern bzw. potenziellen Bietern sind möglich, aber mit Vorsicht zu behandeln. Der Ausschreibende muss stets Herr des Verfahrens bleiben oder sich notfalls (falls ihm die notwendigen Fachkenntnisse fehlen) von Fachplanern unterstützen lassen.
- Da Produktvorgaben in der Regel unzulässig sind, dürfen Herstellerleistungstexte bzw. Leistungstexte künftiger Bieter nicht in das LV aufgenommen werden, es sei denn, eine Vorgabe ist fachlich und sachlich notwendig und geboten. Herstellerleistungstexte bzw. Leistungstexte künftiger Bieter enthalten häufig Alleinstellungsmerkmale, die zu einer Einengung des Bieterkreises und damit zu höheren Angebotspreisen führen.

5.6.4   Widersprüche innerhalb der Leistungsbeschreibung/ Rangfolgeregelungen

Typische Fehler

- Widersprüche innerhalb der Leistungsbeschreibung führen bereits in der Angebotsphase zu häufigen Rückfragen der Bieter und kosten AG, Planer und Bieter viel Zeit.
- Widersprüchliche Rangfolgeregelungen im Vertrag führen bei den Vertragsparteien zu unterschiedlichen Vorstellungen vom Vertragsinhalt.

Beispiel

In einem Tischler-LV heißt es im Hinweistext vor den LV-Positionen

Die Zargenstiele erhalten **30 mm** Bodeneinstand. Sämtliche vorgenannten Teile bestehen aus **Edelstahl Werkstoff-Nr. 1.4301 Lackierung im NCS-Ton „seidenmatt" oder Edelstahl geschliffen Korn 240.**

In der folgenden LV-Position heißt es:
Bodeneinstand der Zargenstiele: **40 mm**
Sämtliche vorgenannten Teile bestehen aus **Edelstahl Werkstoff-Nr. 1.4301, geschliffen mit Korn 240.**

Der Widerspruch hinsichtlich des Bodeneinstands der Zargen und der Oberfläche der Zargen wird zu Nachfragen der Bieter führen.

Beispiel

In den ZVB heißt es:
Bei Widersprüchen in der Leistungsbeschreibung gelten nacheinander:

- das LV
- die Baubeschreibung
- die Zeichnungen

Vergleiche dazu die Abb. 5.10 und 5.11 in Kapitel 5.5.7.

Auf den ersten Blick erscheint es sinnvoll, eine Rangfolgeregelung in den Vertrag aufzunehmen. In der LV-Position stehen 5 Drehkippflügel, in der Zeichnung 4, also sind nach Rangfolgenregelung 5 Drehkippflügel geschuldet. Der AN liefert gemäß Zeichnung 4 Fensterflügel an die Baustelle.

Auf den zweiten Blick verhält es sich anders: In der Zeichnung ist in den äußeren Feldern eine Festverglasung dargestellt, in den Grundrissplänen (die den Vergabeunterlagen beilagen) liegt raumseitig im Abstand von 10 cm zur Festverglasung mittig auf das Element bezogen die Außenkante einer Betonstütze $d = 30$ cm. Das heißt, ein fünfter Drehkippflügel wäre bautechnisch unsinnig, da er sich gar nicht öffnen lassen würde.

Hier ist also Streit in der Auslegung des Vertrags absehbar.

Die Rangfolgenregelung wäre hier keinesfalls notwendig, da sich der Vertragsinhalt aus der Gesamtschau ermitteln lässt. Leider ist dies nicht immer so einfach. In manchen Fällen kann auch die Auslegung den Widerspruch nicht auflösen.

Rangfolgeregelungen, das soll das Beispiel demonstrieren, sind nicht in allen Fällen eine sinnvolle Lösung zur Vertragsklärung.

§ 1 Abs. 2 VOB/B regelt zwar die Widersprüche zwischen den einzelnen Vertragsbestandteilen wie Leistungsbeschreibung, BVB, ZVB, ZTV, VOB/C und VOB/B, Widersprüche innerhalb der Leistungsbeschreibung löst die Regelung nicht auf. Hier bedarf es der Auslegung der Vergabeunterlagen als Ganzes.

Die Auslegung der Vergabeunterlagen (sei es im Wege von Nachtragsverhandlungen, eines Schiedsverfahrens oder im Bauprozess) führt günstigenfalls zu einem für beide Seiten tragbaren Ergebnis. Dabei können die Unwägbarkeiten einer unklaren Leistungsbeschreibung unter Berücksichtigung der unterschiedlichen „Horizonte" (ausgehend vom Begriff des „Empfängerhorizontes") zumindest kontrovers diskutiert werden, d. h., jede Seite hat die Chance, die andere mit Argumenten zu überzeugen.

Die Rangfolgeregelung ordnet Ergebnisse an, egal wie unsinnig das Ergebnis auch ist. Das ist ein entscheidender Nachteil. Der Vorteil besteht zunächst nur darin, dass eine leicht verständliche Regelung vorhanden ist.

Wenn keine Rangfolgeregelung der Bestandteile der Leistungsbeschreibung (wie z. B. in den ZVB des KVHB-Bau) vorgegeben ist, gelten sie gleichberechtigt nebeneinander und machen erst in ihrer Summe den Vertragsinhalt aus. Jeder Bestandteil hat dabei seine charakteristischen Stärken und Aufgaben. In der Zeichnung (dem Medium des Architekten und Fachplaners) lassen sich viele Inhalte viel komprimierter in für Baufachleute gewohnter und verständlicher Weise darstellen.

Die Vertragsbestandteile ergänzen sich in ihren Aussagen. Sie sind nicht als eigenständige und isoliert zu betrachtende Elemente zu sehen, sondern als sinnvolles Ganzes. Dies gilt grundsätzlich für alle Bauverträge. Wird dies durchgängig beachtet, kann auf eine Rangfolgenregelung verzichtet werden.

„Rangklauseln, wie auch immer sie formuliert sind, können weder der Auslegung vorgehen noch sie in eine bestimmte Richtung leiten. Sie können vielmehr stets nur gegenüber der im Einzelfall gescheiterten Auslegung subsidiäre Bedeutung haben. Es gilt der Grundsatz: Rangklausel hilfsweise nach Auslegung. Die Beliebtheit der Klauseln und ihre geradezu mechanische Verwendung in der Praxis des Bauvertrags beruht auf der Verkennung ihrer in Wahrheit marginalen Bedeutung für den Fall von durch Auslegung nicht zu beseitigenden Widersprüchen im Vertrag. Hingegen werden Vorzüge solcher Regelungen angenommen, die es nicht gibt. In Wahrheit sind sie schädlich, weil sie Bemühung um sorgfältige Formulierungen im Vertrag vermindern, weil sie zu schiefen und im Ergebnis nicht tragfähigen Argumenten (z. B. Klarheit, Eindeutigkeit) führen und weil sie deshalb unnötige Streitfälle und falsche Ergebnisse produzieren." (Quack, 2008, S. 219)

Wenn die VOB vereinbart wurde und somit die Rangfolgenregelung des § 1 Abs. 2 VOB/B Vertragsbestandteil ist, muss der Ausschreibende sorgfältig darauf achten, in welche Vertragsbestandteile welche Inhalte platziert werden. Andernfalls sind bei Widersprüchen zwischen verschiedenen Vertragsbestandteilen Streitigkeiten über den Inhalt des bauvertraglich Geschuldeten im Bauprozess unvermeidlich.

Praxistipp

Rangfolgeregelungen abweichend von der VOB/B greifen in die Ausgewogenheit der VOB ein und führen zur Inhaltskontrolle (siehe Kapitel 1.2.2)

Im Zweifelsfall benachteiligen Rangfolgeregelungen gerade dort einen der Vertragspartner, wo die Auslegung der Leistungsbeschreibung als Ganzes eine Antwort auf die Frage des Vertragsinhaltes zu seinen Gunsten ergäbe.

Rangfolgeregelungen wiegen die Vertragsparteien in falscher Sicherheit. Faktisch sind sie jedoch nicht geeignet, ein sinnvolles Ganzes herzustellen, wenn die Teile der Ausschreibungsunterlagen nicht sorgfältig konzipiert wurden.

5.6.5 Unklare Leistungsbeschreibung

„1. Die Leistung ist eindeutig und so erschöpfend zu beschreiben, dass alle Unternehmen die Beschreibung im gleichen Sinne verstehen müssen und ihre Preise sicher und ohne umfangreiche Vorarbeiten berechnen können.

2. Um eine einwandfreie Preisermittlung zu ermöglichen, sind alle sie beeinflussenden Umstände festzustellen und in den Vergabeunterlagen anzugeben.

3. Dem Auftragnehmer darf kein ungewöhnliches Wagnis aufgebürdet werden für Umstände und Ereignisse, auf die er keinen Einfluss hat und deren Einwirkung auf die Preise und Fristen er nicht im Voraus schätzen kann. [...]"
(§ 7 Abs. 1 VOB/A)

Typische Fehler

- Der Leistungsinhalt ist für Bieter nicht eindeutig und zweifelsfrei beschrieben.
- Die Schnittstelle zu anderen Fachlosen ist nicht definiert.
- Fachbegriffe sind nicht eindeutig (z. B. Sichtbeton).
- Es sind Widersprüche innerhalb der Leistungsbeschreibung vorhanden.
- Angaben zu Abmessungen, Materialart und -güte, Stärke des Bauteils bzw. zu bauphysikalischen, statischen oder sonstigen Anforderungen fehlen.
- Den Bietern werden kalkulatorische Risiken zugeschoben.
- Pläne/Detailzeichnungen zur Erläuterung des Positionstextes fehlen.

Positions-nummer	Position	Menge	Einheit	EP	GP
4.6.5	Profilschiene für Baudehnfugen, gabelstaplerfest, inkl. der erforder-lichen Befestigungsanker	100	m		

Abb. 5.12:   Unklare Leistungsbeschreibung (LV-Position Estricharbeiten)

In dem Beispiel der Abb. 5.12 sind die Fugenbreite sowie Höhe, Breite und Tiefe der Schiene nicht definiert, der Werkstoff ist nicht bezeichnet. Ein Detail fehlt. „Gabelstaplerfest" ist keine eindeutige Belastungsangabe, davon abgesehen, dass es nicht Pflicht des Bieters ist, statische Berechnungen zur Dimensionierung der Schiene vorzunehmen. Bei Bieterberechnungen können unterschiedliche Dimensionierungen herauskommen, was zur Folge hat, dass die Angebote nicht vergleichbar sind.

> **Beispiele**
>
> LV-Position Betonarbeiten: Die Wände sind in Sichtbeton auszuführen nach Absprache mit dem AG.
>
> LV-Position Trockenbau-LV: Die GK-Ständerwände sind für bauseitige malerfertige Oberfläche herzurichten. Dies ist in die EP einzukalkulieren.

Der Begriff „Sichtbeton" stellt keine ausreichend konkretisierte Beschreibung der Leistung dar. Beton ist bei sichtbaren Bauteilen immer zu sehen und damit „Sichtbeton". Wenn mit diesem Begriff bestimmte Oberflächenqualitäten gemeint sind, sind diese im LV entsprechend zu beschreiben, also z. B. das Einlegen von Matrizen mit Oberflächenstrukturen in die Schalung oder Anforderungen an die Oberflächenqualität der Schalhaut etc. (Hinweise hierzu siehe Tabelle 2.1, Kapitel 2.7).

Für den Begriff „malerfertig" gilt das Gesagte entsprechend. Falls später vom Maler z. B. als fertige Oberfläche ein Vlies auf die Trockenbauwand verlegt werden soll (wo sich die geringste Unebenheit der Spachtelung der GK-Platten später abzeichnet), sind höhere Anforderungen an die Spachtelung zu stellen, als wenn anschließend eine Raufasertapete verklebt wird.

Positions-nummer	Position	Menge	Einheit	EP	GP
4.6.5	Kurzzeitanker Klasse LN 200 kN, Verpressanker DIN 4125 als Kurzzeitanker mit Neigung von 25° liefern und einbauen, einschließlich Bohrloch und Verpresskörper herstellen, Bodenklasse DIN 18301, Ankergebrauchslast 200 kN, Ankerkopf nachspannbar	80	Stück		

Abb. 5.13: Unklare Leistungsbeschreibung (LV-Position Verbau)

Positions-nummer	Position	Menge	Einheit	EP	GP
4.6.5	Kurzzeitanker Klasse LN 200 kN, Verpressanker DIN 4125 als Kurzzeitanker mit Neigung von 25° liefern und einbauen, einschließlich Bohrloch und Verpresskörper herstellen, Bodenklasse DIN 18301, Ankergebrauchslast 200 kN, Ankerkopf nachspannbar. Unterschiedliche Ankerlängen sind in den EP einzukalkulieren. Mehrforderungen sind ausgeschlossen.	900	m		

Abb. 5.14: Unklare Leistungsbeschreibung (LV-Position Verbau)

Im Beispiel der Abb. 5.13 fehlt die Angabe der Ankerlänge, also z. B. „von Vorderkante Verbau bis Fußpunkt 14,5 m".

In dem Beispiel der Abb. 5.14 ist zwar die Gesamtlänge angegeben, jedoch hat die Einzellänge der Anker einen erheblichen Einfluss auf den EP, da das Umsetzen und Neujustieren des Bohrgerätes sowie das Unterbrechen des Bohrvorganges (ebenso beim Verpressen) variable Kosten sind, die sich mit steigender Anzahl der einzelnen Anker proportional auswirken. Da der Bieter jedoch nicht weiß, wie viele Einzelanker welcher Länge ausgeführt werden sollen, wird ihm ein unzumutbares kalkulatorisches Risiko zugewiesen.

> **Beispiel**
>
> Fassadenelement mit Öffnungsflügeln, Material Holz, Kiefer
>
> Technischer Beschrieb siehe ZTV, Rohbauöffnung: 6,01 × 2,90 m, Drehkippflügel 1,00 × 1,51 m, Tür 1,01 × 2,01 m, Aufteilung und Anzahl Öffnungsflügel und Türen siehe Plan-Nr. D 12.2

Der Plan D 12.2 ist jedoch den Vergabeunterlagen nicht beigefügt und damit ist die Position nicht kalkulierbar.

Praxistipp

- Leistungsinhalte sind für Bieter eindeutig und zweifelsfrei zu beschreiben.
- Schnittstellen der Fachlose sind im LV zu definieren.
- Unbestimmte fachtechnische Begriffe sind zu präzisieren.
- Widersprüche innerhalb der Leistungsbeschreibung sind zu vermeiden.
- In der LV-Position sind alle Angaben zu Abmessungen, Materialart und -güte, Stärke des Bauteils bzw. zu bauphysikalischen, statischen oder sonstigen Anforderungen festzulegen.
- Dem Bieter dürfen keine ungewöhnlichen und nicht kalkulierbare Risiken aufgebürdet werden.
- Falls in der Position Pläne erwähnt sind, die für den Bieterkreis auch relevant sind, sind sie den Vergabeunterlagen so beizufügen, dass der Bezug zu den Teilleistungen (Ordnungszahlen im Leistungsverzeichnis) eindeutig ist und der im Plan dargestellte Leistungsinhalt für den Bieter auf Anhieb ersichtlich ist. Nach Möglichkeit ist zwischen folgenden Plangruppen zu differenzieren:
  – Pläne, die dem Bieter einen Überblick über die gesamte Baumaßnahme geben und für die Kalkulation mittelbar relevant sind (wie z. B. Lageplan wegen Baustellenzufahrten etc.)
  – für die Leistung des Bieters relevante Grundriss-, Schnitt-, Ansichts- und/oder Detailpläne mit Verweisen auf Ordnungszahlen des LV, die für die Kalkulation unmittelbar relevant sind und Leistungspflichten des AN mitbegründen

5.6.6   Angaben zur Baustelle/Ortsbesichtigungen/Baustelleneinrichtung/Planeinsicht

„[...]
6. Die für die Ausführung der Leistung wesentlichen Verhältnisse der Baustelle, z. B. Boden- und Wasserverhältnisse, sind so zu beschreiben, dass das Unternehmen ihre Auswirkungen auf die bauliche Anlage und die Bauausführung hinreichend beurteilen kann.
7. Die ‚Hinweise für das Aufstellen der Leistungsbeschreibung‘ in Abschnitt 0 der Allgemeinen Technischen Vertragsbedingungen für Bauleistungen, DIN 18299 ff., sind zu beachten."
(§ 7 Abs. 1 VOB/A)

Typische Fehler

- Kalkulationsrelevante Angaben zur Baustelle fehlen sowohl in der Baubeschreibung als auch im Positionstext, z. B. die Entfernung von Wasser- und Stromanschlüssen zum Erfüllungsort, Behinderungen in der Leistungserbringung durch Vegetation, Gebäudebestand oder den laufenden Betrieb (z. B. Ruhezeiten in Altenheimen) u. v. m.
- Die ausgeschriebene BE steht im Missverhältnis zum Umfang der Baumaßnahme.
- Einrichten, Vorhaltung und Räumen der BE wird in nur einer Position abgefragt, obwohl eine Bauzeitverlängerung nicht ausgeschlossen werden kann.
- Die BE ist als Position bei Fachlosen abgefragt, bei denen die BE üblicherweise in die EP einkalkuliert wird und in der Regel irrelevant für die Kalkulation ist (bei vielen Ausbaugewerken ist dies der Fall).
- Ortsbesichtigungen bzw. Einsichtnahme in (den Vergabeunterlagen nicht beiliegenden) Planunterlagen durch die Bieter sollen die Leistungsbeschreibung „ergänzen". Daraus entstehende Fragen werden vom AG nicht protokolliert und entweder gar nicht oder nicht an alle Bieter gleich beantwortet.

Baustelleneinrichtung

In Abb. 5.15 ist die BE nicht in separate Positionen für Einrichten, Vorhaltung und Räumen aufgeteilt. Bei verlängerter Bauzeit stellt sich die Frage, welcher Preis für Vorhaltung der BE in der Urkalkulation angesetzt war. Zum anderen wird bei der ersten Abschlagszahlung vom AN ggf. ein Betrag für das Einrichten der BE gefordert, der zum Gesamtbetrag der Position in keinem vernünftigen Verhältnis zu den bisher erbrachten Leistungen steht.

Die Aufnahme einer Position BE ist bei Ausbaugewerken in der Regel nicht sinnvoll, da üblicherweise gemäß VOB/C ATV DIN 18299 (2016) Abschnitt 4 Nr. 4.1.1 und 4.1.2 das Einrichten, Vorhalten und Räumen der BE Nebenleistung und somit in die EP einzukalkulieren ist.

Sind Baustellenrandbedingungen vorhanden, die auf die Erbringung der Leistung einen wesentlichen Einfluss haben, so sind diese in der betreffenden LV-Position direkt aufzuführen oder, falls diese Randbedingungen für alle Positionen relevant sind, in den ZTV detailliert zu beschreiben.

Baustellenbesichtigungen

Baustellenbesichtigungen können eine Leistungsbeschreibung nicht ersetzen. Das heißt, selbst wenn mit allen Bewerbern (zu verschiedenen Zeiten, um Preisabsprachen nicht Vorschub zu leisten) die Baustelle besichtigt wurde, sind damit weder vertragliche Pflichten für den Bieter entstanden noch hat dies Konsequenzen, die auf ein „kalkuliert wie gesehen" hinauslaufen.

Die Wunschvorstellung mancher AG ist: Alles, was bei der Besichtigung sich noch als erforderlich herausstellt, bisher jedoch nicht in den Vergabeunterlagen beschrieben war, soll „nachgeschoben" Vertragsinhalt werden. Abgesehen davon, dass diese Vorgehensweise vergaberechtlich unzulässig ist,

Positions-nummer	Position	Menge	Einheit	EP	GP
4.6.6	Baustelle für sämtliche in der Leistungsbeschreibung aufgeführten Leistungen einrichten, über gesamte Bauzeit vorhalten und räumen	1	pauschal		

Abb. 5.15:   Baustelleneinrichtung (Auszug aus einem Rohbau-LV)

muss der AG, falls sich Fragen der Bieter während der Besichtigung ergeben, sämtliche Fragen protokollieren und zusammen mit der Beantwortung an alle Bieter versenden.

Die Schlussfolgerungen aus offenen Fragen bei der Baustellenbesichtigung den Bietern zu überlassen ist falsch. Manche Bieter ziehen gar keine Schlüsse aus der Besichtigung, andere die falschen und manche vielleicht zu viele.

Wenn der AG getrennte Baustellenbesichtigungen mit Bietern während der Angebotslaufzeit durchführt, sollte er anschließend ein Protokoll erstellen und die bei der Besichtigung gestellten Fragen an alle Bieter schriftlich beantworten (Gleichbehandlungsgebot). Notfalls sind die Vergabeunterlagen zu überarbeiten und an alle Bieter neu zu versenden.

Planeinsicht

Oft heißt es im LV: „Den Vergabeunterlagen nicht beigelegte Planunterlagen können beim AG bzw. Architekten oder Fachplaner eingesehen werden." Dabei handelt es sich z. B. um umfangreiche Planunterlagen der auf dem Baugrundstück vorhandenen Bestandsleitungen der Technischen Gebäudeausrüstung (Wasser, Abwasser, Gas, Elektro, Fernmeldeleitungen etc.). In der Praxis geben dann bei dieser Einsichtnahme der Planunterlagen AG, Architekten oder Fachplaner bereitwillig Auskunft zu Fragen und geben damit Bietern, die diese „Möglichkeit" wahrgenommen haben (z. B. weil manche Bieter in nächster Nähe des AG ansässig sind), Informationen, die andere Bieter nicht bekommen. Damit entstehen ungleiche „Startbedingungen" und in der Folge auch ungleich kalkulierte Angebote. Vergaberechtlich ist diese Vorgehensweise fragwürdig, da nicht gewährleistet ist, dass alle Bieter mit denselben Informationen versorgt werden (Gleichbehandlungs- und Transparenzgebot).

Durch den reinen Verweis auf „einzusehende Planunterlagen" ist die Frage, welche dieser Pläne für den Bieter kalkulationsrelevant sind und welche Planunterlagen zur Einsicht Leistungspflichten entstehen lassen sollen, im Vergabeverfahren weder dokumentiert noch für alle Bieter transparent und offensichtlich.

Spätere Streitigkeiten über den „Empfängerhorizont" und darüber, was der Bieter alles erkennen konnte und in seine Einheitspreise nach Ansicht des AG einzukalkulieren hatte, haben hier ihren Ursprung. Unternehmen, die ihren Firmensitz weit entfernt vom Sitz des AG haben, sind dadurch benachteiligt, dass sie weite An- und Rückfahrten in Kauf nehmen müssen, um Planunterlagen einzusehen, die entweder völlig irrelevant für die Kalkulation sind oder Unklarheiten erst aufkommen lassen. Hätten diese Unterlagen den Vergabeunterlagen gleich beigelegen, hätte der Unternehmer von seinem Firmensitz aus diese Fragen stellen können und hätte damit viel Zeit gewonnen

Praxistipp

- Kalkulationsrelevante Angaben zur Baustelle gehören in die Baubeschreibung bzw. in die Positionen im Leistungsverzeichnis.
- Der Umfang der BE (also z. B. Anzahl der Besprechungs-, Sanitär-, Bauleitungscontainer und deren Ausstattung) sollte im Verhältnis zur Baumaßnahme stehen.
- BE-Positionen sind getrennt nach Einrichten, Räumen und Vorhaltung im LV abzufragen.
- Die BE ist bei Ausbaugewerken (wie z. B. Fassadenbauer, Metallbau, Trockenbau, Tischler, Maler etc.), wo dies üblicherweise in die EP einkalkuliert wird, nicht als LV-Position abzufragen.
- Gemeinsame Ortsbesichtigungen mit den Bietern bergen ein vergaberechtliches Risiko, dass der AG nicht ohne Not auf sich nehmen sollte. Wenn ein Bieter die Örtlichkeiten besichtigen möchte, bleibt ihm das unbenommen.
- Ortsbesichtigungen ersetzen nicht die Leistungsbeschreibung! Die Einsichtnahme in (den Vergabeunterlagen nicht beiliegende) Planunterlagen beim AG oder Fachplaner birgt Risiken, da dadurch unterschiedliche Bieterinformationsstände entstehen und die Gleichbehandlung der Bieter nicht mehr gewährleistet ist.

5.6.7   Zusätzliche Technische Vertragsbedingungen/ AGB-widrige Formulierungen

„Dem Auftragnehmer darf kein ungewöhnliches Wagnis aufgebürdet werden für Umstände und Ereignisse, auf die er keinen Einfluss hat und deren Einwirkung auf die Preise und Fristen er nicht im Voraus schätzen kann."
(§ 7 Abs. 1 Nr. 3 VOB/A)

Typische Fehler

- Es sind Widersprüche zu VOB/B-Regelungen (z. B. Rangfolge bei Widersprüchen) vorhanden.
- Es sind Widersprüche zu VOB/C-Bestimmungen (z. B. Nebenleistung/Besondere Leistung) vorhanden.
- Die bloße Erwähnung technischer Regelwerke soll den „Vertragsinhalt" bestimmen.
- Im LV werden Kooperations- bzw. Koordinierungspflichten des Bieters gefordert.

- Im LV werden DIN-Normen, VOB/C etc. abgeschrieben oder falsch wiedergegeben.
- Dem Bieter werden pauschale Planungspflichten übertragen.
- Die ZTV sind nicht auf das Fachlos angepasst bzw. enthalten für Bieter irrelevante Informationen.
- Die ZTV sind ohne Systematik erstellt und haben einen unverhältnismäßigen Umfang. Eine Priorisierung fehlt (Unwichtiges steht vor Wichtigem).
- LV-Inhalte werden wiederholt mit der Gefahr von Widersprüchen.
- Die Vergabeunterlagen enthalten AGB-widrige Formulierungen.

Beispiel

Festlegung in den ZTV: Bei Widersprüchen im Vertrag gilt nacheinander: die Leistungsbeschreibung, VOB/C, ZTV, VOB/B, ZVB.

Die Regelung entspricht nicht der Regelung in § 1 Abs. 2 VOB/B (siehe Kapitel 5.6.4).

Beispiel

In ZTV Tischlerarbeiten heißt es: Das Einbauen von Deckleisten als Anschluss an andere Bauteile ist in die EP einzukalkulieren.

Dies ist gemäß VOB/C ATV DIN 18355 „Tischlerarbeiten" (2016) unter Abschnitt 4 Nr. 4.2.6 eine Besondere Leistung. Die Aufteilung in Nebenleistung/Besondere Leistung ist nicht zwingend für den Vertrag, d. h., Besondere Leistungen können durchaus als Nebenleistung tituliert werden, nur: Dann sollte der Bieter sie auch kalkulieren können. Dies kann er im Beispiel mangels konkreter Angaben zu Art, Ausbildung, Material und vor allem Umfang der Leistung (Mengenangaben) nicht.

Beispiel

Bei einer Tunnelbaumaßnahme wird in den Vergabeunterlagen u. a. auf die ZTV-ING des Bundesministeriums für Verkehr, Bau und Stadtentwicklung, Abteilung Straßenbau hingewiesen.

Der AN reicht während der Bauausführung einen Nachtrag ein über Lieferung und Einbau von verzinkten N94-Matten in Elementdecken. Der Nachtrag wird zunächst unter Hinweis auf die ZTV-ING Teil 5 Tunnelbau Abschnitt 1 Geschlossene Bauweise Kapitel 10 Baulicher Brandschutz 10.3.2 Konstruktive Maßnahmen Abs. 3 abgelehnt.

Auszug aus dieser ZTV-ING: „*[...] Zum Schutz gegen Abplatzungen im Brandfall ist deshalb [...] eine verzinkte Mattenbewehrung (N94) mit einem Mindestmaß der Betondeckung von 20 mm anzuordnen.*"

Bei der erneuten Prüfung wird die Forderung des AN anerkannt.

Sie wird zu Recht anerkannt. Denn die alleinige Erwähnung von Zusätzlichen Technischen Vertragsbedingungen und Richtlinien für Ingenieurbauten (ZTV-ING), Verbandsrichtlinien, Fachkommentaren, Merkblättern etc. macht diese noch nicht zum Vertragsbestandteil.

Im konkreten Fall hatte der AN teilweise nach der ZTV-ING auszuführen, teilweise wurde durch die Ausführungsplanung des AG von der ZTV-ING abgewichen. Wie soll der Angebotskalkulator im Bauunternehmen jedoch wissen, welche Vorschriften der ZTV-ING nun auszuführen sind und welche nicht? Hier gilt analog der Vereinbarung der VOB: Entweder wird ein Regelwerk als Ganzes ohne Abweichungen vereinbart und es wird auch danach gebaut oder der AG muss mit Nachforderungen rechnen.

Die „Rosinentheorie" (der AG bzw. AN suchen sich die Rosinen aus dem Vertragskuchen heraus) scheitert in der täglichen Praxis regelmäßig, da die Auslegung des Vertragsinhaltes (siehe Kapitel 1.2.2) etwas anderes ergibt.

> **Beispiel**
>
> Auszug aus ZTV Zimmer- und Holzbauarbeiten:
>
> *„Prüfung bauseitiger Vorleistung*
>
> *Der AN wird ausdrücklich verpflichtet, Beanstandungen und Mängel an Vorleistungen so rechtzeitig schriftlich anzuzeigen, dass eine Behebung und Richtigstellung unter seiner beratenden Mitwirkung erfolgen kann, ohne dass es zu Verzögerungen bei der Bauausführung kommt."*

Selbstverständlich hat der AN gemäß § 4 Abs. 3 VOB/B Bedenken gegen die Leistungen von anderen Unternehmern unverzüglich schriftlich mitzuteilen. Er hat jedoch nicht „beratend mitzuwirken", da ihm als AN die Konsequenzen aus Behinderungen gar nicht umfassend bekannt sein können. Koordinierung und Terminplanung sind Aufgabe des Architekten bzw. seiner Bauleitung. Die Forderung ist AGB-widrig weil unkalkulierbar.

> **Beispiel**
>
> Auszug aus ZTV Rohbauarbeiten: *„Der Bieter hat Leistungen nachfolgender Gewerke (z. B. AN Elektro zum Einlegen von Leerrohren in die Schalung) so rechtzeitig abzurufen, dass Behinderungen im Baustellenablauf ausgeschlossen sind. Mehrforderungen werden nicht anerkannt."*

Der AN hat Fremdgewerke nicht zu koordinieren. Dies ist Aufgabe des Architekten bzw. seiner Bauleitung. Die Forderung ist AGB-widrig weil unkalkulierbar.

> **Beispiel**
>
> In ZTV Malerarbeiten wird über 2 DIN-A4-Seiten erläutert, welche technischen Regelungen für Beton- und Schalarbeiten gelten.

Dies ist für den Bieter uninteressant und erhöht nur unnötig den Umfang der Vergabeunterlagen. Auch wenn die Beigabe standardisierter ZTV, allgemeiner Baubeschreibung etc. bei vielen Planern ständige Praxis ist: Sie ist für die Bieter verwirrend. ZTV etc. sind auf das jeweilige Gewerk anzupassen. Inhalte, die für den Bieter nicht relevant sind, gehören nicht in die ZTV.

Beispiel

Aufbau ZTV eines LV Pfosten-Riegel-Fassade Holz-Alu (Umfang ca. 40 Seiten):

- 1 allgemeine Angaben
- 2 Oberflächenbehandlung
- 3 technische Angaben zum Eloxieren von Aluminiumbauteilen
- 4 Anforderungen an Dichtprofile gemäß DIN
- 5 Farbkonzept
- 6 Verglasungsarten
- 7 sonstige technische Angaben

Erst unter Punkt 7 auf Seite 44 der ZTV erfährt der Bieter, dass es sich um Lärchenholz handelt, welche Profilquerschnitte die Tragglieder aus Holz und welche Ansichtsbreite die Aludeckschalen haben. Die Paneele werden unter Punkt 1 abgehandelt und es werden zum Teil technische Angaben zur Verglasung gemacht (die nach der Gliederung eigentlich unter Punkt 6 abzuhandeln wären).

Inhalte in ZTV sind ähnlich dem Aufbau einer LV-Position strukturiert abzuarbeiten. Fachtechnische Informationen sollten wegen der Vermeidung von Widersprüchen **nur einmal** abgehandelt werden. Dabei sind die Beschreibungsinhalte nach Prioritäten abzuarbeiten (Wichtiges vor Unwichtigem). Wenn die Holzart der ausgeschriebenen Pfosten-Riegel-Fassade erst nach Lektüre von 44 Seiten ZTV zu erkennen ist, stimmt die Struktur nicht.

Beispiel

Auszug aus ZTV Metallbau-LV:

„Mit Abgabe des Angebotes erklärt der Bieter, dass alle Leistungen, die zur einwandfreien Herstellung notwendig sind, in die EP einkalkuliert wurden. Dies gilt auch, wenn diese Leistungen nicht im LV ausdrücklich erwähnt wurden. Mehrforderungen sind ausgeschlossen."

Der gesamte Absatz ist im Auftragsfall unwirksam. Dem Bieter wird ein Risiko aufgebürdet, das er weder erkennen noch kalkulieren kann. Außerdem löst allein schon die Formulierung „Mehrforderungen sind ausgeschlossen" eine Inhaltskontrolle (siehe Kapitel 1.2.2) aus, da dem AN das Recht verweigert wird, nach § 2 Abs. 5 bis 7 VOB/B zusätzliche Vergütungen geltend zu machen, obwohl die VOB als Vertragsgrundlage vereinbart war (weitere Ausführungen zu AGB-widrigen Formulierungen siehe Markus/Kaiser/Kapellmann [2014]).

Praxistipp

- Der AG hat Widersprüche zu VOB/B- bzw. VOB/C-Regelungen zu vermeiden.
- Der AG sollte die Unterscheidung in VOB/C nach Nebenleistung und Besondere Leistung beachten.
- Kalkulationsrelevante Bestimmungen aus technischen Regelwerken müssen in den LV-Positionen als Leistungsbeschreibung umgesetzt werden. Pauschale Verweise ersetzen nicht die Leistungsbeschreibung.
- Dem AN obliegen keine gewerkeübergreifenden Kooperations- bzw. Koordinierungspflichten. Dies ist Aufgabe des Planers und seiner Bauleitung.
- Auf die Wiederholung bzw. falsches Zitieren von DIN-Normen, VOB/C etc. sollte verzichtet werden.
- ZTV sind grundsätzlich auf das Fachlos anzupassen. Für den Bewerber irrelevante Informationen sind wegzulassen.
- Es ist auf Struktur und Priorisierung in den ZTV zu achten. Weniger ist oft mehr!
- Inhalte einmal im LV klären an einer Stelle. Wiederholungen sind zu vermeiden. Lange Vorbemerkungen über 100 DIN-A4-Seiten ermüden Planer, Bieter und AG, sie sind in den meisten Fällen für den Bauvertrag wenig hilfreich. Bei Streitigkeiten zum Bauvertrag sind sie für die Auslegung des vertraglich Geschuldeten selten eine Hilfe.

5.6.8 Mengenermittlung

Typische Fehler

- Die Dokumentation und Nachvollziehbarkeit der Mengenermittlung ist mangelhaft.
- Für die Leistungsbeschreibung sind die Schnittstellen zwischen den Planern nicht oder ungenügend definiert, folglich ist die Mengenermittlung ebenfalls fehlerhaft.
- Es werden „Mengenreserven" gebildet.

Häufig wird die **Mengenermittlung** nicht ausreichend anhand nachvollziehbarer Unterlagen dokumentiert. Später kann nicht mehr nachverfolgt werden, welche Bauteile evtl. vergessen wurden bzw. was der Grund für Mengenüberschreitungen des AN ist. Ursache hierfür ist häufig eine fehlende oder nicht durchgängig verfolgte Systematik der Mengenermittlung. Die notwendig streng einzuhaltende Hierarchie der Bearbeitung (vom Groben zum Feinen) und Beachtung sukzessiver Abarbeitung aller Bauwerke, Gebäudeteile, Geschosse und Bauteile wird nicht beachtet (siehe hierzu auch Kapitel 1.5.1 sowie Kapitel 3.4).

Dadurch entstehen Fehler in der Mengenermittlung, die sowohl für die Abwicklung des Bauvertrages als auch die Kostenkontrolle durch den Architekten erhebliche Probleme mit sich bringen.

Nicht definierte Schnittstellen zwischen den Planern bei der Leistungsbeschreibung bzw. fehlende oder unzureichende Koordination der Mengenermittlung der fachlich Beteiligten durch den Architekten führen dazu, dass:

- bestimmte Teilleistungen nicht ausgeschrieben werden (Planer A denkt, dass Planer B die Teilleistung ausschreibt und umgekehrt) oder
- bestimmte Teilleistungen doppelt oder dreifach ausgeschrieben werden (Planer A, B und C denken, dass Teilleistung T1 Bestandteil ihres Leistungsbilds wäre) oder
- ein und dieselbe Leistung in verschiedenen Fachlosen absichtlich parallel ausgeschrieben wird in der Absicht, den günstigsten Preis zu ermitteln.

Nach § 2 Abs. 4 VOB/A ist *„die Durchführung von Vergabeverfahren zum Zwecke der Markterkundung unzulässig".*

Der zur Anwendung der VOB/A verpflichtete (öffentliche) AG handelt also vergaberechtswidrig, wenn parallel die gleichen Leistungen in verschiedenen Fachlosen abgefragt werden. Diese Vorgehensweise ist auch aus bauvertraglicher Sicht falsch.

> **Beispiel**
>
> Eine sowohl vom Umfang als auch Leistungsinhalt identische Teilleistung wird versehentlich bei zwei verschiedenen Fachlosvergaben angefragt und anschließend auch bei zwei verschiedenen AN beauftragt. Da eine Leistung nur einmal erbracht werden kann, entfällt die Leistung bei einem AN komplett (Nullmenge).

Streit zur Frage der Vergütung der Nullmenge ist vorprogrammiert, sei dies nun als Teilkündigung (auf weitergehende Literatur und Rechtsprechung wird verwiesen) gem. § 8 Abs. 1 Nr. 3 VOB/B oder Mengenminderung gem. § 2 Abs. 3 VOB/B. Im schlimmsten Fall bedeutet dies: Der AG zahlt für Leistungen, die der AN nicht erbracht hat.

Ingenstau/Korbion/Leupertz/v. Wietersheim sehen folgende Lösungsmöglichkeit:

„[…] bei einer Mengenreduzierung auf Null" sei der *„Vertrag dazu ergänzend auszulegen […]. Richtiger Anknüpfungspunkt für diese ergänzende Vertragsauslegung ist aber mangels Kündigung nicht § 8 Abs. 1 VOB/B bzw. § 649 S. 2 BGB, sondern § 2 Abs. 3 Nr. 3 VOB/B mit der Maßgabe, dass auch insoweit eine Vergütung für die entfallenen Leistungen zu ermitteln ist. Das aber heißt zugleich, dass der AN nach § 2 Abs. 3 Nr. 3 Satz 1 VOB/B keinen Ausgleich verlangen kann, wenn er durch die Erhöhung von Mengen anderer Positionen (dort mit Mehrmengen von über 110 %) oder sonst (z. B. wegen Vergütungsansprüchen zu Nachträgen) einen Ausgleich erhält."*
(Ingenstau/Korbion/Leupertz/v. Wietersheim, 2017, Rn. 7 zu § 8 Abs. 1 VOB/B)

Aus Unsicherheit über die Zuverlässigkeit der Mengenermittlung werden von Planern häufig **„Mengenreserven"** gebildet, um eine Anpassung der EP nach § 2 Abs. 3 VOB/B zu vermeiden. Dabei werden häufig 10 % auf die ermittelten Mengen aufgeschlagen zur „Mengensicherheit" und um einen „Kostenpuffer" als „Manövriermasse" gegenüber dem Bauherrn zu haben.

Diese Vorgehensweise führt jedoch nur dazu, dass die Kostenbudgets für die Fachlose höher angesetzt werden als faktisch notwendig und (bei umfangreichen und finanzschweren Ausschreibungen) die Kostenkontrolle unnötig erschwert wird.

Falsche Mengenermittlungen haben folgende Auswirkungen auf die Kostenkontrolle:

- Sind die Mengen zu niedrig ermittelt, werden dem Bauherrn scheinbar günstige Ausschreibungsergebnisse suggeriert. In der Vertragsabwicklung kommt die Wahrheit jedoch immer an den Tag. Selbst wenn so gebaut wird, wie ausgeschrieben wurde (was leider der Ausnahmefall ist), wird es aufgrund der zu niedrig ermittelten Mengen zu „Mengenmehrungen" kommen. Diese bilden zwar nur ab, was ursprünglich geplant war. Da der Bauherr jedoch nicht um die Mengenermittlungsfehler weiß, fragt er sich, wieso er mehr Geld für die gleiche Leistung bezahlen soll. Der Planer hat damit ein Darstellungsproblem gegenüber dem Bauherrn (zur Haftung des Planers wegen falscher Mengenermittlung siehe Kapitel 3.4.5).
- Sind die Mengen zu hoch ermittelt, erscheinen die Ausschreibungsergebnisse höher als im Vergabebudget angesetzt. Dem Planer sind die Mengenermittlungsfehler unter Umständen gar nicht bewusst bzw. sie werden aus anderen Gründen auch nicht mehr überprüft. Das hat zur Folge, dass der Planer mit dem Bauherrn über eine Aufhebung der Ausschreibung nachdenkt, obwohl bei sachgemäßer Mengenermittlung das Vergabebudget gereicht hätte und der Auftrag hätte erteilt werden können. Zudem verleiten falsche Mengenansätze den Bieter zu falschen Einheitspreisen (zu hoch/zu niedrig), dies zieht ggf. Abrechnungsstreitigkeiten nach sich.

Praxistipp

- Die Mengenermittlung zur Ausschreibung ist nachvollziehbar zu dokumentieren inkl. der Angabe, auf welchem Planungsstand diese stattfand (Planindex).
- Mengenermittlungen, insbesondere bei den für die Baukosten wichtigen Gewerken (wie Erdbau, Rohbau, Fassade), sind vor Versand der Vergabeunterlagen auf Plausibilität der entscheidenden Positionen gegenprüfen zu lassen (z. B. Menge Fundamentaushub zu Menge Fundamentbeton/Fläche Betonschalung im Verhältnis zu Betonpositionen/Kubatur Erdaushub im Verhältnis zur Kubatur Verfüllungspositionen etc.).
- Schnittstellen zwischen den Planern sind vom Architekten auch bei der Mengenermittlung im Rahmen der LPH 6 vor Fertigstellung der Vergabeunterlagen zu koordinieren. Bei Mehrfachmengenermittlungen ist die Korrektur in den betreffenden Leistungsverzeichnissen zu veranlassen.
- „Mengenreserven" im LV sind zu unterlassen.

Positions-nummer	Position	Menge	Einheit	EP	GP
4.6.9	Ausheben Erdreich Bodenklasse 3 und 4 für bauseitige Sockeldämmung, Höhe bis 40 cm	70	m		

Abb. 5.16: Beispiel falsch gewählter Abrechnungseinheiten

a) Positions-nummer	Positionstext	Menge	Einheit	EP	GP
1.1.1	Herstellen von Aussparungen in Mauerwerkswänden, $d = 17,5$ cm, Größe der Aussparung 0–200 cm^2	1	Stück		
1.1.2	wie vor, jedoch über 200–400 cm^2	1	Stück		
1.1.3	wie vor, jedoch über 400–600 cm^2	1	Stück		
1.1.4	wie vor, jedoch über 600–800 cm^2	1	Stück		
1.1.5	wie vor, jedoch über 800–1.000 cm^2	1	Stück		
1.1.6	wie vor, jedoch über 1.000–1.200 cm^2	1	Stück		
1.1.7	wie vor, jedoch über 1.200–1.400 cm^2	1	Stück		
1.1.8	wie vor, jedoch über 1.400–1.600 cm^2	1	Stück		
1.1.9	wie vor, jedoch über 1.600–1.800 cm^2	1	Stück		
1.1.10	wie vor, jedoch über 1.800–3.000 cm^2	1	Stück		
1.1.11	wie vor, jedoch über 3.000–5.000 cm^2	1	Stück		
1.1.12	wie vor, jedoch über 5.000–6.500 cm^2	1	Stück		
1.1.13	wie vor, jedoch über 6.500–8.000 cm^2	1	Stück		

	besser:				
b) Positions-nummer	**Positionstext**	**Menge**	**Einheit**	**EP**	**GP**
1.1.1	Herstellen von Aussparungen in Mauerwerkswänden, $d = 17,5$ cm, Größe der Aussparung 0–1.600 cm^2	1	Stück		
1.1.2	wie vor, jedoch über 1.600–8.000 cm^2	1	Stück		

Abb. 5.17: Differenzierung nach zu kleinen Abrechnungseinheiten

5.6.9 Abrechnungseinheiten

Typischer Fehler

- Die gewählten Abrechnungseinheiten entsprechen nicht den Vorgaben des Abschnitts 0.5 in der VOB/C bzw. sind zur Abrechnung der Leistung ungeeignet bzw. zu kompliziert.

In dem Beispiel in Abb. 5.16 ist die Abrechnungseinheit falsch gewählt. Da die Breite des Aushubs nicht angegeben ist, ist die Leistung nicht kalkulierbar. Selbst wenn die Breite angegeben wäre: Bei einer Änderung der Aushubbreite müsste ein neuer EP vereinbart werden. Hier wäre die Abrechnungseinheit „m³" fachtechnisch richtig.

Abb. 5.17 zeigt zwar richtige, jedoch für die Bauabrechnung vollkommen unpraktische Differenzierungen. Im Beispiel ist die Leistung vollständig bezeichnet, abrechenbar und entspricht der Empfehlung in der VOB/C ATV DIN 18330 „Mauerarbeiten" (2016) unter Abschnitt 0.5.4. Was „falsch" ist, ist die Differenzierung nach zu kleinen Abrechnungseinheiten. Bei großen Bauvorhaben mit vielen herzustellenden Aussparungen im Mauerwerk und einem Bauvertrag, in dem der Bieter in jeder Aussparungsposition einen anderen EP eingetragen hat, wird die Abrechnung unnötig aufwendig.

Der Architektenbauleiter, der gemeinsam mit dem AN das Aufmaß erstellt, muss bei jeder Aussparung nachprüfen, in welche Position die Aussparung hineinpasst. Dabei sind Verwechslungen und Fehler schon programmiert und der Aufwand bei Aufmaß und Abrechnung (Rechnungsprüfung) unverhältnismäßig.

Ein Bruchteil der Positionen genügt, um ausreichend genau kalkulieren und abrechnen zu können. Der Unterschied im Aufwand für das Herstellen der Aussparung zwischen den in Abb. 5.17 unter a) aufgeführten Positionen ist ohnehin gering, d. h., der Kalkulator im Bauunternehmen würde in der Regel ohnehin bei vielen Positionen den gleichen EP eintragen.

Praxistipp

Bei der Wahl der Abrechnungseinheiten ist zwischen den Extremen (also akribischer Erfassung auch kleinster denkbarer Abrechnungseinheiten einerseits und zu pauschalen Ansätzen andererseits) der goldene Mittelweg so zu suchen, dass die Aspekte „leistungsgerechte Vergütung" und „Ökonomisierung von Aufmaß und Abrechnung" ausgewogen Niederschlag im LV finden. Dabei sind die Hinweise in der VOB/C ATV DIN 18299 ff. in Abschnitt 0.5 zu beachten.

5.6.10 Zulagepositionen

Grundsätzlich ist anzumerken, dass dieser Positionstypus in der VOB/A nicht auftaucht.

Typischer Fehler

- Zu einer Grundposition wird eine nicht ausreichend definierte Zulageposition ausgeschrieben. Für den Bieter ist oft nicht ersichtlich, ob er in dieser Position nur die über die Grundposition hinausgehenden Kosten oder die kompletten Kosten der Teilleistung kalkulieren soll.

In dem Beispiel der Abb. 5.18 und Abb. 5.19 werden viele Bieter die Position 1.2 so verstehen, dass sie nur die Mehrkosten zu Position 1.1 kalkulieren sollen. Manche Bieter verstehen Position 1.2 eventuell so, dass die komplette Leistung zu kalkulieren ist.

Positions-nummer	Position	Menge	Einheit	EP	GP
1.1	Baugrubenaushub Bodenklasse 3 und 4 inkl. Entsorgung	2.000	m³		

Abb. 5.18:   Grundlageposition

Positions-nummer	Position	Menge	Einheit	EP	GP
1.2	Zulage zur vorigen Position für Handaushub von Unterfangungen, Bodenklasse 3 und 4	20	m³		

Abb. 5.19:   Zulageposition

Es fehlt den Zulagepositionen oft an der nötigen Klarheit für die Bieter. Zumindest erhöhen sie die Gefahr, dass Bieter den Zusatz „Zulage zu" überlesen und die vollen Kosten der Teilleistungen kalkulieren.

Die Auswertung vieler Preisspiegel in der Praxis zeigt, dass Zulagepositionen auffällig oft zu Preisspiegelabweichungen (Auffälligkeiten) führen. Das legt den Schluss nahe, dass viele Bieter diesen Positionstypus nicht verstehen, aus Zeitmangel bei der Angebotsbearbeitung den Zusatz „Zulage zu" schlicht überlesen oder bewusst die Zulagepositionen für die spätere Abrechnung als „Claim" im Auge behalten und spekulativ (insbesondere bei niedrigen Mengenansätzen) hohe EP anbieten.

Bei einer Vielzahl von Zulagepositionen im LV und unterschiedlichen Auffassungen der Bieter darüber, was in diesen Zulagepositionen kalkuliert werden soll, sind nicht miteinander vergleichbare Angebote zu erwarten. Die Auswahl des günstigsten Angebots ist damit erschwert, da die AG, die zur Anwendung der VOB/A verpflichtet sind, nur über den Angebotsinhalt aufklären, jedoch keine Preisverhandlungen durchführen dürfen.

Praxistipp

Auf Zulagepositionen sollte grundsätzlich verzichtet werden. Sie werden nicht von allen Bietern gleich verstanden und führen zu nicht vergleichbaren Angeboten und oft zu überteuerten Preisen. Eine abweichende Leistung kann ebenso gut als eigenständige Position formuliert werden.

5.6.11 Nebenleistung/Besondere Leistung nach VOB/C

In VOB/C ATV DIN 18299 (2016) Abschnitt 4.1 heißt es: *„Nebenleistungen sind Leistungen, die auch ohne Erwähnung im Vertrag zur vertraglichen Leistung gehören"* (§ 2 Abs. 1 VOB/B). Und unter Abschnitt 0.4 Einzelangaben zu Nebenleistungen und Besonderen Leistungen:

„0.4.1 Nebenleistungen

Nebenleistungen (Abschnitt 4.1 aller ATV) sind in der Leistungsbeschreibung nur zu erwähnen, wenn sie ausnahmsweise selbstständig vergütet werden sollen. Eine ausdrückliche Erwähnung ist geboten, wenn die Kosten der Nebenleistung von erheblicher Bedeutung für die Preisbildung sind. In diesen Fällen sind besondere Ordnungszahlen (Positionen) vorzusehen."

Typische Fehler

- In VOB/C unter Besondere Leistungen aufgeführte Leistungen werden als Nebenleistung deklariert und sind für den Bieter aufgrund fehlender Angaben und Mengenvordersätze nicht oder nur mit hohem Risiko kalkulierbar.
- In VOB/C unter Nebenleistung aufgeführte Leistungen werden als Besondere Leistungen ausgeschrieben, obwohl sie für die Kalkulation unbedeutend sind.

Beispiel

Auszug aus: LV Elektroinstallation

„In den beigefügten ZTV wird Verlegungsart unter Putz gefordert.

Die Leitungsverlegungsart ‚unter Putz' erfolgt in jeglicher Art von Wänden aus Gasbeton oder Mauerwerk unter Einsatz von Fräsmaschinen. Die Erstellung der Schlitze sowie entsprechendes Befestigungsmaterial (keine Hakennägel) muss im Einheitspreis der Leitungen enthalten sein.

Für die Kalkulation ist von folgender Mischverlegung auszugehen:

- *ca. 1 % unter Putz einschließlich Wand-, Decken- oder Fußbodenschlitz*
- *ca. 4 % mit Schellenbefestigung*
- *ca. 30 % in Schutzrohr*
- *ca. 65 % in Kabelbahn*

Schellenbefestigungen für Steigetrassen sind einzukalkulieren.

Die Leitungen sind fertig zu verlegen, gemäß Standard VDE."

Die Regelung im Beispiel steht im Widerspruch zu VOB/C ATV DIN 18382 „Nieder- und Mittelspannungsanlagen mit Nennspannungen bis 36 kV" (2016) Abschnitt 4.2.4 und zwingt den Bieter zur Mischkalkulation.

Dieser Fehler kann u. a. folgende Ursachen haben:

- fehlende oder unvollständige Ausführungsplanung
- Zeitdruck bei LV-Erstellung

- Unkenntnis der VOB/C
- fehlende oder nicht rechtzeitig eingeholte Beiträge der an der Planung fachlich Beteiligten
- mangelndes Verständnis für die Interessenlage des Bieters/Kalkulators
- fehlende baukalkulatorische Kenntnisse
- fehlendes Verständnis der Folgen von Risikoabwälzungen auf den Bieter für die Angebotspreise

Die Empfehlungen in der VOB/C zu Nebenleistungen und Besonderen Leistungen müssen vor dem Hintergrund des vom Vergabe- und Vertragsausschuss beabsichtigten Interessenausgleiches für die Vertragsparteien gesehen werden. Von diesen Vorgaben sollte nur in begründeten Fällen abgewichen werden. Ist diese Abweichung aber im Bauvertrag klar definiert und ohne besonderen Aufwand klar kalkulierbar, dann gilt in diesem Fall vorrangig der Bauvertrag und nicht die Unterscheidung der VOB/C in Nebenleistungen und Besondere Leistungen!

Es kommt im Einzelfall immer auf die Auslegung des Bauvertrages und damit auf die Auslegung der Vergabeunterlagen in ihrer Gesamtheit an.

„Ergibt sich weder aus dem Leistungsverzeichnis noch aus der DIN 18299 noch aus den Abrechnungsregelungen der einschlägigen DIN, dass eine Leistung als Nebenleistung ohne besondere Vergütung zu erbringen ist, so spricht einiges dafür, dass es sich um eine Besondere Leistung handelt."
(Ingenstau/Korbion/Leupertz/v. Wietersheim, 2017, Rn. 40 zu § 2 Abs. 1 VOB/B)

Beispiel

Ausschreiben von Nebenleistungen nach VOB/C als LV-Position:

Nach VOB/C ATV DIN 18340 Abschnitt 4.1.1 ist Nebenleistung:

„Auf-, Um- und Abbauen sowie Vorhalten von Gerüsten für eigene Leistungen, sofern die zu bearbeitende oder zu bekleidende Fläche nicht höher als 3,50 m über der Standfläche des hierfür erforderlichen Gerüstes liegen."

Unter Umständen erfordern es aber die Bauumstände, dass die Gerüste, bei denen die zu bearbeitende oder zu bekleidende Fläche nicht höher als 3,50 m über der Standfläche liegt, immer wieder in einem solchen Umfang auf- und abzubauen bzw. versetzt werden müssen, dass es für den Bieter nicht oder nur mit erheblichem Aufwand kalkulierbar ist. In diesem Fall wäre es angezeigt, auch für die Gerüste unter 2 m Arbeitshöhe LV-Positionen zu generieren, mit denen Auf- und Abbau, Versetzen und Vorhaltung der Gerüste abgerechnet werden können.

Praxistipp

- Für die in VOB/C unter den Besonderen Leistungen aufgeführten Leistungen sollten in aller Regel LV-Positionen gebildet werden, es sei denn, die Leistung ist auch ohne diese Angaben kalkulierbar.
- Die in VOB/C unter Nebenleistung aufgeführten Leistungen sind in aller Regel nicht auszuschreiben, es sei denn, sie sind von erheblicher Kostenrelevanz, d. h. kalkulatorischer Bedeutung. Von der Unterscheidung zwischen Besonderer Leistung und Nebenleistung sollte nur in begründeten Fällen abgewichen werden.

5.6.12 Ausführungsfristen/Angebotsfrist/Bindefrist

„Einzelne Vertragsbedingungen, Ausführungsfristen

(1) 1. Die Ausführungsfristen sind ausreichend zu bemessen; Jahreszeit, Arbeitsbedingungen und etwaige besondere Schwierigkeiten sind zu berücksichtigen. Für die Bauvorbereitung ist dem Auftragnehmer genügend Zeit zu gewähren.

2. Außergewöhnlich kurze Fristen sind nur bei besonderer Dringlichkeit vorzusehen.

3. Soll vereinbart werden, dass mit der Ausführung erst nach Aufforderung zu beginnen ist (§ 5 Absatz 2 VOB/B), so muss die Frist, innerhalb derer die Aufforderung ausgesprochen werden kann, unter billiger Berücksichtigung der für die Ausführung maßgebenden Verhältnisse zumutbar sein; sie ist in den Vergabeunterlagen festzulegen.

(2) 1. Wenn es ein erhebliches Interesse des Auftraggebers erfordert, sind Einzelfristen für in sich abgeschlossene Teile der Leistung zu bestimmen.

2. Wird ein Bauzeitenplan aufgestellt, damit die Leistungen aller Unternehmen sicher ineinandergreifen, so sollen nur die für den Fortgang der Gesamtarbeit besonders wichtigen Einzelfristen als vertraglich verbindliche Fristen (Vertragsfristen) bezeichnet werden.

(3) Ist für die Einhaltung von Ausführungsfristen die Übergabe von Zeichnungen oder anderen Unterlagen wichtig, so soll hierfür ebenfalls eine Frist festgelegt werden.“
(§ 9 Abs. 1 bis 3 VOB/A)

„Fristen

(1) Für die Bearbeitung und Einreichung der Angebote ist eine ausreichende Angebotsfrist vorzusehen, auch bei Dringlichkeit nicht unter 10 Kalendertagen. Dabei ist insbesondere der zusätzliche Aufwand für die Besichtigung von Baustellen oder die Beschaffung von Unterlagen für die Angebotsbearbeitung zu berücksichtigen.

[...]

(4) Der Auftraggeber bestimmt eine angemessene Frist, innerhalb der die Bieter an ihre Angebote gebunden sind (Bindefrist). Diese soll so kurz wie möglich und nicht länger bemessen werden, als der Auftraggeber für eine zügige Prüfung und Wertung der Angebote (§§ 16 bis 16d) benötigt. Eine längere Bindefrist als 30 Kalendertage soll nur in begründeten Fällen festgelegt werden. Das Ende der Bindefrist ist durch Angabe des Kalendertages zu bezeichnen.

(5) Die Bindefrist beginnt mit dem Ablauf der Angebotsfrist.

(6) Die Absätze 4 und 5 gelten bei Freihändiger Vergabe entsprechend."
(§ 10 Abs. 1 und 4 bis 6 VOB/A)

Typische Fehler

- Die Ausführungsfristen sind nicht ausreichend bemessen.
- Die Angebotsfrist entspricht nicht dem Komplexitätsgrad der ausgeschriebenen Leistungen, d. h. ist teilweise zu kurz bemessen.
- Die Bindefrist wird unangemessen lang festgelegt. Die Bindefrist wird zu kurz festgelegt, weil AG-interne Verwaltungsabläufe bis zur Vergabeentscheidung sowie die Zeitdauer für die Prüfung der Angebote nicht angemessen berücksichtigt werden.
- Im Terminplan werden unnötige Zwischenfristen festgelegt, die den Bieter in seiner Dispositionsfreiheit einschränken.

Bauzeitenpläne werden oft nicht nach den baubetrieblich und fachtechnisch erforderlichen Ablaufdauern aufgestellt, sondern von unrealistischen Projektfertigstellungsterminen ausgehend zurückgerechnet. Die Bauzeitenkurve wird entsprechend steil und die Vorgangsdauern überlappen sich stärker als fachtechnisch und baubetrieblich erforderlich.

Beispiel

Ein-, Ausschal- und Abbindefristen von Ortbetonbauteilen werden nicht beachtet, mit der Folge, dass nachfolgende AN Behinderung anmelden müssen bzw. deren Ausführungsfristen bereits überholt sind, bevor sie überhaupt begonnen haben.

Ausführungsfristen

Bei der Festlegung der **Ausführungsfristen** sind auch vom AG zu liefernde Ausführungsunterlagen (wie z. B. Ausführungspläne des Architekten oder des Fachplaners bzw. vom AN zu erstellende Werkstattpläne, die vom AG noch zu prüfen und freizugeben sind) zu berücksichtigen. Planerstellung und -lieferung muss mit allen Planern koordiniert sein.

Die Arbeitsvorbereitung des AN muss ebenfalls berücksichtigt werden, denn der AN kann erst Material zur Fertigung bestellen, wenn alle Pläne freigegeben sind. Zu der Fertigungsdauer beim AN kommen ggf. bei größeren und schweren Bauteilen Transport- und Logistikklärungen (wie z. B. Einlagerung aufgrund nicht vorhandener Lagerflächen beim AN), die ebenfalls Zeit benötigen. Bei technisch sehr komplexen Teilleistungen müssen die Fristen bis zum jeweiligen Ausführungsbeginn ausreichend und eher zu lang als zu kurz bemessen werden.

Dies gilt besonders,

- wenn viele Schnittstellen zu anderen Fachlosen vorhanden sind,
- wenn technisch aufwendige Details zu planen und mit dem AN gemeinsam zu erarbeiten sind,
- wenn Planungen verschiedener Fachplaner zu koordinieren und zu berücksichtigen sind,
- wenn neuartige und nicht erprobte Bauweisen realisiert werden sollen (die Beantragung einer Zulassung im Einzelfall bei einer Landesstelle für Bautechnik [LfB] kann, bis alle für die Genehmigung erforderlichen Unterlagen zusammengetragen und der LfB übergeben sind, Monate in Anspruch nehmen),
- bei Bauteilen, die außerhalb der in Bauregellisten definierten Zulassungsbereiche liegen und für die z. B. eine Zulassung im Einzelfall erforderlich ist (z. B. Brandschutzabschlüsse) und unter Umständen sogar noch Versuche in einer Materialprüfungsanstalt zu erwirken sind (z. B. Pendelschlagversuch bei Verglasung von Brüstungen).

Angebotsfristen

Zu kurze Angebotslaufzeiten haben zur Folge, dass

- gar keine oder zu wenige Angebote beim AG eingehen (dadurch Einschränkung des Wettbewerbes und Erhöhung des Preisniveaus),
- Angebote überhastet kalkuliert wurden und damit zu günstig oder zu teuer sind (weil zu wenig Zeit vorhanden war, Zulieferer- und Nachunternehmerangebote einzuholen).

Im Zweifel muss die **Angebotsfrist** verlängert und der Zeitpunkt der Abgabe der Angebote nach hinten verschoben werden.

Der AG sollte Warnzeichen der Bieter auf eine unzulängliche Ausschreibung nicht ignorieren. Alles, was vor der Angebotsabgabe nicht geklärt ist, holt ihn und die Planer im Wege von Vergabenachprüfungsverfahren und/oder zahllosen Nachträgen später wieder ein.

Bindefrist

Nach den vorformulierten Bewerbungsbedingungen des VHB und KVHB-Bau Baden-Württemberg (siehe Kapitel 7.5) ist der Bieter bis zum Ablauf der Bindefrist an sein Angebot gebunden.

Die Frist von 30 Kalendertagen wird von den AG häufig bis zu einem halben Jahr ausgedehnt, um bei einem evtl. Nachprüfungsverfahren keine finanziellen Nachteile zu erleiden (siehe hierzu die Ausführungen in Kapitel 5.1). Dies ist aus AG-Sicht eine durchaus verständliche Vorgehensweise, die Bieter belastet es unter Umständen aber betriebswirtschaftlich unangemessen.

Die Bieter nehmen, um an Aufträge zu gelangen, in der Regel parallel an verschiedenen Ausschreibungen teil. Die Bieter der engeren Wahl können, da sie bis zum Ablauf der Bindefrist an ihr Angebot gebunden sind, an neu eingehenden Ausschreibungen, die evtl. weitaus lukrativer und attraktiver wären, nicht teilnehmen, da sie ja damit rechnen müssen, den Zuschlag zu erhalten. Die Bieter müssen also bis zum Ablauf der Bindefrist Personalkapazität im Unternehmen zumindest fakultativ binden.

In § 19 Abs. 1 VOB/A heißt es zwar: *„Bieter, deren Angebote ausgeschlossen worden sind (§ 16), und solche, deren Angebote nicht in die engere Wahl kommen, sollen unverzüglich unterrichtet werden. Die übrigen Bieter sind zu unterrichten, sobald der Zuschlag erteilt worden ist."*

Die Praxis sieht jedoch häufig so aus, dass der AG den nicht berücksichtigten Bietern das Absageschreiben erst kurz vor der Zuschlagserteilung zusendet (was sich bei öffentlichen AG durchaus über Monate hinziehen kann). Bieterfreundlicher und vergaberechtskonform wäre es, die Regelung in § 19 Abs. 1 wortgetreu umzusetzen und Bietern, die aufgrund des hohen Angebotspreises für den Zuschlag nicht in Betracht kommen, abzuschreiben, sobald die Vergabeentscheidung getroffen ist.

Die Vergabeentscheidung durch politische Gremien bzw. AG-interne Mitzeichnungszuständigkeiten erfordert es, ggf. die Bindefrist länger als die in der VOB vorgesehenen 30 Tage anzusetzen. Es besteht hier ein Zielkonflikt zwischen AG-seitigem Interesse, genügend Zeit zur Vergabe mit allen notwendigen fachtechnischen Klärungen und Formalitäten zu haben, und dem Bieterinteresse, nicht länger als nötig an ein Angebot gebunden zu sein, um frei werdende Ressourcen in andere Projekte zu investieren. Dieser Zielkonflikt lässt sich vergaberechtlich nicht auflösen.

Nach Ablauf der Bindefrist ist der Bieter nicht mehr an sein Angebot gebunden. Ist die Bindefrist abgelaufen und der AG hat den Auftrag noch nicht erteilt, kann er zwar auf den Bieter zugehen, um die Bindefrist verlängern zu lassen, und anfragen, ob der Bieter noch zu den angebotenen EP steht. Dazu ist der Bieter jedoch nicht verpflichtet. Unter Umständen stimmt der Bieter der Bindefristverlängerung nur unter dem Vorbehalt der Preisanpassung (z. B. wegen abgesprungener Nachunternehmer) zu. Da dem AG zwischen Ablauf der Bindefrist und dem Ausführungsbeginn in der Regel nicht mehr genügend Zeit zur Verfügung steht, um erneut auszuschreiben, wird er im Allgemeinen diesem Ansinnen nachgeben.

Praxistipp

- Die Ausführungsfristen sind ausreichend zu bemessen. Eine WC-Trennwand- oder Gerüstausschreibung mit standardisierten Bauteilen erfordert weniger Laufzeit für die Bearbeitung des Angebots als eine aufwendige Glasfassade, bei der die Bieter bei Profil- und Glasherstellern erst noch umfänglich Stoffpreisangebote bzw. Nachunternehmerleistungen anfragen müssen. Dies ist im Projekt- und – vor allem vom Architekten geschuldeten – Vergabeterminplan angemessen zu berücksichtigen.
- Die Bindefristen sind nicht länger als unbedingt nötig zu bemessen. AG-interne Verwaltungsabläufe (insbesondere bei öffentlichen AG) sowie die Komplexität der fachtechnischen Prüfung können längere Bindefristen als die in § 10 Abs. 4 Satz 3 VOB/A genannte Empfehlung von 30 Kalendertagen erforderlich machen.
- Ausführungszwischenfristen sollten nur da festgelegt werden, wo Nachfolgegewerke beim Nichterreichen des Zwischentermins behindert wären und auf den AG damit ggf. Behinderungskosten zukämen.

5.6.13 Vertragsstrafen

„Vertragsstrafen, Beschleunigungsvergütung

Vertragsstrafen für die Überschreitung von Vertragsfristen sind nur zu vereinbaren, wenn die Überschreitung erhebliche Nachteile verursachen kann. Die Strafe ist in angemessenen Grenzen zu halten. Beschleunigungsvergütungen (Prämien) sind nur vorzusehen, wenn die Fertigstellung vor Ablauf der Vertragsfristen erhebliche Vorteile bringt.“
(§ 9a VOB/A)

Typische Fehler

- Der AG macht die Vertragsstrafe (AGB-widrig) von Bedingungen abhängig, auf die der Bieter keinen Einfluss hat.
- Die Höhe der Vertragsstrafe steht nicht im Verhältnis zu dem aus der Verzögerung entstandenen Schaden.
- Eine Begrenzung der Vertragsstrafe fehlt.
- Die Vertragsstrafe ist vertraglich nicht klar vereinbart.

Beispiel

Auszug aus ZTV: *„Der Bieter ist für die Koordinierung seiner Leistungen mit Fremdgewerken verantwortlich. Baufristenverschiebungen durch nicht erbrachte Koordinierungen lösen eine Vertragsstrafe aus. Diese wird arbeitstäglich auf 1% der Abrechnungssumme festgesetzt.“*

Der Bieter hat keine Koordinierungspflicht. Diese obliegt dem Architekten. Somit ist die angedrohte Vertragsstrafe AGB-widrig und bauvertraglich nicht wirksam.

Beispiel

Auszug aus ZTV: *„Der Bieter ist zur Zahlung der Vertragsstrafe verpflichtet, sobald er die vertraglich vereinbarten Fristen überschreitet."*

Da die Überschreitung der Vertragstermine auch durch Umstände ausgelöst werden kann, die außerhalb der Risikosphäre des AN liegen und nicht durch diesen zu vertreten sind (das Verschulden ist entscheidend), ist dieser Passus AGB-widrig, weil er den Empfänger unangemessen benachteiligt.

Beispiel

Auszug aus ZTV: *„Die Vertragsstrafe wird auf 7 % Auftragssumme begrenzt."*

Die Höhe der Vertragsstrafe ist unangemessen hoch und daher AGB-widrig und als nicht vereinbart anzusehen.

Beispiel

Auszug aus ZTV: *„Die Vertragsstrafe wird ohne Begrenzung auf 0,5 % der Abrechnungssumme festgesetzt je Arbeitstag bei schuldhafter Überschreitung der vertraglich vereinbarten Fertigstellungstermine."*

Dies ist AGB-widrig, da keine Begrenzung der Höhe der Vertragsstrafe definiert ist. Grund: Die Vertragsstrafe droht so den Gewinn des Unternehmens und mehr aufzubrauchen.

Beispiel

Auszug aus ZTV: *„Der AG behält sich die Geltendmachung einer Vertragsstrafe vor. Entsprechende Vereinbarungen sind vor Auftragsbeginn zu treffen."*

Für den Bieter ist nicht erkennbar, ob und mit welchen Randbedingungen (Höhe und Begrenzung der Vertragsstrafe) die Vertragsstrafe Vertragsinhalt wird. Dies verstößt gegen Vergaberecht.

Erfahrungsgemäß können Vertragsstrafen im Falle der Überschreitung des Fer tigstellungstermins (bzw. Überschreitung von Vertragszwischenfristen) vom AG kaum durchgesetzt werden. Der AG kann selten detailliert nachweisen, dass die Überschreitung allein vom AN verursacht wurde.

Die Angaben im Bautagebuch, im Schriftverkehr mit dem AN oder in den Baustellenterminplänen sind in der Regel nicht ausreichend genug, um eine eindeutige Schuldzuweisung dokumentieren zu können und eine lückenlose Kausalkette (d. h. die Kausalität zwischen Verzug und allein dem AN zurechenbaren Umständen) darstellen zu können.

Es reicht unter Umständen schon ein Schal- oder Bewehrungsplan, der vom AG nicht rechtzeitig dem AN übergeben wurde, um die Vertragsstrafe außer Kraft zu setzen. Da die Nichteinhaltung von Planlieferfristen aufgrund der häufig vorkommenden Änderungen der Planung nach Auftragserteilung eher die Regel als die Ausnahme darstellt, wird sich der AG schon aus diesem Grund bei der Durchsetzung der Vertragsstrafe schwertun. Behinderungen durch z. B. Kampfmittelfunde, kontaminierten Bauaushub, Behinderungen durch andere AN, ungewöhnliche Wetterverhältnisse etc. tun das Übrige.

> **Praxistipp**
>
> - In der Regel sollte aufgrund geringer Erfolgsaussichten einer Durchsetzung auf die Regelung von Vertragsstrafen verzichtet werden.
> - Ein Tagessatz von 0,1 % der Abrechnungssumme entspricht der derzeitigen BGH-Rechtsprechung.
> - Die Vertragsstrafe ist höhenmäßig zu begrenzen. Dabei sollten 5 % der Auftragssumme die Obergrenze darstellen. (BGH, BauR 2003, 870)
> - Die vorgesehene Vereinbarung von Vertragsstrafen ist in den Vertragsbedingungen in den Vergabeunterlagen anzugeben (siehe Formulare VHB bzw. KVHB-Bau).
> - In den Vergabeunterlagen (dort in der Regel in den BVB) sollte begrifflich klargestellt werden, ob „Auftragssumme" oder „Abrechnungssumme" (jeweils ohne Umsatzsteuer) gemeint ist.

5.6.14 Verjährungsfristen für Mängelansprüche

„Verjährung der Mängelansprüche

Andere Verjährungsfristen als nach § 13 Absatz 4 VOB/B sollen nur vorgesehen werden, wenn dies wegen der Eigenart der Leistung erforderlich ist. In solchen Fällen sind alle Umstände gegeneinander abzuwägen, insbesondere, wann etwaige Mängel wahrscheinlich erkennbar werden und wieweit die Mängelursachen noch nachgewiesen werden können, aber auch die Wirkung auf die Preise und die Notwendigkeit einer billigen Bemessung der Verjährungsfristen für Mängelansprüche."
(§ 9b VOB/A)

„1. Ist für Mängelansprüche keine Verjährungsfrist im Vertrag vereinbart, so beträgt sie für Bauwerke 4 Jahre, für andere Werke, deren Erfolg in der Herstellung, Wartung oder Veränderung einer Sache besteht, und für die vom Feuer berührten Teile von Feuerungsanlagen 2 Jahre.
Abweichend von Satz 1 beträgt die Verjährungsfrist für feuerberührte und abgasdämmende Teile von industriellen Feuerungsanlagen 1 Jahr.

2. *Ist für Teile von maschinellen und elektrotechnischen/elektronischen Anlagen, bei denen die Wartung Einfluss auf Sicherheit und Funktionsfähigkeit hat, nichts anderes vereinbart, beträgt für diese Anlagenteile die Verjährungsfrist für Mängelansprüche abweichend von Nummer 1 zwei Jahre, wenn der Auftraggeber sich dafür entschieden hat, dem Auftragnehmer die Wartung für die Dauer der Verjährungsfrist nicht zu übertragen; dies gilt auch, wenn für weitere Leistungen eine andere Verjährungsfrist vereinbart ist.*

3. *Die Frist beginnt mit der Abnahme der gesamten Leistung; nur für in sich abgeschlossene Teile der Leistung beginnt sie mit der Teilabnahme (§ 12 Absatz 2)."*

(§ 13 Abs. 4 VOB/B)

Typische Fehler

- Es wird von den Regelfristen des § 13 VOB/B ohne erkennbaren fachtechnischen Grund abgewichen.

Bei der Festlegung der Fristen für Mängelansprüche ist zu bedenken, dass die Fristen in der VOB/B vor dem Hintergrund eines ausgewogenen Interessenausgleiches festgelegt wurden, d. h., die Verlängerung der in § 13 Abs. 4 VOB/B genannten Fristen führt zwar zu einer längeren Sicherheit für den Bauherrn. Der seriös kalkulierende Bieter muss jedoch das verlängerte Risiko in den EP berücksichtigen. Mit zunehmender Dauer der Frist für Mängelansprüche steigt das Risiko für den AN, da die Bauleistung im Laufe der Jahre einem natürlichen Verschleiß bzw. dem Risiko von Sachbeschädigungen unterliegt.

Die in der VOB/B genannten Verjährungsfristen für Mängelansprüche sollten grundlos nicht verlängert werden, da

- die Gründlichkeit der Kontrollen durch die Bauleiter während der Verjährungsfrist mit zunehmender Zeit abnehmen wird,
- der AG das Risiko trägt, dass der AN bei überlangen Verjährungsfristen in Insolvenz gerät und deshalb die Mängelansprüche ihm gegenüber nicht mehr durchgesetzt werden können (bei vorliegenden Bürgschaften für Mängelansprüche hat der AG zumindest entsprechende Sicherheit),
- die Verlängerung der Mängelanspruchsfristen tendenziell preiserhöhend wirkt.

Ebenso sollten nicht Fristen nach BGB vorgesehen werden, wenn die VOB in den Vergabeunterlagen vereinbart ist. Dies führt zur Inhaltskontrolle.

Verlängerte Fristen zur Verjährung von Mängelansprüchen sollten vor allem nicht auf Leistungen ausgedehnt werden, bei denen die Wartung (ähnlich der von technischen Anlagen) wesentlichen Einfluss auf die Gebrauchstauglichkeit und Mängelfreiheit hat.

Im Straßenbau gibt es teilweise (z. B. bei Markierungsarbeiten) kürzere Mängelanspruchsfristen, was in der Natur der Sache begründet ist.

Praxistipp

- Der AG sollte von den Verjährungsfristen für Mängelansprüche der VOB/B nicht ohne erkennbaren fachtechnischen Grund abweichen.
- Bei technischen Anlagen (ggf. auch bei sonstigen Bauteilen), bei denen die Wartung erheblichen Einfluss auf Funktion und Sicherheit hat, sollte vom AG entweder ein Wartungsvertrag bereits während der Verjährungsfrist für Mängelansprüche vorgesehen werden oder der AG nimmt die verkürzten Fristen (2 Jahre) in Kauf.
- Ausnahme: Bei nicht hinreichend erprobten oder neuen Bauweisen sind längere Verjährungsfristen für Mängelansprüche als Sicherheit für den AG evtl. sinnvoll.

5.6.15 Sicherheitsleistung

„Auf Sicherheitsleistung soll ganz oder teilweise verzichtet werden, wenn Mängel der Leistung voraussichtlich nicht eintreten. Unterschreitet die Auftragssumme 250.000 € ohne Umsatzsteuer, ist auf Sicherheitsleistung für die Vertragserfüllung und in der Regel auf Sicherheitsleistung für die Mängelansprüche zu verzichten. Bei Beschränkter Ausschreibung sowie bei Freihändiger Vergabe sollen Sicherheitsleistungen in der Regel nicht verlangt werden."
(§ 9c Abs. 1 VOB/A)

„1. Wenn Sicherheitsleistung vereinbart ist, gelten die §§ 232 bis 240 BGB, soweit sich aus den nachstehenden Bestimmungen nichts anderes ergibt.
2. Die Sicherheit dient dazu, die vertragsgemäße Ausführung der Leistung und die Mängelansprüche sicherzustellen."
(§ 17 Abs. 1 VOB/B)

Typische Fehler

- Der AG fordert Sicherheiten bei Fachlosen, bei denen es Mängel nach der Abnahme in der Regel nicht gibt bzw. vom AG nicht bewiesen werden können.
- Die Forderung nach Sicherheiten ist im Verhältnis zur Auftragssumme unangemessen.

Fachlose, bei denen Mängel nach der Abnahme in aller Regel unwahrscheinlich sind (wie z. B. bei Gerüstarbeiten, Abbruch- und Rückbauarbeiten, Erdarbeiten, Verbauarbeiten [bei nur temporären Verbauten]), sollten auf Sicherheitsleistungen verzichten.

Die Forderung nach Sicherheitsleistung sollte in einem vernünftigen Verhältnis zur Auftragssumme stehen. Aus diesem Grund empfehlen das VHB und das KVHB-Bau Vertragserfüllungs- bzw. Mängelanspruchsbürgschaften erst ab einer Auftragssumme von 250.000 €. Beträgt die Auftragssumme z. B. 100.000 € brutto und die vertraglich vereinbarte Höhe der Sicherheit für Mängelansprüche 3 % der Auftragssumme (brutto), so hat der AG Sicherheit während der Verjährungsfrist für Mängelansprüche in Höhe von 3.000 €.

Dies stellt angesichts einer in der Regel 4 Jahre dauernden Frist nicht sehr viel Sicherheit für den AG dar und bedeutet nur einen unnötigen und vermeidbaren Verwaltungsaufwand.

Praxistipp

- Bei Fachlosen, bei denen es Mängel nach der Abnahme in der Regel nicht gibt oder nicht geben kann (siehe Kapitel 5.6.14), ist auf Sicherheiten zu verzichten.
- Sicherheitsleistungen sollten erst ab 250.000 € Netto-Auftragssummen verlangt werden (siehe VHB bzw. KVHB-Bau).

5.6.16   Lohn- und Stoffpreisgleitklauseln

„Änderung der Vergütung

Sind wesentliche Änderungen der Preisermittlungsgrundlagen zu erwarten, deren Eintritt oder Ausmaß ungewiss ist, so kann eine angemessene Änderung der Vergütung in den Vertragsunterlagen vorgesehen werden. Die Einzelheiten der Preisänderungen sind festzulegen."
(§ 9d VOB/A)

Typischer Fehler

- Fachlose, deren Ausführungsfristen sich über mehrere Jahre erstrecken und bei denen mit gravierenden Lohnpreis- und/oder Stoffpreisänderungen gerechnet werden muss, werden zu Festpreisen, d. h. ohne Lohn- und Stoffpreisgleitklauseln, ausgeschrieben.

Lohngleitklausel

Bei der Ausschreibung der Bauleistung ist zu untersuchen, in welchem Umfang während der Baumaßnahme mit Lohnpreisänderungen gerechnet werden muss. Dabei ist zu berücksichtigen:

- Art der Bauleistung
- Dauer bzw. Unterbrechungen der Ausführungsfristen
- Lohntarifentwicklung in der Bauwirtschaft (Rahmentarifverträge der Bauinnungen)
- realistische Prognose über die gesamte Bauzeit des Fachloses

In Zeiten überschaubarer und gut prognostizierbarer Lohntarifentwicklungen bedarf es in der Regel keiner Lohnpreisgleitklausel für einen Bieter, um sein Angebot zuverlässig kalkulieren zu können.

Dies dürfte auch für Bauvorhaben gelten, die mehr als zwei Jahre Bauzeit haben und bei denen üblicherweise vor allem ein hoher Anteil von Nachunternehmerleistungen anfällt und Lohnänderungen den Haupt-AN in aller Regel ohnehin nicht treffen.

Stoffpreisgleitklauseln

Bezüglich der Stoffpreisgleitklauseln wird auf die Stoffpreisentwicklung der Baustoffe (Preisindizes Erzeugerpreise gewerblicher Produkte des Statistischen Bundesamtes, Fachserie 17, Reihe 2, www.destatis.de) verwiesen.

Dabei ist zu berücksichtigen, dass den vom Statistischen Bundesamt erhobenen Indizes für einzelne Fachserien bundesweite Durchschnittswerte zugrunde liegen und die am Ort der zu erbringenden Bauleistung zum Zeitpunkt der Erstellung der Vergabeunterlagen geltenden Preise für Baustoffe (oder Baustoffgruppen) sich ggf. erheblich von den Werten des Bundesamtes unterscheiden können.

Die Entscheidung, ob der AG eine Stoffpreisgleitklausel verwendet, bleibt dem AG überlassen. Dazu ist in sorgfältiger Abwägung der regionale Markt zu untersuchen, die Preisentwicklung zu prognostizieren und zu entscheiden, ob Festpreise (bei langen Ausführungszeiträumen) die Bieter so beschweren würden, dass ein unkalkulierbares Risiko für den späteren AN entstünde.

Zu berücksichtigen ist, dass der Unternehmer in der Regel im Rahmen der Angebotskalkulation ohnehin einen Risikoaufschlag kalkuliert.

Eine sich über mehrere Monate hinziehende stark schwankende Preisentwicklung bei einzelnen Baustoffen oder Baustoffgruppen kann ein Indiz sein, bedeutet aber nicht die zwingende Erforderlichkeit einer Stoffpreisgleitklausel.

Der Verfasser hat in der Praxis in den seltenen Fällen, in denen eine Stoffpreisgleitklausel (z. B. durch Rügen von Bietern zur mangelnden Kalkulierbarkeit des Angebotes während der Angebotsfrist) in die Vergabeunterlagen aufgenommen wurde, erlebt, dass der spätere AN – solange die Preise für Stoffe (die von der Gleitklausel betroffen waren) stetig steigen – bereitwillig umfangreiche Belege für seine „Mehrkosten" (siehe hierzu Berechnungsmodus in den Anleitungen des VHB) einreicht.

Fallen die Stoffpreise jedoch deutlich unter den in den Vergabeunterlagen ermittelten Marktwert, ist die Bereitschaft des AN zur Vorlage der Nachweise der (für den AG jetzt höchst erfreulichen) Minderkosten schlagartig verschwunden, und die Anwendung der Stoffpreisgleitklausel wird vom AN als AGB-widrig angesehen.

Stoffpreisgleitklauseln wiegen die Vertragsparteien regelmäßig in falscher Sicherheit. Sie nehmen dem Bieter zwar teilweise das Risiko, Stoffpreissteigerungen, die über den in den Vergabeunterlagen ermittelten Marktwert der betroffenen Stoffgruppen hinausgehen, in die Einzelkosten der Teilleistungen (EKT) einkalkulieren zu müssen. Andererseits muss der Bieter auch das Risiko einkalkulieren, dass die Stoffpreise den in den Vergabeunterlagen ermittelten Marktwert der betroffenen Stoffgruppen unterschreiten, denn dann ist er dem AG zur Zurückerstattung der Minderaufwendungen verpflichtet.

Zwar gelten nach Formblatt 225 Punkt 2.3 bis 2.5 des VHB Bagatellgrenzen und der AN hat für Mehr- bzw. Minderaufwendungen eine Selbstbeteiligung in Höhe von 10 % anzusetzen.

Den finanziellen Nachteil der Stoffpreisgleitklausel für AG oder AN mindern diese Regelungen jedoch im Einzelfall nicht.

Beispiel

Bei Erstellen des LV ist eine stark ansteigende Tendenz der Betonstahlpreise anhand Angaben des Statistischen Bundesamtes bzw. des Stahlinformationszentrums festzustellen. Da sich die Bauzeit über mehrere Jahre erstreckt, nimmt der AG eine Stahlpreisgleitklausel anhand des Vordruckes im VHB bzw. KVHB-Bau in die Ausschreibung auf. Die Preise für verschiedene Sorten (Stabstahl, Listenmatten etc.) werden vom AG kurz vor Versand des LV bei diversen Betonstahllieferanten recherchiert, der Mittelpreis gebildet und in der Vergabeakte dokumentiert.

Bei der Abwicklung der Baumaßnahme wird der AN die Richtigkeit der Stoffpreisermittlung anzweifeln. Eine saubere und nachvollziehbare Dokumentation des AG über die Ermittlung der Marktpreise zum Zeitpunkt des Versands der Vergabeunterlagen (über die im „Verzeichnis für Stoffpreisgleitklausel" aufgeführten Baustoffe) verschafft eine solide Basis für die Abwicklung des Bauvertrags und evtl. Bauprozesse.

Im Vertrag ist genau festzulegen, zu welchem Zeitpunkt der Index des Statistischen Bundesamts bei der Abrechnung (z. B. bei Betonstahl) ermittelt wird:

- zum Zeitpunkt der Lieferung des Betonstahles an die Baustelle oder
- zum Zeitpunkt der an den AN übergebenen Bewehrungspläne, die den Freigabestempel des Prüfingenieurs tragen, oder
- zum Zeitpunkt des Einbaues des Betonstahles

Für den Bauleiter ist die Feststellung der zum Stichtag geltenden Stoffpreise (z. B. anhand des Index des Statistischen Bundesamtes) – das kann z. B. in monatlichem Turnus sein – mit hohem zusätzlichem Aufwand bei Aufmaß und Abrechnung der Baumaßnahme verbunden. Um spätere Schwierigkeiten bei der Abrechnung zu vermeiden, sind die Mengen und zum Stichtag geltenden Stoffpreise lückenlos zu dokumentieren.

Praxistipp

Im LV sind in der Regel Festpreise zu vereinbaren. Lohn- und Stoffpreisgleitklauseln sind die seltene Ausnahme. Sie sollten dann angewandt werden, wenn

- die prognostizierte Lohn- bzw. Stoffpreisentwicklung während der Ausführungsfristen des betreffenden Fachloses ein unzumutbares Risiko für den Bieter darstellen würde.

5.6.17 Tariftreueerklärungen

Mit Ausnahme der Bundesländer Sachsen und Bayern haben alle Bundesländer der Bundesrepublik Deutschland Tariftreue-Regelungen verabschiedet.

Beispielsweise regelt seit dem 1. Juli 2013 das Landestariftreue- und Mindestlohngesetz (LTMG) in Baden-Württemberg die Vergabe öffentlicher Aufträge im Bau- und Dienstleistungsbereich. Das Land, die Kommunen und sonstige öffentliche AG dürfen Aufträge nur noch an Unternehmen vergeben, die ihren Beschäftigten einen tarifvertraglichen Lohn bezahlen. Bei der Abgabe von Angeboten müssen sich Unternehmen ab einem Auftragswert von 20.000 € (ohne Umsatzsteuer) schriftlich zu tariftreuem Verhalten verpflichten.

Ob die Tariftreueregelungen in Deutschland in einem gesamteuropäisch betrachteten vergaberechtlichen Kontext auf lange Sicht Bestand haben werden, darf bezweifelt werden, da es in anderen EU-Staaten solche vergaberechtlichen Einschränkungen nicht gibt. In den EU-Ländern sind zwar Mindestlöhne geregelt – dies aber in einer Bandbreite von 0,95 € in Bulgarien oder 2,21 € in Polen und einem einsamen Höchstwert von 11,10 € in Luxemburg. Insofern mutet die Tariftreueerklärung in Deutschland europaweit betrachtet „eigenwillig" an.

Wirtschafts- und sozialpolitisch mögen die Tariftreueerklärungen wünschenswert sein, jedoch kann dem Vergaberecht und damit auch den mit der Umsetzung des Vergaberechts betrauten Vergabestellen bei Bund, Ländern und Kommunen nach Meinung des Autors keine ordnungspolitische Kontrollfunktion zukommen. Das überfrachtet das Vergaberecht.

5.6.18 Ausführung im eigenen Betrieb/Nachunternehmer

„Bei Öffentlicher Ausschreibung sind die Unterlagen an alle Unternehmen abzugeben."
(§ 3b Abs. 1 VOB/A)

*„**Kapazitäten anderer Unternehmen**

(1) Ein Bewerber oder Bieter kann sich zum Nachweis seiner Eignung auf andere Unternehmen stützen – ungeachtet des rechtlichen Charakters der zwischen ihm und diesen Unternehmen bestehenden Verbindungen (Eignungsleihe).

In diesem Fall weist er dem öffentlichen Auftraggeber gegenüber nach, dass ihm die erforderlichen Kapazitäten zur Verfügung stehen werden, indem er beispielsweise die diesbezüglichen verpflichtenden Zusagen dieser Unternehmen vorlegt.

Eine Inanspruchnahme der Kapazitäten anderer Unternehmen für die berufliche Befähigung (§ 6a EU Absatz 1 Nummer 3 Buchstabe e) oder die berufliche Erfahrung (§ 6a EU Absatz 1 Nummer 3 Buchstaben a und b) ist nur möglich, wenn diese Unternehmen die Arbeiten ausführen, für die diese Kapazitäten benötigt werden.

Der öffentliche Auftraggeber hat zu überprüfen, ob diese Unternehmen die entsprechenden Anforderungen an die Eignung gemäß § 6a EU erfüllen und ob Ausschlussgründe gemäß § 6e EU vorliegen. Der öffentliche Auftraggeber schreibt vor, dass der Bieter ein Unternehmen, das eine einschlägige Eignungsanforderung nicht erfüllt oder bei dem Ausschlussgründe gemäß § 6e EU Absatz 1 bis 5 vorliegen, zu ersetzen hat. Der öffentliche Auftraggeber kann vorschreiben, dass der Bieter ein Unternehmen, bei dem Ausschlussgründe gemäß § 6e EU Absatz 6 vorliegen, ersetzt.

(2) Nimmt ein Bewerber oder Bieter im Hinblick auf die Kriterien für die wirtschaftliche und finanzielle Leistungsfähigkeit die Kapazitäten anderer Unternehmen in Anspruch, so kann der öffentliche Auftraggeber vorschreiben, dass Bewerber oder Bieter und diese Unternehmen gemeinsam für die Auftragsausführung haften.

(3) Werden die Kapazitäten anderer Unternehmen gemäß Absatz 1 in Anspruch genommen, so muss die Nachweisführung entsprechend § 6b EU auch für diese Unternehmen erfolgen.

(4) Der öffentliche Auftraggeber kann vorschreiben, dass bestimmte kritische Aufgaben direkt vom Bieter selbst oder – wenn der Bieter einer Bietergemeinschaft angehört – von einem Mitglied der Bietergemeinschaft ausgeführt werden."
(§ 6d Abs. 1 bis 4 EU VOB/A)

„Der Auftragnehmer hat die Leistung im eigenen Betrieb auszuführen. Mit schriftlicher Zustimmung des Auftraggebers darf er sie an Nachunternehmer übertragen. Die Zustimmung ist nicht notwendig bei Leistungen, auf die der Betrieb des Auftragnehmers nicht eingerichtet ist. […]"
(§ 4 Abs. 8 Nr. 1 VOB/B)

Typische Fehler

- Der AG fordert die Ausführung im eigenen Betrieb bei europaweiten Vergaben.
- Der AG fordert im Moment der Angebotsabgabe die Nennung der Namen der Nachunternehmer von allen Bietern.
- In den Vergabeunterlagen wird versäumt abzufragen, welche Teilleistungen der Bieter ggf. an Nachunternehmer weitervergeben will.

Die bei manchen AG noch zu findende **Stammpersonalklausel**, d. h. die Forderung, dass der AN bis zu einem gewissen Prozentsatz die Leistung im eigenen Betrieb (also mit eigenem Personal) erbringt, ist bei europaweiten Vergaben unzulässig.

Bei nationalen (unterschwelligen) Vergaben fordert der AG evtl. eine Stammpersonalklausel in den Vergabeunterlagen. Da die Überprüfung der Einhaltung dieser Klausel in der Praxis erheblichen Aufwand bedeutet und de facto kaum nachprüfbar ist, ist hiervon aber auch im Unterschwellenbereich abzuraten.

Der AG hat ein Recht darauf zu wissen, wer die Leistungen im Einzelnen ausführt und mit wem er es auf der Baustelle zu tun hat. Insofern ist die Forderung nach Benennung der Nachunternehmer im Auftragsfall legitim und sachgerecht.

Die **Nennung der Namen der Nachunternehmer mit Angebotsabgabe** jedoch benachteiligt die Bieter nach Meinung des BGH (Urteil vom 10.06.2008 – X ZR 78/07) unangemessen. Die Forderung nach Nennung der Namen der Nachunternehmer von allen Bietern bereits zur Angebotsabgabe belaste die Bieter in einem Maß, das nicht in einem angemessenen Verhältnis zu den Vorteilen dieser Vorgehensweise für den AG stünde.

Es ist in der Praxis sicher die pragmatische Vorgehensweise, die Namen der Nachunternehmer nur von dem Bieter anzufordern, der für die Zuschlagserteilung in Betracht kommt. Für die Vergabeentscheidung ist die Nennung des Namens des Nachunternehmers vor Zuschlagserteilung erforderlich und sinnvoll, denn der AG muss in der Lage sein, Fachkunde, Leistungsfähigkeit und Zuverlässigkeit des Nachunternehmers zu prüfen. Insoweit hat der EuGH entschieden, dass es zulässig ist, besondere Anforderungen in den Ausschreibungsunterlagen an die Eignungsleihe und also das Rechtsverhältnis des AN zum Nachunternehmer aufzustellen.

Das als sog. „Referenzshopping" bezeichnete Verhalten vieler AN, d. h., die Verfügbarkeit von Nachunternehmern ohne Nachweis zu behaupten, um die eigene Eignung begründen zu können, wird so eingeschränkt (EuGH, Urteil vom 07.04.2016 – C-324/14). Aus diesem Grund sehen sowohl die Vordrucke des VHB wie des KVHB-Bau in der Nachunternehmererklärung als Möglichkeit vor (vom AG anzukreuzen), dass die Namen der Nachunternehmer mit Angebotsabgabe zu nennen sind.

Der AG ist gut beraten, sich die Teilleistungen, die durch Nachunternehmer erbracht werden sollen, in einem Formblatt angeben zu lassen. Hierbei hat der Bieter für alle Teilleistungen, die er an Nachunternehmer weitervergibt, im Formblatt (VHB, KVHB-Bau) die Ordnungszahlen der Titel bzw. Positionen des LV vollständig zu benennen.

Beim späteren Nachtragsmanagement machen sich fehlende Angaben zum Nachunternehmereinsatz für den AG negativ bemerkbar. Wenn zusätzliche Leistungen zu vereinbaren sind, fehlt dem AG die Beurteilungsbasis, welche Leistungen mit dem Nachunternehmerzuschlag und welche als Eigenleistungen zu behandeln sind. Falls dies aus der Urkalkulation (siehe Kapitel 6.2) nicht hervorgeht, kann der AN die Nachtragskalkulation zu seinen Gunsten gestalten.

Praxistipp

Auf die Forderung einer Stammpersonalklausel (also die Forderung, dass der AN einen gewissen Prozentsatz der zu vergebenden Leistungen im eigenen Betrieb erbringt) sollte in der Regel verzichtet werden. Die Namen von Nachunternehmern sollten nur in absoluten Ausnahmefällen mit Angebotsabgabe von allen Bietern gefordert werden.

AG sollten sich grundsätzlich alle durch Nachunternehmer zu erbringende Teilleistungen anhand der Ordnungszahl (OZ) des LV benennen lassen, um für das „Claimmanagement" (Nachtragsforderungen) gerüstet zu sein. AG sollten noch vor Auftragserteilung (evtl. beim Vergabegespräch) überprüfen, ob die Ansätze in der Nachunternehmererklärung und im einheitlichen Formblatt (EFB) mit der Urkalkulation übereinstimmen bzw. ob und welche kalkulatorischen Angaben zu Nachunternehmerleistungen vorliegen. Auch für Nachunternehmerleistungen sollte vor Auftragserteilung ggf. die Urkalkulation vom AG angefordert werden.

5.6.19   Parallelausschreibungen

Typischer Fehler

- Eine Baumaßnahme wird parallel, d. h. in getrennten Vergabeverfahren, sowohl als Generalunternehmer-(GU)Leistung als auch nach Einzelfachlosen ausgeschrieben, um den besten Marktpreis zu erzielen.

„Die Durchführung von Vergabeverfahren zum Zwecke der Markterkundung ist unzulässig."
(§ 2 Abs. 4 VOB/A)

Den Bietern steht unter Umständen Schadenersatz aus culpa in contrahendo (c. i. c.) zu, d. h. aus einem enttäuschten Vertrauen in eine Vertragsanbahnung.

Bieter haben schon ab dem Moment der Abholung bzw. Download der Vergabeunterlagen Aufwendungen. Hätte der Bieter gewusst, dass die Leistung parallel ausgeschrieben wird, hätte er sich am Wettbewerb evtl. gar nicht beteiligt.

Die im DVA-Papier vertretene Ansicht, dass eine parallele Ausschreibung zulässig sei und der AG sich vertragsrechtlich gegenüber dem GU insoweit absichern könnte, dass bis zu einem gewissen Anteil der Austausch der Fachlosunternehmer des GU durch die Fachlosbestbieter der Einzelausschreibung ausgetauscht werden könnten (DVA, 2000), ist nach Ansicht des Verfassers schwer mit dem Vergaberecht zu vereinbaren. Private und kommerzielle AG hingegen dürften bei dieser Vorgehensweise ggf. sehr wirtschaftliche Ergebnisse erzielen.

Der Sinn und Zweck des § 2 Abs. 4 VOB/A, so Kapellmann/Messerschmidt (2010), sei über den Bieterschutz hinaus auch eine Ordnungsvorgabe für den AG. Der AG solle die ihm obliegenden Planungspflichten nicht in die Angebotsphase verlagern.

In der Regel ist die Vergabe nach Fachlosen für den AG wirtschaftlich günstiger, da der GU auf die von ihm eingeholten Angebote der Nachunternehmer noch seinen Unternehmerzuschlag kalkuliert, um die eigenen Aufwendungen zu decken und Gewinn zu erzielen. Dieser Unternehmerzuschlag wird in einer Größenordnung von 10 bis 20 % liegen und wirkt damit insgesamt verteuernd.

Praxistipp

Öffentliche AG sollten die Parallelausschreibung wegen möglicher Vergabeeinsprüche (insbesondere bei europaweiten Vergaben) nicht in Erwägung ziehen. Sie ist in der VOB nicht ohne Grund nicht vorgesehen.

Private AG sollten sich bewusst machen, dass auch ein GU (siehe Ausführungen in Kapitel 1) sich seine Tätigkeit honorieren lässt und ggf. nur noch als Vermittler von Bauleistungen auftritt.

5.6.20 Nachweise zur Eignung der Bieter/Präqualifikation

„(1) Der Nachweis der Eignung kann mit der vom Auftraggeber direkt abrufbaren Eintragung in die allgemein zugängliche Liste des Vereins für die Präqualifikation von Bauunternehmen e. V. (Präqualifikationsverzeichnis) erfolgen.

(2) Die Angaben können die Bewerber oder Bieter auch durch Einzelnachweise erbringen. Der Auftraggeber kann dabei vorsehen, dass für einzelne Angaben Eigenerklärungen ausreichend sind. Eigenerklärungen, die als vorläufiger Nachweis dienen, sind von den Bietern, deren Angebote in die engere Wahl kommen, durch entsprechende Bescheinigungen der zuständigen Stellen zu bestätigen.

(3) Bei Öffentlicher Ausschreibung sind in der Aufforderung zur Angebotsabgabe die Nachweise zu bezeichnen, deren Vorlage mit dem Angebot verlangt oder deren spätere Anforderung vorbehalten wird. Bei Beschränkter Ausschreibung nach Öffentlichem Teilnahmewettbewerb ist zu verlangen, dass die Nachweise bereits mit dem Teilnahmeantrag vorgelegt werden.“
(§ 6b Abs.1 bis 3 VOB/A)

Typische Fehler

- Vom Bieter werden mit Angebotsabgabe Erklärungen und Nachweise zur Leistungsfähigkeit, Fachkunde und Zuverlässigkeit gefordert, die nicht zwingend erforderlich sind.

- Der AG fordert Nachweise mit Angebotsabgabe, die nicht alle Bieter erbringen können.

Der Architekt bzw. Fachplaner hat zu klären, welche Nachweise bezogen auf den konkreten Auftrag sinnvoll und zur Prüfung der Eignung unbedingt erforderlich sind. Anhaltspunkte hierzu gibt die Tabelle 5.1.

Tabelle 5.1:   Eignungsnachweise zur Angebotsabgabe

Kriterium	Unterkriterium	mit Angebots-abgabe	auf Verlangen AG
Fachkunde			
zulassungspflichtige Handwerke (Anlage A der Handwerks-ordnung)	Vorlage Kopie der Handwerkskarte	nicht zu empfehlen Für die Bieter bedeutet es einen unnötigen Verwaltungsaufwand, wenn sie Nachweise und Erklärungen vorlegen müssen, obwohl sie für einen Zuschlag gar nicht in Betracht kommen.	zu empfehlen Von nicht bekannten Bietern kann die Kopie der Handwerkskarte innerhalb einer Frist nach § 16 Abs. 1 Nr. 3 VOB/A angefordert werden. **Die nicht fristgemäße Vorlage führt zum Ausschluss des Angebotes.**
zulassungsfreie Handwerke	Eintrag in Handwerksrolle nicht erforderlich	entfällt	entfällt
auftragsbezogene Nachweise	beispielhaft: • Sachkundenachweis Herstellerqualifikation E nach DIN 18800-7: 2002-9 (großer Schweißnachweis) • Sachkundenachweis für Asbestentsorgung nach TRGS 519 • Sachkundenachweis für Holzschutz am Bau nach DIN 68800, Teil 4 • Sachkundenachweis Dichtheitsprüfung an Abwasserleitungen und -kanälen	nicht zu empfehlen Für die Bieter bedeutet es einen unnötigen Verwaltungsaufwand, wenn sie Nachweise und Erklärungen vorlegen müssen, obwohl sie für einen Zuschlag gar nicht in Betracht kommen.	zu empfehlen Von nicht bekannten Bietern können die Nachweise innerhalb einer gewissen Frist angefordert werden. **Die nicht fristgemäße Vorlage führt zum Ausschluss des Angebotes.**

Fortsetzung Tabelle 5.1

Kriterium	Unterkriterium	mit Angebots-abgabe	auf Verlangen AG
Referenzen anderer Projekte (Aussagen zur Fachkunde von Bauherr, Planer, Bauleitung)	siehe Vorgaben § 6a Abs. 2 Nr. 2 VOB/A	nicht zu empfehlen Für die Bieter bedeutet es einen unnötigen Verwaltungsaufwand, wenn sie Nachweise und Erklärungen vorlegen müssen, obwohl sie für einen Zuschlag gar nicht in Betracht kommen.	zu empfehlen: Von nicht bekannten Bietern können die Referenzen innerhalb einer Frist nach § 16 Abs. 1 Nr. 3 VOB/A angefordert werden. **Die nicht fristgemäße Vorlage führt zum Ausschluss des Angebotes.**
Präqualifikations-nachweis	kostenpflichtig für Bieter Überprüfung z. B. auf Insolvenzverfahren einmal jährlich, d. h., Angaben zum Zeitpunkt der Vergabe ggf. veraltet		**ersetzt die Eignungsprüfung durch AG bei wichtigen Fachlosen nicht!**
Zuverlässigkeit			
Referenzen anderer Projekte (Aussagen zur Fachkunde von Bauherr, Planer, Bauleitung)	siehe Vorgaben § 6a Abs. 2 Nr. 2 VOB/A	nicht zu empfehlen Für die Bieter bedeutet es einen unnötigen Verwaltungsaufwand, wenn sie Nachweise und Erklärungen vorlegen müssen, obwohl sie für einen Zuschlag gar nicht in Betracht kommen.	zu empfehlen: Von nicht bekannten Bietern können die Nachweise innerhalb einer Frist nach § 16 Abs. 1 Nr. 3 VOB/A angefordert werden. **Die nicht fristgemäße Vorlage führt zum Ausschluss des Angebotes.**
Präqualifikations-nachweis			siehe oben

Fortsetzung Tabelle 5.1

Kriterium	Unterkriterium	mit Angebots-abgabe	auf Verlangen AG
Leistungsfähigkeit			
Referenzen anderer Projekte (Aussagen zur Fachkunde von Bauherr, Planer, Bauleitung)	siehe Vorgaben § 6a Abs. 2 Nr. 2 VOB/A	nicht zu empfehlen Für die Bieter bedeutet es einen unnötigen Verwaltungsaufwand, wenn sie Nachweise und Erklärungen vorlegen müssen, obwohl sie für einen Zuschlag gar nicht in Betracht kommen.	zu empfehlen: Von nicht bekannten Bietern können die Nachweise innerhalb Frist nach § 16 Abs. 1 Nr. 3 VOB/A angefordert werden. **Die nicht fristgemäße Vorlage führt zum Ausschluss des Angebotes.**
Präqualifikationsnachweis			siehe oben

Praxistipp

- Vom Bieter sollten zur Angebotsabgabe keine Erklärungen und Nachweise zur Leistungsfähigkeit, Fachkunde und Zuverlässigkeit gefordert werden, die nicht zwingend erforderlich sind.
- Auf Nachweise, die nicht von allen Bietern erbracht werden können und die für die Vergabeentscheidung nicht relevant sind, sollte verzichtet werden.

5.6.21   Baugrundrisiko/Entsorgung

„3. Dem Auftragnehmer darf kein ungewöhnliches Wagnis aufgebürdet werden für Umstände und Ereignisse, auf die er keinen Einfluss hat und deren Einwirkung auf die Preise und Fristen er nicht im Voraus schätzen kann.
[...]
6. Die für die Ausführung der Leistung wesentlichen Verhältnisse der Baustelle, z. B. Boden- und Wasserverhältnisse, sind so zu beschreiben, dass der Bieter ihre Auswirkungen auf die bauliche Anlage und die Bauausführung hinreichend beurteilen kann.
7. Die ‚Hinweise für das Aufstellen der Leistungsbeschreibung‘ in Abschnitt 0 der Allgemeinen Technischen Vertragsbedingungen für Bauleistungen, DIN 18299 ff., sind zu beachten.“
(§ 7 Abs. 1 VOB/A)

Baugrundrisiko

Typischer Fehler

- Aufgrund fehlender bzw. trotz vorhandener Baugrunduntersuchungen werden dem Bieter Risiken zugewiesen, die er nicht kalkulieren kann und deshalb nicht übernehmen muss (AGB-Widrigkeit der Klausel).

Beispiel

Auszug aus ZTV Rohbauarbeiten:

„Der Bieter hat alle sich aus der Leistungsbeschreibung ergebenden Umstände, insbesondere Verhältnisse des Baugrundes, in seine Einheitspreise einzukalkulieren.

Stillstandzeiten durch unvermutete Hindernisse im Baugrund sind bei der Kalkulation zu berücksichtigen. Die Entsorgungskosten des Baugrundes sind einzukalkulieren. Erdaushub geht in das Eigentum des AN über.“

Beispiel

Auszug aus ZTV für Erdarbeiten:

„Alle Leistungen sind vollständig einschließlich des Anlegens und Beseitigens sämtlicher Förderwege (auch bei Längen über 50 m), die zur Leistungserfüllung erforderlich sind, zu kalkulieren. Das anfallende Material wird Eigentum des AN und ist nach den ortsüblichen Bedingungen zu beseitigen, einschließlich aller anfallenden Gebühren. Abrechnung nach Aufmaß.

Mehraushub sowie aushubbedingte Auflockerungen sind ggf. nach Anordnung der Bauleitung gemäß DIN 18196 mit geeignetem Bodenmaterial aufzufüllen und zu verdichten.

Die Kosten hierfür trägt der AN. Die genaue Lage unterirdisch vorhandener Gebäudereste ist nur teilweise bekannt (siehe beiliegenden Lageplan).

Zudem befinden sich Betonreste und Bauschuttreste im Erdreich.

Im Zuge der Erdarbeiten findet der Abbruch von bestehenden unterirdischen Bauwerksteilen statt. Leistungen hierzu sind vorab beschrieben. Dieser Umstand ist bei der Ausführung der Erdarbeiten zu berücksichtigen.

Es ist nicht auszuschließen, dass auch außerhalb dieser Bereiche unterirdische Gebäudeteile anzutreffen sind. Erschwernisse sind bei den Positionen der Erdarbeiten einzukalkulieren [...]. Die Anfrage bei den zuständigen Versorgungsstellen über Zuleitungen im Boden ist Sache des AN.

Werden bei Aushub Leitungen, Kabel und Kanäle angetroffen, müssen die Arbeiten in diesem Bereich sofort eingestellt werden.

Der AN hat zeitliche Verzögerungen im kleineren Umfang bis zu 3 m Tiefe durch z. B. über die Inhalte der Leistungsbeschreibung hinaus erforderliche Abbrucharbeiten wie Hindernisse im Boden einzukalkulieren.

Diese Arbeitsunterbrechungen sowie An- und Abtransporte der Erdbaugeräte und die sich daraus ergebenden Stand- und Wartezeiten einschließlich aller Mehrleistungen und Erschwernisse sind vom AN in seinem Angebot zu berücksichtigen und einzukalkulieren."

Die Beispiele sprechen für sich. Den Bietern werden hellseherische Fähigkeiten zugesprochen. Die Risiken, die sie eingehen sollen, sind zunächst einmal unkalkulierbar. Die meisten der in den Beispielen benutzten bauvertraglichen Formulierungen halten vor Gericht nicht stand und sind zunächst einmal unwirksam. Das heißt, der spätere AN wird viele Nachträge einreichen. Die Baukosten werden dramatisch steigen.

Nach ständiger Rechtsprechung liegt die Beschaffenheit des Baugrunds und der Wasserverhältnisse auf dem Baugrundstück zunächst einmal im Risikobereich des AG, da er Eigentümer des Baugrundes ist und damit den Baugrund zur Verfügung stellt.

Dieses Risiko kann im Bauvertrag nur in begrenztem Maße auf den AN übertragen werden. Grundvoraussetzung dafür ist, dass sich der AG das Baugrundrisiko im Einzelfall bewusst macht und dem AN offen legt.

Eingriffe in den Baugrund sind bei Baumaßnahmen die Regel. Um die vom Baugrund tangierten LV (siehe hierzu die ATV DIN 18300 „Erdarbeiten" [2016] bis 18322 „Kabelleitungstiefbauarbeiten" [2016] sowie 18459 „Abbruch- und Rückbauarbeiten" [2016] in der VOB/C) zuverlässig erstellen zu können, muss der Bauherr die Verhältnisse im Baugrund erkunden bzw. geeignete Maßnahmen dazu veranlassen.

In Einzelfällen liegen von Nachbarbebauungen oder früheren Bebauungen des Grundstückes bereits Baugrunddaten oder -untersuchungen vor. Falls diese aussagekräftig genug sind, kann auf eine weitere Erkundung verzichtet werden.

Meistens wird der AG in Abhängigkeit vom Umfang der Baumaßnahme, Umfänglichkeit des Eingriffes in den Baugrund, der auf den Baugrund einwirkenden Lasten zu entscheiden haben, ob und welche Maßnahmen zur Baugrunderkundung ergriffen werden. Schon bei „normalen" Bauvorhaben wie beim Bau eines Einfamilienhauses kann die Beauftragung eines Geologen ratsam sein.

Schürfgruben sind in der Regel bei Aufschlüssen oberhalb des Grundwassers bzw. bei geringen Untersuchungstiefen ausreichend. Bei größeren Maßnahmen sind in Abstimmung mit dem Geologen Bohrverfahren zur Baugrunderkundung vom Bauherrn zu beauftragen. Eine zusammenfassende Darstellung der unterschiedlichen Verfahren findet man bei Maybaum/Mieth/Oltmanns/Vahland (2009).

Der Geologe formuliert aus den Erkenntnissen, die er aus dem Schichtenverzeichnis der Bohrungen gewinnt (bezüglich Mächtigkeit und Tiefenlage der einzelnen Schichten) die Kennwerte zur zulässigen Bodenpressung bzw. evtl. notwendige Bodenverbesserungsmaßnahmen. Der Tragwerksplaner kann anhand der zulässigen Bodenpressung und den Lasten aus dem Neubau Art, Umfang und Dimensionierung der Gründung festlegen.

Liegt ein Baugrundgutachten vor, hat der beauftragte Geologe Aussagen zu notwendigen Bodenaustausch- oder -verbesserungsmaßnahmen zu treffen und dem Tragwerksplaner bei der Beurteilung der Bodenkennwerte beratend zur Seite zu stehen, andernfalls macht er sich ggf. gegenüber dem Bauherrn schadensersatzpflichtig.

In vielen Leistungsbeschreibungen versuchen Planer teure Baugrundrisiken einzusparen, die Übertragung des Risikos auf den AN geht jedoch regelmäßig fehl und es wird für den AG erst recht teuer.

Entsorgung

Typischer Fehler

- In die Ausschreibung werden Positionen zur Beseitigung von Bauschutt, Baustellenabfällen und Erdaushub aufgenommen, obwohl weder Mengenvordersätze noch Beschaffenheit des zu entsorgenden Materials (oft mangels fehlender Baugrundanalysen) näher bekannt sind.

Wichtige Hinweise zu Vermeidung, Verwertung und Beseitigung von Bauschutt, Baustellenabfällen und Erdaushub finden sich im Kreislaufwirtschafts- und Abfallgesetz (www.gesetze-im-internet.de), der Deponieverordnung 2009 und der Nachweisverordnung 2006 und der Länderarbeitsgruppe Abfall (LAGA). In den einzelnen Bundesländern sind die entsprechenden Verwaltungsvorschriften und Landesverordnungen zu Vermeidung, Verwertung und Beseitigung ebenfalls zu beachten

Hingewiesen sei auch auf den „Leitfaden für Ausschreibung und Vergabe zur Vermeidung, Verwertung und Beseitigung von Bauschutt, Baustellenabfällen und Erdaushub" im VHB bzw. KVHB-Bau.

Mit der Nachweisverordnung 2006 hat das elektronische Abfallnachweisverfahren (eANV) Einzug in das deutsche Abfallrecht gehalten. Entsorgungsnachweise und Begleitscheine werden dabei am PC erstellt und der Datenaustausch zwischen Wirtschaft und Behörden über eine zentrale Koordinierungsstelle abgewickelt (www.gadsys.de). Die ins Leistungsverzeichnis aufgenommenen Positionen haben meist den Charakter von Bedarfspositionen.

Praxistipp

- Der AG hat einen Geologen zur Baugrunduntersuchung zu beauftragen, falls keine ausreichenden Erkenntnisse über den Baugrund
vorliegen.
- Geologe, Architekt und Tragwerksplaner haben die Auswertungen
im Baugrundgutachten hinsichtlich notwendiger Angaben zu Planung und LV zu erörtern
- Dem Bieter sollten keine Risiken zugewiesen werden, die er weder
abschätzen noch kalkulieren kann.
- Stehen Analytik und Menge des anfallenden Bauschutts, Erdaushubs
bzw. kontaminierter Bodenschichten nicht fest, sollten Entsorgungs-
positionen – wenn überhaupt – nur mit geringer Menge angefragt
werden. Der AG sollte dafür im Baubudget Reserven für Unvorhergesehenes planen.

5.6.22 Umlageregelungen

*„Der Auftraggeber hat, wenn nichts anderes vereinbart ist, dem Auftragneh-
mer unentgeltlich zur Benutzung oder Mitbenutzung zu überlassen:*

1. die notwendigen Lager- und Arbeitsplätze auf der Baustelle,
2. vorhandene Zufahrtswege und Anschlussgleise,
*3. vorhandene Anschlüsse für Wasser und Energie. Die Kosten für den Ver-
brauch und den Messer oder Zähler trägt der Auftragnehmer, mehrere Auftragnehmer tragen sie anteilig.“*
(§ 4 Abs. 4 VOB/B)

Typischer Fehler

- Verbrauchs-, Müllentsorgungs- bzw. sonstige Kosten werden prozentual
(auf die jeweilige Auftragssumme bezogen) oder pauschal auf die AN
umgelegt.

Beispiel

Auszug aus ZTV:

*„Dem AN werden für Strom- und Wasserverbrauchskosten sowie Entsor-
gung von Baustellenabfällen 0,2 % der Auftragssumme von der Schlussrechnung abgezogen.“*

Diese Regelung ist AGB-widrig, da sie im Zweifel den AN unangemessen
benachteiligt. Der AN Gerüstbau z. B. hat in der Regel keine **Strom- und
Wasserverbrauchskosten**. Bei einem großen Bauvorhaben und einer Ge-
rüstbeauftragungssumme von z. B. 500.000 € hätte der AN also 1.000 € zu
zahlen. Im Vergleich zur Auftragssumme erscheint dieser Betrag zwar gering
und viele AN akzeptieren den Abzug in der Schlussrechnung klaglos. Bauvertraglich ist diese Regelung im Zweifel aber unwirksam.

Verbrauchskosten sind grundsätzlich auf Basis des tatsächlich ermittelten Verbrauches (Strom- bzw. Wasserzähler) mit den AN abzurechnen. Ist dem AG dies zu aufwendig oder kann trotz vorhandener Unterverteiler der Verbrauch der einzelnen AN nicht kontrolliert werden, sollte auf die Weiterverrechnung an die AN im Zweifel verzichtet werden. Dann übernimmt der AG eben die Verbrauchskosten.

Die Umlage der **Kosten für Entsorgung von Baustellenabfall** auf die AN scheitert in der Praxis an den Beweismöglichkeiten des AG bzw. der Bauleitung. Kaum ist ein neuer Müllcontainer angeliefert, ist er schon voll mit Baustellenabfällen, die keinem Verursacher zugeordnet werden können.

Die Bauleitung sollte andere Aufgaben wahrnehmen, als sich mit der Zuordnung von Bauabfällen zu befassen.

Praxistipp

Pragmatisch ist z. B. die Lösung, dass der AN Rohbau seinen Verbrauch an Wasser und Strom übernimmt und der AG die Verbrauchskosten der Ausbaugewerke übernimmt. Dabei ist die Zuordnung der Gewerke zu Rohbau bzw. Ausbau in den Vergabeunterlagen exakt zu definieren.

Dem AG ist anzuraten, Container für Baustellenabfälle zur Verfügung zu stellen und die Kosten der Entsorgung zu übernehmen. Andere Regelungen scheitern in der Praxis am Beweis- und Kontrollaufwand.

5.6.23 Wartung/Instandhaltung

„Ist für Teile von maschinellen und elektrotechnischen/elektronischen Anlagen, bei denen die Wartung Einfluss auf Sicherheit und Funktionsfähigkeit hat, nichts anderes vereinbart, beträgt für diese Anlagenteile die Verjährungsfrist für Mängelansprüche abweichend von Nummer 1 zwei Jahre, wenn der Auftraggeber sich dafür entschieden hat, dem Auftragnehmer die Wartung für die Dauer der Verjährungsfrist nicht zu übertragen; dies gilt auch, wenn für weitere Leistungen eine andere Verjährungsfrist vereinbart ist."
(§ 13 Abs. 4 Nr. 2 VOB/B)

Typische Fehler

- Für die Bieter ist nicht ersichtlich, ob vom AG ein Wartungsvertrag während der Verjährungsfrist für Mängelansprüche abgeschlossen werden soll.
- Der vorgesehene Wartungsvertrag ist den Vergabeunterlagen nicht beigefügt.
- Umfang und Häufigkeit der Wartungsleistungen sind nicht definiert.
- Der den Vergabeunterlagen beigefügte Wartungsvertrag enthält AGB-widrige Formulierungen.
- Die Bieter sollen Umfang und Häufigkeit der Wartungsleistungen selbst im Angebot festlegen.
- Die Wartung ist nur als Bedarfsposition ohne Gesamtbetrag abgefragt.

Positions-nummer	Position	Menge	Einheit	EP	GP
4.6.23	Wartung nach AMEV-Vertragsmuster für Wartung, Inspektion und damit verbundene kleine Instandsetzungsarbeiten von technischen Anlagen und Einrichtungen in öffentlichen Gebäuden. „Wartung 2006". Die Leistungskataloge für die Arbeitskarten sind mit den erforderlichen Arbeiten auszufüllen und vom Bieter mit Angebotsabgabe dem Angebot beizufügen. Dauer/Preisbindung: während der Gewährleistung 4 Jahre Der Einheitspreis ist für 1 Jahr anzugeben.	4	Jahr		

Abb. 5.20:   Beispiel unklar definierter Wartungsleistungen

In dem Beispiel in Abb. 5.20 sind der Wartungsumfang und die Wartungszyklen (z. B. anhand AMEV-Arbeitskarten) nicht vom AG geklärt. Die Leistungskataloge sollen vom Bieter ausgefüll werden (statt richtigerweise vom AG oder dessen Fachplaner). Der genaue Name und Stand des AMEV-Vertragsmusters ist nicht genannt. Die Bieterangebote sind somit nicht miteinander vergleichbar.

Sollen die Wartungsarbeiten während der Frist für Mängelansprüche gemäß § 13 Abs. 4 Nr. 2 VOB/B (siehe auch Abschnitt 0.2.20 der VOB/C ATV DIN 18299 [2016]) dem AN übertragen werden, ist ein gesonderter Wartungsvertrag abzuschließen. Hierfür hat der Arbeitskreis Maschinen- und Elektrotechnik staatlicher und kommunaler Verwaltungen (AMEV) Arbeitshilfen entwickelt (z. B. Arbeitskarten mit Vorschlägen zu Wartungsumfang und -zyklen der Anlagenteile), die sich in der Praxis sehr bewährt haben. Abb. 5.21 zeigt eine AMEV-Arbeitskarte.

Die Vertragsmuster, Arbeitskarten sowie andere Arbeitshilfen können kostenlos unter www.amev-online.de heruntergeladen werden.

Vom Verband Deutscher Maschinen- und Anlagenbau e. V. werden ebenfalls Einheitsblätter zur Wartung von technischen Anlagen herausgegeben, so z. B. für Brandschutz-, Sanitär-, Elektro-, Luft-, Heiz- und kältetechnische Geräte und Anlagen sowie für MSR-Einrichtungen und Gebäudeautomationssysteme. Muster von Wartungsverträgen finden sich auch im KVHB-Bau.

Wichtig ist, dass der AG sich entscheidet, ob er die Wartung während der Verjährungsfrist für Mängelansprüche dem AN übertragen will. Wenn dies der Fall ist, hat der AG sowohl Wartungsumfang als auch -zyklen exakt für alle Anlagenteile in Arbeitskarten festzulegen.

Arbeitskarte für KG 473 Druckluftversorgungsanlagen							
Leistungs-kennziffer				Wartungs- und Inspektionsarbeiten	jähr-lich	bei Be-darf	Bemerkungen/ Erledigungs-vermerke
1	0	0	1	auf Beschädigung prüfen	x		
1	0	0	2	Ölstand prüfen	x		
1	0	0	3	Öl nachfüllen		x	
1	0	0	4	Öl wechseln		x	
1	0	0	5	Kompressor auf Funktion prüfen	x		
1	0	0	6	Schalt-, Sicherheitsgeräte und Re-duzierstation auf Funktion prüfen	x		
1	0	0	7	Schalt-, Sicherheitsgeräte und Reduzierstation nachstellen	x		
1	0	0	8	automatische Entwässerung auf Funktion prüfen	x		
1	0	0	9	Druckkessel und Reduzierstation entwässern		x	
1	0	1	0	Filter auf Verschmutzung prüfen	x		
1	0	1	1	Filter reinigen		x	
1	0	1	2	Filter auswechseln		x	
1	0	1	3	Entfeuchtungseinrichtung auf Funktion prüfen	x		
1	0	1	4	reinigen		x	

Abb. 5.21:   Beispiel einer AMEV-Arbeitskarte (Quelle: AMEV, Kiel)

Praxistipp

- Der AG entscheidet vor Versand der Vergabeunterlagen, ob ein Wartungsvertrag während der Verjährungsfrist für Mängelansprüche abgeschlossen werden soll, und nimmt eine Position hierfür in das LV auf.
- Das Wartungsvertragsmuster wird den Vergabeunterlagen beigefügt.
- Der AG definiert Umfang und Häufigkeit der Wartungsleistungen für alle oder einzelne Anlagenteile in sog. Arbeitskarten.
- Der Wartungsvertrag ist auf AGB-widrige Formulierungen zu prüfen.
- Die Wartung wird im LV als Position mit Gesamtbetrag abgefragt.
- Von den Verjährungsfristen nach § 13 VOB/B sollte nicht grundlos abgewichen werden.

5.7   Fehler in Bauvertragsarten

5.7.1   Stundenlohnvertrag

„Abweichend von Absatz 1 können Bauleistungen geringeren Umfangs, die überwiegend Lohnkosten verursachen, im Stundenlohn vergeben werden (Stundenlohnvertrag).“
(§ 4 Abs. 2 VOB/A)

„1. Stundenlohnarbeiten werden nach den vertraglichen Vereinbarungen abgerechnet.

2. Soweit für die Vergütung keine Vereinbarungen getroffen worden sind, gilt die ortsübliche Vergütung. Ist diese nicht zu ermitteln, so werden die Aufwendungen des Auftragnehmers für Lohn- und Gehaltskosten der Baustelle, Lohn- und Gehaltsnebenkosten der Baustelle, Stoffkosten der Baustelle, Kosten der Einrichtungen, Geräte, Maschinen und maschinellen Anlagen der Baustelle, Fracht-, Fuhr- und Ladekosten, Sozialkassenbeiträge und Sonderkosten, die bei wirtschaftlicher Betriebsführung entstehen, mit angemessenen Zuschlägen für Gemeinkosten und Gewinn (einschließlich allgemeinem Unternehmerwagnis) zuzüglich Umsatzsteuer vergütet.“
(§ 15 Abs. 1 VOB/B)

Typische Fehler

- Es fehlt die Abgrenzung zu Leistungen eines bereits bestehenden Vertrages ähnlichen Leistungsinhaltes.
- Es besteht kein Erfordernis, im Stundenlohn abzurechnen, da die Leistung kalkulierbar ist.
- Es gibt keine schriftliche Vereinbarung zu Umfang und Leistungsinhalt der Stundenlohnarbeiten vor Ausführung der Arbeiten.
- In den Vergabeunterlagen sind nicht die für die Ausführung der Leistung relevanten Berufsgruppen als Stundenlohnsatz abgefragt.

Die folgenden Ausführungen gelten für Bauleistungen, die allein im Stundenlohn (Stundenlohnvertrag) erbracht werden sollen. Zu „angehängten Stundenlohnarbeiten im LV“ wird auf Kapitel 5.4.6 verwiesen.

Der Stundenlohnvertrag hat zwei entscheidende Nachteile:

- Die Kontrolle ist für den Bauleiter nur schwer möglich. Er müsste ständig prüfen, an welcher Stelle wie viele Personen welche Leistungen in welcher Menge erbringen.
- Für den AG ist der Stundenlohnvertrag eine in der Regel sehr teure und ineffektive Art der Leistungserbringung. Da jede Stunde bezahlt wird, ungeachtet dessen, was in dieser Stunde effektiv gearbeitet wurde, addieren sich unter Umständen sehr schnell hohe Beträge, die ggf. in auffälligem Missverhältnis zur erbrachten Leistung stehen.

Oft entstehen Meinungsverschiedenheiten zwischen AG und AN darüber, ob der Stundenlohnmodus vertraglich überhaupt wirksam vereinbart wurde. AG sind gut beraten, bei umfangreicheren Arbeiten die Abrechnung im Stundenlohn schriftlich vor Ausführung mit dem AN zu vereinbaren. Dabei ist festzulegen, welcher Leistungsbereich im Stundenlohnmodus erbracht werden soll. Auch kann vertraglich eine Höchstgrenze festgesetzt werden, bei deren Erreichen eine neue vertragliche Vereinbarung zum Stundenlohn erforderlich wird.

Im Stundenlohnvertrag ist auch die Vergütung von Baustoffen, Geräten, Bauhilfsstoffen und sonstigen Kosten geregelt. Diese erfolgen in der Regel auf Nachweis durch vom AN vorzulegende Belege: bei Baustoffen durch Rechnungskopien der Baustoffzulieferer, bei Geräten z. B. durch unternehmenseigene Gerätekosten-Tabellen oder Rechnungskopien von Baugeräte-Vermietungen.

Die Höhe der Gemeinkostenzuschläge können z. B. in einer separaten Position auf Basis einer fiktiven Stoffkosten- bzw. Gerätesumme abgefragt werden:

Beispiel

LV-Position Abrechnung nach Stoffkostennachweis

Die Stoffpreise müssen anhand von Original-Einkaufsbelegen unter Abzug von Rabatten aller Art nachgewiesen werden. Auf diese Stoffpreise ist vom AN ein Faktor für Gemeinkosten, Gewinn sowie die anteiligen Fracht-, Fuhr- und Ladekosten frei Baustelle anzubieten. Vom AG wird eine fiktive Stoffkostensumme vorgegeben. Vom Bieter ist, sofern er es für erforderlich hält, für Gemeinkosten ein Aufgebot in Form eines Faktors festzulegen.

Zur Erläuterung:

Aufgebot von 5 % ergibt Faktor 1,05 etc. Dieser Faktor muss vom Bieter unter „Einheitspreis" eingetragen werden. Wird nichts oder ein Faktor kleiner 1,0 eingetragen, erfolgt die Wertung mit dem Einheitspreis 1,0 (vorgegebene Summe · Faktor = Gesamtpreis der Position).

500,00 €   Faktor: ....   Pos.summe: ....

Praxistipp

- Die Teilleistungen bereits bestehender Einheitspreisverträge sollten vor der Anordnung von Stundenlohnarbeiten zu den Leistungen des Stundenlohnvertrags – so weit möglich – abgegrenzt und bestenfalls schriftlich festgehalten werden, damit Überschneidungen zu bestehenden Bauverträgen – weitestgehend – vermieden werden.
- Leistungen, die als Einheitspreis-Vertrag nach Leistung kalkuliert werden können, sollten ggf. separat als Nachtrag abgefragt werden, es sei denn, es handelt sich um geringfügige Leistungen.
- Stundenlohnarbeiten größeren Umfangs sind grundsätzlich vor Ausführung schriftlich zwischen AG und AN zu vereinbaren.
- Gemeinkostenzuschläge für Stoffe und Geräte können in einer Position mit einer fiktiven Stoffkosten- bzw. Gerätekostensumme abgefragt werden. In den Vertragsbedingungen ist vorzusehen, dass Stoffkosten anhand von Belegen inkl. Rabatten nachgewiesen werden. Gerätekosten können nach BGL abgerechnet werden. Vom Bieter ist ein entsprechender Auf- oder Abschlag auf die BGL im Angebot abzufragen.
- Im Auftragsschreiben an die AN bzw. in den Architekten- und Ingenieurverträgen sollte vereinbart werden, dass der Planer nicht ermächtigt ist, finanzielle Verpflichtungen für den AG einzugehen. Allerdings hilft dies im Einzelfall u. U. vor dem Hintergrund einer vom AN vermuteten „Anscheinsvollmacht" nur begrenzt.
- Stundenlohnarbeiten über den im Bauvertrag bereits beauftragten Umfang hinaus sollten vom Bauherrn in einem separaten Schreiben an den AN schriftlich angeordnet werden!

5.7.2   Pauschalvertrag

„[...]
2. in geeigneten Fällen für eine Pauschalsumme, wenn die Leistung nach Ausführungsart und Umfang genau bestimmt ist und mit einer Änderung bei der Ausführung nicht zu rechnen ist (Pauschalvertrag)."
(§ 4 Abs. 1 Nr. 2 VOB/A)

Typische Fehler

- Die Pauschale ist nicht eindeutig bestimmt, der Leistungsinhalt nicht präzise definiert.
- Die Abgrenzung zu anderen Leistungsbereichen/bestehenden Verträgen ist nicht oder unzureichend definiert.
- Das Verhältnis von Preis und Leistung ist mangels genauer Beschreibung sowohl für AN wie AG nicht abschätzbar.

> **Beispiel**
>
> *„Der Unternehmer musste einen Verlust von mehr als 48.000 € erdulden, weil er sich bei folgender Leistungsbeschreibung auf einen Pauschalpreis eingelassen hatte: ‚Lüftungsanlage für Bistro und Bistro-Küche nach Erfordernis des Auftraggebers'. Hier stand weder fest, was genau eingebaut werden sollte, noch, welche Mengen dies verursachen würde. Die Küchenplanung des Bauherrn sah – kaum überraschend – anders aus, als der Unternehmer sich dies gedacht hatte. Er musste statt 1.500 m³ im Ergebnis 4.500 m³ Luft umwälzen – mit entsprechenden Mehrkosten, die er nicht bezahlt bekam."*
> (Schattenfroh, 2003, S. 64)

Vorteile des Pauschalvertrages: AG und AN ersparen sich Aufmaßerstellung und -prüfung sowie Rechnungsstellung und -prüfung der einzelnen Teilleistungen und damit Verwaltungs- und Personalaufwand. Geringfügige Mengenänderungen bleiben (wenn im LV überhaupt Mengenvordersätze vorhanden waren und nicht „pauschal" z.B. anhand von Planunterlagen beauftragt wurden) unberücksichtigt. In den Fällen, in denen eine vollständige Ausführungsplanung vorliegt, die Mengen der LV-Positionen zuverlässig und genau ermittelt wurden und keine Änderungen oder Erweiterungen der Baumaßnahme mehr zu erwarten sind, ist diese Vertragsvariante eine für AG und AN sinnvolle und Aufwand vermeidende Lösung.

Nachteile des Pauschalvertrages: Sobald jedoch mit Änderungen des Bauentwurfes zu rechnen ist, sich die Maßnahme vom Umfang gravierend ändert und unausgereifte Planung in den Pauschalvertrag „weggedrückt" wird, ist die Pauschale tückisch und bedeutet ein hohes Streitpotenzial und Kostenrisiko.

Sind Leistungsinhalt und -umfang der Pauschale nicht eindeutig beschrieben, sind preislich überhöhte Angebote zu erwarten. Da der Leistungsinhalt unklar ist, ist für den AG das Vorliegen überhöhter Angebote in der Regel nicht oder nur schwer erkennbar, mit der Folge, dass der Zuschlag ggf. auf ein aus AG-Sicht unwirtschaftliches Angebot erteilt wird.

Weiterer Nachteil: Lag der Pauschale kein nach Teilleistungen gegliedertes LV mit EP zugrunde, gibt es bei zusätzlichen Leistungen später Streit über den Preis der in der Pauschale enthaltenen Teilleistungen.

Der AN wird sich auch bei einem Pauschalvertrag an den Grundlagen der Preisermittlung für die vertragliche Leistung festhalten lassen müssen. Liegt keine detailliert aufgegliederte „Urkalkulation" vor, wird der AN bestrebt sein, in der nachträglich aufgestellten Aufgliederung der Pauschale den für die zusätzliche Leistung relevanten Preisanteil bewusst hoch anzusetzen. Dagegen kann der AG, außer bei sittenwidrigen und in der Relation zur gesamten Teilleistung nicht plausibel erscheinenden EP, wohl nichts einwenden.

Diese Vorgehensweise wird sich für alle Zusatzforderungen wiederholen. Ebenso wird der Anteil der ersparten Aufwendungen des AN (erstaunlicherweise) nahezu immer gegen null tendieren.

Wenn erheblichere Änderungen oder Erweiterungen nicht ausgeschlossen werden können, ist also vom Abschluss eines Pauschalvertrages dringend abzuraten. Dann erweist sich der Einheitspreisvertrag als die wirtschaftlich günstigere Variante.

Praxistipp

- Pauschalen sind bezüglich Leistungsinhalt und -umfang vom AG eindeutig zu bestimmen.
- Dabei sind Schnittstellen zu bestehenden Verträgen zu klären und vertraglich zu regeln, sonst sind Behinderungsanzeigen des AN und Schwierigkeiten des AG bei der Durchsetzung der Mängelansprüche programmiert.

5.7.3   Rahmenvertrag (Bauunterhaltung)

„Das Auf- und Abgebotsverfahren, bei dem vom Auftraggeber angegebene Preise dem Auf- und Abgebot der Bieter unterstellt werden, soll nur ausnahmsweise bei regelmäßig wiederkehrenden Unterhaltungsarbeiten, deren Umfang möglichst zu umgrenzen ist, angewandt werden."
(§ 4 Abs. 4 VOB/A)

Typische Fehler

- Die Laufzeiten der Rahmenverträge sind zu lang.
- Zugrunde gelegte Mutter-LV (siehe Kapitel 7.4) sind fachtechnisch veraltet.
- Erfahrungen aus Nachträgen fließen nicht in die Mutter-LV ein.

In der Praxis werden zwei Ausschreibungsvarianten angewandt: der Einheitspreisvertrag und der Stundenlohnvertrag.

Einheitspreisvertrag

Die Beschreibung der Teilleistungen erfolgt auf der Basis des Standardleistungsbuches für Zeitverträge (STLB-Z), der vom AG selbst erstellten Mutter-LV oder der vorhandenen Projekt-LV.

Das Erstellen eigener Mutter-LV eignet sich nur für Bereiche, in denen immer wiederkehrende Leistungen zu erbringen sind (wie z. B. im Kanal- oder Straßenbau). In der Bauunterhaltung im Hochbau sind jedoch häufig sehr unterschiedliche Leistungen zu erbringen, die vorausschauend nicht geplant und beschrieben werden können. Mutter-LV für alle Fachlose wären hier nur mit unverhältnismäßigem Personal- und Zeitaufwand zu erstellen und (was das Wichtigste ist) zu pflegen und zu aktualisieren.

Im Mutter-LV werden die Teilleistungen dabei entweder

- mit Durchschnittspreisen des AG aus den vergangenen Jahren versehen und diese Preise dem Auf- oder Abgebot durch die Bieter unterstellt (ggf. Möglichkeit für Bieter, nach Einzelauftragshöhe gestaffelte Rabattsätze anzubieten) oder
- Preise aus externen Preisdatenbanken importiert und dem Auf- oder Abgebot unterstellt oder
- die EP im Wettbewerb abgefragt.

Vorteil von Mutter-LV: Der AG hat eine genaue Abrechnungsbasis für Teilleistungen und damit ein geringeres Kostenrisiko.

Nachteil von Mutter-LV: Das Editieren der Vergabeunterlagen ist sehr zeit- und personalintensiv und bindet damit beim AG wertvolle Personalressourcen.

Aufwand und Nutzen der Erstellung dieser Mutter-LV sind also sorgfältig gegeneinander abzuwägen. Dabei ist zu berücksichtigen, dass diese Mutter-LV fortlaufend zu aktualisieren, zu pflegen und mit Erfahrungen aus dem Nachtragswesen zu verbessern sind. Das Erstellen und die fortlaufende Begleitung in fachtechnischer Hinsicht lohnen sich also nur bei großen Institutionen, wo viele Nutzer auf diese Inhalte Zugriff haben müssen. Werden die Mutter-LV nicht gepflegt, sind sie innerhalb kürzester Zeit wertlos, da sowohl die Bautechnik – und damit die Texte der Leistungsbeschreibungen – ständig anzupassen sind als auch zivilrechtliche Aspekte auf dem aktuellen Stand gehalten werden müssen.

Für den Bieter besteht in der Kalkulation der Nachteil, dass keine Mengenvordersätze vorhanden sind, da die auszuführende Menge naturgemäß bei Unterhaltungsarbeiten vorher nicht ermittelt werden kann (in der Regel wird Menge 1 ausgeschrieben). Die Kalkulation der Gemeinkostenanteile sowie der Stoffkosten ist dabei erschwert (da der Bieter für eine große Stoffmenge ggf. einen günstigeren Preis erhalten würde).

Stundenlohnvertrag

In den Vergabeunterlagen werden Stundenlohnvorgaben für verschiedene Berufsgruppen, von Berufsverbänden erstellte und vom AG geprüfte Abrechnungslisten für Baustoffe bzw. Akkordpreislisten dem Wettbewerb unterstellt. Dabei haben die Bieter nur noch einen Faktor für Lohn- bzw. Stoffgemeinkosten auf die Vorgaben des AG anzubieten.

Vorteil: Das Erstellen der Vergabeunterlagen ist unkompliziert. Der Bieter hat eine einfache Kalkulationsbasis.

Nachteil: Für den Bieter besteht in der Kalkulation der Nachteil, dass keine Mengenvordersätze vorhanden sind, da die auszuführende Menge naturgemäß bei Unterhaltungsarbeiten vorher nicht ermittelt werden kann. Die Kalkulation der Gemeinkostenanteile sowie der Stoffkosten ist dabei erschwert (da der Bieter für eine große Stoffmenge ggf. einen günstigeren Preis erhalten würde).

Zudem kommen hier die Nachteile des Stundenlohnvertrags, wie bereits in Kapitel 5.7.1 erläutert, zum Tragen, d. h. eine unter Umständen unwirtschaftliche Art der Abrechnung.

Praxistipp

- Die Laufzeiten der Rahmenverträge sollten wegen des Risikos von Lohn- bzw. Stoffpreiserhöhungen und wegen der Korruptionsprävention auf maximal 2 bis 3 Jahre befristet sein.
- Falls Mutter-LV Grundlage der Ausschreibung sind, müssen sie regelmäßig aktualisiert bzw. die entsprechenden Updates installiert werden.
- Erstellt der AG die Mutter-LV selbst, sollten Erfahrungen aus Nachträgen einfließen, damit Fehler in Ausschreibungen nicht ständig wiederholt werden.
- Stundenlohnarbeiten sind soweit möglich zu vermeiden.

5.7.4   Generalunternehmer-/Generalübernehmer-Verträge

„Bei Öffentlicher Ausschreibung sind die Unterlagen an alle Unternehmen abzugeben."
(§ 3b Abs. 1 VOB/A)

„Am Wettbewerb können sich nur Unternehmen beteiligen, die sich gewerbsmäßig mit der Ausführung von Leistungen der ausgeschriebenen Art befassen."
(§ 6 Abs. 3 VOB/A)

Die Ausführungen zu vergaberechtlichen, strukturellen und inhaltlichen Fehlern, die im Kapitel 5.1 bereits beim Einheitspreisvertrag ausführlich behandelt wurden, gelten analog auch für GU-/GÜ-Verträge.

Öffentliche AG dürfen an GÜ, die keine Bauleistungen im eigenen Betrieb erbringen, streng genommen nicht vergeben. Die Vor- und Nachteile dieser Vertragsform werden in Tabelle 1.1 in Kapitel 1.4 dargestellt.

Das Erfordernis einer eindeutigen und erschöpfenden Leistungsbeschreibung nach § 7 Abs. 1 Nr. 1 VOB/A gilt auch bei diesen Vertragsformen ungeschmälert.

Praxistipp

Bei Vereinbarung der VOB darauf achten, dass keine Abänderungen von der VOB/B vorgenommen werden, die zur Inhaltskontrolle und damit unter Umständen zur Nichtigkeit einzelner Bestimmungen führen.

5.7.5   Totalunternehmer-/Totalübernehmer-Verträge

„Bei Öffentlicher Ausschreibung sind die Unterlagen an alle Unternehmen abzugeben.“
(§ 3b Abs. 1 VOB/A)

„Am Wettbewerb können sich nur Unternehmen beteiligen, die sich gewerbsmäßig mit der Ausführung von Leistungen der ausgeschriebenen Art befassen.“
(§ 6 Abs. 3 VOB/A)

Typische Fehler

- Die Planung ist vollständig Leistung des TU/TÜ. Der Werkerfolg wird vom AG nur unvollständig definiert.
- Die Schnittstellen zwischen AG-seitiger und AN-seitiger Planung sind nicht definiert und die Vergütung ist vertraglich nicht hinreichend geregelt.
- Der öffentliche AG schreibt TU-/TÜ-Leistungen aus.
- Der Vertrag ist nicht in Kaufvertrag, Werkvertrag Bauleistungen und Vertrag Planungsleistungen aufgeteilt.
- Im Vertragswerk des TU/TÜ ist nicht geklärt, für welche Leistungsbestandteile welche Vertragsordnungen gelten sollen.

Die Vergabe von Bauleistungen an TU/TÜ ist für öffentliche AG unzulässig, da sich nach o. g. Bestimmung der VOB der TU/TÜ gewerbsmäßig nicht mit der Ausführung von Leistungen der ausgeschriebenen Art befasst.

Bei der Beauftragung von TU/TÜ sind vom AG die Vorteile und Nachteile sorgfältig schon in frühen Planungsphasen zu erörtern. Die Vor- und Nachteile werden in Tabelle 1.1 in Kapitel 1.4 dargestellt. Sie gelten sowohl für öffentliche als auch private AG.

Praxistipp

- Der AG hat eindeutige Vorgaben zum „versprochenen Werk" (§ 631 BGB) bzw. zur geschuldeten Leistung zu machen. Durch den Planungsauftrag an den AN (TU/TÜ) sind spätere Änderungen des Bauherrn mit hohen finanziellen Risiken behaftet.
- Wenn sowohl AG als auch AN Planungsleistungen erbringen, sind die Schnittstellen in einem sehr frühen Planungsstadium (wenn möglich bereits analog LPH 1 HOAI) anhand eines Organigramms und detaillierter Projektorganisation und Pflichtenheft unter Einbindung sämtlicher Beteiligter schriftlich zu vereinbaren.
- Öffentlichen AG ist die Ausschreibung eines TU-/TÜ-Vertrags nicht gestattet.
- Das TU-/TÜ-Vertragswerk sollte wegen unterschiedlich geltender Regelungen in BGB, VOB und Vergabeordnung für freiberufliche Leistungen (VOF) über Mängelansprüche, Zahlungsmodalitäten, Verzugsregelungen etc. in die Teile Kaufvertrag (Grundstück und/oder Gebäude), Werkvertrag (Bauleistungen) und Vertrag über Planungsleistungen aufgeteilt werden.
- Im Werkvertrag (Bauleistungen) sollte die VOB als Ganzes vereinbart werden. Bei Planungsleistungen ist die HOAI zugrunde zu legen.

5.7.6   BGB-Vertrag (private und kommerzielle AG)

Die typischen Problemfelder wurden in diesem und in Kapitel 1 bereits ausführlich behandelt. Die Betrachtungen zu Widersprüchen in der Leistungsbeschreibung, zum Baugrund etc. gelten auch für den privaten oder kommerziellen Bauherrn.

Zwar ist der private AG nicht an das Vergaberecht gebunden und hat deswegen keine Sanktionen zu befürchten, allerdings gilt das Erfordernis einer vollständigen und für den Bieter mit möglichst geringem Risiko kalkulierbaren Leistungsbeschreibung genauso wie bei öffentlichen AG. Denn alles, was der Bieter nicht kalkulieren kann, gibt er an den Bauherrn in Form von erhöhten bzw. überhöhten EP und später über Nachträge weiter.

6 Kalkulation im Bauunternehmen

Die Qualität der Ausschreibungsunterlagen beeinflusst maßgeblich die Güte der Angebotskalkulation. Je besser und erschöpfender die Leistung beschrieben ist, umso zuverlässiger kann der Kalkulator in der Bauunternehmung die Preise berechnen.

Anders als in der industriellen, maschinengesteuerten Produktion ist der Herstellungsprozess im Bauwesen in hohem Maße noch von der manuellen Fertigung an der Produktionsstätte (Baustelle) geprägt. Nur einige Bauteile (wie z. B. Fenster- oder Fassadenteile, Betonfertigteile, Sonnenschutzanlagen etc.) können im Werk zum Teil mit CNC-gesteuerten Maschinen exakt und größtenteils in Serienproduktion hergestellt werden und sind daher sehr wirtschaftlich, senken die Herstellungskosten und garantieren eine gleichbleibende Qualität.

Da der manuelle Prozess jedoch in der Herstellung dominiert, ist das Bearbeiten, Zusammenfügen und Montieren der Baustoffe auf der Baustelle und damit ein hoher Lohnkostenanteil für die Angebotskalkulation von entscheidender Bedeutung.

Die weiteren Betrachtungen gehen von einer Leistungsbeschreibung mit Leistungsverzeichnis (LV) als Grundlage der zu erstellenden Angebotskalkulation aus, sie gelten weitestgehend auch für Leistungsbeschreibungen mit Leistungsprogramm. Einziger Unterschied: Der Bieter bestimmt selbst, wie er seine Kalkulation aufbaut und ist nicht an das „Korsett" von LV-Positionen gebunden. Die Methodik der Ermittlung von Lohnstunden, Stoffmengen, Aufwandswerten, Leistungswerten etc. bleibt jedoch gleich.

6.1 Grundlagen der Angebotskalkulation

Grundbegriffe der Angebotskalkulation sind:

- Einzelkosten der Teilleistungen (EKT)
- Baustellengemeinkosten (BGK)
- allgemeine Geschäftskosten (AGK)
- Wagnis und Gewinn (W+G)

Die **Einzelkosten einer Teilleistung** entsprechen der Aufgliederung aller Kosten für eine Leistungsposition im LV, der Teilleistung. Diese Kosten setzen sich aus dem Lohnaufwand, Gerätekosten, Kosten der Baustoffe, sonstigen Kosten bzw. anteiligen Nachunternehmerkosten oder – falls die Leistung komplett durch einen Nachunternehmer ausgeführt wird – den Nachunternehmerkosten zusammen.

Unter **Baustellengemeinkosten** versteht man die Kosten der Baustelle, die den EKT nicht direkt zugeordnet werden können (z. B. Baustelleneinrichtungskosten oder Kosten der Bauleitung), also anteilig auf sämtliche LV-Positionen umzulegen sind.

Falls im LV separate Positionen für Einrichten, Vorhalten und Räumen der Baustelleneinrichtung vorhanden sind oder z. B. die Kosten der Bauleitung bereits im Baustellenmittellohn einkalkuliert sind, sind diese Kosten umgekehrt nicht mehr auf alle Positionen umzulegen.

Die BGK lassen sich in zeitunabhängige und zeitabhängige Kosten untergliedern (zur Differenzierung der BGK in zeitunabhängige und zeitabhängige Kosten siehe Drees & Paul [2015])

Allgemeine Geschäftskosten (auch als Verwaltungsgemeinkosten bezeichnet) sind die Kosten, die durch den Betrieb des Bauunternehmens überhaupt entstehen. Dazu zählen z. B. Personalkosten der Unternehmensleitung und -verwaltung einschließlich Gehältern und Löhnen des hier beschäftigten Personals, Kosten der Betriebsgebäude, Kosten für Büroausstattung mit Soft- und Hardware, Kosten des Bauhofes, Werkstatt, Lagergebäude, Fuhrpark, Beiträge zu Berufsverbänden, Versicherungen, Finanzierungskosten etc. Weiterhin sonstige Kosten, die dem Bauunternehmen durch den Geschäftsbetrieb entstehen und weder in den EKT noch in den BGK enthalten sind (zur Differenzierung der AGK nach Bausparten, Kostenarten bzw. Auftragsgröße siehe Drees & Paul [2015]).

Jede Baustelle ist für ein Bauunternehmen ein **Wagnis**. **Gewinn** zu machen, ist Ziel jeder Unternehmung. Unvermutete Schwierigkeiten sowohl im Risikobereich des AN (Beispiel: ganze Kolonne fällt plötzlich mit Grippe aus oder Bagger fällt in die Baugrube) als auch des AG (Beispiel: Baugrundrisiko) können erhebliche Kostenauswirkungen haben, die in den meisten Fällen schwer prognostizierbar sind. Dies gilt sowohl für die Angebotskalkulation (der Bieter hat in der Regel Festpreise anzubieten, d. h., er trägt das Risiko, dass die seiner Angebotskalkulation zugrunde liegenden Feststellungen zutreffend sind) als auch für die Leistungserbringung.

Zusätzliche Leistungen sind zwar nach § 2 Abs. 5 bzw. 6 VOB/B zu vergüten, jedoch gibt es erfahrungsgemäß beim Nachtragsmanagement erhebliche Meinungsverschiedenheiten darüber, was vertraglich geschuldet ist, d. h., was überhaupt zusätzlich zu vergüten ist.

BGK, AGK sowie W+G werden auch Umlagekosten genannt, da die EKT über einen Verteilungsschlüssel entweder mit vorgegebenen oder speziell für die Baumaßnahme ermittelten Zuschlägen beaufschlagt werden.

Ermittlung der EKT

Um die Einzelkosten der Teilleistung kalkulieren zu können, ist es unter Umständen notwendig, diese in weitere Arbeitsschritte zu unterteilen. Zudem muss entschieden werden, welche Leistungen im eigenen Betrieb oder (abhängig von der Auslastung des eigenen Personals und der Frage, ob der eigene Betrieb auf alle Leistungen eingerichtet ist) durch Nachunternehmer erbracht werden sollen.

Anschließend sind zu ermitteln:

- Lohnaufwandswerte (d. h. Lohnstunden/Teilleistung bezogen auf die im LV vorgegebene Abrechnungseinheit)
- Gerätekosten anhand von Leistungswerten (ausgeführte Menge/Abrechnungseinheit/Zeiteinheit)
- Stoffkosten durch Einholung von Lieferantenangeboten oder firmeninternen Stoffkostenansätzen
- Sonstige Kosten (wie z. B. Kosten für Inanspruchnahme öffentlichen Straßenraumes für Tiefbauarbeiten etc.)
- Nachunternehmerkosten anhand von eingeholten Nachunternehmerangeboten zur betreffenden Teilleistung

Wird die Leistung durch eine Baustellenmannschaft, d. h. mehrere Arbeitnehmer, erbracht, gilt für die Ermittlung des **Lohnaufwandswertes** die Regel: Mannschaftsstärke durch Leistungswert ergibt den Aufwandswert. Für die Aufwandswerte gibt es von vielen Berufsverbänden ausgearbeitete Zeitaufwandstafeln für die Leistungsbereiche des Hoch-, Tief- sowie Garten- und Landschaftsbaus. Auch in der Literatur finden sich sehr umfangreiche und nach Fachlosen gegliederte Aufwandswerte und Baupreise, die eine Kalkulation erleichtern (Plümecke, 2015).

Sind Arbeitnehmer mit unterschiedlichen Lohngruppen im Einsatz (was bei umfangreicheren Fachlosen wie Erdbau, Rohbau, Fassade etc. die Regel ist), muss für die Ermittlung des Verrechnungslohnes zunächst der **Baustellenmittellohn** gebildet werden. Dabei werden je nach Zusammensetzung einer Baustellenmannschaft die Produkte der Anzahl der Personen einer Lohngruppe und des zugehörigen Tariflohns addiert und durch die Anzahl der Gesamtpersonen dividiert (arithmetisches Mittel).

Unersetzlich bei der Kalkulation von Lohnaufwandswerten (Ähnliches gilt für Leistungswerte von Geräten) ist jedoch die jahrelange Erfahrung des Baupraktikers und Baukalkulators. Dabei bieten Arbeitszeitrichtwerte in Verbandsbroschüren und in der Literatur immer nur einen groben Anhaltspunkt.

Entscheidend ist die Kenntnis aller für die Leistungserbringung relevanten Einflussgrößen: Baustellenmannschaft (Qualifikation und Leistungsfähigkeit etc.), Verfügbarkeit und Leistungsfähigkeit der erforderlichen Großgeräte sowie Kenntnis der Baustelle. Das heißt Kenntnis der Randbedingungen wie Anfahrtswege, Transportwege von Baustoffen und Geräten zum Einbauort, zur Verfügung stehende Hebezeuge und Gerüste, Baustelleneinrichtungsflächen für Zwischenlagerung von Baustoffen bzw. Parkierungsflächen für Firmenfahrzeuge und Baustellengeräte. Ebenso Kenntnis über Erschwernisse bei der Leistungserbringung durch z. B. Arbeiten anderer AN, Behinderungen und Unterbrechungen im Bauablauf, Zugänglichkeit der Orte der Leistungserbringung, Notwendigkeiten von Sicherungsmaßnahmen nach UVV etc.

All dies hat einen erheblichen Einfluss auf die Arbeitsleistung und da jede Baustelle Besonderheiten aufweist, kann dies in Standardarbeitszeitwerten nicht erfasst werden.

Die **Leistungswerte von Geräten** können entweder den technischen Merkblättern der Hersteller oder einschlägigen Broschüren der Fachverbände entnommen werden. Gerätekosten werden hierbei in der Regel anhand von betriebsinternen Verrechnungssätzen bzw. anhand der in der Baugeräteliste (BGL) aufgeführten Abschreibungssätze angesetzt. Gegebenenfalls sind Abminderungs- bzw. Erhöhungsfaktoren zu den Gerätekosten der BGL für die zum Einsatz kommenden Geräte anzusetzen. Bei Mietgeräten sind die Mietkosten zuzüglich Transportkosten zu berücksichtigen (siehe Preislisten der Baumaschinen- und -gerätevermieter).

Bei den **Stoffkosten** sind sämtliche für die Teilleistung relevanten Materialkosten zu berücksichtigen. Bei Betonarbeiten also z. B. die Mietkosten für Schalmaterial, für Sprießungen, Traggerüste, Kosten des Transportbetons etc.

Sonstige Kosten sind sämtliche Kosten, die in den Kostenarten Lohn, Stoffe, Geräte und Nachunternehmer nicht erfasst wurden, der Teilleistung jedoch zuzurechnen sind: z. B. Einlagerungskosten, ggf. anteilige Transport-und Frachtkosten u. a.

Nachunternehmerkosten werden entweder anteilig in den EKT berücksichtigt (falls der NU nur Teile der Leistung erbringt, z. B. der Betonstahl vom AN zur Verfügung gestellt jedoch vom NU eingebaut wird) oder Teilleistungen (LV-Positionen) werden komplett durch einen Nachunternehmer erbracht.

Ermittlung der Anteile für BGK, AGK und W+G

Wenn die Einzelkosten aller Teilleistungen ermittelt wurden, sind noch die Anteile für BGK, AGK und W+G wie bereits ausgeführt zuzuordnen. Im Bauwesen haben sich dabei 2 Verfahren in der Praxis durchgesetzt:

- die Kalkulation mit vorberechneten Zuschlägen
- die Kalkulation über die Endsumme

Kalkulation mit vorberechneten Zuschlägen

Bei der Kalkulation mit vorberechneten Zuschlägen (Zuschlagskalkulation) wird auf eine Ermittlung der BGK, AGK und W+G verzichtet und die EKT mit Zuschlägen beaufschlagt, die von der Unternehmensleitung anhand von Erfahrungswerten bei bereits abgewickelten vergleichbaren Projekten oder von Baustellennachkalkulationen auf der Basis der tatsächlich entstandenen Kosten gebildet wurden. Diese Art der Kostenermittlung ist ungenauer als die Kalkulation über die Endsumme, da sie die Gemeinkosten der Baustelle aufgrund fest vorgegebener Zuschlagssätze nur annähernd und ungenau erfasst.

Für Bauunternehmungen, die von der Unternehmensstruktur, vom Umfang und von der Art der Aufträge immer ein relativ gleichbleibendes Leistungsspektrum abwickeln, d. h. für immer wiederkehrende Leistungen anhand der Erfahrung den Anteil an Gemeinkosten ungefähr abschätzen können, ist diese Art der Kalkulation jedoch pragmatisch und vor allem zeitsparend. Dies trifft für kleinere und mittlere Handwerksbetriebe zu.

Bei komplexen Bauvorhaben führt diese Art der Kalkulation unter Umständen zu Unter- bzw. Überdeckungen von Gemeinkostenanteilen. Dabei können ggf. nicht wettbewerbsfähige Angebotspreise entstehen.

Kalkulation über die Endsumme

Bei der Kalkulation über die Endsumme werden BGK, AGK und W+G für jede Baumaßnahme neu ermittelt (dies bildet betriebswirtschaftlich die Gemeinkosten genauer und realistischer ab) und den EKT als Umlagebeiträge zugeordnet.

In Abb. 6.1 bis 6.3 sind Vordrucke des VHB zur Preisermittlung abgebildet. Im KVHB-Bau sind entsprechende Vordrucke vorhanden.

221

(Preisermittlung bei Zuschlagskalkulation)

Bieter	Vergabenummer	Datum

Baumaßnahme

Leistung

Angaben zur Kalkulation mit vorbestimmten Zuschlägen

1	Angaben über den Verrechnungslohn	Zuschlag %	€/h
1.1	**Mittellohn ML** einschl. Lohnzulagen u. Lohnerhöhung, wenn keine Lohngleitklausel vereinbart wird		
1.2	**Lohngebundene Kosten** Sozialkosten und Soziallöhne, als Zuschlag auf **ML**		
1.3	**Lohnnebenkosten** Auslösungen, Fahrgelder, als Zuschlag auf **ML**		
1.4	**Kalkulationslohn KL** (Summe 1.1 bis 1.3)		
1.5	**Zuschlag auf Kalkulationslohn** (aus Zeile 2.4, Spalte 1)		
1.6	**Verrechnungslohn VL** (Summe 1.4 und 1.5, VL im Formblatt 223 berücksichtigen)		

2	Zuschläge auf die Einzelkosten der Teilleistungen = unmittelbare Herstellungskosten					
		Zuschläge in % auf				
		Lohn	Stoffkosten	Geräte-kosten	Sonstige Kos-ten	Nachunter-nehmer-leistungen
2.1	**Baustellengemeinkosten**					
2.2	**Allgemeine Geschäftskosten**					
2.3	**Wagnis und Gewinn**					
2.4	**Gesamtzuschläge**					

Seite 1 von 2

Abb. 6.1a: Preisermittlung bei Zuschlagskalkulation, S. 1 (Quelle: VHB, 2016, Formblatt 221)

221
(Preisermittlung bei Zuschlagskalkulation)

3.	Ermittlung der Angebotssumme			
		Einzelkosten der Teilleistungen = unmittelbare Herstellungskosten €	Gesamt-zuschlä-ge gem. 2.4 %	Angebotssumme €
3.1	**Eigene Lohnkosten** Verrechnungslohn (1.6) x Gesamtstunden			✕
	x			
3.2	**Stoffkosten** (einschl. Kosten für Hilfsstoffe)			
3.3	**Gerätekosten** (einschließlich Kosten für Energie und Betriebsstoffe)			
3.4	**Sonstige Kosten** (vom Bieter zu erläutern)			
3.5	**Nachunternehmerleistungen** [1]			
	Angebotssumme ohne Umsatzsteuer			

eventuelle Erläuterungen des Bieters:

---

[1]   Auf Verlangen sind für diese Leistungen die Angaben zur Kalkulation der(s) Nachunternehmer(s) dem Auftraggeber vorzulegen.

© VHB - Bund - Ausgabe 2008 – Stand April 2016   Seite 2 von 2

Abb. 6.1b: Preisermittlung bei Zuschlagskalkulation, S. 2 (Quelle: VHB, 2016, Formblatt 221)

222
(Preisermittlung bei Kalkulation über die Endsumme)

Bieter	Vergabenummer	Datum
Baumaßnahme		
Leistung		

Angaben zur Kalkulation über die Endsumme

1.	**Angaben über den Verrechnungslohn**	**Lohn €/h**
1.1	**Mittellohn ML** einschl. Lohnzulagen u. Lohnerhöhung, wenn keine Lohngleitklausel vereinbart wird	
1.2	**Lohngebundene Kosten** Sozialkosten und Soziallöhne	
1.3	**Lohnnebenkosten** Auslösungen, Fahrgelder	
1.4	**Kalkulationslohn KL** (Summe 1.1 bis 1.3)	

Berechnung des Verrechnungslohnes nach Ermittlung der Angebotssumme (vgl. Blatt 2)

1.5	**Umlage auf Lohn** (Kalkulationslohn x v.H. Umlage aus 2.1)	€/h	v.H.	
1.6	**Verrechnungslohn VL** (Summe 1.4 und 1.5)			

eventuelle Erläuterungen des Bieters:

© VHB VHB - Bund - Ausgabe 2008 – Stand April 2016 Seite 1 von 2

Abb. 6.2a: Preisermittlung bei Kalkulation über die Endsumme, S. 1 (Quelle: VHB, 2016, Formblatt 222)

222

(Preisermittlung bei Kalkulation über die Endsumme)

Ermittlung der Angebotssumme		Betrag €	Gesamt €	Umlage Summe 3 auf die Einzelkosten für die Ermittlung der EH-Preise	
2	Einzelkosten der Teilleistungen = unmittelbare Herstellungskosten			%	€
2.1	Eigene Lohnkosten				
	Kalkulationslohn (1.4) x Gesamtstunden:				
	x			x	
2.2	Stoffkosten (einschl. Kosten für Hilfsstoffe)			x	
2.3	Gerätekosten (einschl. Kosten für Energie und Betriebsstoffe)			x	
2.4	Sonstige Kosten (Vom Bieter zu erläutern)			x	
2.5	Nachunternehmerleistungen [1]			x	
Einzelkosten der Teilleistungen (Summe 2)				noch zu verteilen	

Zusammensetzung der Umlagesummen

	Umlage gesamt (€)	Anteil BGK (€)	Anteil AGK (€)	Anteil W+G (€)
2.1 eigene Lohnkosten				
2.2 Stoffkosten				
2.3 Gerätekosten				
2.4 Sonstige Kosten				
2.5 Nachunternehmerleistungen				

3	Baustellengemeinkosten, Allgemeine Geschäftskosten, Wagnis und Gewinn	
3.1	Baustellengemeinkosten (soweit hierfür keine besonderen Ansätze im Leistungsverzeichnis vorgesehen sind	
3.1.1	Lohnkosten einschließlich Hilfslöhne	
	Bei Angebotssummen unter 5 Mio € : Angabe des Betrages Bei Angebotssummen über 5 Mio € : Kalkulationslohn (1.4) x Gesamtstunden:	
	x	
3.1.2	Gehaltskosten für Bauleitung, Abrechnung Vermessung usw.	
3.1.3	Vorhalten u. Reparatur der Geräte u. Ausrüstungen, Energieverbrauch, Werkzeuge u. Kleingeräte, Materialkosten f. Baustelleneinrichtung	
3.1.4	An- u. Abtransport der Geräte u. Ausrüstungen, Hilfsstoffe, Pachten usw.	
3.1.5	Sonderkosten der Baustelle, wie techn. Ausführungsbearbeitung, objektbezogene Versicherungen usw.	
Baustellengemeinkosten (Summe 3.1)		
3.2	Allgemeine Geschäftskosten (Summe 3.2)	
3.3	Wagnis und Gewinn (Summe 3.3)	
Umlage auf die Einzelkosten (Summe 3)		
Angebotssumme ohne Umsatzsteuer (Summe 2 und 3)		

[1] Auf Verlangen sind für diese Leistungen die Angaben zur Kalkulation der(s) Nachunternehmer(s) dem Auftraggeber vorzulegen.

© VHB - Bund - Ausgabe 2008 – Stand April 2016   Seite 2 von 2

Abb. 6.2b: Preisermittlung bei Kalkulation über die Endsumme, S. 2 (Quelle: VHB, 2016, Formblatt 222)

Formulardaten importieren

223
(Aufgliederung der Einheitspreise)

Bieter	Vergabenummer	Datum

Baumaßnahme

Leistung

Aufgliederung der Einheitspreise

OZ des LV[1]	Kurzbezeichnung d. Teilleistung[1]	Menge[1]	Men- gen- einheit	Zeitan- satz[2]	Teilkosten einschl. Zuschläge in € (ohne Umsatzsteuer) je Mengeneinheit[2]				Angebotener Einheitspreis (Sp. 6+7+8+9)
					Löhne[2]	Stoffe[2]	Geräte[2,4]	Sonstiges	
1	2	3	4	5	6	7	8	9	10

[1] Wird vom Auftraggeber vorgegeben.
[2] Ist bei allen Teilleistungen anzugeben, unabhängig davon ob sie der Auftragnehmer oder ein Nachunternehmer erbringen wird.
[3] Sofern der zugrunde gelegte Verrechnungslohn nicht mit den Angaben in den Formblättern 221 oder 222 übereinstimmt, hat der Bieter dies offenzulegen.
[4] Für Gerätekosten einschl. der Betriebsstoffkosten, soweit diese den Einzelkosten der angegebenen Ordnungszahlen zuge- rechnet worden sind.

© VHB - Bund - Ausgabe 2008 – Stand Mai 2010   Seite 1 von 1

Abb. 6.3: Aufgliederung der Einheitspreise (Quelle: VHB, 2016, Formblatt 223)

Problematik der Kalkulation von Bedarfs- und Alternativpositionen

Da sich der AG in der Regel erst nach Auftragserteilung für die Beauftragung von Bedarfspositionen entscheidet, kann das kalkulierende Bauunternehmen bei der Angebotskalkulation nicht wissen, ob diese zur Ausführung kommen oder nicht. Der Kalkulator in der Bauunternehmung steht damit vor dem Problem, die anteiligen Gemeinkostenanteile für AGK, BGK sowie W+G nicht zuverlässig kalkulieren zu können, denn:

Kalkuliert der Bieter die Gemeinkostenanteile der Bedarfspositionen in andere Positionen hinein, verteuern sich diese unnötig und auch nicht kostengerecht. Wegen überhöhter Angebotssumme erhält der Bieter, insbesondere bei zahlreichen Bedarfspositionen im Leistungsverzeichnis, vielleicht nicht den Auftrag. Zudem ist die Mischkalkulation (d.h. die Verlagerung von Kosten in andere Teilleistungen) nach der Rechtsprechung des Bundesgerichtshofs (BGH) unstatthaft.

Kalkuliert der Bieter die Gemeinkostenanteile der Bedarfspositionen nicht und der AG entscheidet sich nach Auftragserteilung dafür, die Bedarfspositionen auszuführen, kommt es zu einer Unterdeckung von Gemeinkosten, die mit steigender Menge der Bedarfspositionen proportional anwächst.

Diesem Dilemma kann der Bieter bei Bedarfspositionen, wozu auch Alternativpositionen zu rechnen sind, nicht entgehen.

Regeln für die Kalkulation im Bauunternehmen

Merksatz

Es gibt keine allgemein geltenden und für alle Handwerkszweige und Bauunternehmungen gültigen Regeln für die Kalkulation von Baupreisen. Wie der Bieter seine Preise ermittelt, ist allein seine Sache.

„Bei der Angebotskalkulation darf jedoch die Ermittlung der EKT als Kalkulation im engeren Sinne nicht mit der Bestimmung der Preise als Kalkulation im weiteren Sinne verwechselt werden." (Wanninger, 2004)

Nach Wanninger sind die „soft facts", also Kenntnis der aktuellen Marktsituation, des vermuteten Feldes an Mitbewerbern und ggf. der Preisvorstellungen oder finanziellen Schmerzgrenzen der AG, für den Erfolg (d.h., den Bauauftrag zu erhalten) genauso wichtig wie kalkulatorische Fähigkeiten.

Die vom Bieter im Angebotsblankett eingetragenen Preise stimmen somit nicht zwangsläufig 1 : 1 mit den ermittelten Kosten der Teilleistungen überein. In aller Regel wird der Kalkulator im Bauunternehmen die speziellen Randbedingungen der Baustelle durch Auf- oder Abbepreisung einzelner EKT berücksichtigen.

Der zuweilen verwendete Begriff der „ordnungsgemäßen Kalkulation" ist nicht tauglich, den Bietern klare Vorgaben für die Kalkulation zu geben. Mangels fehlender Ordnung ist jeder Bieter auf sich gestellt. Falls mit dem Begriff „ordnungsgemäße Kalkulation" die Nachvollziehbarkeit der Kalkulation für den AG gemeint sein sollte, müssen weitere Gesichtspunkte in die Betrachtung einfließen:

- Welche Möglichkeiten hat der AG im Rahmen der Ausschreibung und der Vergabe, Informationen über die Preisermittlung der Bieter zu erhalten?
- Wie kann der AG die Angemessenheit der Preise überhaupt beurteilen?

Hierzu haben sowohl der Bund (im VHB) als auch Interessenvertreter der Bundesländer und/oder Kommunen z. B. im KVHB-Bau Vordrucke entwickelt, die sog. einheitlichen Formblätter (EFB), die den Vergabeunterlagen in aller Regel beigelegt werden. Die Bieter der engeren Wahl haben diese Formblätter auf Verlangen der AG vollständig ausgefüllt im Rahmen der Vergabeentscheidung vorzulegen. Nur in Ausnahmefällen sollte der AG diese mit Angebotsabgabe einfordern. Gleiches gilt für die Urkalkulation.

6.2   Urkalkulation und einheitliche Formblätter

Der Begriff „**Urkalkulation**" kann mit dem Begriff „Angebotskalkulation" gleichgesetzt werden. Öffentliche und private AG verlangen die Urkalkulation in der Regel vor Auftragserteilung zur geschlossenen Verwahrung beim AG. Entweder verlangt der AG im Rahmen des § 15 Abs. 1 Nr. 1 VOB/A noch während des Vergabeverfahrens Aufklärung oder er verwahrt die Urkalkulation zur späteren Einsichtnahme während der Vertragsphase (Nachtragsmanagement).

„(1) 1. Bei Ausschreibungen darf der Auftraggeber nach Öffnung der Angebote bis zur Zuschlagserteilung von einem Bieter nur Aufklärung verlangen, um sich über seine Eignung, insbesondere seine technische und wirtschaftliche Leistungsfähigkeit, das Angebot selbst, etwaige Nebenangebote, die geplante Art der Durchführung, etwaige Ursprungsorte oder Bezugsquellen von Stoffen oder Bauteilen und über die Angemessenheit der Preise, wenn nötig durch Einsicht in die vorzulegenden Preisermittlungen (Kalkulationen), zu unterrichten.
2. Die Ergebnisse solcher Aufklärungen sind geheim zu halten. Sie sollen in Textform niedergelegt werden.

(2) Verweigert ein Bieter die geforderten Aufklärungen und Angaben oder lässt er die ihm gesetzte angemessene Frist unbeantwortet verstreichen, so ist sein Angebot auszuschließen."
(§ 15 Abs. 1 bis 2 VOB/A)

Das VHB regelt (analog dem KVHB-Bau) in den „Zusätzlichen Vertragsbedingungen für die Ausführung von Bauleistungen – Einheitliche Fassung":

„Die §§ beziehen sich auf die Allgemeinen Vertragsbedingungen für die Ausführung von Bauleistungen (VOB/B).

1 Preisermittlungen (§ 2)

1.1 Der Auftragnehmer hat auf Verlangen die Preisermittlung für die vertragliche Leistung (Urkalkulation) dem Auftraggeber verschlossen zur Aufbewahrung zu übergeben.

1.2 Sind nach § 2 Abs. 3, 5, 6, 7 und/oder Abs. 8 Nr. 2 Preise zu vereinbaren, hat der Auftragnehmer seine Preisermittlungen für diese Preise einschließlich der Aufgliederung der Einheitspreise (Zeitansatz und alle Teilkostenansätze) spätestens mit dem Nachtragsangebot vorzulegen sowie die erforderlichen Auskünfte zu erteilen.

1.3 Nrn. 1.1 und 1.2 gelten auch für Nachunternehmerleistungen."
(VHB, 2016, Formblatt 215)

Wie bereits ausgeführt gibt es für die Angebotskalkulation weder formale noch inhaltliche Vorgaben. Das erklärt das Erstaunen mancher AG, wenn sie bei Nachtragsverhandlungen im Beisein des AN die Urkalkulation zum ersten Mal öffnen. Je nachdem, wie differenziert der AN seine EKT ermittelt hat (wozu er nicht verpflichtet ist!), kann der AG aus den Kostenbestandteilen bereits gewisse Rückschlüsse auf die Auskömmlichkeit der Preise (z. B. Stoffkosten) ziehen und sich ggf. das Zustandekommen der Preise vom Bieter erläutern lassen.

Die **EFB** werden in der Regel nicht Vertragsbestandteil, da Vertragsbestandteil nur die Einheitspreise werden, nicht jedoch ihr Zustandekommen. Folglich könnte der Bieter Ansätze in die EFB eintragen, die mit der Angebotskalkulation nicht übereinstimmen (was nach Erfahrungen des Verfassers keine Seltenheit darstellt).

Bei einem Widerspruch zwischen EFB und Urkalkulation stellt sich die Frage: Welche Angaben stimmen? Falls der Bieter behauptet, die Eintragungen im EFB wären richtig, die Angaben in der Urkalkulation wären nur ein Zwischenprodukt aus der Angebotsphase gewesen und versehentlich in den Umschlag „Urkalkulation" geraten, ist der Bieter nachweispflichtig, dass sich dies so verhält. Im umgekehrten Fall müssen die EFB den Ansätzen in der Urkalkulation angepasst werden, wollen sie eine taugliche Basis für das Nachtragsmanagement sein.

Die in der Bauwirtschaft oft als „Lügenblättle" diffamierten Vordrucke bilden ein Kalkulationssystem ab, das mit den auf dem Markt befindlichen Baukalkulationssystemen nicht oder zumindest nicht immer kompatibel ist. In manchen Baubranchen passt die spezielle Kalkulationsmethodik der Branche nicht in das strenge Korsett der EFB hinein.

„Dies gilt für alle Unternehmen, die stationäre Fertigungsbetriebe unterhalten, wie z. B. den Stahlbau oder den Fassadenbau. In diesen Branchen ist der Begriff ‚Baustellengemeinkosten' weder üblich noch angebracht, um unterhalb der Ebene ‚AGK' die Kosten- und Kalkulationsstruktur sinnvoll abzubilden. In diesen Unternehmen wird differenziert mit

- *Fertigungsgemeinkosten,*
- *Materialgemeinkosten,*
- *Montagegemeinkosten,*

kalkuliert, wobei die Montagegemeinkosten noch am ehesten den Baustellengemeinkosten des Bauhauptgewerbes entsprechen."
(Wanninger, 2009)

Da die EFB-Blätter nicht zwingend die Angebotskalkulation abbilden, sind sie kritisch zu hinterfragen und im Zweifel sollte der AG die Urkalkulation

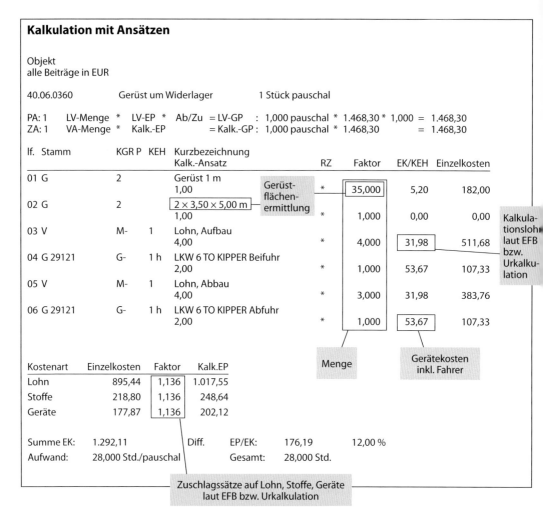

Abb. 6.4:   Kalkulationsblatt eines Bauunternehmens

anfordern. Bei auffällig hohen Zuschlagssätzen (z. B. für Nachunternehmerleistungen in Höhe von 50 %) kann ein vermeintlich günstiges Angebot
beim Nachtragsmanagement schnell eine Kostenlawine werden.

Die Angemessenheit der Preise kann der AG anhand der EFB in der Regel
nicht beurteilen, da die EKT nicht dargestellt sind und somit nicht beurteilt
werden kann, ob z. B. der Lohnaufwand angemessen eingeschätzt wurde. Bei
Zweifeln hinsichtlich der Angemessenheit der Preise ist sowohl Aufklärung
beim Bieter notwendig sowie die Vorlage der Urkalkulation der betreffenden
Teilleistungen (Kalkulationsblätter). Manchmal gibt es durchaus plausible
Erklärungen für niedrig erscheinende EKT. Zum Beispiel wenn Bodenmaterial nicht entsorgt wird, weil es bei einer anderen Baustelle wieder eingebaut
werden kann und der Bieter diesen Gewinn an den AG weitergibt, um einen
attraktiven Angebotspreis zu erzielen. Ebenso möglich wäre es, dass z. B.
bei Abbruch- und Entsorgungsarbeiten abzubauende Stahlteile vom Bieter

gewinnbringend der Wiederverwertung zugeführt statt entsorgt werden. Wie ein solches Kalkulationsblatt im Bauunternehmen aussieht, zeigt die Abb. 6.4.

6.3   Hinweise für die Angebotserstellung

Die folgenden Punkte können bei der Angebotserstellung relevant sein. Sie sind exemplarisch zu verstehen und erheben (aufgrund der Vielzahl der denkbaren Fälle) keinen Anspruch auf Vollständigkeit. Sie sollten, wenn möglich, mit dem AG vor Angebotsabgabe geklärt werden.

- **Mindestanforderungen an Nebenangebote**
  Es sind Nebenangebote zugelassen, ohne dass die Mindestanforderungen definiert sind.

- **Vorgabe Leitfabrikat/Gleichwertigkeit**
  Die Kriterien zur Beurteilung der Gleichwertigkeit sind nicht im LV genannt.

- **Querverweise zwischen LV-Positionen**
  Die Position, auf die verwiesen wird, existiert nicht. In der Verweisposition fehlen Informationen.

- **Schnittstellen der Fachlose**
  Die Schnittstellen zwischen den Fachlosen (Gewerken) sind nicht eindeutig definiert.

- **Querverweise Positionen/Planunterlagen**
  Die Hinweise in der LV-Position auf beigefügte Pläne sind falsch oder unvollständig bzw. verwirrend.

- **Widersprüche innerhalb der Leistungsbeschreibung/ Rangklauseln**
  Innerhalb der Leistungsbeschreibung sind Widersprüche vorhanden.

- **unklare Leistungsbeschreibung**
  Der Leistungsinhalt ist nicht eindeutig und zweifelsfrei beschrieben. Die Begriffe sind nicht eindeutig (z. B. Sichtbeton). Es fehlen Angaben zu Abmessungen, Materialart und -güte, Stärke des Bauteils bzw. zu bauphysikalischen, statischen oder sonstigen Anforderungen. Dem Bieter werden nicht kalkulierbare Risiken zugewiesen. Der Positionstext ist ohne Pläne/ Detailzeichnungen nicht verständlich und kalkulierbar.

- **Angaben zur Baustelle/Ortsbesichtigungen**
  Kalkulationsrelevante Angaben zur Baustelle fehlen in der Baubeschreibung bzw. in den LV-Positionen. Aus der Ortsbesichtigung bzw. Einsichtnahme in die (den Vergabeunterlagen nicht beiliegenden) Planunterlagen ergeben sich Fragen zur Leistungsbeschreibung.

- **ZTV/AGB-widrige Formulierungen**
  Die reine Erwähnung technischer Regelwerke soll den „Vertragsinhalt" bestimmen. Im LV sind unklare Forderungen zu Kooperations- bzw. Koordinierungspflichten des AN vorhanden, die in die Einheitspreise eingerechnet werden sollen. Dem Bieter werden Planungspflichten übertragen, zu denen er nicht verpflichtet wäre, deren Umfang er nicht kennt und die er deswegen auch nicht kalkulieren kann.

- **Zulagepositionen**
  Es ist nicht ersichtlich, ob nur die über die Grundposition hinausgehenden Kosten oder die kompletten Kosten der Teilleistung kalkuliert werden sollen.

- **Nebenleistung/Besondere Leistung nach VOB/C**
  In der VOB/C unter Besondere Leistungen aufgeführte Leistungen werden als Nebenleistung deklariert und sind für den Bieter aufgrund fehlender Angaben und Mengenvordersätze nicht oder nur mit hohem Risiko kalkulierbar.

- **Ausführungsfristen/Angebotsfrist/Bindefrist**
  Die Ausführungsfristen sind nicht ausreichend bemessen. Die Angebotsfrist entspricht nicht dem Komplexitätsgrad der ausgeschriebenen Leistungen, d. h. ist teilweise zu kurz bemessen. Die Bindefrist ist unangemessen lange festgelegt.

- **Vertragsstrafen**
  Die Vertragsbedingungen zur Vertragsstrafe sind AGB-widrig. Eine Begrenzung der Vertragsstrafe fehlt. Aus den Vergabeunterlagen ist nicht erkenntlich, ob eine Vertragsstrafe vertraglich vereinbart werden soll.

- **Verjährungsfristen Mängelansprüche**
  Die Fristen weichen stark von der VOB/B bzw. vom BGB ab.

- **Ausführung im eigenen Betrieb/Nachunternehmer**
  Die Ausführung im eigenen Betrieb wird bei einem offenen Verfahren, d. h. europaweitem Ausschreibungsverfahren, gefordert. Die Nennung der Namen der Nachunternehmer wird mit Angebotsabgabe von allen Bewerbern gefordert.

- **Nachweise zur Eignung der Bieter**
  Im LV werden für die Eignungsprüfung nicht relevante Nachweise verlangt bzw. Eignungs- und Zuschlagskriterien unzulässig vermischt.

- **Baugrundrisiko/Entsorgung**
  Baugrunduntersuchungen fehlen, sind unvollständig bzw. nicht aussagekräftig. Dem Bieter werden nicht kalkulierbare Baugrundrisiken zugewiesen.

- **Umlageregelungen**
  Verbrauchs-, Müllentsorgungs- bzw. sonstige Kosten sollen prozentual (auf die jeweilige Auftragssumme bezogen) auf alle AN umgelegt werden.

- **Wartung/Instandhaltung**
  Die Wartung ist nur als Bedarfsposition im LV abgefragt. Der im LV erwähnte Wartungsvertrag ist den Vergabeunterlagen nicht beigefügt. Umfang und Häufigkeit der Wartungsleistungen sind nicht definiert. Die Bieter sollen Umfang und Häufigkeit der Wartungsleistungen selbst im Angebot festlegen.

- **Pauschalvertrag**
  Die Pauschale ist nicht eindeutig bestimmt, der Leistungsinhalt nicht präzise definiert.

- **TU-/TÜ-Verträge**
Schnittstellen zwischen AG- und AN-Planung sind nicht bzw. unzureichend definiert. Keine Aufteilung in Kaufvertrag, Werkvertrag Bauleistungen und Vertrag Planungsleistungen. Fehlende Angabe, ob den Bauleistungen die VOB oder das BGB bzw. den Planungsleistungen die HOAI zugrunde liegt.

6.4   Kalkulationsirrtum

Der Bieter trägt das Risiko der Preisangabe. Hat er einen zu niedrigen oder zu hohen Preis in das Angebotsblankett eingesetzt (bzw. eine Position als unerheblich eingeschätzt oder mit Fehlern in der Mengenermittlung spekuliert), so ist das ein unbeachtlicher Motivirrtum des Bieters. Der Bieter bleibt an sein Angebot gebunden. (Schlechter Preis bleibt schlechter Preis, guter Preis bleibt guter Preis.) Dies ist im Sinne des Vertrauensschutzes zwischen AG und Bietern erforderlich, um klare Spielregeln im Rechtsverkehr zu haben.

Die Vergabestellen sind nicht gehalten, Kalkulationsirrtümer der Bieter aufzudecken. Wenn sich jedoch der Kalkulationsirrtum dem AG geradezu aufdrängt und er den Bieter trotz positiver Kenntnis des Kalkulationsirrtums beauftragt und der Bieter dadurch in erhebliche wirtschaftliche Schwierigkeiten käme, kann ein Verstoß des AG gegen Treu und Glauben vorliegen. Der BGH hat dies in 2 Urteilen deutlich zum Ausdruck gebracht:

„1. Ein Kalkulationsirrtum berechtigt selbst dann nicht zur Anfechtung, wenn der Erklärungsempfänger diesen erkannt oder die Kenntnisnahme treuwidrig vereitelt hat; allerdings kann der Erklärungsempfänger unter den Gesichtspunkten des Verschuldens bei Vertragsverhandlungen oder der unzulässigen Rechtsausübung verpflichtet sein, den Erklärenden auf seinen Kalkulationsfehler hinzuweisen.
2. Während eines Ausschreibungsverfahrens ist der öffentliche Auftraggeber i. d. R. nicht verpflichtet, Angebote der Bieter auf Kalkulationsfehler zu überprüfen oder weitere Ermittlungen anzustellen; ausnahmsweise kann eine solche Pflicht bestehen, wenn sich der Tatbestand eines Kalkulationsirrtums und seiner unzumutbaren Folgen für den Bieter aus dessen Angebot oder den dem AG bekannten sonstigen Umständen geradezu aufdrängt.“
(BGH, Urteil vom 07.07.1998 – X ZR 17/97, ibr-online, 1998, 419)

„1. Weigert sich der Bieter ernsthaft und endgültig, sich an einem bindenden Vertragsangebot festhalten zu lassen und bringt er damit zum Ausdruck, dass er nicht bereit ist, nach Annahme seines Angebotes die Leistung vertragsgemäß zu erbringen, stellt dies eine Pflichtverletzung dar.
2. Wird der Angebotsempfänger dadurch veranlasst, das Angebot nicht anzunehmen, ist er berechtigt, den Schaden geltend zu machen, der ihm dadurch entstanden ist, dass der Vertrag mit diesem Bieter nicht zustande kam, sondern er einen anderen Bieter beauftragen musste.“
(BGH, Urteil vom 24.11.2005 – VII ZR 87/04, ibr-online, 2006, 76)

Das Kalkulationsrisiko trägt grundsätzlich der Bieter. Eine Anfechtung wegen Irrtums nach § 119 Abs. 1 BGB wird dabei in aller Regel auszuschließen sein. Vielen Bietern ist die Tragweite dieses Grundsatzes nicht voll bewusst.

Zu den Möglichkeiten der Anfechtung siehe Ingenstau/Korbion/Leupertz/ v. Wietersheim (2017), Rn. 53 ff. zu § 2 Abs. 1 VOB/B.

Mit Abgabe eines Angebots (als einseitig empfangsbedürftige Willenserklärung) kommt nach herrschender Rechtsauffassung durch die Zuschlagserklärung des AG (die auch mündlich erfolgen kann, aus Beweisgründen im Geschäftsverkehr regelmäßig jedoch schriftlich erfolgt) ein Vertrag zustande. Voraussetzung dafür ist, dass der Zuschlag vom AG unverändert erteilt wird, d. h. keine Änderungen an den Vergabeunterlagen vorgenommen werden.

Wenn der AG Änderungen vornimmt (also z. B. neue Ausführungsfristen festsetzt), gilt dies gegenüber dem Bieter wie eine erneute Aufforderung zur Angebotsabgabe, d. h., der Bieter ist an sein ursprüngliches Angebot nicht mehr gebunden. Der Bieter kann (muss aber nicht) den geänderten Vertragsbedingungen zu den angebotenen Preisen zustimmen. Dabei ist der Bieter nach § 10 Abs. 4 VOB/A nur bis zum Ablauf der Bindefrist an sein Angebot gebunden.

Nach herrschender Rechtsprechung ist der AG nicht dazu verpflichtet, zu überprüfen, ob das Angebot eines Bieters insgesamt auskömmlich ist oder nicht, es sei denn, das Missverhältnis von Preis und Leistung musste sich dem AG geradezu aufdrängen. Der AG ist dabei nicht zu eigenen Nachforschungen verpflichtet.

Allein ein großer Abstand zwischen erstem und zweitem Bieter nach rechnerischer Prüfung besagt noch nicht, dass deswegen das Angebot des rechnerisch günstigsten Bieters unauskömmlich ist. Im Gegenteil: Wenn alle anderen Bieter preislich unangemessen hohe Angebote abgegeben haben, die Gesamtsumme des Angebots des ersten Bieters jedoch nur unerhebliche Abweichungen zum bepreisten LV des Architekten oder Fachplaners aufzeigt, kann das Angebot des ersten Bieters bezuschlagt werden.

Der AG muss für die Vergabeentscheidung das Verhältnis von ausgeschriebener Leistung zur Angebotshöhe des ersten Bieters prüfen. Dazu bedarf es einer genauen Prüfung der Preisstruktur durch die Architekten und Fachplaner und Vergleich mit der Kostenermittlung (bepreistes LV). Im Zweifel hat der AG beim Bieter die Ermittlung der Preise schriftlich aufzuklären und die Erklärungen zu bewerten. Dabei sollte sich der AG nicht mit lapidaren Auskünften zufriedengeben und im Zweifel die Preisaufgliederung der fraglichen Teilleistungen sowie die Urkalkulation zur Einsicht anfordern. Ist für den AG nach Aufklärung offensichtlich, dass die Ausführung des Auftrages für den Bieter ein wirtschaftliches Fiasko bedeuten würde, darf der Zuschlag auf das unangemessen niedrige Angebot nach § 16d Abs. 1 Nr. 1 VOB/A nicht erteilt werden.

7 Hilfsmittel für Ausschreibung und Vergabe

Dem Planer stehen heute eine Vielzahl von Werkzeugen und Hilfen zur Verfügung, die das Erstellen einer Ausschreibung wesentlich erleichtern.

Die Wahl des passenden Produkts und dessen „Portfolios" hängt von individuellen Vorlieben des Nutzers bezüglich Bedienungskomfort, Ausstattung sowie logischem und grafischem Aufbau ab. Nicht jeder Anwender braucht das gleiche „Tool", nicht jeder Anwender kommt mit jeder Bedieneroberfläche zurecht.

7.1 Elektronische Vergabe

Der Markt der e-Vergabe in Deutschland wird durch verschiedene Anbieterkreise geprägt. Der eine Teil stammt aus dem Verlagswesen, der andere Teil aus dem Bereich der Softwareentwicklung. Demzufolge unterscheiden sich die Geschäftsmodelle der Anbieter sowie die mit diesen Softwaresystemen möglichen Prozessabbildungen beim Kunden.

Je nach gewählter Lösung geht es entweder um die Strukturierung des internen Vorbereitungsprozesses des AG, die Versendung der Bekanntmachungen, die Versendung der Unterlagen oder auch den Empfang digitaler Angebote bzw. die elektronische Wertung der Angebote. Der Markt hat sich für diesen Umstand das Wording eines Anbieters zu eigen gemacht und spricht von Vergabemanagement und Vergabeplattform.

Vergabemanagement versus Vergabeplattform: Je nachdem welche Prozessschritte des Vergabeprozesses durchgeführt werden sollen, benötigt der Kunde entweder ein Vergabemanagement oder eine Vergabeplattform. Will ein Kunde (das Bauamt bzw. Vergabestelle einer Kommune, Landesbehörde oder Bundesbehörde) auf einen volldigitalen Prozess umsteigen, benötigt er beide Werkzeuge oder eine vollintegrierte Plattform die beide Funktionen beinhaltet. Die beiden Komponenten implizieren aber auch die Art des Betriebes.

7.1.1 Vergabemanagement

Unter Vergabemanagement versteht man den gesamten Bereich der Zusammenstellung der Vergabeunterlagen unter Berücksichtigung der internen Prozesse des AG. Es ist eine lokale Software, die beim AG installiert wird. Durch die Nutzung eines solchen Systems ergeben sich verschiedene Vorteile für den AG. Die größten Vorteile liegen in der Verbesserung der internen Kommunikation im Vergabeprozess sowie der besseren Dokumentation aller verfahrensrelevanten Prozessschritte. Durch die Umstellung auf eine volldigitale Bearbeitung der Unterlagen und der Einführung von digitalen

Workflows entfallen die Medienbrüche im Vergabeprozess und die Prozess-sicherheit wird erhöht.

Funktionen:

- Unterstützung von Vergabeverfahren nach VOB, VgV, VOL
- rechte- und rollenbasierte Steuerung der Prozessschritte
- Workflowsteuerung
- permanente Dokumentation aller verfahrensrelevanten Schritte
- Termin- und Fristenmanagement
- intelligentes Formularwesen

7.1.2 Vergabeplattform

Unter Vergabeplattform versteht man die Komponente, die im Internet für die Anzeige der Bekanntmachung, die Versendung bzw. Download der Unterlagen und den Empfang der digitalen Angebote zuständig ist. Sie ermöglicht den komfortablen Zugang zu den Bekanntmachungen hilft bei der Bewerbung auf Ausschreibungen und dient als Unterstützung für den Marktteilnehmer in den jeweiligen Verfahrensschritten, wie zum Beispiel beim Erstellen eines vollständigen Angebotes.

Vergabeplattform ist eine Webapplikation und wird zentral in der Cloud be-trieben. Eine vollintegrierte Lösung stellt beide Komponenten zentral über das Internet zur Verfügung und ermöglicht so auch den Zugriff für Externe, wie zum Beispiel Architekten, Planer, Berater, Rechnungsprüfer und andere.

Lizenzmodelle

Am deutschen Markt existieren unterschiedliche Geschäftsmodelle, die – abhängig davon, welche Schritte des Vergabeprozesses vom Kunden (An-wender) in digitaler Form gewünscht werden (Teilschritte oder evtl. alle Schritte des Vergabeverfahrens), – entsprechende Produkte anbieten.

ASP-Lösung:

ASP ist das Akronym für **Application Service Provider**, einem sog. **An-wendungs-Dienstleister**. ASP sind Firmen, die anderen Unternehmen **Softwareanwendungen** über das Internet zur Verfügung stellen. Diese An-wendungen können zum Teil oder komplett gemietet werden und erlauben Unternehmen somit die Auslagerung ganzer Verwaltungsbereiche. Großer Vorteil dieser Technologie ist die Verlagerung der Rechenleistung und Sys-temressourcen auf den Server des Anbieters, sodass Systemanforderungen minimiert werden können.

SaaS (Softwaremiete inkl. Betrieb im Rechenzentrum):

Software as a Service (SaaS) ist ein Teilbereich des Cloud Computings. Das SaaS-Modell basiert auf dem Grundsatz, dass Software und IT-Infrastruktur bei einem externen IT-Dienstleister betrieben und vom Kunden als Dienst-leistung genutzt werden. Für die Nutzung von Online-Diensten wird ein

internetfähiger Computer sowie die Internetanbindung an den externen
IT-Dienstleister benötigt. Der Zugriff auf die Software wird meist über einen
Webbrowser realisiert. Für die Nutzung und den Betrieb zahlt der Service-
nehmer eine nutzungsabhängige Gebühr. Durch das SaaS-Modell werden
dem Servicenehmer die Anschaffungs- und Betriebskosten teilweise erspart.
Der Servicegeber übernimmt die komplette IT-Administration und weitere
Dienstleistungen wie Wartungsarbeiten und die Organisation von Updates.
Zu diesem Zweck wird die IT-Infrastruktur – einschließlich aller adminis-
trativen Aufgaben – ausgelagert, und der Servicenehmer kann sich auf sein
Kerngeschäft konzentrieren.

Mit einer mandantenfähigen ASP-Lösung wird eine Abrechnung auf Basis
von Vergabeanzahl/-Volumina angeboten. Hierbei werden Bereitstellungs-
kosten im Rahmen des Grundpreises berechnet (Kapazität, Verfügbarkeit,
Rechenzentrumsdienstleistungen, Hotline, Wartung- und Softwarepflege).
Die ASP-Lösung sieht keine Beschränkung bei der Anzahl der User bzw. bei
den zeitgleichen Zugriffen auf die Funktionen der elektronischen Ausschrei-
bungsplattform vor.

Diese Lösung ist ideal für kleine AG mit gelegentlichen Vergaben. Diese Variante bietet eine große Flexibilität und bindet weniger Mittel.

Lizenzkauf

Mit dem Kauf einer Softwarelizenz erhält der AG die Möglichkeit diese ohne
Beschränkung selbst zu installieren und zu betreiben. Dies führt zu hohen
Anforderungen an die eigene EDV des AGs und bedeutet also zusätzliche
Kosten. Diese Lösung ist nur für große AG bzw. große Vergabevolumina in
Erwägung zu ziehen. Zusätzlich ist der Betrieb in einem sicheren Rechen-
zentrum des Kunden mit hoher Verfügbarkeit ein großer Kostenposten.

Die Pflege der Software ist fester Bestandteil beim Lizenzkauf. Die Kosten
für die Pflege der Software (Softwareservice) belaufen sich auf jährlich ca.
20 % der Kosten für die Kauflizenz und sollten neben der Wartung auch die
Bereitstellung der AG-Hotline beinhalten.

Die Schnittstellen der IT zwischen ASP und Kunde (Firewall, kundenseiti-
ge Sicherheitseinstellungen etc.) können im Betrieb jedoch zu Problemen
führen, wenn der ASP Zugriff auf die Kundenrechner erhalten muss (z. B.
bei Software-Updates). Vor diesem Hintergrund rät der Autor aus eigenen
Erfahrungen vom Software-Lizenzkauf ab. Das Hosting – der Betrieb der IT-
Infrastruktur – sollte beim Software-Vertreiber und dessen Rechenzentrum
erfolgen.

Technische Rahmenbedingung und Systemvoraussetzungen beim Anbieter

Die elektronische Vergabeplattform sollte in qualitativ hochwertigen Rechenzentren zur Verfügung gestellt werden. Diese Rechenzentren sollten die
ISO-Zertifizierung 27001 besitzen und eine sehr hohe Verfügbarkeit garantieren. Zusätzliche sollte großer Wert auf einen sicheren Aufbau und Betrieb gelegt werden. Sämtliche Infrastrukturkomponenten sollten redundant
aufgebaut sein.

Systemvoraussetzungen beim AG:

- Standard Office PC
- Betriebssystem Windows 7 und neuer ggf. auch andere
- Browser (min.)
  - Microsoft Internetexplorer ab Version 10
  - Mozilla Firefox ab Version 24
  - Apple Safari ab Version 5.1.9
  - Google Chrome
- Internet Zugang
- Signaturkarte oder Softwarezertifikat (außer bei Mantelbogen oder Textform)
- Kartenlesegerät falls erforderlich (am besten Kategorie 3 [außer bei Mantelbogen, Textform oder Softwarezertifikat])
- Signaturanwendungskomponente
- Adobe Acrobat Reader und Adobe Acrobat Reader Web-Plugin zur Formularbearbeitung
- Java ab Version 1.5
- AVA-Lösung zum erstellen von GAEB-Dateien (Baubereich)

„Intelligente" Formulare

Um den Bearbeitern eine größtmögliche Hilfe an die Hand zu geben, ist es notwendig das Handling von elektronischen Formularen zu verbessern. Dies wird bei einigen Lösungen mit Hilfe sog. intelligenter Formulare in Formularbibliotheken realisiert. Diese Lösungen basieren meistens auf der Adobe PDF-Technologie.

Je nach Wahl der Vergabeordnung und des Vergabeverfahrens können individuelle Formularsätze (entweder selbst erstellte Formulare der Kommune, Landes- oder Bundesbehörde oder z. B. Formulare aus dem VHB) ausgewählt werden. Die Formulare des ausgewählten Formularsatzes werden in die Vergabeunterlagen einsortiert und danach werden die Formulare mit den bereits erfassten Stammdaten aus der Datenbank und Daten der jeweiligen Vergabe wie z. B. der Vergabenummer, Bezeichnung der Ausschreibung, Termine und andere Angaben zum Verfahren automatisch vorausgefüllt. Dies erspart die mehrfache Erfassung immer gleicher Werte in unterschiedliche Formulare.

Ausfüllen der Formulare

Alle Formulare sollten gegen Manipulation bzw. versehentliche Änderungen durch die Bieter geschützt sein. Bei den gesamten Vergabeunterlagen setzt z. B. iTWO e-Vergabe public der RIB auf aktive PDF-Formulare. Eine Prüflogik unterstützt die Firmen beim Ausfüllen der notwendigen Felder.

Für VOL- bzw. VgV-Ausschreibungen steht ein bei RIB verfügbares Excel-Tool zur Verfügung, in das die Leistungstexte tabellenförmig eingefügt werden können. Beispielhaft sind Vergabeunterlagen in Abb. 7.1 dargestellt.

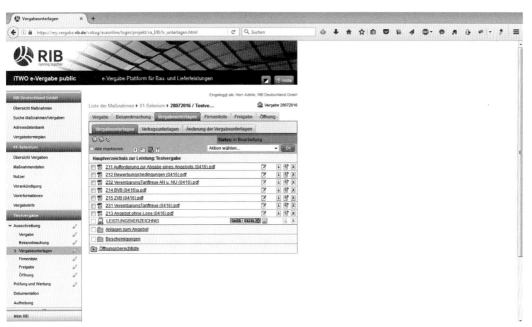

Abb. 7.1: Muster für RIB-Vergabeunterlagen (Quelle: RIB Software AG, Stuttgart)

Vorteile für Bewerber und Bieter

Automatisierte Prozesse, wie die Übernahme des kalkulierten Angebotspreises in das Angebotsdeckblatt und die automatische Vollständigkeitsprüfung,
reduzieren das Risiko von Bearbeitungsfehlern und somit den Ausschluss
aus dem Vergabeverfahren. Die Bieter können ihre Eintragungen in den
Formularen nur an den dafür vorgesehenen Stellen vornehmen. Manipulation oder versehentliche Änderungen an den Vergabeunterlagen sind ausgeschlossen.

Eine automatische Prüfung der Formulare auf Vollständigkeit und Plausibilität sowie Übereinstimmung der Angebotssumme aus dem LV mit dem
Angebotsschreiben gewährleisten, dass in Zukunft weniger Angebote mit
formalen Fehlern bei der Vergabestelle eingereicht werden.

Mit dem Bieterprogramm ava-sign der RIB wird dem Bieter ein Tool zum
Anzeigen, Drucken und Bearbeiten bzw. Ausfüllen von PDF-Formularen
mitgeliefert. Die Vergabestelle kann zum Ausfüllen der Formulare auf der
Plattform immer den kostenlosen Adobe Reader nutzen.

Standardformulare

In iTWO e-Vergabe public stehen im Standard Formulare des VHB sowie des
Handbuchs für die Vergabe und Ausführung von Bauleistungen im Straßen-
und Brückenbau (HVA B-StB) zur Verfügung. Die einzelnen Formulardatei-
en sind strukturiert in einer Formularbibliothek hinterlegt. Ebenfalls stehen

zur komfortablen Bearbeitung Formularsätze zur Verfügung, die aus den einzelnen Formularen gebildet und je nach Wahl der Vergabeordnung und des Vergabeverfahrens dann automatisch in die Vergabe, d. h. die Vergabe- und Vertragsunterlagen des betreffenden Fachloses, übernommen werden.

GAEB

Wesentlicher Bestandteil der Vergabeunterlagen ist das LV. Bei Bauleistungen wird das LV meist in einem AVA-Programm erstellt und als GAEB-Datei ausgegeben. Ein Prüftool, das im Fehlerfall ein Fehlerprotokoll erstellt, sollte zum Funktionsumfang gehören. Die Benutzeroberfläche im Explorerdesign liefert mit der Baumstruktur eine optimale Übersicht über die LV, die in Lose und Titel gegliedert werden können.

Es können die GAEB-Versionen (GAEB 90, GAEB2000, GAEB DA XML [siehe Abb. 7.2]) exportiert, importiert und geprüft werden.

Der GAEB-Prüfer (siehe Abb. 7.3) ist eine einfach zu bedienende Internetanwendung und gewährleistet, dass die Vergabestellen und deren Erfüllungsgehilfen nur korrekte GAEB-Dateien für die e-Vergabe verwenden.

Der Bieterclient ava-sign der RIB liefert alle benötigten Systemkomponenten zum Ausfüllen der Vergabeunterlagen. Bei den gesamten Vergabeunterlagen setzt z. B. die RIB zusätzlich auf intelligente PDF Formulare. In der Baumstruktur wird angezeigt, welche von der Vergabestelle beigefügten Formulare ausgefüllt werden müssen. Eine Prüflogik unterstützt die Firmen beim Ausfüllen der notwendigen Felder.

Firmen mit Kalkulationssoftware können über die GAEB-Schnittstellen das LV z. B. aus ava-sign der RIB Software AG exportieren und die Angebotsdaten über die GAEB-Datei DA84 wieder in ava-sign importieren und auf Vollständigkeit überprüfen. Firmen die über keine Kalkulationssoftware verfügen, können die Angebotspreise und die geforderten Bieterangaben z. B. Fabrikats-Angaben direkt im Bietertool von ava-sign eintragen und nutzen somit uneingeschränkt alle Vorteile des neuen Verfahrens.

Mit ava-sign der RIB Software AG wurde ein wesentliches Problem bei der e-Vergabe nach VOB/A gelöst: Die Anzeige eines digitalen Angebotes (GAEB-DA83 und DA84) kann in einem Kalkulationsprogramm zu einem anderen Ergebnis führen als in einem AVA-Programm.

Dieses Problem tritt in der Praxis häufig auf und liegt an der unterschiedlichen Interpretation der GAEB-Dateien in den verschiedenen Systemen. So könnte es beispielsweise vorkommen, dass in einer Kalkulationssoftware ein anderer Endbetrag (Bedarfsposition ohne Gesamtbetrag) als in dem AVA-Programm der Vergabestelle (Bedarfsposition mit Gesamtbetrag) angezeigt wird.

Mit ava-sign ist gewährleistet, dass die GAEB-Dateien, die ein wesentlicher Bestandteil des digitalen Angebotes sind, sowohl beim Bieter wie auch bei der Vergabestelle identisch angezeigt werden. Beim Import der Angebotsdatei im GAEB-Format DA84 erfolgt eine GAEB-Konformitätsprüfung vor der Angebotsabgabe.

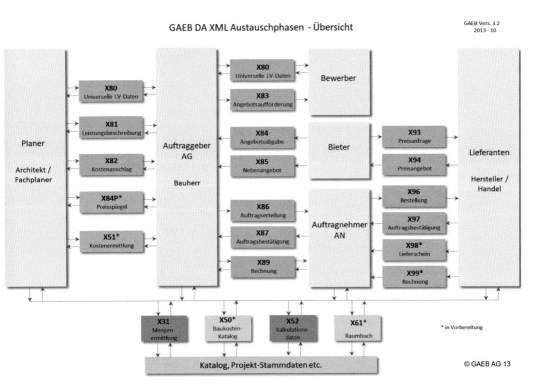

Abb. 7.2: Übersicht der standardisierten GAEB-Schnittstellen (Quelle: GAEB, 2013)

Abb. 7.3: GAEB-Prüfer

Kommunikation mit Bewerbern

Die gesamte Kommunikation mit den Bewerbern sollte über die Vergabe-plattform möglich sein und durch das System dokumentiert werden. Dies erhöht die Prozesssicherheit deutlich, da klar dokumentiert wird wer wann mit wem kommuniziert hat und welche Informationen an die Bieter über-sandt wurden. Zusätzlich sollte das System in der Lage sein, über verschiede-ne Kommunikationswege wie e-Mail oder Fax mit dem Marktteilnehmer zu kommunizieren.

Elektronische Angebotsabgabeformen

Rechtlich zulässig sind mehrere elektronische Abgabeformen.

Im VHB-Formular 211 (2016) Punkt 7 ist dies folgendermaßen aufgeführt:

„Angebote können abgegeben werden

- *elektronisch in Textform,*
- *elektronisch mit fortgeschrittener Signatur,*
- *elektronisch mit qualifizierter Signatur,*
- *schriftlich.“*

Das System sollte in der Lage sein, alle diese Verfahren zu unterstützen und dem AG die Möglichkeit bieten, die Abgabeart jeweils festzulegen. Dies gewährleistet eine große Bieterfreundlichkeit und reduziert den bürokrati-schen Aufwand.

Die Angebotsabgabe für die Bieter wurde mit der Möglichkeit „elektronisch in Textform" nach § 126b BGB erweitert. Elektronische Angebote müssen somit nicht mehr mit einer Signaturkarte oder einem Softwarezertifikat sig-niert werden, sondern können in Textform an die Vergabestelle übermittelt werden. In der Konfiguration von iTWO e-Vergabe public der RIB können die Angebotsabgabearten vom Kunden festgelegt werden.

Mit iTWO e-Vergabe public der RIB kann die Art der Angebotsabgabe vollständig durch den AG konfiguriert werden und der Bieterclient ava-sign hilft dem Bieter dabei ein korrektes digitales Angebot abzugeben.

7.2   Vergaberechtsreform 2016

Wie ist der weitere Stand der Umsetzung der Vergaberechtsreform 2016 und was müssen Vergabestellen bis April 2017 bzw. Oktober 2018 berücksichtigen?

Die EU Richtlinie 2014/24 und die daraus folgenden Nationalen Regeln wurden von den unterschiedlichen e-Vergabe Anbietern bereits umgesetzt. Die Systeme beherrschen auch schon seit Längerem die Möglichkeit der verbindlichen elektronischen Bekanntmachung und der elektronischen Be-reitstellung von Vergabeunterlagen. Zusätzlich sind die Systeme auch für das Jahr 2018 gut gerüstet, da bei den meisten Systemen auch heute schon eine elektronische Angebotsabgabe und elektronische Wertung möglich ist.

Die Anforderung des europäischen Gesetzgebers nach freiem und direkten Zugang zu den Vergabeunterlagen wurde mit dem Inkrafttreten der Verga-berechtsreform zum 18.04.2016 vom deutschen Gesetzgeber umgesetzt.

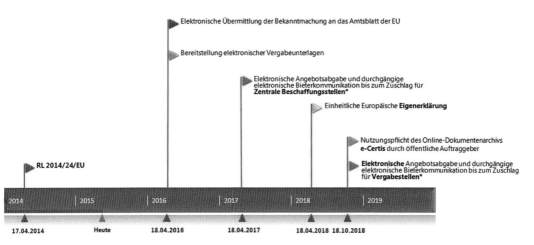

Abb. 7.4: Neue Vergaberegeln der aktualisierten Vergaberechtsreform (Quelle: RIB Software AG, Stuttgart)

Die Forderung nach freiem Zugang betrifft nicht nur wie bisher die Bekanntmachungen, sondern nun auch die Vergabeunterlagen selbst bzw. Änderungspakete – also Änderungen der Vergabeunterlagen während der Angebotsfrist sowie Auskunftsverlangen von Bietern während der Angebotsfrist (Fragen- und Antworten-Kataloge). Auch hierfür wurde die Vergabeplattform iTWO e-Vergabe public angepasst. Zwar ist der freie Zugang zu den Unterlagen nur für EU-weite Vergaben gefordert, denkbar ist aber auch, dass dies für Verfahren unter dem Schwellenwert freiwillig umgesetzt wird. Aus diesem Grund kann bei der Konfiguration der Verfahrensarten festgelegt werden, ob Bekanntmachungen, Vergabeunterlagen, mögliche Änderungspakete und die Fragen und Antworten jeweils als PDF zum Download zur Verfügung gestellt werden. Diese Unterlagen sind dann direkt mit der Freischaltung einer Vergabe auf den Außenseiten für Interessenten und Bewerber sichtbar.

Tipps und Tricks zu einer erfolgreichen Einführung einer e-Vergabe

- Sichten Sie zuerst Ihre Prozesse und Kommunikationswege.
- Dokumentieren Sie die Prozesse und Kommunikationswege.
- Modellieren Sie dann die Soll-Prozesse und Kommunikationswege.
- Sichten Sie den Markt nach auf Sie passenden Lösungen.
- Lassen Sie sich Referenzkunden nennen und befragen Sie diese (Befragen Sie die Mitarbeiter).
- Prüfen Sie die dauerhafte wirtschaftliche Leistungsfähigkeit des Anbieters.
- Prüfen Sie wie viele Bieter bereits mit dem System arbeiten.
- Beschaffen Sie ein System.
- Schulen Sie alle am prozessbeteiligten Personen.
- Nutzen Sie die Vergabeplattform auch zur Kommunikation mit Externen (Planer, Architekten usw.).

Durch die Vergaberechtsreform 2016 sind den öffentlichen AG Fristen gesetzt, innerhalb derer partielle Schritte auf dem Weg zu einer vollständigen digitalen Abwicklung von Vergabeverfahren zu erfüllen sind. Die einzelnen Schritte sind in Abb. 7.4 ersichtlich.

Abb. 7.5: RIB e-Vergabe – Startseite (Quelle: RIB Software AG, Stuttgart)

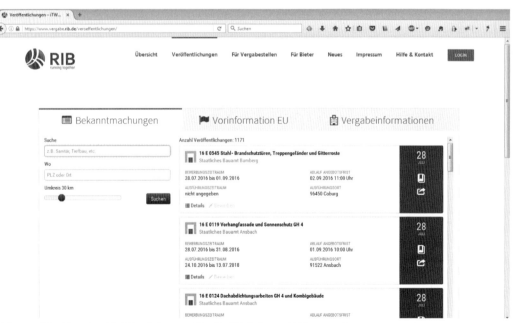

Abb. 7.6: RIB e-Vergabe – Veröffentlichungen (Quelle: RIB Software AG, Stuttgart)

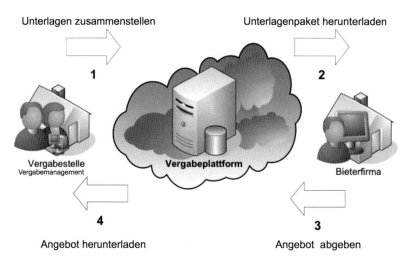

Abb. 7.7: Prozessschritte in einer elektronischen Vergabeplattform

Die Startseite einer elektronischen Vergabeplattform ist am Beispiel der RIB Deutschland verdeutlicht (siehe Abb. 7.5).

Welche Suchfunktionen sich für Bewerber und interessierte Unternehmen eröffnen, wird anhand Abb. 7.6 erläutert.

Die Suche nach Leistungsbereichen (Gewerken) und Ausführungsorten innerhalb eines vom Bewerber zu definierenden Umkreises (je nach Aktionsradius der Firma) bei öffentlichen Ausschreibungen (bei europaweiten Ausschreibungen: offenen Verfahren) erleichtert dem interessierten Unternehmen das Finden geeigneter Ausschreibungen.

Folgende Prozessschritte können in einem elektronischen Vergabesystem (siehe Abb. 7.7) abgebildet werden:

- Wahl der Vergabeordnung (VOB, VOL/VgV)
- Bestimmung der Vergabeart (siehe § 3 VOB/A bzw. VOB/A EU)
- Vergabeunterlagen erstellen, prüfen und freigeben
- LV im GAEB-Austauschformat hochladen
- Bekanntmachungstermine/Eröffnungstermine planen, koordinieren und reservieren
- Bewerberliste erstellen bei Freihändigen oder Beschränkten Verfahren
- Bekanntmachungstexte an Veröffentlichungsorgane versenden
- Auskünfte an Bewerber/Bieter während Angebotsfrist erteilen
- Änderungspakete während Angebotsfrist an alle Bieter verschicken
- Angebotsöffnung, Niederschrift
- Prüfung und Wertung der Angebote
- Vergabeentscheidung, Genehmigungsprozesse
- Bindefristen kontrollieren bzw. verlängern
- Auftragserteilung
- Bekanntmachung vergebener Aufträge

Bekanntmachungs- und Eröffnungstermine werden in der e-Vergabeplattform sicher verwaltet. Wird z. B. für 2 Vergaben derselbe Tag mit derselben Uhrzeit eingetragen, bekommt der Eintragende einen deutlichen Hinweis auf dem Bildschirm. Auch die Ausführungs- und Bindefristen werden als Grunddaten eingetragen, die dann in alle Formulare (z. B. des VHB bzw. KVHB-Bau) automatisch übernommen werden.

Bei **Beschränkten und Freihändigen Vergaben** werden geeignete Bewerber aus der e-Vergabeplattform direkt zur Angebotsabgabe aufgefordert. Dies setzt natürlich voraus, dass sich diese Bieter vorher auf der e-Vergabeplattform registriert haben und ggf. eine Präqualifizierungsnummer besitzen. Andernfalls muss der AG vor der Aufforderung zur Angebotsabgabe die Eignung der Bewerber prüfen. Die Bewerber werden in der e-Vergabeplattform als Bewerberliste vom AG angelegt. Die Bewerberliste ist selbstverständlich nur für den AG einsehbar.

Die **Bekanntmachungstexte** werden in der e-Vergabeplattform editiert. Die Vordrucke des EU-Amtsblattes für europaweite Ausschreibungen sind auf der e-Vergabeplattform als auszudruckender Standardformularsatz hinterlegt oder können über TED digital an das Amtsblatt der EU versendet werden. Für nationale Ausschreibungen können z. B. AG-eigene Bekanntmachungsformulare verwendet und digital übermittelt werden.

Erst zum Zeitpunkt der Veröffentlichung der Bekanntmachung (z. B. Erscheinen der Bekanntmachung im EU-Amtsblatt) können die Vergabeunterlagen von den Bewerbern heruntergeladen werden. Dies stellt sicher, dass vor diesem Zeitpunkt kein Bewerber Zugriff auf die Vergabeunterlagen hat und damit die Gleichbehandlung der Bieter gewährleistet ist.

Auch während der Angebotslaufzeit bis zum Eröffnungstermin erweist sich die elektronische Vergabeplattform als die vergabesicherere Variante. Die Bewerber und Bieter können Fragen digital an die Vergabestelle richten. Die Beantwortung durch die Vergabestelle erfolgt ebenfalls digital an alle Bewerber und Bieter. Dabei ist gewährleistet, dass alle Bewerber und Bieter transparent und gleich behandelt werden und die Beantwortung medienbruchfrei dokumentiert ist. Bietern, die die Vergabeunterlagen in Papierform abgeholt haben, müssen die Fragen und Antworten in Papierform zugesandt werden.

Falls alle Bewerber und Bieter die Vergabeunterlagen sowohl digital abrufen wie auch digital abgeben, erübrigt sich beim AG der Aufwand des Führens einer Bewerber- und Bieterliste, da auf der elektronischen Plattform in sehr übersichtlicher Form auf einen Blick alle Bewerber und Bieter aufgeführt sind (die Bieter können diese Liste selbstverständlich nicht einsehen). Das hat auch den Vorteil, dass kein Bewerber oder Bieter z. B. bei der Beantwortung von Fragen aus Versehen vergessen wird, was eine wichtige Voraussetzung für eine möglichst rechtssichere Vergabe darstellt.

Zu berücksichtigen ist, dass Bewerber, die sich die frei zugänglichen und kostenlos als PDF-Dokumente eingestellten Vergabeunterlagen heruntergeladen haben und damit nicht in der Bewerberliste aufgeführt sind, eine Holschuld bzgl. Fragen/Antworten während der Angebotsfrist haben. Darauf ist an prominenter Stelle in der E-Plattform hinzuweisen.

Im **Eröffnungstermin** sind für die Entschlüsselung der elektronischen Angebote (Öffnung der digital eingegangenen Angebote) eine qualifizierte Signaturkarte und ein Kartenlesegerät mit Display und Zahlenblock oder eine fortgeschrittene Signatur (Softwarezertifikat) erforderlich. Die Abgabe von elektronischen Angeboten in Textform ist ebenfalls möglich.

Die Öffnung der Angebote in der e-Vergabeplattform kann erst mit Ende der Angebotsfrist (Datum/Uhrzeit) erfolgen. Im Eröffnungstermin werden zuerst die elektronischen Angebote entschlüsselt und verlesen, im Anschluss werden die in Papierform eingegangenen Angebote geöffnet und ebenfalls verlesen. Liegen im Eröffnungstermin ausschließlich elektronische Angebote vor, kann die anschließende Nachrechnung entfallen. In diesem Fall kann sofort nach dem Eröffnungstermin der Preisspiegel erstellt werden (da die Angebote mit der GAEB-Schnittstelle direkt ins AVA-Programm eingelesen werden können). Anschließend können die Angebote zur fachtechnischen Prüfung weitergeleitet werden. Dadurch sind erhebliche Zeit- und Kosteneinsparungen für den AG möglich.

In der Angebotsaufforderung wird angegeben, welche elektronische Abgabeart zugelassen ist.

In § 13 Abs. 1 VOB/A heißt es dazu:

„1. Der AG legt fest, in welcher Form die Angebote einzureichen sind. Bis zum 18. Oktober 2018 sind schriftlich eingereichte Angebote zuzulassen. Schriftlich eingereichte Angebote müssen unterzeichnet sein. Elektronische Angebote sind nach Wahl des AGs
– in Textform oder
– mit einer fortgeschrittenen elektronischen Signatur nach dem SigG und den Anforderungen des AGs oder
– mit einer qualifizierten elektronischen Signatur nach dem SigG zu übermitteln.
2. Der AG hat die Datenintegrität und die Vertraulichkeit der Angebote auf geeignete Weise zu gewährleisten. Per Post oder direkt übermittelte Angebote sind in einem verschlossenen Umschlag einzureichen, als solche zu kennzeichnen und bis zum Ablauf der für die Einreichung vorgesehenen Frist unter Verschluss zu halten. Bei elektronisch übermittelten Angeboten ist dies durch entsprechende technische Lösungen nach den Anforderungen des AGs und durch Verschlüsselung sicherzustellen. Die Verschlüsselung muss bis zur Öffnung des ersten Angebots aufrechterhalten bleiben."

Fortgeschrittene Signaturen müssen ausschließlich dem Signaturschlüsselinhaber zugeordnet sein, die Identifizierung des Signaturschlüsselinhabers ermöglichen, mit Mitteln erzeugt werden, die der Signaturschlüsselinhaber unter seiner alleinigen Kontrolle halten kann, und mit den Daten, auf die sie sich beziehen, so verknüpft sein, dass eine nachträgliche Veränderung der Daten erkannt werden kann.

Qualifizierte elektronische Signatur ist eine fortgeschrittene elektronische Signatur, die auf einem qualifizierten Zertifikat (von einem zugelassenen akkreditierten Anbieter TC Trust Center) beruht und mit einer sicheren Signaturerstellungseinheit (SSEE) (Kartenlesegerät mit Display und eigenem Zahlenblock) erstellt wurde.

Auf dem neuen deutschen Personalausweis (ab 2011) kann die qualifizierte Signierfunktion aktiviert werden. Ein zusätzliches Kartenlesegerät mit Display und Zahlenblock ist dann erforderlich. Die beim Onlinebanking gebräuchlichen Kartenlesegeräte sind meist ausreichend. (Die separate Tastatur verhindert das Ausspähen von PC-Tasteneingaben. Im Display wird die erfolgreiche PIN-Eingabe dokumentiert.)

7.3   AVA-Software

Mindestanforderungen an AVA-Programme

Das Angebot an AVA-Software ist auf dem deutschen Markt mit über 50 Anbietern sehr vielfältig. Eine Übersicht gibt die Internetseite www.ava-bau.info.

Für den Austausch von LV werden in der Praxis die vom GAEB entwickelten Datenformate verwendet. GAEB-Dateien sind nach den Regeln des GAEB (www.gaeb.de) aufgestellte strukturierte Dateien, die hard- und softwareneutral in der Anwendersoftware (also z. B. Ausschreibungs- und Kalkulationsprogrammen) importiert und exportiert werden können.

Folgende Kurzbezeichnungen gelten für die Austauschphasen:

- D81   Leistungsbeschreibung
- D82   Kostenanschlag
- D83   Angebotsaufforderung
- D84   Angebotsabgabe
- D85   Nebenangebot
- D86   Auftragserteilung

Die AVA-Programme besitzen meistens mehrere Module, die nachfolgend beschrieben werden. Für AG und Bieter sind unterschiedliche Module erforderlich. Dazu zählen das Ausschreibungsmodul, mit dem LV erstellt und bearbeitet werden, das Vergabemodul, mit dem die submittierten Angebote ausgewertet werden können, sowie das Auftragsmodul, mit dem Abrechnungen und Aufmaße erstellt bzw. kontrolliert werden können.

Modul Ausschreibungsphase

Dieses Modul ist für die Erstellung und Bearbeitung von LV erforderlich. Bei der LV-Erstellung sind folgende Schritte nötig:

- Anlegen der Gesamtmaßnahme (Projekt)
- Anlegen der Vergabeeinheit (Gewerk bzw. Fachlos)
- Eingabe aller relevanten Daten (Objekt- und AG-Adresse, Ausführungsfristen, Zeitpunkt für die Angebotsabgabe, Zeitpunkt der Öffnung der Angebote, Bindefristdauer etc.)

In der Regel ist die LV-Hierarchie voreingestellt. Die Hierarchiestufen können aber je nach gewünschter Struktur an die Bedürfnisse angepasst werden. Bei der Erstellung der einzelnen Positionen kann zwischen einer Freitexterstellung (manuelle und direkte Eingabe von LV-Texten) oder dem Zugriff auf bestehende Datenbanken, die im GAEB-Standard erhältlich sind (z. B. STLB-Bau), gewählt werden. Folgende Bausteine stehen bei der Editierung des LV zur Verfügung:

- Unterbeschreibung (weiterführende Detaillierung einer Position)
- Textelement (hinweisende generelle Anmerkungen, Überschriften etc.)
- Ausführungsbeschreibung (sich auf Positionen beziehende Anmerkungen)
- Positionsart
- Grund- und Wahlposition
- Bietertextergänzungen (zur digitalen Eingabe von Produktabfragen)

Die Mengenermittlung kann in der LV-Datei im AVA-Programm erstellt werden. Hiermit ist eine gut nachvollziehbare Dokumentation der ermittelten Mengen zum Zeitpunkt der LV-Erstellung möglich. Die Übernahme der Gesamtmenge in die Positionen erfolgt danach automatisch.

Üblich ist der allgemeine Standard „Regelung für die Elektronische Bauabrechnung" (REB). REB 23.003 „Allgemeine Bauabrechnung" stellt eine große Formelsammlung für Flächen- und Kubaturermittlung zur Verfügung und bietet dem Ausschreibenden eine Unterstützung bei der Dateneingabe.

Der Anwender hat bei Bedarf die Möglichkeit, eine Preisdatenbank zu nutzen. Mit der Auswahl einer Position aus dem bepreisten Mutterleistungsverzeichnis können automatisch Preise in das aktuelle LV übernommen werden. In den Preisdatenbanken gängiger Standardleistungstexte wie z. B. STLB-Bau werden Einheitspreise als Mittelpreise ausgewerteter Bauvorhaben vorgehalten.

Dabei muss dem Ausschreibenden klar sein, dass je nach Baujahr, Umfang, Schwierigkeitsgrad und Ausstattungsstandard der Referenzprojekte die Mittelpreise (ähnlich den Preisen des Baukosteninformationsdienstes der Architektenkammern) Kostenkennwerte darstellen, die vom aktuell zu vergleichenden Bauvorhaben massiv abweichen können.

Der Ausschreibende kann jedoch auch eigene LV-Preise aus bereits abgewickelten Bauvorhaben in das aktuelle LV überspielen. Voraussetzung dabei ist jedoch, dass die Leistungen identisch oder zumindest vergleichbar sind (was sich in der Regel nur durch eindeutige Positionskennnummern analog dem STLB-Bau erreichen lässt) und die Kostendatenbank auch auf aktuellen Preisen basiert, d. h. Altprojekte aus der Datenbank gelöscht werden.

Nach Fertigstellung des LV kann eine Prüfroutine gestartet werden, ob alle Pflichteingaben vom Ausschreibenden getätigt wurden.

AVA-Programme im Vergleich

Auf dem Markt sind auch Programme erhältlich, die nicht Windows-basiert sind, also z. B. für die Betriebssysteme Linux oder Mac OS X programmiert wurden. Solche Programme mögen zwar in der Bedienung und im Komfort unterschiedlich sein, jedoch bieten alle die nötigen Grundfunktionen Ausschreibung (Erstellung LV), Vergabe (Preisspiegel, Angebotsverwaltung) und Abrechnung (Rechnungserstellung, Aufmaßerstellung, Nachtragsverwaltung, Controlling) an. In diesen drei Teilbereichen gibt es jedoch Unterschiede, da hier separate Module zur besseren Projektverwaltung angeboten werden. Die Palette ist hier sehr vielfältig. Alle Programme unterstützen den allgemein gebräuchlichen GAEB-Standard.

Auch der allgemein gebräuchliche REB-Standard für Aufmaßerstellung wird von nahezu allen Programmen angeboten. Einige Programme haben das Projektcontrolling noch ausgebaut, wie z. B. die Integration der Informationsplattform Heinze Bauoffice, die Erstellung von Raum- und Gebäudebüchern, Baucontrolling, Projektkostencontrolling. Einige Programme bieten auch Module an, die die HOAI-Honorarermittlung inklusive der Verwendung von Vertragsmustern für Architekten- und Ingenieurverträge ermöglicht (siehe dazu http://www.ava-bau.info/ava-software.php).

7.4   Standardisierte Leistungstexte

Standardleistungsbuch Bau

Das STLB-Bau Dynamische BauDaten® wird aufgestellt vom GAEB, datentechnisch umgesetzt von Dr. Schiller & Partner GmbH und herausgegeben vom Deutschen Institut für Normung e. V. (DIN). Im Hauptausschuss GAEB des Deutschen Vergabe- und Vertragsausschusses für Bauleistungen (DVA) sind die öffentlichen und privatwirtschaftlichen AG, das DIN, die Architekten, die Ingenieure, die Bauwirtschaft und die Bausoftwarehäuser durch ihre jeweiligen Spitzenorganisationen vertreten. Die Hauptarbeitsfelder liegen sowohl in der Erstellung und redaktionellen Bearbeitung der Texte für STLB-Bau und STLB-Z (für Zeitarbeiten) als auch im Aufstellen der Regeln für den elektronischen Datenaustausch.

Der Gemeinsame Ausschuss für Anwendung Elektronik im Bauwesen schreibt auf der Internetseite www.gaeb.de (Stand: 29.07.2016):

„GAEB Datenaustausch XML soll dazu dienen, einen einheitlichen Standard für den Austausch von Bauinformationen zu vereinbaren und damit alle Anforderungen an elektronische Prozesse zur Ausschreibung, Vergabe und Abrechnung bei der Durchführung von Baumaßnahmen zu unterstützen.

GAEB DA XML beschreibt Datenaustauschprozesse, die es ermöglichen, in der international anerkannten Beschreibungssprache eXtensible MarkupLanguage (XML) komplexe Strukturen zu übertragen.

XML-Dateien können elektronisch verschlüsselt und qualifiziert signiert werden.

*In der jetzt vorliegenden neuen Ausgabe ‚GAEB DA XML Version 3.2' wur-
den die Ergebnisse aus der praktischen Anwendung der bisherigen Regelungen
sowie Beiträge und Anregungen der Anwender berücksichtigt.*

*Alle bisherigen Regelungen zum Datenaustausch werden vom GAEB fachlich
nicht mehr unterstützt. Eine Kompatibilität zur Syntax der vorherigen Regelungen einschließlich XML 3.1 ist nicht vorhanden.*

*Der GAEB hat mit der Version 3.2 einen Standard geschaffen, der einen we-
sentlichen Beitrag zur Akzeptanz im nationalen und internationalen Bauwesen leistet. Der GAEB empfiehlt, diesen Standard als Vorgabe bei der Schaffung
neuer Programmsysteme zu nutzen und bereits vorhandene Programmsysteme
im Zuge einer Fortschreibung anzupassen. Die Regelungen werden auch weiterhin entsprechend den Anforderungen aller am Bau Beteiligten fortgeschrieben. Änderungen oder Ergänzungswünsche nimmt die GAEB-Geschäftsstelle
gerne entgegen (http://www.gaeb-da-xml.de/).*

*Aktuelle Informationen zur Fortschreibung und Weiterentwicklung von GAEB
DA XML finden Sie unter www.gaeb-da-xml.de."*

Grundlage der STLB-Bau-Leistungsbeschreibungen ist die VOB. Für die
einzelnen Leistungsbereiche gelten die ATV der VOB/C. Eine Übersicht der
vielen im STLB-Bau verfügbaren Leistungsbereiche (Gewerke) ist im Internet unter www.gaeb.de einsehbar.

Das STLB-Bau ist eine kostenpflichtige Datenbank mit standardisierten
Leistungsbeschreibungen, die durch eine Lizenznummer freigegeben werden
muss, andernfalls sind die Langtexte der Positionen nicht einsehbar. Es können nur die in der Datenbank vorhandenen (standardisierten) Textbausteine
verwendet (und ggf. ergänzt) werden.

Das Editieren von Positionstexten

Dazu kann der Nutzer zwischen folgenden Optionen wählen:

• hierarchische Suche in den Teilleistungsbereichen
• Schlagwortverzeichnis
• Schlagwortsuche

Nach Auswahl der gesuchten Teilleistungsgruppe kann mit der Texter-
stellung begonnen werden. Dabei kann entweder eine geführte oder freie
Rangfolge oder automatische Textvervollständigung vom Nutzer eingestellt
werden.

Geführte Rangfolge heißt, dass der Nutzer nach Auswahl eines Beschreibungsmerkmales vom System weitergeführt wird und die weiteren Auswahl-
möglichkeiten vom System vorgeschlagen werden. Dabei hat der Anwender
auch die Möglichkeit, zu einer Ausprägung keine Angabe zu machen und
„weiterzuspringen". Dies wird so lange fortgesetzt, bis das System meldet
„Leistung vollständig beschrieben".

So wird z. B. folgende Hierarchie ausgewählt:

- 013 Betonarbeiten
- Ortbeton
- Wände
- Außenwand
- Anforderung geschalte Betonfläche
- geringe Anforderungen Klasse SB 3 gemäß DBV-Merkblatt „Sichtbeton"
  Ausgabe August 2004

Freie Rangfolge heißt, dass dem Anwender sämtliche Ausprägungen in der linken Spalte angezeigt werden und er aus diesen die für ihn relevanten aussuchen muss.

Automatische Textvervollständigung heißt, dass der Anwender nach Anwählen eines Beschreibungsmerkmales (z. B. Mauerwerk Innenwand) nach Klick auf diese Funktion einen vollständigen Positionstext angezeigt bekommt, aus dem er ggf. nicht relevante Textbausteine durch Mausklick auf die betreffende Textzeile bequem wieder löschen kann. Diese Art ist sicherlich die schnellste, allerdings auch die fehlerträchtigste der beschriebenen Vorgehensweisen, falls der Anwender diesen „automatisierten" Text nicht mehr auf Kongruenz mit der konkreten Planung und Baumaßnahme überprüft.

Jede einzelne zusammengestellte Position muss zunächst in eine „Positionsliste" importiert werden (Positionstext in Positionsliste übergeben), andernfalls muss man die Positionsbeschreibung wieder von vorne anfangen. Sind alle erforderlichen Positionen in der Positionsliste vorhanden, können diese noch sortiert, d. h. in der Reihenfolge verändert werden. Ist die Positionsliste fertig, kann sie an das AVA-Programm übergeben werden.

Sollen einzelne Positionen oder ganze Positionslisten für spätere Ausschreibungen wieder zur Verfügung stehen, können diese in eine sogenannte „Favoritenliste" kopiert werden. Dabei stellt das STLB-Bau sicher, dass eine Position in dieser Ausprägung nur einmal in der Favoritenliste vorkommt. Die Position kann auch als Favorit mit Schlagwort in die Positionsliste abgelegt werden, d. h., sie wird im Schlagwortkatalog für spätere LV verzeichnet.

Eine „Rückgängig"-Funktion zu jeder Zeit der Positionserstellung hilft dem Anwender, Fehler schnell wieder zu korrigieren. Ist die Position jedoch in die Positionsliste übernommen, steht diese Funktion nicht mehr zur Verfügung.

In den Abbildungen 7.8, 7.9 und 7.10 sind die unterschiedlichen Stadien einer STLB-Bau-Position (beim Editieren, nach Übergabe an die Positionsliste und anschließend z. B. in einer AVA-Software) zu sehen.

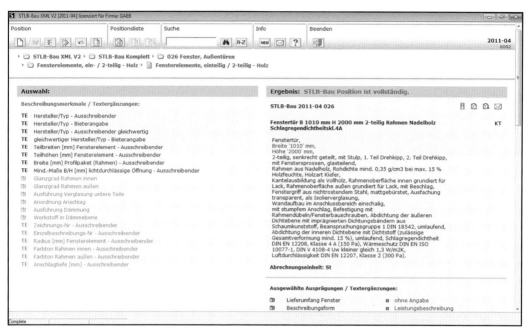

Abb. 7.8:   Dialog-Ergebnis aus dem STLB-Bau des GAEB (Quelle: DIN, STLB-Bau, Stand: Oktober 2010)

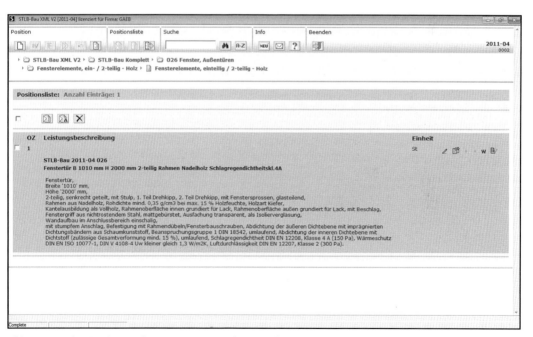

Abb. 7.9:   Dialog-Ergebnis in der internen Positionsliste (Quelle: DIN, STLB-Bau, Stand: Oktober 2010)

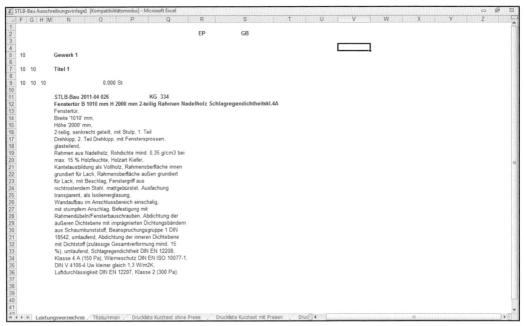

Abb. 7.10:   Dialog-Ergebnis in der AVA-Anwendersoftware (Quelle: DIN, STLB-Bau, Stand: Oktober 2010)

Merksatz

Grundsätzlich gilt: Der Anwender des STLB-Bau ist für den Inhalt der Leistungsbeschreibung verantwortlich, d. h., er kann die Verantwortung für die Vollständigkeit einer Position und Konformität mit der zugrunde liegenden Planung nicht an ein „Standardleistungsbuch" delegieren!

Zunächst ist ein Leistungsbuch nicht mehr als eine Sammlung beliebig vieler Ausprägungen einer Teilleistung, ein Warenkatalog. Was der Kunde von diesem Warenkatalog in seinen Einkaufskorb packt, liegt im Verantwortungsbereich des Kunden, nicht des Kaufhauses!

Wird das STLB-Bau richtig und sinnvoll eingesetzt, kann es eine effektive Hilfe bei der Erstellung von LV sein. Kein Standardbaukastensatz an Leistungstexten jedoch kann die Besonderheiten eines Projektes abbilden. Der Ausschreibende hat mit diesen Bausteinen zwar ein Grundgerüst. Das Nachdenken und das Anpassen der Standardtexte an den Einzelfall kann ihm jedoch kein Ausschreibungsprogramm abnehmen.

Sonstige Anbieter

Standardpositionstexte werden von vielen Anbietern (so z. B. WEKA, sirAdos) zur Verfügung gestellt. Die Funktionalitäten sind ähnlich dem STLB-Bau und für die Bedürfnisse der meisten Anwender ausreichend.

Herstellergestützte Ausschreibungsdatenbanken (z. B. HeinzeBauOffice) bergen die große Gefahr, dass herstellerspezifische Leistungsbeschreibungsmerkmale Alleinstellungsmerkmale ins LV einschleusen, die den Wettbewerb u. U. unzulässig einschränken und somit nur auf einen Hersteller zugeschnitten sind. Siehe hierzu die Ausführungen in Kapitel 5.6.3.

Fazit

Vorteile standardisierter Leistungstexte:

- Sie sind durch die Baumstruktur und (wenn gewünscht) Autoausfüllfunktion leicht anzuwenden. (Im STLB-Bau wird dabei durch Eingabe der ersten Kurztexte bei Drücken des Autoausfüllbutton der komplette Positionstext vom System vervollständigt.)
- Es ist kein Aufwand zur Pflege der Positionstexte notwendig.
- Alle Nutzer verwenden den gleichen Datenstamm.
- Die Kosten von Teilleistungen sind bei unverändert übernommenen Leistungstexten anhand von Datenbanken schnell ermittelbar.

Nachteil:

- Je nach Updatehäufigkeit der Ausschreibungstexte sind technisch veraltete Positionsbeschreibungen und vergaberechtlich ggf. überholte Vorbemerkungen möglich.

7.5   Selbst erstellte Leistungstexte

Bei AG, Planungsbüros und öffentlichen Bauverwaltungen werden häufig sog. Mutterleistungsverzeichnisse (Mutter-LV) verwendet. Der Begriff Mutter-LV bedeutet: Ein LV für ein Fachlos (Gewerk nach VOB/C) enthält als „Mutter aller Projektleistungsverzeichnisse" sämtliche nur denkbaren Positionen. Im Idealfall werden diese Mutter-LV von einer fachkundigen Person ständig gepflegt, d. h. auf dem aktuellen anerkannten Stand der Technik (zum Begriff siehe Kapitel 2.3) gehalten, editiert und redaktionell bearbeitet sowie durch Erfahrungen aus dem Nachtragsmanagement bereits abgewickelter Bauvorhaben ergänzt.

Bei einer konkreten Baumaßnahme brauchte also – vereinfacht dargestellt – nur noch das Mutter-LV ins Projektverzeichnis kopiert, die überflüssigen Positionen gelöscht und die Mengen aus der Mengenermittlung eingetragen werden. Schon wäre das LV fertig. In der Praxis tauchen dabei jedoch immer wieder folgende Probleme auf:

- Das Mutter-LV ist vorhanden, jedoch veraltet und es gibt niemanden, der sich darum kümmert.
- Die Qualität der fachtechnischen Pflege des Mutter-LV ist mangelhaft, neue technische Baubestimmungen werden nicht eingearbeitet.
- Nachtragserfahrungen werden nicht eingearbeitet, d. h., es werden immer wieder dieselben Fehler gemacht, vor allem wenn in großen Planungsbüros ein ständig wechselnder Personenkreis mit der Erstellung von LV befasst ist.

Werden die genannten Fehler vermieden, ist das Mutter-LV ein hervorragendes Instrument, das vor allem durch das Feedback und Einarbeiten des Baustellennachtragswesens Fehler in Ausschreibungen zuverlässig vermeiden hilft. Wird das Mutter-LV jedoch nicht gepflegt oder fließen Nachtragserfahrungen nicht ein, entstehen mangelhafte bzw. technisch veraltete LV, die zudem die Fehler vorangegangener Ausschreibungen ständig wiederholen.

Wenn ein AG oder Planungsbüro Mutter-LV verwenden will, sollte eine erfahrene und fachkundige Person mit der ständigen Pflege betraut werden. Kann dies nicht gewährleistet werden, sollte der Einsatz des STLB-Bau bzw. anderer Standardleistungsbücher erwogen werden.

Fazit

Veraltete Mutter-LV führen zu mangelhaften LV, Nachtragsforderungen in der Vertragsphase aufgrund vergessener Leistungen zu unnötigem Frust bei den Anwendern. Wenn ein Hilfsmittel zur Erstellung von Ausschreibungen im Planungsbüro angeboten wird, sollte es auch auf aktuellem fachtechnischem und vergaberechtlichem Stand sein.

Projekt-LV

Häufig wird für ein neues Projekt das LV der zuletzt abgewickelten Maßnahme verwendet. Bei gleichartigen Baumaßnahmen, bei denen erfahrungsgemäß sich wiederholende oder annähernd gleiche „Leistungspakete" anfallen (wie z. B. im Wohnungsbau), ist dies eine zeitsparende und in der Regel effektive Methode, um LV zu erstellen. Jedoch gilt auch hier: Ohne Rückmeldung aus der Baustellenpraxis und Einarbeitung der Nachträge ins LV ist die Wiederholung von Fehlern vorprogrammiert. Wobei es nicht zwangsläufig sein muss, dass der „Nachtrag" der letzten Baustelle im aktuellen LV relevant wird.

Das heißt, auch das Befüllen des Projekt-LV mit Nachträgen garantiert noch keine fehlerfreie Ausschreibung. Dies besonders dann, wenn bürointern Erfahrungen und Fehlerquellen zwischen den Kollegen nicht ausgetauscht werden.

> **Fazit**
>
> Werden selbst erstellte Leistungstexte ständig gepflegt und auf dem technischen Stand gehalten, sind sie eine wertvolle Arbeitshilfe. Andernfalls sind sie eine ständige Fehlerquelle und sollten nicht verwendet werden.

7.6 Standardisierte Vergabeformulare

Vergabe- und Vertragshandbuch für die Baumaßnahmen des Bundes

Seit 1974 gibt das Bundesministerium für Verkehr, Bau und Stadtentwicklung das von der BundLänderArbeitsgruppe des Ausschusses „Verdingungswesen" erarbeitete VHB heraus. Es wird sowohl in der traditionellen Printform als auch als CDROM und Internetversion angeboten. Die Formulare können im Internet kostenlos eingesehen und als PDFDatei ausgedruckt werden. Das VHB ist als umfassendes Arbeitsmittel für die Vergabe und die vertragliche Abwicklung von Bauleistungen gedacht. Dabei ist der Anwenderkreis weit über die Bundeshochbaumaßnahmen hinausgewachsen. Das Vergabehandbuch wird ständig aktualisiert und richtet sich zunächst an öffentliche AG. Privaten und kommerziellen Bauherren können, soweit sie die Geltung der VOB im Vertrag vereinbaren wollen, die Vordrucke des VHB nur zur Anwendung empfohlen werden.

Die Formblätter des VHB können nach Anmeldung auf der Internetseite der Fachinformation Bundesbau (https://www.fachinfoboerse.de/cocoon/portal/) kostenlos heruntergeladen werden.

In Abb. 7.11a und 7.11b ist eine Übersicht der zur Verfügung stehenden Formblätter des VHB für die Vergabeunterlagen dargestellt.

Bei elektronischen Vergabeplattformen können die Formulare des VHB als Grundlage für Ausschreibung und Vergabe verwendet werden.

Inhalt Teil 2

Ab-schni tt	Form-blatt Nr.	Bezeichnung Formblätter	Richt-linien Nr.	Bezeichnung der Richtlinien und Abschnitte der Richtlinien
2		**Vergabeunterlagen**		
210		Formblätter für Bauleistungen		
	211	Aufforderung zur Abgabe eines Angebots		Zu 211 Aufforderung zur Abgabe eines Angebots
				Liste der Anlagen
			1	Preisermittlung
			2	Angebot Lohngleitklausel
			3	Instandhaltung technischer Gebäudeausrüstung
			4	Schutzbedürftige Baumassnahmen des Bundes sowie der NATO-Infrastruktur und der Gaststreitkräfte
			5	Verzeichnisse der Nachunternehmer
			6	Eigenerklärungen zur Eignung
				Nr. 1 Vertretungsformel
				Nr. 2 Auskünfte
				Nr. 4 Losweise Vergabe
				Nr.10 freier Eintrag
				Leistungsbeschreibung mit Leistungsprogramm
	211EU	Aufforderung zur Abgabe eines Angebotes EU		Zu 211EU Aufforderung zur Abgabe eines Angebotes EU
			1	Allgemein
			2	Nr. 4 Lose
			3	Nr. 5 Nebenangebote
			4	Nr. 6 Angebotswertung
	211VS	Aufforderung zur Abgabe eines Angebotes VS		
	212	Teilnahmebedingungen		
	212EU	Teilnahmebedingungen EU		
	212VS	Teilnahmebedingungen VS		
	213	Angebotsschreiben/ Angebots-schreiben Lose		
	214	Besondere Vertragsbedingungen		Zu 214 Besondere Vertragsbedingungen
			1	Nr. 1 Ausführungsfristen
			1.1	Allgemein
			1.2	Bemessung
			2	Nr. 2 Vertragsstrafen
			3	Nr. 3 Rechnungen
			4	Nr. 4 Zahlungsfrist
			4.1	Vereinbarung einer verlängerten Frist für die Prüfung der Schlussrechnung und Fälligkeit der Schlusszahlung
			4.2	Mögliche Gründe für eine Verlängerung
			4.3	In der Regel keine Verlängerung
			4.4	Unzulässigkeit der Verlängerung
			4.5	Bemessung der Frist
			4.6	Dokumentation
			5	Nr. 5 Sicherheitsleistung
			5.1	Sicherheiten für die vertragsgemäße Erfüllung
			5.2	Sicherheiten für die Erfüllung von Mängelansprüchen
			5.3	Rückgabe der Sicherheit für die Erfüllung der Mängelan-sprüche
			5.4	Sicherheiten für Abschlagszahlungen
			5.5	Abweichungen von den Vorgaben
			5.6	Maßnahmen der Bundesanstalt für Immobilienaufgaben
			6	Nr. 10 Weitere Besondere Vertragsbedingungen
			6.1	Nachunternehmer /andere Unternehmen
			6.2	Verjährungsfrist für Mängelansprüche
			6.3	Technische Gebäudeausrüstung
			6.4	Pauschalierung des Verzugsschadens
			6.5	Vorauszahlungen und Abschlagszahlungen nach § 16 Abs. 1 Nr. 1 Satz 3 VOB/B
			6.6	Gerichtsstand
			6.7	Bauangelegenheiten der Bundesanstalt für Immobilien-aufgaben
			6.8	Textbausteine Weitere Besondere Vertragsbedingungen –WBVB–
	215	Zusätzliche Vertragsbedingungen		

Abb. 7.11a: Übersicht über die Formblätter des VHB für die Vergabeunterlagen (Quelle: VHB, 2016, Inhalt S. 1)

Inhalt Teil 2

Abschnitt	Formblatt Nr.	Bezeichnung Formblätter	Richtlinien Nr.	Bezeichnung der Richtlinien und Abschnitte der Richtlinien
220		ergänzende Formblätter Preise, Wertungskriterien		
	221	Preisermittlung bei Zuschlagskalkulation		
	222	Preisermittlung bei Kalkulation über die Endsumme		
	223	Aufgliederung der Einheitspreise		Zu 223 Aufgliederung der Einheitspreise
	224	Angebot Lohngleitklausel		Zu 224 Angebot Lohngleitklausel
				Anwendung
				Berechnungsbeispiel
	225	Stoffpreisgleitklausel		Zu 225 Stoffpreisgleitklausel
			1	Anwendungsbereich
			2	Anwendungsvoraussetzungen
			3	Bagatellgrenze
			4	Selbstbehalt
			5	Inhalt und Umfang der Stoffpreisgleitklausel
			6	Abrechnung der Mehr- / Minderaufwendungen
			7	Nebenangebote
			8	Nachunternehmer
	226	Mindestanforderungen an Nebenangebote		
	227	Gewichtung der Zuschlagskriterien		Zu 227 Gewichtung der Zuschlagskriterien
			1	Angabe der Zuschlagskriterien
			2	Preis
			3	Gewichtung der Zuschlagskriterien
			4	Nutzung des Formblattes 227
			4.1	Allgemein
			4.2	Produkte
			4.3	Gesonderte Angaben zu Folgekosten
			4.4	Wertungskriterium Energieeffizienz
			4.5	Funktionale Beschreibung von Gebäuden, Anlagen, usw.
			4.6	Nebenangebote
			5	Punktebewertung
			5.1	Kriterium Preis
			5.2	übrige Kriterien
			6	Anwendung der Excel-Tabelle „Nebenangebote und Wertung"
	228	Stoffpreisgleitklausel Nichteisenmetalle (NEM)		
230		ergänzende Formblätter Tariftreue, Nachunternehmer		
	231	Vereinbarung Tariftreue		
	232	Vereinbarung Tariftreue zwischen AN und NU		
	233	Nachunternehmerverzeichnis		
	234	Bietergemeinschaft		
	235	Verzeichnis der Leistungen/Kapazitäten anderer Unternehmen		
	236	Verpflichtungserklärung Teilleistungen durch andere Unternehmen		
240		weitere ergänzende Formblätter		
	241	Abfall		
	242	Instandhaltung		
	244	Datenverarbeitung		
	246	Aufträge für Gaststreitkräfte		Zu 246 Aufträge für ausländische Streitkräfte
			1	Übersicht der ergänzenden Regelungen zur Vergabe von Baumassnahmen für die Gaststreitkräfte nach ABG 1975
			2	Ergänzende Regelungen zur Vergabe von Baumassnahmen für die Gaststreitkräfte nach ABG 1975 – Hinweise zur Übersicht
			3	Ergänzende Regelungen zur Vergabe von Baumassnahmen für die Gaststreitkräfte nach ABG 1975 – Verzeichnis der in die Vergabeunterlagen aufzunehmenden Vorgaben der US-Streitkräfte aus den Anforderungen nach ABG 3

©VHB VHB - Bund - Ausgabe 2008 – Stand April 2016   Seite 2 von 3

Abb. 7.11b: Übersicht über die Formblätter des VHB für die Vergabeunterlagen (Quelle: VHB, 2016, Inhalt S. 2)

Kommunales Vergabehandbuch für Baden-Württemberg

Der Gemeindetag Baden-Württemberg, der Landkreistag Baden-Württemberg und der Städtetag Baden-Württemberg geben seit 1985 das KVHB-Bau heraus. Das KVHB-Bau wird von einem Arbeitskreis aus Fachleuten der Städte, Gemeinden und Landkreise und der Gemeindeprüfungsanstalt erarbeitet. Es wird in der traditionellen Printform sowie als CD-ROM angeboten. Das KVHB-Bau ist kostenpflichtig und wird vom Richard Boorberg Verlag Stuttgart vertrieben.

Ein wesentliches Ziel des KVHB-Bau sehen die Herausgeber in einer weitgehenden Zusammenfassung der Vergabegrundsätze für alle Bereiche, in denen kommunale Bauaufträge vergeben werden, also neben dem Hochbau vor allem den weitgefächerten Bereich des Tiefbaues mit seinen Baumaßnahmen im Wasser-, Abwasser- und Straßenbereich.

Das KVHB-Bau ist gedacht als umfassendes Arbeitsmittel für die Vergabe und die vertragliche Abwicklung von Bauleistungen. Dabei ist auch hier der Anwenderkreis weit über die Grenzen von Baden-Württemberg hinaus gewachsen. Das KVHB-Bau wird regelmäßig aktualisiert und richtet sich zunächst an öffentliche AG. Privaten und kommerziellen Bauherren können, soweit sie die VOB im Vertrag vereinbart haben, die Vordrucke des KVHB-Bau zur Anwendung nur empfohlen werden. Weitere Informationen unter www.boorberg.de. In Abb. 7.12a und 7.12b ist eine Übersicht der zur Verfügung stehenden Vordrucke des KVHB-Bau für die Vergabeunterlagen dargestellt.

Ergänzungslieferungen des KVHB-Bau erscheinen in regelmäßigem Turnus. Bei elektronischen Vergabeplattformen können die Formulare des KVHB-Bau als Grundlage für Ausschreibung und Vergabe verwendet werden.

Fazit

Die Ausschreibung von Bauleistungen, das macht die Fülle der in diesem Buch behandelten Fragenkomplexe deutlich, ist eine sehr komplexe, verantwortungsvolle und zeitraubende Tätigkeit. Das LV ist Dreh- und Angelpunkt aller weiteren Baustellenpraxis. Je nach Qualität der Ausschreibung erleichtert oder erschwert der Ausschreibende dem bauleitenden Architekten bzw. Fachplaner die Baustellenabwicklung.

Teil 2
Inhalt

Teil 2 Vom Eröffnungstermin bis zur Auftragserteilung

2.1	**Eröffnungstermin**		
			Niederschrift Eröffnungstermin
	KEV 210	**EröffAng 1**	– Allgemeine Angaben
	KEV 211.1	**EröffAng § 4 (3) VOB/A gesamt**	– Angebotsverfahren Gesamt
	KEV 211.2	**EröffAng § 4 (4) VOB/A gesamt**	– Auf-/Abgebotsverfahren Gesamt
	KEV 212.1	**EröffAng § 4 (3) VOB/A Lose**	– Angebotsverfahren Lose
	KEV 212.5	**EröffAng § 4 (4) VOB/A Lose Ang 1-8**	– Auf-/Abgebotsverfahren Lose Angebot 1–8
	KEV 212.6	**EröffAng § 4 (4) VOB/A Lose Ang 9-16**	– Auf-/Abgebotsverfahren Lose Angebot 9-16
	KEV 212.7	**EröffAng § 4 (4) VOB/A Lose Ang …**	– Auf-/Abgebotsverfahren Lose Angebot …-…
	KEV 213	**EröffAng 4**	Niederschrift über Eröffnungstermin, Nachtrag
	KEV 215	**MittAng**	Mitteilung eines weiteren Angebots an die Bieter
	KEV 218	**MittAus**	Mitteilung des Ausschreibungsergebnisses
2.2	**Angebotsprüfung und Wertung**		
	KEV 220	**Preissp Deckblatt**	Preisspiegel Deckblatt für die Angebotswertung
	KEV 221	**Preissp Liste**	Preisspiegel Liste für manuelle Aufstellung
	KEV 222.1	**AngPrüf Haupt**	Angebot Einzelprüfung
	KEV 222.2	**AngPrüf Ausschluss**	Prüfung eines Ausschlusses
	KEV 222.3	**AngPrüf Rechn**	Rechnerische Prüfung
	KEV 222.4	**AngPrüf Eignung**	Prüfung der Eignung
	KEV 222.5	**AngPrüf NU**	Prüfung der Nachunternehmer
	KEV 222.6	**AngPrüf NebAng**	Prüfung der Nebenangebote
	KEV 223	**Wertung LGI**	Wertung der Lohngleitung
	KEV 224	**Nachweise**	Anforderung von Nachweisen
	KEV 225	**Vergabevermerk 3**	Wertung der Angebote / Vergabevorschlag
	KEV 226	**AngPrüf Auf-/Abgebot**	Auf-/Abgebot Einzelprüfung
	KEV 227	**Vergabevermerk 3 Auf-/Abgebot**	Auf-/Abgebot Wertung der Angebote / Vergabe
2.3	**Informations-/Absageschreiben**		
	KEV 230.1	**Abs Bieter**	Absageschreiben an Bieter – VOB/A Abschnitt 1
	KEV 230.2	**Abs Bieter EG**	Absageschreiben an Bieter – VOB/A Abschnitt 2 bzw. SektVO
	KEV 230.3	**Abs Bieter i. e. W.**	Absageschreiben an Bieter in engerer Wahl – VOB/A Abschnitt 1
	KEV 231.1	**Abs Bewerber**	Absageschreiben an Bewerber – VOB/A Abschnitt 1
	KEV 231.2	**Abs Bewerber EG**	Absageschreiben an Bewerber – VOB/A Abschnitt 2 bzw. SektVO
	KEV 232	**Abs Angabe Gründe**	Angabe der Gründe für Nichtberücksichtigung VOB/A Abschnitt 1
	KEV 233	**VerlZuschlfrist**	Verlängerung der Zuschlagfrist
	KEV 234	**Abs EG mit Gründen**	Absageschreiben nach § 19 EG VOB/A
	KEV 235	**Vorabinfo EG**	Vorabinformation voraussichtliche Beauftragung, Verlängerung der Bindefrist
	KEV 236	**Abs Merkmale EG**	Merkmale und Vorteile des angenommenen Angebotes
	KEV 238	**Aufhebung**	Aufhebung einer Ausschreibung mit Angabe der Gründe

34. Erg., September 2013 1

Abb. 7.12a: Übersicht über die Vordrucke des KVHB-Bau für die Vergabeunterlagen (Quelle: KVHB-Bau, Mai 2016, Inhaltsverzeichnis Teil 2, S. 1)

Teil 2
Inhalt

2.4   **Beauftragung**

KEV 240	**(B) Atr**	Auftrag
KEV 242	**(Z) RahmenAtr**	Rahmenauftrag für Zeitverträge
KEV 243	**(Z) EinzelAtr**	Einzelauftrag im Rahmen des Zeitvertrages plus Leistungsaufstellung
KEV 244	**(K) Atr**	Kleinauftrag (Auftragsschreiben)
KEV 245	**(KL) Atr**	Kleinstauftrag (Auftragsschreiben)
KEV 246	**(W) Atr**	Wartungsarbeiten Auftrag
KEV 248	**Skonto**	Skontovereinbarung
KEV 249	**StL Vereinbarung**	Stundenlohnvereinbarung

2.5   **Melde- und Informationsstelle**

KEV 253	**Anfrage**	Anfrage an die Melde- und Informationsstelle
KEV 254	**Sperre Meldung**	Meldung einer Vergabesperre
KEV 255	**Bieter Mitteilung**	Unterrichtung eines Bieters über die Meldung der Vergabesperre
KEV 256	**Sperre Löschung**	Unterrichtung der Meldestelle über eine Löschung

2

Abb. 7.12b: Übersicht über die Vordrucke des KVHB-Bau für die Vergabeunterlagen (Quelle: KVHB-Bau, Mai 2016, Inhaltsverzeichnis Teil 2, S. 2)

8   Anhang

8.1   Checkliste Leistungsbeschreibung mit LV

Nr.	Prüfinhalt	ja	nein
1	**vergaberechtlich**	☐	☐
1.1	Grundlage VOB?	☐	☐
1.2	Weichen die Vertragsregelungen von der VOB ab?	☐	☐
1.3	falls VOB: Schwellenwert ermittelt und dokumentiert?	☐	☐
1.4	falls über Schwellenwert: 80 %-Kontingent für alle Fachlose festgelegt?	☐	☐
1.5	Vergabeart festgelegt?	☐	☐
1.6	Vertragsart festgelegt?	☐	☐
1.7	Fachlosbezeichnung nach VOB/C bestimmt?	☐	☐
1.8	falls VOB: Vergabedokumentation vorbereitet?	☐	☐
1.9	Bieterkreis bei Beschränkten/Freihändigen Vergaben festgelegt und Eignung geprüft?	☐	☐
2	**Planungsstand**	☐	☐
2.1	Liegt die Baugenehmigung vor?	☐	☐
2.2	Liegt die Baufreigabe vor (ggf. für Teilbereiche)?	☐	☐
2.3	Ist die Ausführungsplanung abgeschlossen und vollständig?	☐	☐
2.4	Ist dokumentiert, auf welchem Planungsstand die Ausschreibung erfolgt?	☐	☐
2.5	Liegen die für das auszuschreibende Fachlos relevanten Pläne auf aktuellem Stand vor?	☐	☐
2.6	Liegen die für das auszuschreibende Fachlos relevanten Gutachten vor?	☐	☐

Checkliste 8.1:   Fortsetzung

Nr.	Prüfinhalt	ja	nein
2.7	Sind alle Standards (technisch, funktional, ästhetisch etc.) mit dem Nutzer abgestimmt?	☐	☐
2.8	Sind Schnittstellen zwischen den Fachlosen definiert?	☐	☐
3	**Terminplanung**	☐	☐
3.1	Sind die Ausführungsfristen der Art und dem Umfang der Leistung angemessen?	☐	☐
3.2	bei fortgeschrittenem Bauablauf: Ist der Terminplan dem aktuellen Baustellenstand angepasst? Ist diese Anpassung bei der Ausschreibung berücksichtigt?	☐	☐
3.3	Ist die Angebotslaufzeit für die Kalkulation ausreichend?	☐	☐
3.4	Ist die Bindefrist ausreichend bemessen?	☐	☐
3.5	Sind die Überschneidungsbereiche im Balkenplan realistisch angesetzt (z. B. Ein- und Ausschalfristen bei Betonarbeiten, Erhärtungszeiten bei Estrichen etc.)?	☐	☐
3.6	Sind Prüffristen (z. B. Prüfstatiker bei Bewehrungsplänen) bei Planvorlauf AN berücksichtigt?	☐	☐
3.7	bei nicht vorgefertigten Bauteilen, die vom AN herzustellen sind und für die der AN Werkstattpläne anzufertigen hat (z. B. Fassadenbauer): Ist der Vorlauf im Terminplan für technische Klärung mit dem AG, Planfertigung, Prüfung und Freigabe des Architekten, Materialbestellung und Fertigung ausreichend bemessen?	☐	☐
4	**Kostenplanung**	☐	☐
4.1	Kostenermittlung anhand vom Planer bepreister LV vorhanden?	☐	☐
4.2	Stimmt der Planungsstand der bepreisten LV noch mit dem Planungsstand des versandfertigen LV überein (gab es z. B. zwischen Kostenschätzung und LV-Fertigstellung weitere Planungen, die nicht ins LV eingeflossen sind)?	☐	☐
4.3	Ist das bepreiste LV mit Nutzern, Mittelgebern und Entscheidungsgremien abgestimmt?	☐	☐
5	**Leistungsverzeichnis** **Vorspann (siehe auch Formulare VHB bzw. KVHB-Bau)**	☐	☐
5.1	Aufforderung zur Angebotsabgabe (Anschreiben)	☐	☐
5.2	Bewerbungsbedingungen	☐	☐
5.3	Formblatt „Nachweise und Erklärungen mit Angebotsabgabe"	☐	☐

Checkliste 8.1: Fortsetzung

Nr.	Prüfinhalt	ja	nein
5.4	Angebotsschreiben	☐	☐
5.5	Besondere Vertragsbedingungen (BVB)	☐	☐
5.6	ggf. Weitere Besondere Vertragsbedingungen (WBVB)	☐	☐
5.7	Zusätzliche Vertragsbedingungen (ZVB)	☐	☐
5.8	Baubeschreibung	☐	☐
5.9	Zusätzliche Technische Vertragsbedingungen (ZTV)	☐	☐
5.10	EFB-Preis	☐	☐
5.11	Nachunternehmererklärungen	☐	☐
5.12	falls Nebenangebote zugelassen: Mindestanforderungen definiert?	☐	☐
5.13	ggf. Wertungsmatrix (falls Preis nicht alleiniges Kriterium)	☐	☐
5.14	Bietergemeinschaftserklärung	☐	☐
5.15	ggf. Lohn- und/oder Stoffpreisgleitklausel	☐	☐
	Leistungsverzeichnis als GAEB-Datei	☐	☐
5.16	ggf. Unterteilung nach Teillosen	☐	☐
5.17	ggf. Unterteilung nach Fachlosen (losweise Vergabe)	☐	☐
5.18	ggf. Unterteilung nach LV-Titeln	☐	☐
5.19	alle Positionen (Teilleistungen) bearbeitet?	☐	☐
	Anlagen	☐	☐
5.20	Inhaltsverzeichnis aller Anlagen	☐	☐
5.21	Planunterlagen (Grundrisse/Schnitte/Ansichten/Details/Übersichtspläne)	☐	☐
5.22	Baustelleneinrichtungsplan	☐	☐
5.23	Lageplan mit Darstellung der Nachbarbebauung	☐	☐
5.24	ggf. Verkehrsführungsplan	☐	☐

Checkliste 8.1:   Fortsetzung

Nr.	Prüfinhalt	ja	nein
5.25	Plandarstellung auf dem Baugrundstück vorhandener Versorgungsleitungen	☐	☐
5.26	ggf. Planunterlagen Gebäudebestand (bzw. Bauwerksreste im Baugrund)	☐	☐
5.27	Ergebnisse Kampfmittelsondierung	☐	☐
5.28	Baugrundgutachten	☐	☐
5.29	ggf. Auflagen aus Baugenehmigung	☐	☐
5.30	bauphysikalische Gutachten	☐	☐
5.31	ggf. statische Gutachten	☐	☐
5.32	Anlagenschemata bei haustechnischen Gewerken	☐	☐
5.33	ggf. Bauzeitenplan	☐	☐
5.34	ggf. Arbeitskarten nach AMEV für Wartungsleistungen	☐	☐
	Angaben zur Baustelle (VOB/C DIN 18299 ff. Punkt 0.1)	☐	☐
5.35	Zu- und Abfahrten zur Baustelle geklärt?	☐	☐
5.36	Inanspruchnahme öffentlichen Straßenraumes (z. B. für Baustelleneinrichtung/Anlieferflächen)?	☐	☐
5.37	Umleitungen Verkehr notwendig? Verkehrskonzept vorhanden?	☐	☐
5.38	Sicherung öffentlicher Verkehr/Fußgänger notwendig (Schutzmaßnahmen)?	☐	☐
5.39	Neuverlegung, Umänderung, Abtrennen vorhandener Versorgungsleitungen notwendig?	☐	☐
5.40	Liegen aktuelle Leitungsbestandspläne der Versorgungsträger vor?	☐	☐
5.41	Sind Baustelleneinrichtungsflächen vorhanden (ggf. außerhalb Baugrundstück)?	☐	☐
5.42	Werden Personal- und Sanitärcontainer für AN benötigt? Für Bauleitung/Besprechung? Oder sind leer stehende Räume im Gebäudebestand vorhanden?	☐	☐
5.43	Anlieferungs- und Lagerflächen für Baustoffe?	☐	☐
5.44	Gibt es Tageszeiten, an denen z. B. nicht laut gearbeitet oder gar nicht gearbeitet werden kann (z. B. Klinikbetrieb, Schulen, Kindergärten etc.)?	☐	☐

Checkliste 8.1:   Fortsetzung

Nr.	Prüfinhalt	ja	nein
5.45	Sind Parkplätze für Architekten- und Fachplanerbauleitung, ausführende Firmen bzw. andere Projektbeteiligte in der Nähe des Baugrundstücks in ausreichender Zahl vorhanden?	☐	☐
5.46	Baustellenkonzept mit Nutzer abgestimmt (bei Bauen im Bestand bzw. fortlaufendem Betrieb bei Erweiterungs- oder Umbaumaßnahmen)?	☐	☐
5.47	Sicherheits- und Gesundheitsschutzkoordinator (SiGeKo) beauftragt?	☐	☐
5.48	Können Gerüste, Bauaufzüge und Hebezeuge (z. B. Kran Rohbaufirma) mitbenutzt werden?	☐	☐
5.49	falls nein: Werden Gerüste bauseits gestellt oder ist dies Leistung des AN?	☐	☐
	Angaben zur Ausführung (VOB/C DIN 18299 ff. Punkt 0.2 bis 0.4)	☐	☐
5.50	Sind alle zu beschreibenden Leistungen, die keine Nebenleistung nach VOB/C sind, erfasst?	☐	☐
5.51	(Stichwortkatalog Positionstexte [AVA-Programm] geprüft?)	☐	☐
5.52	Haben alle Positionstexte die gleiche Struktur?	☐	☐
5.53	Können bei ähnlichen Leistungen Gemeinsamkeiten „vor die Klammer" gezogen werden (durch Hinweistext vor den Positionen oder durch Regelung in ZTV z. B. im Fenster- und Fassadenbau)?	☐	☐
5.54	Überprüfung der Vollständigkeit der Positionstexte im Vergleich mit Planunterlagen (z. B. Fensterübersichtspläne in Fassadenansichten mit Eintragung Positionsnummer, Türlisten etc.)?	☐	☐
5.55	Sind in Positionen alle Qualitäten laut Raumbuch bzw. Abstimmungsprotokollen mit Nutzer beschrieben?	☐	☐
5.56	Lage, Ort des Einbaues, Einbaubedingungen, Erschwernisse, Transportwege für Material beschrieben?	☐	☐
5.57	Abmessung (L x B x H), Materialstärke, Oberflächenbehandlung beschrieben?	☐	☐
5.58	Was erbringt AN, was ist bauseits vorhanden?	☐	☐
5.59	Sind Anschlüsse zu anderen Bauteilen detailliert geplant?	☐	☐
5.60	Sind Schnittstellen zu anderen Fachlosen in den freigegebenen Ausführungsplänen dargestellt? Sind diese bautechnisch sinnvoll? Oder sind gegenseitige Behinderungsanzeigen bzw. Schwierigkeiten bei der Abgrenzung der Mängelansprüche zu erwarten (Beispiel: Dachabdichtung/Dachbegrünung!)?	☐	☐

Checkliste 8.1:   Fortsetzung

Nr.	Prüfinhalt	ja	nein
5.61	Sind alle Aussparungen, Schlitze und Durchbrüche von Fachplanern in Ausführungspläne eingetragen und vom Architekten koordiniert?	☐	☐
5.62	Oder werden erforderliche Öffnungen nachträglich durch Kernbohrungen hergestellt?	☐	☐
5.63	Ist Bauwasser-, Baustromzufuhr geklärt?	☐	☐
5.64	Regelung zu Verbrauchskosten Strom/Wasser geklärt (AG oder AN)?	☐	☐
5.65	Sind ggf. Verbrauchszähleinrichtungen Strom/Wasser für AN vorhanden?	☐	☐
5.66	Entsorgung von Bauabfällen? Gibt es vom AG aufgestellte Bauabfallcontainer?	☐	☐
5.67	Oder muss AN nach DIN 18299 selbst entsorgen?	☐	☐
5.68	Gibt es vertragliche Regelungen zu Bauabfall (siehe Formblatt VHB bzw. KVHB-Bau)?	☐	☐
5.69	Schutz von bereits eingebauten Bauteilen durch AN erforderlich?	☐	☐
6	**Endprüfung LV** **vergaberechtlich**	☐	☐
6.1	Bedarfspositionen vorhanden?	☐	☐
6.2	Alternativpositionen vorhanden?	☐	☐
6.3	Stundenlohnarbeiten notwendig?	☐	☐
6.4	Fabrikatvorgaben oder Vorgabe Richtqualität? Wenn ja, liegt Begründung vor?	☐	☐
6.5	AGB-widrige Formulierungen vorhanden?	☐	☐
	strukturell	☐	☐
6.6	Querverweise zwischen LV-Positionen korrekt?	☐	☐
6.7	Querverweise Positionen/Planunterlagen?	☐	☐
6.8	Sind identische Positionen mehrmals vorhanden?	☐	☐

Checkliste 8.1: Fortsetzung

Nr.	Prüfinhalt	ja	nein
	inhaltlich	☐	☐
6.9	Bezeichnung der Vertragsbestandteile korrekt?	☐	☐
6.10	Sind Widersprüche in der Leistungsbeschreibung vorhanden?	☐	☐
6.11	Wurden Planungs- und Koordinierungspflichten an die Bieter übertragen?	☐	☐
6.12	Können ZTV im Umfang reduziert werden?	☐	☐
6.13	Mengenermittlung für alle Teilleistungen erfolgt?	☐	☐
6.14	Abrechnungseinheiten abrechnungstechnisch sinnvoll gewählt?	☐	☐
6.15	Sind Zulagepositionen vorhanden? Wenn ja, für den Bieter nachvollziehbar?	☐	☐
6.16	Nebenleistung/Besondere Leistung nach VOB/C beachtet?	☐	☐
6.17	Vertragsstrafen notwendig?	☐	☐
6.18	Verjährungsfrist Mängelansprüche nach VOB/B?	☐	☐
6.19	Sicherheitsleistung erforderlich?	☐	☐
6.20	Umlageregelungen (Bauwasser/Baustrom/Müll) vorhanden? Wenn ja: Sind diese angemessen oder AGB-widrig?	☐	☐
6.21	Wartungspositionen während bzw. nach der Frist für Mängelansprüche notwendig (haustechnische Gewerke/Aufzug/MSR-Anlagen/etc.)?	☐	☐

8.2   Checkliste Leistungsbeschreibung mit Leistungsprogramm

Nr.	Prüfinhalt	ja	nein
1	**vergaberechtlich**	☐	☐
1.1	Grundlage VOB?	☐	☐
1.2	Weichen die Vertragsregelungen von der VOB ab?	☐	☐
1.3	falls VOB: Schwellenwert ermittelt und dokumentiert?	☐	☐
1.4	falls über Schwellenwert: 80 %-Kontingent ermittelt?	☐	☐
1.5	Vergabeart festgelegt?	☐	☐
1.6	Vertragsart festgelegt?	☐	☐
1.7	falls VOB: Vergabedokumentation vorbereitet?	☐	☐
1.8	Bieterkreis bei Beschränkten/Freihändigen Vergaben festgelegt und Eignung geprüft?	☐	☐
2	**Planungsstand (von Planungsanteil AG abhängig)**	☐	☐
2.1	Liegt die Baugenehmigung vor?	☐	☐
2.2	Ist dokumentiert, auf welchem Planungsstand die Ausschreibung erfolgt?	☐	☐
2.3	Liegen die relevanten Pläne auf aktuellem Stand vor?	☐	☐
2.4	Liegen die relevanten Gutachten vor?	☐	☐
2.5	Sind alle Standards (technisch, funktional, ästhetisch etc.) mit dem Nutzer abgestimmt?	☐	☐
2.6	Sind ggf. Schnittstellen zwischen den Fachlosen definiert?	☐	☐
3	**Terminplanung**	☐	☐
3.1	Sind die Ausführungsfristen der Art und dem Umfang der Leistung angemessen?	☐	☐
3.2	Ist die Angebotslaufzeit für die Kalkulation ausreichend?	☐	☐
3.3	Ist die Bindefrist ausreichend bemessen?	☐	☐
4	**Kostenplanung**	☐	☐
4.1	Kostenberechnung nach DIN 276 vorhanden?	☐	☐

Checkliste 8.2: Fortsetzung

Nr.	Prüfinhalt	ja	nein
4.2	Stimmt der Planungsstand der Kostenschätzung noch mit dem Planungsstand der versandfertigen Vergabeunterlagen überein (gab es z. B. zwischen Kostenschätzung und Fertigstellung der Vergabeunterlagen weitere Planungen, die nicht ins LV eingeflossen sind? Fehlende Positionen, andere Baustellenbedingungen etc.?)?	☐	☐
4.3	Ist die Kostenermittlung mit Nutzern, Mittelgebern und Entscheidungsgremien abgestimmt?	☐	☐
5	**Leistungsprogramm** **Vorspann**	☐	☐
5.1	Aufforderung zur Angebotsabgabe (Anschreiben)	☐	☐
5.2	Bewerbungsbedingungen	☐	☐
5.3	Formblatt „Nachweise und Erklärungen mit Angebotsabgabe"	☐	☐
5.4	Angebotsschreiben	☐	☐
5.5	Besondere Vertragsbedingungen (BVB)	☐	☐
5.6	ggf. Weitere Besondere Vertragsbedingungen (WBVB)	☐	☐
5.7	Zusätzliche Vertragsbedingungen (ZVB)	☐	☐
5.8	Zusätzliche Technische Vertragsbedingungen (ZTV)	☐	☐
5.9	EFB-Preis	☐	☐
	Leistungsprogramm ggf. als GAEB-Datei	☐	☐
5.10	Beschreibung der Bauaufgabe (städtebaulich-architektonisch/Gestaltung/Form/Zweck/Umfang (BRI/BGF etc.), des Bauwerks bzw. der Teile des Bauwerks	☐	☐
5.11	Beschreibung des Leistungsgegenstandes inkl. Beschreibungen der Anlagen der Gebäudetechnik/Aufzüge und sonstige Anlagen inkl. Sonnenschutz, Verdunkelung	☐	☐
5.12	Beschreibung der örtlichen Gegebenheiten	☐	☐
5.13	Bauprogramm (Zuordnung von Räumen oder Raumgruppen zueinander/Betriebsabläufe)	☐	☐
5.14	Raumprogramm (Funktion/Fläche/Raumhöhe)	☐	☐
5.15	Raumbuch (auf Basis Raumprogramm Definition von Oberflächen/Ausstattung etc.)	☐	☐

Checkliste 8.2: Fortsetzung

Nr.	Prüfinhalt	ja	nein
5.16	Bauteilkatalog (Anforderungen bezüglich Statik/Bauphysik/Brandschutz/baukonstruktiven Aufbaus etc.)	☐	☐
5.17	sonstige Anforderungen an Bauwerk bzw. Bauteile (nicht im Raumbuch konkretisiert)	☐	☐
5.18	öffentlich-rechtliche Bestimmungen	☐	☐
5.19	Abgrenzung zu Vor- und Folgeleistungen	☐	☐
5.20	bei teilfunktionaler Ausschreibung ggf. Beiträge von Architekten und Fachplanern	☐	☐
5.21	Entwurfskriterien	☐	☐
5.22	Festlegungen zu Außenanlagen/Verkehrsanlagen	☐	☐
5.23	Vorhaltung von Gerüsten und Versorgungseinrichtungen	☐	☐
	Anlagen (abhängig vom Planungsanteil AG bzw. AN. Schnittstelle vorher definieren!)		
5.24	Inhaltsverzeichnis aller Anlagen	☐	☐
5.25	Vorentwurfs-, Entwurfs- oder Genehmigungsplanung	☐	☐
5.26	Lageplan mit Darstellung Nachbarbebauung	☐	☐
5.27	Planunterlagen der auf dem Baugrundstück vorhandenen Versorgungsleitungen	☐	☐
5.28	ggf. Planunterlagen Gebäudebestand (bzw. Bauwerksreste im Baugrund)	☐	☐
5.29	ggf. Ergebnisse der Kampfmittelsondierung	☐	☐
5.30	ggf. Baugrundgutachten	☐	☐
5.31	ggf. Auflagen aus Baugenehmigung	☐	☐
5.32	ggf. statische Gutachten	☐	☐
5.33	ggf. Anlagenschemata für haustechnische Gewerke	☐	☐
5.34	Ablaufplanung	☐	☐

Checkliste 8.2: Fortsetzung

Nr.	Prüfinhalt	ja	nein
6	**Endprüfung** **vergaberechtlich**	☐	☐
6.1	Bedarfspositionen vorhanden?	☐	☐
6.2	Alternativpositionen vorhanden?	☐	☐
6.3	Stundenlohnarbeiten notwendig?	☐	☐
6.4	Fabrikatvorgaben? Wenn ja, liegt stichhaltige Begründung vor?	☐	☐
6.5	AGB-widrige Formulierungen vorhanden?	☐	☐
	strukturell	☐	☐
6.6	Querverweise Leistungsprogramm/Planunterlagen (falls vorliegend) korrekt?	☐	☐
6.7	Sind identische Beschreibungen zum gleichen Leistungsinhalt mehrmals vorhanden?	☐	☐
6.8	bei bereits vorliegenden Planungen von Fachplanern des AG: auf Leistungsprogramm abgestimmt?	☐	☐
	inhaltlich	☐	☐
6.9	Bezeichnung der Vertragsbestandteile korrekt?	☐	☐
6.10	Sind Widersprüche in der Leistungsbeschreibung vorhanden?	☐	☐
6.11	Können ZTV im Umfang reduziert werden?	☐	☐
6.12	Vertragsstrafen notwendig?	☐	☐
6.13	Verjährung Mängelansprüche nach VOB/B?	☐	☐
6.14	Sicherheitsleistung erforderlich?	☐	☐
6.15	Wartungspositionen während bzw. nach der Frist für Mängelansprüche notwendig (haustechnische Gewerke/Aufzug/etc.)?	☐	☐

8.3   Checkliste Nachträge

Nr.	Prüfinhalt	ja	nein
	◀ bedeutet: Nachtrag zurück an AN mit entsprechender Begründung (Wurde der Nachtrag bereits dem Grunde nach abgelehnt bzw. welche Unterlagen fehlen dem AG, damit der Nachtrag prüffähig ist?)		
	Hinweis: Grundsätzlich ist der Architekt/Fachplaner zur Planung zusätzlicher Leistungen verpflichtet!		
1	**Wie ist der Nachtrag beim AG einzureichen?**	☐	☐
1.1	Liegt ein offizieller Nachtrag des AN vor?	☐	☐◀
1.2	Projektbezeichnung, Fachlos und Projektnummer vorhanden?	☐	☐◀
1.3	Ist die Anspruchsgrundlage nach § 2 VOB/B genannt?	☐	☐◀
1.4	Vollständigkeit des Nachtrages:	☐	☐◀
	a) Sind alle Nachtragsleistungen erschöpfend beschrieben?	☐	☐◀
	b) Menge bei allen Nachtragspositionen realistisch angegeben?	☐	☐◀
	c) Einheitspreis bei allen Positionen angegeben?	☐	☐◀
	d) Gesamtbetrag des Nachtrags netto dargestellt?	☐	☐
	e) Auf welche Teilleistungen des Hauptauftrages (LV-Position) bezieht sich die Nachtragsposition ggf.?	☐	☐◀
	f) Liegt nachvollziehbare Kalkulation zu allen Nachtragspositionen, gegliedert nach Lohn, Stoffen, Geräten, Nachunternehmern, auf Basis der Angebotskalkulation vor?	☐	☐◀
	g) Sind die zeitlichen Auswirkungen der zusätzlichen Leistungen auf Vertragstermine vom AN dargestellt?	☐	☐◀
2	**Erfassung des Nachtrages beim AG (wenn Nachtrag vollständig)**	☐	☐
3	**bauvertraglich-fachtechnische Prüfung**	☐	☐
3.1	Liegt eine Anordnung des AG zur Änderung des Bauentwurfes nach § 1 Abs. 3 VOB/B vor?	☐	☐◀
3.2	Hat AG zusätzliche Leistungen nach § 1 Abs. 4 VOB/B verlangt?	☐	☐◀
3.3	Wurde die zusätzliche Leistung rechtzeitig vor Ausführung beim AG angemeldet?	☐	☐◀

Checkliste 8.3: Fortsetzung

Nr.	Prüfinhalt	ja	nein
3.4	Nachtragsleistung bereits Vertragsbestandteil?	☐	☐
3.5	Nachtragsleistung Nebenleistung gemäß Vertrag bzw. VOB/C?	☐	☐◀
3.6	Entspricht der Nachtragstext der Anordnung des AG?	☐	☐◀
3.7	Gibt es ggf. eine wirtschaftlichere Variante?	☐	☐
3.8	Falls keine Schnittstellenprobleme bezüglich Mängelansprüchen und genügend Zeit vorhanden: Könnte die Leistung auch (z. B. öffentlich) ausgeschrieben werden?	☐	☐
4	**Wie ist der Nachtrag baukalkulatorisch/preislich zu prüfen?**	☐	☐
4.1	Ist der Preis im Verhältnis zu ähnlichen LV-Positionen angemessen? (Nachträge sind auf der Basis der Preisbestandteile des Hauptangebotes zu bilden)	☐	☐
4.2	Entspricht der angesetzte Kalkulationslohn der Angebotskalkulation?	☐	☐
4.3	Sind die vom AN angesetzten Aufwandswerte im Vergleich zur Angebotskalkulation angemessen?	☐	☐
4.4	Sind die Stoffkosten nachgewiesen anhand von Preislisten, Angeboten von Zulieferern?	☐	☐
4.5	Sind Gerätekosten anhand Angebotskalkulation plausibel bzw. anhand BGL-Werte angemessen?	☐	☐
4.6	bei Nachunternehmerleistungen: Wurde Nachtrag Nachunternehmer auf der Basis der Angebotskalkulation Nachunternehmer ermittelt?	☐	☐
4.7	Sind die Kalkulationsansätze im Vergleich zu anderen (evtl. bereits beauftragten) Nachträgen plausibel?	☐	☐
4.8	Wurde Preisnachlass ohne Bedingung aus dem Hauptauftrag bei der Nachtragskalkulation berücksichtigt?	☐	☐
4.9	Sind die Mengen im Nachtrag plausibel (oder spekuliert der AN mit geringen Mengen und hohem EP, in der Hoffnung, dass sich später die Menge drastisch erhöht)?	☐	☐
4.10	Gibt es zu den geänderten Leistungen Pläne/Details des Fachplaners bzw. Architekten?	☐	☐
	Wenn ja: Gibt es eine vergleichende Gegenüberstellung Vertragspläne (Soll) zum Nachtrag (Ist)?	☐	☐
4.11	Stimmen Nachtragsleistungen mit der Planung des Architekten oder Fachplaners überein?	☐	☐
4.12	Liegt zu Punkt 4.11 eine Aussage des Planers vor?	☐	☐

Checkliste 8.3: Fortsetzung

Nr.	Prüfinhalt	ja	nein
5	**erforderliche Unterlagen zur Nachtragsprüfung**	☐	☐
5.1	Auftrags-LV inkl. aller Vertragsbestandteile wie Plänen etc. und bisher beauftragter Nachträge sowie Auftragsschreiben, Verhandlungsprotokolle vor Zuschlagserteilung usw.	☐	☐
5.2	Angebotskalkulation (Urkalkulation)	☐	☐
5.3	Original Nachtragsangebot	☐	☐
6	**Nachtragsverhandlungen**	☐	☐
6.1	Verhandlungen mit AN, Bauherr, Bauleitung, Architekt, Fachplaner und Projektsteuerer	☐	☐
6.2	Protokoll von Verhandlungsergebnissen erstellen und idealerweise noch in Nachtragsbesprechung vom AN gegenzeichnen lassen	☐	☐
6.3	gegebenenfalls bei rechtlichen Beurteilungsproblemen oder Streitigkeiten Einbindung eines Rechtsanwalts	☐	☐
7	**Nachtragsvereinbarung**	☐	☐
7.1	Auftrags-LV mit EP der verhandelten Nachtragspositionen im AVA-System fortführen	☐	☐
7.2	Nachtragsauftragsschreiben an AN zur Unterschrift	☐	☐
7.3	Auftrags-LV aktualisiert an Bauleitung schicken (für Aufmaß und Abrechnung)	☐	☐
	nicht als Nachtrag zu behandeln sind:		
	Stundenlohnarbeiten über den im Vertrag vereinbarten Umfang hinaus sind beim AG vor Ausführung anzumelden und vom AG zu beauftragen (nicht von der Bauleitung). Es gilt der im Vertrag vereinbarte Stundensatz unabhängig von der Anzahl der geleisteten Stunden. **Mengenänderungen** werden nicht als Nachtrag behandelt. Gegebenenfalls bei der Schlussrechnung Ausgleichsberechnung über alle LV- und Nachtragspositionen erstellen.		

8.4   Formular „Schwellenwertermittlung nach § 3 VgV auf Basis der Kostengruppen der DIN 276-1"

Grau hinterlegte Zeilen sind nicht zu berücksichtigen		Betrag in € (netto)
100	**Grundstück**	
	110 Grundstückswert	
	120 Grundstücksnebenkosten	
	130 Freimachen	
200	**Herrichten und Erschließen**	
	210 Herrichten	
	220 Öffentliche Erschließung	
	230 Nichtöffentliche Erschließung	
	240 Ausgleichsabgaben	
	250 Übergangsmaßnahmen	
300	**Bauwerk-Baukonstruktionen**	
	310 Baugrube	
	320 Gründung	
	330 Außenwände	
	340 Innenwände	
	350 Decken	
	360 Dächer	
	370 Baukonstruktive Einbauten	
	390 Sonstige Maßnahmen für Baukonstruktionen	
400	**Bauwerk – technische Anlagen**	
	410 Abwasser-, Wasser-, Gasanlagen	
	420 Wärmeversorgungsanlagen	
	430 Lufttechnische Anlagen	
	440 Starkstromanlagen	
	450 Fernmelde- und informationstechnische Anlagen	
	460 Förderanlagen	
	470 Nutzungsspezifische Anlagen	
	480 Gebäudeautomation	
	490 Sonstige Maßnahmen für technische Anlagen	
500	**Außenanlagen**	
	510 Geländeflächen	
	520 Befestigte Flächen	
	530 Baukonstruktionen in Außenanlagen	
	540 Technische Anlagen in Außenanlagen	
	550 Einbauten in Außenanlagen	
	560 Wasserflächen	
	570 Pflanz- und Saatflächen	
	590 Sonstige Außenanlagen	
600	**Ausstattung und Kunstwerke**	
	610 Ausstattung	
	620 Kunstwerke	
700	**Baunebenkosten**	
	710 Bauherrenaufgaben	
	720 Vorbereitung der Objektplanung	
	730 Architekten- und Ingenieurleistungen	
	740 Gutachten, Beratung und Vermessung	
	750 Künstlerische Leistungen	
	760 Finanzierungskosten	
	770 Allgemeine Baunebenkosten	
	790 Sonstige Baunebenkosten	
	Summe Schwellenwert zu berücksichtigender Kosten (netto)	

8.5   Formular „Festlegung europaweit auszuschreibender Fachlose"

Nr.	Fachlos-Vergabeeinheit*	europaweit	national
		Abschnitt 2 VOB/A	**Abschnitt 1 VOB/A**
		Kostenermittlung (netto) in €	Kostenermittlung (netto) in €
1	Abbrucharbeiten		
2	Erdarbeiten		
3	Verbauarbeiten		
4	Rohbauarbeiten		
5	Zimmererarbeiten		
6	Fassade		
7	Fenster		
8	Dachdeckung		
9	Dachabdichtung		
10	Klempnerarbeiten		
11	Gerüstarbeiten		
12	Trockenbau		
13	Putz- und Stuckarbeiten		
14	Fliesenarbeiten		
15	Estrich		
16	Tischlerarbeiten		
17	Parkettarbeiten		
18	Rolladen/Sonnenschutz		
19	Metallbau/Schlosser		
20	Maler- und Lackierarbeiten		
21	Bodenbelag		
22	Lüftungstechnik		
23	Heizung/Sanitär		
24	Elektroinstallation		
25	Gebäudeautomation		
26	Dämmung technische Anlagen		
27	Verkehrswegearbeiten		
28	Landschaftsbau (Außenanlagen)		
29	Förderanlagen (Aufzüge)		
30			
31			
32			
33			
31		80 %-Kontingent	
	Summe		
	Kosten Gesamtmaßnahme laut Tabelle 1 (Schwellenwertermittlung)		

*beispielhafte Aufzählung von Fachlosen, kein Anspruch auf Vollständigkeit

8.6   Formblatt „Bietererklärungen mit Angebotsabgabe"

Vergabe/Projektnummer	
Bezeichnung der Baumaßnahme	
Ort der Baumaßnahme/Adresse	
Fachlos/Leistung	

Hinweis für AG:
Erklärungen und Nachweise sollten nur in begründeten Ausnahmefällen mit Angebotsabgabe gefordert werden!

Folgende Erklärungen bzw. Nachweise sind vom Bieter mit Angebotsabgabe einzureichen: **(vom AG auszufüllen)**	Feld für Bieter zur Kontrolle	Feld für AG-Vermerke

8.7   Vordruck „Prüfung und Wertung der Angebote nach § 16 VOB/A (Vergabevorschlag)"

Prüfung und Wertung der Angebote

nach § 16 VOB/A

(Vergabevorschlag)

Ausführungsbeginn lt. BVB	:
Ablauf der Bindefrist	:

Projektnummer:
Bauvorhaben:

Gewerk/Fachlos:
Name, Adresse Architekt / Fachplaner:
Name des Prüfers:
Tel./E-mail für Rückfragen:

Vordruck 8.7: Fortsetzung

1.   Allgemeine Informationen:

Vergabeart:

Submissionstermin:
Ende Bindefrist:
Anzahl rechtzeitig eingegangener Angebote: siehe Niederschrift zur Öffnung der Angebote

Die rechnerische Prüfung der Angebote erfolgte durch: ....
Die formale und fachtechnische Prüfung und Wertung
der Angebote erfolgt durch ....
bzw. Architektur-/Ingenieurbüro ....

Vorausgegangene (aufgehobene) Vergabeverfahren:
....

2.   Änderungen und Anfragen während der Angebotslaufzeit

2.1   Änderung der Vergabeunterlagen während der Angebotslaufzeit

Falls Änderungen der Vergabeunterlagen während der Angebotsfrist vorgenommen und an alle Bewerber kommuniziert wurden ist dies hier zu dokumentieren:

Änderungs -Nr.	Änderungsthema
1	
2	

Von den zu wertenden Angeboten wurden diese Änderungen

❏   von allen Bietern berücksichtigt.

❏   nur von folgenden Bietern berücksichtigt:

❏   Sonstiges:

Dies hat folgenden Einfluss auf die Wertung der Angebote:

❏   keinen

❏   folgenden Einfluss:

Vordruck 8.7: Fortsetzung

2.2   Auskunftsverlangen von Unternehmen während der Angebotsfrist

§ 12 a VOB/A

(4) Erbitten Unternehmen zusätzliche sachdienliche Auskünfte über die Vergabeunterlagen, so sind diese Auskünfte allen Unternehmen unverzüglich in gleicher Weise zu erteilen.

Bieterfrage Nr.	Thema:	Beantwortet an alle Unternehmen am
1		
2		

Von den zu wertenden Angeboten wurden die Fragen/ Antworten während der Angebotsfrist
❏ von allen Bietern berücksichtigt
❏ nur von folgenden Bietern berücksichtigt / erkennbar berücksichtigt:
❏ Sonstiges:
    ❏   Für die Bieter Nr. .... ist dies nicht ersichtlich.
    Hat dies Einfluss auf die Wertung und sollte dies noch gemäß § 15 VOB/A aufgeklärt werden?
    ❏   Ja   ❏   Nein
    ❏   Wurde mit den Bietern bereits aufgeklärt (s. Unterlagen anbei).
Dies hat folgenden Einfluss auf die Wertung der Angebote:
❏ Keinen
❏ folgenden Einfluss:

3.   Prüfung der Angebote:

3.1   Wertungsstufe 1: Ausschluß von Angeboten
§ 16 Abs. 1 VOB/A Auszuschließen sind:

1.   *Angebote, die bei Ablauf der Angebotsfrist nicht vorgelegen haben, ausgenommen Angebote nach § 14 Absatz 5 bzw. § 14a Absatz 6,*
2.   *Angebote, die den Bestimmungen des § 13 Absatz 1 Nummer 1, 2 und 5 nicht entsprechen,*
3.   *Angebote, die den Bestimmungen des § 13 Absatz 1 Nummer 3 nicht entsprechen; ausgenommen solche Angebote, bei denen lediglich in einer einzelnen unwesentlichen Position die Angabe des Preises fehlt und durch die Außerachtlassung dieser Position der Wettbewerb und die Wertungsreihenfolge, auch bei Wertung dieser Position mit dem höchsten Wettbewerbspreis, nicht beeinträchtigt werden,*
4.   *Angebote, bei denen der Bieter Erklärungen oder Nachweise, deren Vorlage sich der Auftraggeber vorbehalten hat, auf Anforderung nicht innerhalb einer angemessenen, nach dem Kalender bestimmten Frist vorgelegt hat. Satz 1 gilt für Teilnahmeanträge entsprechend,*
5.   *Angebote von Bietern, die in Bezug auf die Ausschreibung eine Abrede getroffen haben, die*

Vordruck 8.7: Fortsetzung

eine unzulässige Wettbewerbsbeschränkung darstellt,

6.   *Nebenangebote, wenn der Auftraggeber in der Bekanntmachung oder in den Vergabeunterlagen erklärt hat, dass er diese nicht zulässt,*

7.   *Nebenangebote, die dem § 13 Absatz 3 Satz 2 nicht entsprechen,*

8.   *Angebote von Bietern, die im Vergabeverfahren vorsätzlich unzutreffende Erklärungen in Bezug auf ihre Fachkunde, Leistungsfähigkeit und Zuverlässigkeit abgegeben haben.*

(2) Außerdem können Angebote von Bietern ausgeschlossen werden, wenn

1.   *ein Insolvenzverfahren oder ein vergleichbares gesetzlich geregeltes Verfahren eröffnet oder die Eröffnung beantragt worden ist oder der Antrag mangels Masse abgelehnt wurde oder ein Insolvenzplan rechtskräftig bestätigt wurde,*

2.   *sich das Unternehmen in Liquidation befindet,*

3.   *nachweislich eine schwere Verfehlung begangen wurde, die die Zuverlässigkeit als Bewerber oder Bieter in Frage stellt,*

4.   *die Verpflichtung zur Zahlung von Steuern und Abgaben sowie der Beiträge zur gesetzlichen Sozialversicherung nicht ordnungsgemäß erfüllt wurde,*

5.   *sich das Unternehmen nicht bei der Berufsgenossenschaft angemeldet hat."*

Die Bieter .... wurden aus folgenden Gründen ausgeschlossen:

....

....

....

Nachforderung von Unterlagen gemäß § 16a VOB/A

„Fehlen geforderte Erklärungen oder Nachweise und wird das Angebot nicht entsprechend § 16 Absatz 1 oder 2 ausgeschlossen, verlangt der Auftraggeber die fehlenden Erklärungen oder Nachweise nach. Diese sind spätestens innerhalb von sechs Kalendertagen nach Aufforderung durch den Auftraggeber vorzulegen. Die Frist beginnt am Tag nach der Absendung der Aufforderung durch den Auftraggeber. Werden die Erklärungen oder Nachweise nicht innerhalb der Frist vorgelegt, ist das Angebot auszuschließen."

- Folgende fehlenden Unterlagen wurden schriftlich beim Bieter nachgefordert, die Unterlagen wurden fristgerecht vorgelegt. Die entsprechenden Schreiben mit Faxbericht / Versendungsnachweis liegen dem Vergabevorschlag als Anlage bei. Der Bieter verbleibt in der Wertung.
  - ❏ Bieter:
    - Unterlagen:
- Folgende fehlenden Unterlagen wurden schriftlich angefordert, jedoch nicht innerhalb der gesetzten Frist eingereicht. Der Bieter .... wird von der weiteren Wertung ausgeschlossen.
  - ❏ Bieter:
    - Unterlagen:

Vordruck 8.7: Fortsetzung

3.2   Wertungsstufe 2: Eignung der Bieter (Fachkunde, Leistungsfähigkeit, Zuverlässigkeit)

§ 16 b VOB/A

„(1) Bei Öffentlicher Ausschreibung ist zunächst die Eignung der Bieter zu prüfen. Dabei sind anhand der vorgelegten Nachweise die Angebote der Bieter auszuwählen, deren Eignung die für die Erfüllung der vertraglichen Verpflichtungen notwendigen Sicherheiten bietet; dies bedeutet, dass sie die erforderliche Fachkunde, Leistungsfähigkeit und Zuverlässigkeit besitzen und über ausreichende technische und wirtschaftliche Mittel verfügen.
(2) Bei Beschränkter Ausschreibung und Freihändiger Vergabe sind nur Umstände zu berücksichtigen, die nach Aufforderung zur Angebotsabgabe Zweifel an der Eignung des Bieters begründen (vgl. § 6b Absatz 4)."

Zunächst sollte zwischen Architekt/Fachplaner und Auftraggeber geklärt werden, ob der rechnerisch an erster Stelle liegende Bieter dem AG aus bereits abgewickelten vergleichbaren Maßnahmen der letzten Jahre als zuverlässig, fachkundig und leistungsfähig bekannt ist. Sollte dies der Fall sein erübrigt sich in der Regel das Nachfordern weiterer Unterlagen zur Eignungsprüfung.

Prüfung:
Die Eignung der Unternehmen, die in die engere Wahl kommen, wurde anhand folgender Unterlagen (z. B. eigene Nachforschungen, telefonische Referenzabfragen, eigene Projekte etc.) geprüft.
Dabei sind die Ansprechpartner der Referenzprojekte zu kontaktieren (tel.) und ein kurzes Gesprächsprotokoll zu erstellen: Wer hat wann mit wem über welche Maßnahme mit welchem Ergebnis telefoniert/gesprochen?
Bei gänzlich unbekannten Bietern sind mind. drei aktuelle Referenzen zu vergleichbaren Leistungen anzufordern. Bei eintragungspflichtigen Handwerken ist die Eintragung in die Handwerksrolle nachzuweisen.

❏ Bieter ....
  • Ist präqualifiziert
  • Geprüfte Unterlagen (z.B. Formblatt 124, Referenzen, PQ etc.):
  • Aussage Referenzgeber zum Referenzprojekt:

❏ Bieter ....
  • Ist präqualifiziert
  • Geprüfte Unterlagen (z.B. Formblatt 124, Referenzen, PQ etc.):
  • Aussage Referenzgeber zum Referenzprojekt:

Vordruck 8.7: Fortsetzung

Ergebnis der Eignungsprüfung:

....

....

....

....

....

....

Vordruck 8.7: Fortsetzung

3.3   Wertungsstufe 3: Prüfung der Angebotspreise und fachtechnische Prüfung

Rechnerische Prüfung

Die in der Wertung verbliebenen Hauptangebote wurden von .... rechnerisch geprüft und im Preisspiegel erfasst.

Die geprüften Brutto- Angebotssummen gehen aus der folgenden Tabelle sowie dem Preisspiegel hervor:

Nr.	Unternehmen	nachgerechnet	Nachlass %	Summe inkl. Nachlass	Abstand Bieter in %
					100

Begründung zur Kostenabweichung Angebot/Kostenberechnung:

Im Vergleich zur Kostenberechnung/bepreistes LV ...... (GP ...... €) liegt der günstigste Bieter bei ...... % (...... €).

❏   Keine wesentlichen Kostenabweichungen.

❏   Trotz deutlicher Kostenunterschreitung im Vergleich zur Kostenberechnung kann von einem auskömmlichen Angebot ausgegangen werden.
   Folgende Preise sind dabei besonders auffällig im Preisspiegel:
   Begründung der Preisbeurteilung:

❏   Trotz deutlicher Kostenüberschreitung im Vergleich zur Kostenberechnung kann von einem wirtschaftlich angemessenen Angebot ausgegangen werden.
   Folgende Preise sind dabei besonders auffällig im Preisspiegel:
   Ergebnis der Prüfung der Kostenberechnung im Vergleich zum Angebot:
   Begründung der Preisbeurteilung / Erklärung der Abweichungen:

❏   Die Kostenüberschreitung bzw. -unterschreitung ist nicht akzeptabel, der Angebotspreis ist nicht angemessen (§16d Abs 1 Nr. 1 VOB/A). Die Prüfung der Kostenberechnung im Vergleich zum günstigsten Angebot ergab folgendes Ergebnis:
   ....

❏   Das günstigste Angebot wird nicht zur Vergabe vorgeschlagen.
   Weiterer Verfahrensvorschlag s. Pkt. 4, Vergabevorschlag

Vordruck 8.7: Fortsetzung

Prüfung der Angemessenheit der Preise:

Folgende Preise sind im Preisspiegel auffällig (hoch / niedrig):
Hohe Preise:
- Bieter:
  - Ergebnis / Beurteilung des Preises:

Niedrige Preise:
- Bieter:
  - Ergebnis / Beurteilung des Preises:

Ergebnis/Beurteilung:
Hinweis zur Beurteilung:
- bei hohen Preisen: Ausschluss von Mengenmehrungen möglich? Risikobetrachtung
- bei auffällig niedrigen Preisen: Sind die einzelnen Positionen unangemessen niedrig?
- Vergleich mit der Kostenberechnung und evtl. Erklärung der Differenzen

- Bieter:
  - Ergebnis/Beurteilung des Preises:

Die Preisaufklärung ergab folgendes Ergebnis:
....
....

Technische Prüfung der Angebote, die in die engere Wahl kommen

- Wurden vom Bieter Produktangaben im LV gefordert, die er anzugeben hat (Fabrikats- und Typangaben)?
  ❏ Ja   ❏ Nein

Ergebnis der fachtechnischen Prüfung durch das Ingenieur-/Architekturbüro/Bauabteilung:

(mindestens Prüfung der drei wirtschaftlichsten Angebote)

- **Bieter Nr.: Fa.**

Falls ja, wurden diese vom Bieter, der in die engere Wahl kommt eindeutig* genannt?
* eindeutig heißt, sie können mit einem einfachen ja angenommen werden, Mehrfachnennungen oder der Zusatz „oder gleichwertig" bei Bieterangaben ist nicht zulässig und führt gemäß Rechtsprechung zum Ausschluss. Wenn auch Typangaben verlangt wurden: Sind auch diese angegeben? Falls nicht, nachfordern, siehe Punkt 3.1

❏ Ja   ❏ Nein (siehe unter Punkt 3.1)

Fall ja, entsprechen diese den Anforderungen der Ausschreibung, d.h. sind diese gleichwertig?
❏ Ja   ❏ Nein

Falls nein, wieso nicht, kurz begründen: ....
Sonstige Angaben/Ausführungen: ....

Vordruck 8.7: Fortsetzung

- **Bieter Nr.: Fa.**

Falls ja, wurden diese vom Bieter, der in die engere Wahl kommt eindeutig* genannt?
* eindeutig heißt, sie können mit einem einfachen ja angenommen werden, Mehrfachnennungen oder
der Zusatz „oder gleichwertig" bei Bieterangaben ist nicht zulässig und führt gemäß Rechtsprechung zum
Ausschluss.
Wenn auch Typangaben verlangt wurden: Sind auch diese angegeben? Falls nicht, nachfordern, siehe
Punkt 3.1

❏ Ja   ❏ Nein (siehe unter Punkt 3.1)

Fall ja, entsprechen diese den Anforderungen der Ausschreibung, d.h. sind diese gleichwertig?
❏ Ja   ❏ Nein

Falls nein, wieso nicht, kurz begründen: ....
Sonstige Angaben / Ausführungen: ....

- Bieter Nr.: Fa.

Falls ja, wurden diese vom Bieter, der in die engere Wahl kommt eindeutig* genannt?
* eindeutig heißt, sie können mit einem einfachen ja angenommen werden, Mehrfachnennungen oder
der Zusatz „oder gleichwertig" bei Bieterangaben ist nicht zulässig und führt gemäß Rechtsprechung zum
Ausschluss.
Wenn auch Typangaben verlangt wurden: Sind auch diese angegeben? Falls nicht, nachfordern, siehe
Punkt 3.1

❏ Ja   ❏ Nein (siehe unter Punkt 3.1)

Fall ja, entsprechen diese den Anforderungen der Ausschreibung, d.h. sind diese gleichwertig?
❏ Ja   ❏ Nein

Falls nein, wieso nicht, kurz begründen: ....
Sonstige Angaben / Ausführungen: ....

Vordruck 8.7: Fortsetzung

3.4   Aufklärung des Angebotsinhalts (sofern erforderlich) nach $ 15 VOB/A

nach Rücksprache mit dem Auftraggeber!
Preisverhandlungen und Abänderungen der Angebote sind nicht gestattet.

Ergebnisse von Aufklärungsgesprächen / Aufklärungsschreiben:

* **Bieter Nr.:**
....
....
....

* **Bieter Nr.:**
....
....
....

* **Bieter Nr.:**
....
....
....

Vordruck 8.7: Fortsetzung

3.5   Wertungsstufe 4: Ermittlung des wirtschaftlichsten Angebots

Übersicht

Die Erkenntnisse aus den technischen Klärungsgesprächen wurden in die Betrachtung der Haupt- (und ggfls. Neben-)angebote einbezogen.

Nebenangebote/Sondervorschläge (ggfls.)

Prüfung und Wertung von Nebenangeboten, sofern diese zugelassen waren:

Bieter Name	Nebenangebot Nr.	Inhalt Nebenangebot	Wird gewertet = x Begründung auf sep. Anlage	Wird nicht gewertet = x Begründung auf sep. Anlage

Vordruck 8.7: Fortsetzung

4.   Vergabevorschlag

Nach § 16d Abs. 1 Nr. 3 VOB/A soll der Zuschlag auf das Angebot erteilt werden, das unter Berücksichtigung aller technischen und wirtschaftlichen, ggf. auch gestalterischen und funktionsbedingten Gesichtspunkten als das wirtschaftliche erscheint.
Auf Grundlage der o. a. Prüfung und Wertung schlagen wir vor, den Auftrag zu vergeben an:

Bieter Nr. /Unternehmen   :

Nettoangebotssumme	€
Nachlass ohne Bedingungen in %	%
Nachlass in Euro	€
neue Nettoangebotssumme	€
MWSt. 19%	€
Bruttoangebotssumme	€

Mittelbereitstellung
❏   Die Kosten werden innerhalb der Vergabeeinheit …… (KG) gedeckt.
❏   Die Deckung erfolgt folgendermaßen:

Erläuterung zur Kostendeckung:

Aufgestellt (Architekt / Fachplaner):   ……………………………………………
Name des Prüfers (in Druckbuchstaben, lesbar):   ……………………………………………
Telefonnummer des Prüfers für evtl. Rückfragen: ……………………………………………
Datum: ……………………………………………
Unterschrift des Prüfers: ……………………………………………
Anlagen:

Der Auftraggeber bestätigt das Ergebnis der Prüfung:

Für den AG (Name Sachbearbeiter):   …………………………………………..
Datum: …………………………………………
Unterschrift: …………………………………………

8.8   Muster Raumbuch

Baumaßnahme:	(Bezeichnung und Adresse)
Bauherr:	
Baugruppe:	
Gebäudeteil:	
Gebäudeebene/Etage:	
Raumnummer:	
Grunddaten:	Beschreibung
Bodenfläche (m²)	
Deckenfläche (m²)	
Wandfläche (m²)	
Abwicklung (m)	
Raumhöhe (m) Rohbau	
Raumhöhe (m) Fertigmaß	
Volumen (m³)	
Oberflächen: Material/Qualitäten/ bauphysikalische Anforderungen	Beschreibung
Bodenbelag und Randabschluss	
ggf. weitere Untergliederungen und Teilflächen	
Deckenbelag und Randabschluss	
ggf. weitere Untergliederungen und Teilflächen	
Wandoberfläche (ggf. Randabschluss)	
ggf. weitere Untergliederungen und Teilflächen	
Türen	
Einbaubedingung (Mauerwerk/Beton/Trockenbau)	
Zargenausbildung (Material/Konstruktion/Oberfläche)	
Glasausschnitt	
Klimaklasse	
Schallschutz	
Einbruchhemmung	

Muster 8.8: Raumbuch

Schloss/Schließsystem	
Türmaterial/Oberflächenbehandlung/Farbkonzept	
Beschläge (Material/Design)	
sonstige Einbauteile (Türpuffer/Lüftungsgitter/Stoßgriffe etc.)	
Fenster	
erforderliche Fensterfläche nach DIN 5034 in m²	
Einbaubedingung (Mauerwerk/Beton/Trockenbau etc.)	
Fensterausbildung (Material/Konstruktion/Oberfläche)	
klimatische und sonstige Anforderungen (z. B. Windlasten)	
Verglasung (Wärme/Schall/Einbruchschutz/Sicherheit)	
Beschläge (Material/Design/manuell-elektrisch?)	
Sonnenschutz bzw. Verdunkelungsmaßnahmen	
Art/Material/Konstruktion/Oberflächenbehandlung/motorbetrieben?	
Aufschaltung Gebäudeleittechnik (Wind-Regen-Sonnen-Wächter)?	
sonstige Einbauteile	
Technische Gebäudeausrüstung	
Elektroinstallation	
Leitungsführung (AP/UP)	
Steckdosen (Anzahl/Art/Lage [ggf. Deckensteckdosen])	
bei Doppelböden: Anzahl und Art von Unterflursteckdosen	
Bedienungsschalter (Anzahl/Art/Design)	
Verdunkelung bzw. sonstige Installationen und Systeme	
Beleuchtung	
Telefon	
Bildschirmarbeitsplatzausstattung	
Sonstiges	
Sanitär (Anzahl, Material und Art)	
Leitungsführung (AP/UP), Rohrmaterial und -güte	

Muster 8.8: Raumbuch

Klosett	
Waschtische	
Urinale	
Bidets	
Ausstattung (Schamwände/Spiegel/Ablagen etc.)	
Anzahl Bodenabläufe	
ggf. raumspezifische Einbauten (z. B. Fettabscheider, Hebeanlage)	
Heizung	
erforderliche Heizungsfläche nach Wärmebedarfsberechnung in m^2	
Art/Material/Konstruktion/Oberflächenbehandlung der Heizkörper	
Anzahl der Heizkörper (ggf. Einzelfläche pro Heizkörper)	
Lüftung	
Fachplanerangaben, falls erforderlich	

8.9   Anlage A Verzeichnis der Gewerbe, die als zulassungspflichtige Handwerke betrieben werden können (§ 1 Abs. 2 Handwerksordnung [HwO]) – Auszug

(Anmerkung des Verfassers: Es werden nur die Gewerke zitiert, die für das Bauwesen relevant sind.)

1	Maurer und Betonbauer
2	Ofen- und Luftheizungsbauer
3	Zimmerer
4	Dachdecker
5	Straßenbauer
6	Wärme-, Kälte- und Schallschutzisolierer
7	Brunnenbauer
8	Steinmetzen und Steinbildhauer
9	Stuckateure
10	Maler und Lackierer
11	Gerüstbauer
13	Metallbauer
18	Kälteanlagenbauer
23	Klempner
24	Installateur und Heizungsbauer
25	Elektrotechniker
26	Elektromaschinenbauer
27	Tischler
39	Glaser

Auszug aus der Verordnung über verwandte Handwerke

Spalte I	Spalte II (verwandtes Handwerk)
Informationstechniker	Elektrotechniker
Elektrotechniker	Informationstechniker
Elektrotechniker	Elektromaschinenbauer
Elektromaschinenbauer	Elektrotechniker
Metallbauer	Feinwerkmechaniker,
Maler und Lackierer	Landmaschinenmechaniker
Stuckateure	Stuckateure
Dachdecker	Maler und Lackierer
Klempner	Klempner
	Dachdecker

8.10   Abkürzungsverzeichnis

AG   = Auftraggeber
AGB   = allgemeine Geschäftsbedingungen
AGK   = Allgemeine Geschäftskosten
AHO   = Ausschuss der Verbände und Kammern der Ingenieure und
              Architekten für die Honorarordnung e. V.
AMEV   = Arbeitskreis Maschinen- und Elektrotechnik staatlicher und
              kommunaler Verwaltungen
AN   = Auftragnehmer
ASP   = Application Service Provider
Ast.   = Antragsteller
ATV   = Allgemeine Technische Vertragsbedingungen
AVA   = Ausschreibung, Vergabe, Abrechnung
BauPG   = Bauproduktengesetz
BE   = Baustelleneinrichtung
BGB   = Bürgerliches Gesetzbuch
BGH   = Bundesgerichtshof
BGK   = Baustellengemeinkosten
BGL   = Baugeräteliste
BTE   = Bietertextergänzung
BVB   = Besondere Vertragsbedingungen
CEN   = Comité Européen de Normalisation
CENELEC   = Comité Européen de Normalisation Électrotechnique
DIBt   = Deutsches Institut für Bautechnik
DIN   = Deutsches Institut für Normung e. V.
DVA   = Deutscher Vergabe- und Vertragsausschuss für Bauleistungen
EFB   = einheitliche Formblätter (Vergabehandbuch des Bundes)
EKT   = Einzelkosten der Teilleistungen
EP   = Einheitspreis
ETB   = Einheitliche Technische Baubestimmungen
EuGH   = Europäischer Gerichtshof
GAEB   = Gemeinsamer Ausschuss für Elektronik im Bauwesen
GPA   = Gemeindeprüfungsanstalt
GU   = Generalunternehmer
GÜ   = Generalübernehmer
GWB   = Gesetz gegen Wettbewerbsbeschränkungen
HOAI   = Honorarordnung für Architekten und Ingenieure
HwO   = Handwerksordnung
IEC   = International Electrotechnical Commission
ISO   = Internationale Organisation für Normung
KVHB-Bau   = Kommunales Vergabehandbuch für Baden-Württemberg
LAR   = Leitungsanlagenrichtlinie
LBO   = Landesbauordnung
LfB   = Landesstelle für Bautechnik
LP   = Leistungsprogramm
LPH   = Leistungsphase
LTB   = Liste Technische Baubestimmungen
LTMG   = Landestariftreue- und Mindestlohngesetz
LV   = Leistungsverzeichnis

MLAR	=	Musterleitungsanlagenrichtlinie
MLTB	=	Musterliste Technische Baubestimmungen
MSR	=	Mess-Steuer-Regel-Technik
NU	=	Nachunternehmer
OLG	=	Oberlandesgericht
RbALei	=	Richtlinie über brandschutztechnische Anforderungen an Leitungsanlagen
REB	=	Regeln für elektronische Bauabrechnung
RPA	=	Rechnungsprüfungsamt
Rn.	=	Randnummer
SaaS	=	Software as a Service
SektVO	=	Verordnung über die Vergabe von Aufträgen im Bereich des Verkehrs, der Trinkwasserversorgung und der Energieversorgung (Sektorenverordnung)
SigG	=	Gesetz über Rahmenbedingungen für elektronische Signaturen (Signaturgesetz – SigG)
STLB-Bau	=	Standardleistungsbuch Bau
STLB-Z	=	Standardleistungsbuch für Zeitvertragsarbeiten
TED	=	Tenders Electronic Daily
TU	=	Totalunternehmer
TÜ	=	Totalübernehmer
UVV	=	Unfallverhütungsvorschriften
VgV	=	Vergabeverordnung
VHB	=	Vergabe- und Vertragshandbuch für die Baumaßnahmen des Bundes
VK	=	Vergabekammer
VOB	=	Vergabe- und Vertragsordnung für Bauleistungen
VOF	=	Vergabeordnung für freiberufliche Leistungen
VwV	=	Verwaltungsvorschrift
WBVB	=	Weitere Besondere Vertragsbedingungen
xml	=	Extensible Markup Language
ZDB	=	Zentralverband des deutschen Baugewerbes
ZTV	=	Zusätzliche Technische Vertragsbedingungen
ZVB	=	Zusätzliche Vertragsbedingungen

9 Literaturverzeichnis

9.1 Literatur

Ahrens, Hannsjörg; Bastian, Klemens; Muchowski, Lucian: Handbuch Projektsteuerung –Baumanagement. Stuttgart: Fraunhofer IRB Verlag, 2010

Althaus, Stefan; Heindl, Christian: Der öffentliche Bauauftrag [online]. München: C. H. Beck, 2010. Internet: http://www.ibr-online.de [Zugriff: 13.06.2010]

[AHO Heft 9]: Ausschuss der Verbände und Kammern der Ingenieure und Architekten für die Honorarordnung e. V. (AHO) (Hrsg.): Leistungsbild und Honorierung – Projektmanagementleistungen in der Bau- und Immobilienwirtschaft. 4., vollst. überarb. Aufl. Köln: Bundesanzeiger Verlag, 2014 (AHO-Schriftenreihe, Heft 9)

Burbaum, Ulrich; Krajewski, Wolfgang: Homogenbereiche. Umstellung von Boden- und Felsklassen auf Homogenbereiche am Beispiel der DIN 18300. Darmstadt: Verband baugewerblicher Unternehmer Hessen e. V., 2015

Deutscher Verdingungsausschuss für Bauleistungen (DVA) (Hrsg.): Erläuterungen zur Zusammenfassung von Fachlosen, Bildung von Teillosen. In: Neue Zeitschrift für Baurecht und Vergaberecht (2000), S. 555 ff.

Drees, Gerhard; Paul, Wolfgang: Kalkulation von Baupreisen. Hochbau, Tiefbau, Schlüsselfertiges Bauen. Mit kompletten Berechnungsbeispielen. 12. Aufl. Berlin: Bauwerk Verlag, 2015

Deutscher Industrie- und Handelskammertag e. V. (Hrsg.): Leitfaden Abgrenzung – Handwerk-Industrie-Handel-Dienstleistung. 6. Aufl. Berlin: DIHK-Verlag, 2013 (in Kooperation mit dem DHKT – Deutscher Handwerkskammertag)

Drossart, Ulrich: Die Leistungsbeschreibung im Bauvertrag [online]. Neuwied: Werner Verlag, 2008. Internet: http://werner-baurecht.de [Zugriff: 21.03.2011]

Englert, Klaus; Katzenbach, Rolf; Motzke, Gerd: Beck'scher VOB- und Vergaberechts-Kommentar, VOB Teil C [online]. München: C. H. Beck, 2010. Internet: http://www.ibr-online.de [Zugriff: 13.06.2010]

Eschenbruch, Klaus: Recht der Projektsteuerung. Der Projektsteuerungsvertrag. Berlin: IBR-Seminar, 24.11.2010

Gemeindeprüfungsanstalt (GPA) Baden-Württemberg: Mitteilung Bau Nr. 1. Stuttgart, 1989

Hauptverband der Deutschen Bauindustrie e. V. (Hrsg.): BGL Baugeräteliste 2007. Gütersloh: Bauverlag, 2007

Ingenstau, Heinz; Korbion, Hermann (Begr.); Leupertz, Stefan; von Wietersheim, Mark (Hrsg.): VOB, Teile A und B – Kommentar. 20. Aufl. Köln: Werner Verlag, 2017

Kapellmann, Klaus; Messerschmidt, Burkhard: VOB Teile A und B. Kommentar. 3. Aufl. München: C. H. Beck, 2010

Kapellmann, Klaus; Schiffers, Karl-Heinz: Vergütung, Nachträge und Behinderungsfolgen beim Bauvertrag. Band 2: Pauschalvertrag einschließlich Schlüsselfertigbau. 4., erw. Aufl. Neuwied: Werner Verlag, 2006

Kemper, Ralf; Wronna, Alexander; Blomeyer, Dirk R.: Architektenvertrag. Köln: Verlagsgesellschaft Rudolf Müller, 2009

Koeble, Wolfgang; Locher, Ulrich; Zahn, Alexander: Kommentar zur HOAI. 12. Aufl. Neuwied: Werner Verlag, 2014

Korbion, Hermann; Mantscheff, Jack; Vygen, Klaus (Begr.): Beck'sche Kurzkommentare – Honorarordnung für Architekten und Ingenieure: HOAI. 9. Aufl. München, Verlag C.H.Beck, 2016

Leitzke, Walther: Was beschreibt die Leistungsbeschreibung? In: Baurecht (2007), Nr. 10, S. 1643–1649

Maas, Arndt: Festschrift für Prof. Dr. Reinhold Thode zum 65. Geburtstag. München: C. H. Beck, 2005

Markus, Jochen; Kaiser, Stefan; Kapellmann, Susanne: AGB-Handbuch Bauvertragsklauseln. Neuwied: Werner Verlag, 2014

Maybaum, Georg; Mieth, Petra; Oltmanns, Wolfgang; Vahland, Rainer: Verfahrenstechnik und Baubetrieb im Grund- und Spezialtiefbau. Wiesbaden: Vieweg+Teubner, 2009

Plümecke, Karl: Preisermittlung für Bauarbeiten. 27. Aufl. Köln: Verlagsgesellschaft Rudolf Müller, 2015

Quack, Friedrich: Vertragsauslegung und Auslegungsvorgaben in technischen Regelwerken. In: Zeitschrift für deutsches und internationales Bau- und Vergaberecht (2002), S. 641 ff.

Quack, Friedrich: Zur Auslegung von Rangklauseln in Bauverträgen. In: Zeitschrift für deutsches und internationales Bau- und Vergaberecht (2008), S. 219 ff.

Quack, Friedrich: Zur Leistungsbeschreibung im Bauvertrag. In: Zeitschrift für deutsches und internationales Bau- und Vergaberecht (2003), S. 315 ff.

Rechnungshof Baden-Württemberg: Pressemitteilung: Rechnungshof dämpft ÖPP-Euphorie [online]. Karlsruhe, 2009. Internet: http://rechnungshof.baden-wuerttemberg.de [Zugriff: 13.06.2010]

Rechnungshöfe des Bundes und der Länder (Hrsg.): Gemeinsamer Erfahrungsbericht zur Wirtschaftlichkeit von ÖPP-Projekten [online]. Wiesbaden, 2011. Internet: http://rechnungshof.baden-wuerttemberg.de [Zugriff: 15.07.2016]

Rösel, Wolfgang: Baumanagement. Grundlagen, Technik, Praxis. 3., überarb. und erw. Aufl. Berlin: Springer Verlag, 1996

Schattenfroh, Sebastian: Besonderheiten bei Pauschalverträgen. In: Kälte Klima Aktuell (2003), April, S. 64–65

Schlesinger, Barbara Chr.; Stimpel, Roland: DIN-Flut. Warum es immer mehr Normen gibt – und wie die Kammern im Interesse der Architekten gegenhalten. In: Deutsches Architektenblatt (2010), Ausgabe Baden-Württemberg Nr. 10, S. 26–29

Stähler, Tanja: Eine Analyse von Leistungsverzeichnissen in Abhängigkeit von deutschen Vergabeverfahren. Hannover: Universität, Fachbereich Architektur, Diss., 2000

Stoiber, Jochen: Normung vor Gericht. Neustrukturierung der Regelungssystematik im Bauwesen gefordert. In: Deutsches Architektenblatt (2016), Ausgabe Baden-Württemberg Nr. 7, S. 6

Wanninger, Rainer: Von den Kosten zum Preis und wieder zurück – die prüfbare Kalkulation als Traum. In: Wanninger, Rainer (Hrsg.): Kosten und Preisermittlung in Konfliktsituationen. Beiträge zum Braunschweiger Baubetriebsseminar vom 13. Februar 2004. Braunschweig: Institut für Bauwirtschaft und Baubetrieb (2004), Heft 38, S. 1–31 (Schriftenreihe des IBB)

Wanninger, Rainer: Formblätter der öffentlichen Auftraggeber – ein Beitrag zur Kalkulationskultur? In: Heck, Detlef; Lechner, Hans (Hrsg.): Festschrift 40 Jahre Institut für Baubetrieb und Bauwirtschaft. Graz: Verlag der TU Graz, 2009, S. 175–188

Weyand, Rudolf: ibr-online-Kommentar Vergaberecht. Stand: 14.09.2015 [online]. Internet: http://www.ibr-online.de [Zugriff: 15.07.2016]

Zentralverband Deutsches Baugewerbe (ZDB) (Hrsg.): Handwerksrechtliche Abgrenzungen. Berlin, 1985 (ZDB-Schriften, Heft 27)

9.2   Normen

DIN 276-1:2008-12 Kosten im Bauwesen – Teil 1 Hochbau

DIN 276-4:2009-08 Kosten im Bauwesen – Teil 4 Ingenieurbau

VOB/C ATV DIN 18299:2016-09 „Allgemeine Regelungen für Bauarbeiten jeder Art"

9.3   Gesetze und Verordnungen

Bürgerliches Gesetzbuch (BGB) in der Fassung der Bekanntmachung vom 02.01.2002, zuletzt geändert am 24.05.2016

Deutsches Institut für Bautechnik (DIBt) (Hrsg.): Bauregelliste A, Bauregelliste B und Liste C.

EU-Bauproduktenverordnung (EU-BauPVO) – Verordnung zur Festlegung harmonisierter Bedingungen für die Vermarktung von Bauprodukten vom 01.07.2013

Gesetz gegen Wettbewerbsbeschränkungen (GWB) in der Fassung der Bekanntmachung vom 26.06.2013, zuletzt geändert am 13.10.2016

Landesbauordnung für Baden Württemberg (LBO) in der Fassung vom 05.03.2010, zuletzt geändert am 11.11.2014

Verordnung über die Honorare für Architekten- und Ingenieurleistungen (Honorarordnung für Architekten und Ingenieure – HOAI) vom 10.07.2013

Verordnung über die Vergabe öffentlicher Aufträge (Vergabeverordnung – VgV) vom 12.04.2016

VOB/A: Vergabe- und Vertragsordnung für Bauleistungen – Teil A: Allgemeine Bestimmungen für die Vergabe von Bauleistungen, Ausgabe 2016

VOB/B: Vergabe- und Vertragsordnung für Bauleistungen
– Teil B: Allgemeine Vertragsbedingungen für die Ausführung von Bauleistungen, Ausgabe 2016

VOB/C: Vergabe- und Vertragsordnung für Bauleistungen –
Teil C: Allgemeine Technische
Vertragsbedingungen für Bau-
leitungen (ATV), Ausgabe 2016

9.4   Arbeitsmittel, Arbeitshilfen

Bundesministerium für Verkehr,
Bau und Stadtentwicklung
(Hrsg.): Vergabe- und Vertrags-
handbuch für die Baumaßnah-
men des Bundes (VHB). Berlin:
Bundesanzeiger Verlag, Stand:
April 2016

Destatis – Statistisches Bundes-
amt: Zahlen & Fakten [online].
Internet: http://www.destatis.de
[Zugriff: 06.08.2016]

Kommunales Vergabehandbuch
für Baden-Württemberg
(KVHB-Bau). Stuttgart: Boor-
berg-Verlag, Stand: September
2016

9.5   Zeitschriften

baurecht: BauR-Zeitschrift für das
gesamte öffentliche und zivile
Baurecht

Immobilien- und Baurecht [on-
line]. Internet: http://www.ibr-
online.de

Neue Zeitschrift für Baurecht und
Vergaberecht (NZBau)

Zeitschrift für deutsches und internationales Bau- und Vergaberecht (ZfBR)

10 Stichwortverzeichnis